大学生生命健康教育

主　编　孙　冬　罗华平　张　丹
副主编　刘冠男　丁玉旭　王迎胜　李　斌
　　　　张　博　徐　勇　翟红涛

中国书籍出版社

图书在版编目(CIP)数据

大学生生命健康教育 / 孙冬，罗华平，张丹主编 .
-- 北京：中国书籍出版社，2020.12
ISBN 978-7-5068-8322-1

Ⅰ.①大… Ⅱ.①孙… ②罗… ③张… Ⅲ.①健康教育 - 高等学校 - 教学参考资料 Ⅳ.① G647.9

中国版本图书馆 CIP 数据核字（2021）第 006786 号

大学生生命健康教育

孙　冬　罗华平　张　丹　主编

丛书策划	谭　鹏　武　斌	
责任编辑	成晓春	
责任印制	孙马飞　马　芝	
封面设计	东方美迪	
出版发行	中国书籍出版社	
地　　址	北京市丰台区三路居路 97 号（邮编：100073）	
电　　话	（010）52257143（总编室）　（010）52257140（发行部）	
电子邮箱	eo@chinabp.com.cn	
经　　销	全国新华书店	
印　　厂	三河市德贤弘印务有限公司	
开　　本	787 毫米 ×1092 毫米　1/16	
字　　数	495 千字	
印　　张	19	
版　　次	2022 年 1 月第 1 版	
印　　次	2022 年 1 月第 1 次印刷	
书　　号	ISBN 978-7-5068-8322-1	
定　　价	95.00 元	

版权所有　翻印必究

目 录

第一章　生命与健康 ··· 1
　　第一节　生命的解读 ··· 1
　　第二节　生命活动的形式与特征 ·· 4
　　第三节　健康的概念和内容 ··· 9
　　第四节　健康的影响因素 ··· 11
　　第五节　亚健康 ··· 15

第二章　生命教育 ··· 26
　　第一节　大学生生命教育概述 ·· 26
　　第二节　生命意识教育 ·· 32
　　第三节　生存教育 ··· 37
　　第四节　生命境遇教育 ·· 40
　　第五节　生命道德教育 ·· 45
　　第六节　死亡教育 ··· 49

第三章　健康教育 ··· 62
　　第一节　健康教育概述 ·· 62
　　第二节　大学生健康教育的实施 ··· 64
　　第三节　大学生健康教育的意义及重要性 ································· 69
　　第四节　健康促进 ··· 70

第四章　心理素质与健康 ··· 72
　　第一节　心理素质与心理健康 ·· 72
　　第二节　青年期生理和心理特点 ··· 77
　　第三节　心理健康的积极维护 ·· 82
　　第四节　大学生常见心理问题及精神障碍 ································· 86
　　第五节　心理咨询与心理治疗 ·· 94

第五章　生活方式与健康 ··· 113
　　第一节　饮食与健康 ··· 113
　　第二节　吸烟与健康 ··· 119
　　第三节　饮酒与健康 ··· 123

第四节　睡眠、网络成瘾与健康 …………………………………………… 125
　　第五节　吸毒与健康 ………………………………………………………… 133

第六章　体育运动与健康 …………………………………………………………… 140
　　第一节　体育运动与健康的关系 …………………………………………… 140
　　第二节　体育运动基本原则 ………………………………………………… 145
　　第三节　运动健身的误区 …………………………………………………… 148
　　第四节　运动处方及其要素 ………………………………………………… 153
　　第五节　运动处方的制定、实施与示例 …………………………………… 157

第七章　运动损伤的预防及处理 …………………………………………………… 171
　　第一节　运动与运动损伤 …………………………………………………… 171
　　第二节　运动损伤的预防 …………………………………………………… 174
　　第三节　运动损伤的处理原则 ……………………………………………… 177
　　第四节　运动创伤的常用处理方法及药物 ………………………………… 180
　　第五节　其他运动创伤处置 ………………………………………………… 183

第八章　常见疾病及预防 …………………………………………………………… 192
　　第一节　常见病的预防 ……………………………………………………… 192
　　第二节　传染病的预防 ……………………………………………………… 198
　　第三节　常见职业病的预防 ………………………………………………… 213
　　第四节　运动性疾病的预防与处理 ………………………………………… 216

第九章　卫生保健 …………………………………………………………………… 223
　　第一节　眼与视力保健 ……………………………………………………… 223
　　第二节　用脑保健 …………………………………………………………… 231
　　第三节　口腔保健 …………………………………………………………… 233

第十章　急症处理及安全 …………………………………………………………… 246
　　第一节　应急救护新概念 …………………………………………………… 246
　　第二节　外伤救治的四项技术 ……………………………………………… 247
　　第三节　心肺复苏术 ………………………………………………………… 255
　　第四节　其他常见急症的急救 ……………………………………………… 261

第十一章　灾难与自救互救 ………………………………………………………… 274
　　第一节　地　震 ……………………………………………………………… 274
　　第二节　道路交通事故 ……………………………………………………… 279
　　第三节　溺　水 ……………………………………………………………… 285
　　第四节　火　灾 ……………………………………………………………… 286
　　第五节　其他灾害 …………………………………………………………… 288

参考文献 ……………………………………………………………………………… 297

第一章 生命与健康

教学目标

（1）了解不同视角对生命的解读。
（2）掌握健康的概念、内容及相关影响因素。
（3）掌握亚健康的概念，了解影响当前大学生亚健康的因素，掌握亚健康的干预手段。

当前，关注生命，开展生命教育已成了以人为本的高等教育的必然要求。尽管国内对大学生生命教育有了一定的研究，但重视程度依然不够，也没有形成体系。进行大学生生命教育研究，怎样提高生命教育的科学性和有效性，是摆在教育工作者面前的重要课题。

第一节 生命的解读

人们对"生命"的理解是随着人类认识水平的不断提高而变化的，这种探索主要遵循着生物学、哲学、文化学三个视角进行。

一、生物学视域下的生命

如果从词源的角度解释，"生命"是指生活在有限现实世界中的生命个体的不断发展、更新。进入现代社会以来，随着科学技术的发展和人类认识水平的提高，特别是生命科学的发展，人们对生命个体的认识更加科学，尤其是生物学意义的生命概念更加清晰。恩格斯在《反杜林论》中曾提出了著名的生命定义："生命是蛋白体的存在方式，这个存在方式的基本因素在于和它周围的外部自然界的不断地新陈代谢，而且这种新陈代谢一旦停止，生命就随之停止，结果便是蛋白质的分解。"随着科学的分化与发展，涉及"生命"的各门学科如医学、心理学等都从自己的角度来界定"生命"。单是医学上对生命的界定就至少有三种："①活着的状态；由新陈代谢，生长、繁衍以及对环境的适应所表现出来的特征；动植物器官能完成其所有或部分功能的状态。②有机体的出生或发端到死亡之间的时期……将生命物体（动、植物）与非生命、非有机的化学物或已死的有机物区别开来的特征的总和。③20世纪50年代以后，DNA双螺旋结构的发现及其遗传功能的研究进展改变了人们关于生命的本质是蛋白质的看法,开始把生命的分子基础看作是具有自我复制和携带有遗传信息的核酸。

诚然,人的生命与其他生物体的生命存在有着本质的不同,人以外的其他生物仅仅是以自然的方式生存,而人的生命则是实现其自身目的的对象性活动,是改变自然以创造"人"的世界的生活方式的活动。人的生命除与其他生物的生命一样具有不可逆、一维性等自然特性外,更重要的是具有社会性和超越性。

二、哲学视域下的生命

生命哲学主要从哲学层面探讨生命与死亡的本质属性及其相互依存的关系。生命哲学作为一种关注和肯定人的生命价值及意义的哲学思潮,是19世纪末反对理性主义和实证主义思潮的产物,也是20世纪出现的第一个非理性主义哲学流派。生命哲学的空前繁荣出现于19世纪末20世纪初,尼采、狄尔泰等人的哲学思想为生命哲学的繁荣奠定了坚实的理论基础。在尼采的哲学思想中,他的道德价值学说对生命哲学产生了重要作用。尼采的道德价值学说是一种基于对自然生命肯定的、超越于善恶之上的生命道德。到狄尔泰时,他已经将自己的基本思想称作"生命哲学",主要体现在人文科学中的社会历史研究领域。狄尔泰认为,人文科学是一种与自然科学完全不同的"精神科学",它基于对生命的体验、表达和理解,以整个人类的生命现象为研究对象。该学说的生物学气息不浓,主要将生命界定为人生和各种文化制度下的人的生活,重点包括社会历史领域中文化价值和精神生活方面的内容。他一方面对实证主义和绝对唯心主义进行了批判,另一方面也提出了解释和理解人文科学的方法。他所说的生命哲学不仅意味着一种关于生命的哲学,也就是说,生命在这里不仅仅是一个被探讨的对象,而且,生命哲学还意味着它是一种由生命中产生的必然成就,它就是生命活动本身。在狄尔泰看来,人的生命是一个含义相当宽泛的概念,绝对不能简单地从生物性加以规定,而是必须围绕人的主观性或精神性来揭示生命存在的价值和意义。具体来说,生命的概念囊括了"人类生活的整个范围,包括它的表现、它的创造,以及人类的社会组织、文化成就,人心向内与向外的一切活动等"。

后来,又出现了以法国的柏格森、德国的奥伊肯为代表人物的生命哲学思想。这是一种唯心主义的哲学思潮,它的最大特点就是把生命现象神秘化,把它当作是一种只能意会不可言传的非理性心理体验或本能冲动,一种绝对自由的、不受任何客观条件和客观规律制约的盲目的创造力量。由于生命总处于不断变化、发展过程中,故没有任何相对静止和稳定的东西,因此,为了掌握生命,必须深入到生命本身,而这只有依靠非理性的直觉。这种学说的最大贡献在于它不仅将生命哲学渗透到本体论、认识论和方法论之中,极大地丰富了生命哲学,而且也使生命哲学能够在各个方面与传统理性主义哲学,特别是实证主义分庭抗礼。

马克思主义哲学从现实中活生生的人出发,以人的生命活动为对象,揭示人之生命的现实内涵,可以说是体现了"实践唯物主义"的生命哲学。马克思指出:"动物和自己的生命活动直接同一的,动物不把自己同自己的生命活动区别开来。它就是自己的生命活动。人则使自己的生命活动本身变成自己的意志和自己意识的对象。他具有有意识的生命活动。

这不是人与之直接融为一体的那种规定性。有意识的生命活动把人同动物的生命活动直接区别开来。"从马克思的论述中，我们可以肯定的是，人以外的其他生物仅仅是以自然的方式生存，生存也就是它们的生命活动，生命对它们来说只是有限的存在和无尽的重复，而人的生命活动是实现自身目的性的活动，是改变自然以创造人的世界的生活方式的活动。人不仅以生命的活动方式生存着，而且还意识到自己的生命活动。由此可见，马克思主义所体现出的"实践的唯物主义"寓含了这样的真理：实践作为人的生命活动，就是人的生命表现，就是人的生命本质得以展开和确证的过程，同时它还是人的生命本质得以生成的动力和根源。因此，也可以说实践的水平决定着生命的水平。

人的生命本质只有在实践中得到展现。通过实践，人的生命本质得以对象化，从而得到现实的表现。人通过提高生命的质量实现生命的真正自由，生命质量是由外在的生命表现和内在的生命体验相结合而构成的，生命本身就是构成性与生成性的结合和交融。马克思一方面揭示了构成人"全面的本质"的诸种因素，另一方面又指出了通过实践得以理性化的事实，这就从广度和深度，即从量和质两个维度揭示了人的生命机制的构成。

关于生命价值观，马克思主义以辩证唯物主义的科学世界观为指导，提出了关于人全面发展的无产阶级科学的人生价值观。马克思的生命价值观根本特点之一是通过对现实进行革命改造的实践来实现生命境界的整体升华，而不是只在内心体验中去寻求精神的安慰和心灵的超越。它既把实践作为人的生命基础，又把实践作为生命的表征；人的生命既在实践中展开，又在实践中生成。这种实践是主观与客观、感性与理性相统一的过程，从而包含和表现了人的全部"心理学"内容。

马克思主义生命哲学在世界观方面充满了辩证法的精神：强调生死具有客观必然性，生与死是辩证统一；生命是有限与无限的辩证统一；生命价值是个人价值与社会价值的辩证统一；生命的价值与创造性实践是辩证统一的；积极乐观的生命态度与珍惜生命的实践行为是辩证统一的。马克思主义的生命价值观正确揭示了个人与社会的关系，不仅强调个人对社会的尊重和满足，更强调个人对社会的贡献和责任。马克思在实践中审视生命活动，将唯物主义和辩证法思想运用于生命实践和生命反思，把人的生命看作感性与理性、实践与价值相结合的产物，这正是马克思所追求的真正的人的生命境界，即共产主义的生命境界。马克思关于人的解放的理论、人的全面发展理论为我们生命教育理论的研究提供了哲学依据。

三、文化学视域下的生命

人类文化蕴含了丰富的生命哲学思想，包括对生命基本含义的探讨、对生命存在的探索、对生命价值和意义的追问、生命教育的展开等问题。人的生命不仅是物质的自然生命，更根本地是精神的、文化的、社会的生命。

儒家思想是中国传统思想中生命力最旺盛、最系统、传承最完整的思想，对人们的影响巨大。其对生命的思考及生命教育的开展从孔子开始便得到了不断的发展、发扬与深入。孔子非常重视人的生命，《论语·先进篇》记载："季路问事鬼神。子曰：'未能事人，焉能事鬼？'敢问死。曰：'未知生，焉知死？'"这一句话表现了对生命的追问与崇尚，表明了孔子的生死观,重视生,重视人基本的自然生命。孔子更加重视人的精神、文化生命,孔子通过创造性地提出"仁"的思想,借"仁"与"命"的分立,凸显出了人的价值主体性。由此确立人的生命价值在于人的精神、文化生命的价值。生命教育也更多的是重视人的精神和文化生命,使人充分认识和发扬自己的精神,文化生命。有时为了人的精神生命的完成,甚至需要牺牲人的自然生命。孔子说:"志士仁人,无求生以害仁,有杀生以成仁。"

道家对生命的认识建立在对"自然之道"的阐释基础之上。老子通过对宇宙生成的深入追问和思索,发现"道"这一无形无象、无迹可寻、无声可闻,先天地生的存在。老子《道德经》有云:"有物混成,先天地生。寂兮寥兮,独立而不改,周行而不殆,可以为天地母。吾不知其名,字之曰道,强为之名曰大。"道不可道,不可名,也无形无象,但是它却可以创生万物。道创生万物是一个完全自然的过程,"道生一,一生二,二生三,三生万物。"万物生成之后,完全按照其自然本性生存、发展,"万物恃之而生而不辞,功成不名有,衣养万物而不为主"。道不会横加干涉和主宰,"道生之,德畜之,物形之,势成之"。道只生物,事物生成之后就按自己的本性发展。人也按其自然本性,自然无为、顺应自然而存在和发展。人的生命价值意义不仅在于保证自然生命符合自然的生存和发展,更在于精神价值上自然无为的境界追求。"人法地,地法天,天法道,道法自然"就是在这一境界层次的言说。此时,生命价值意义已经超越了经验范围内的生死对待,这种境界中生命的生是一种超越了经验生死的生生不息之生,老子所要表达的生命的深刻含义也在此,生命教育在于教人达到这种终极的生命境界。

中国古代生命教育思想在注重人的自然生命的保存与保护的前提下,更加注重人的精神生命的发现、发展和发扬。人的生命价值意义在于追求一种超越的、神圣的、无限的精神文化生命,达到一种"天人合一"的境界。

综上所述,本书对生命的定义描述为:人的生命是自身繁殖、生长发育、新陈代谢与环境进行物质和能量交换,遗传变异以及对刺激的反应等的复合现象。它兼具自然属性和社会属性,是自然生命和价值生命的统一体,力求在生存与意义之间寻找平衡,以组成人的完满生命。

第二节 生命活动的形式与特征

一、生命活动的形式

只有生物才具有生命活动,但生物体也可能在一定时间内不表现出生命活动,如处于特殊冷冻状态下的组织和结晶状态的病毒颗粒等。在进化过程中,由于细胞膜的出现,包围了构成生物体的物质,使之与环境隔开,形成细胞。形成细胞以后,生物就有了独立生活的条件。细胞是生物的基本构成单位,高等生物是由许多结构和功能不同的细胞构成的。通过对各种生物体,包括对单细胞生物以及高等动物基本生命活动的观察和研究,发现生命现象至少包括三种基本活动,即新陈代谢、兴奋性与生殖。

(一)新陈代谢

生活在适宜环境中的生物体,总是在不断地重新建造自身的特殊结构,同时又在不断地破坏自身已衰老的结构。虽然从生物体的外表可能看不出什么明显变化,但实际上它的各个部分都在不断地以新合成的生物分子代替旧的。这个过程称为新陈代谢,或称为自我更新。生物体只有在适宜的环境中才能自我更新。一方面它要从环境中摄取各种营养物质,经过改造或转化,以提供建造自身结构所需的原料和能量;另一方面,生物体内的分解产物,均需排出体外,物质分解时释放的能量,除用于合成体内的新物质外,还用于生物做各种外功。这就是说,生物体只有在与环境进行物质与能量交换的基础上才能实现自我更新。新陈代谢是不能停止的,如果生物体停止自我更新,它的生命也就结束了。因此,新陈代谢是一切生物体最基本的表现。

在新陈代谢过程中,生物体内各种物质的合成、分解、转化、利用等,大都是各种生物分子在水溶液中进行的成系列的化学反应。例如,糖和脂肪在生物体内分解供能的过程,就是通过一系列循序进行的化学变化,利用从环境中吸入的氧,将这些物质氧化分解,释放出能量并同时形成二氧化碳和水。这些化学变化和一般无机物的化学变化都服从同样的物理化学规律,但是这些化学反应基本上都是由蛋白质所构成的生物催化剂——酶所催化的,因而又是以复杂的特殊形式表现出这些物理化学规律的。等量的糖,在体内氧化与在体外燃烧所消耗的氧、产生的二氧化碳和释放的能量都相同,但在体内的氧化过程却是在远低于100℃的温度条件下完成的。在生物分子的合成过程中,由于酶的催化作用有高度特异性,因而可以在细胞的同一部分内同时进行多个不同的反应而能井井有条、互不干扰,这在一般化学试管里是不能实现的。所以,生命也是一种物质运动的形式,而且是一种高级的运动形式。

(二)兴奋性

各种生物体都生活于一定的环境之中,这是进行新陈代谢的必要条件,而当它所处的环境发生某些变化时,生物体又能主动地做出相应的反应,以适应环境的变化。单细胞动物如阿米巴,在附近的环境中出现食物颗粒时,即伸出伪足将食物包围而摄入体内。引起生物体出现反应的各种环境变化统称为刺激。

低等动物如水螅,当环境发生某些变化时,常常是直接受刺激部分的细胞发生反应,反应的形式也比较简单。高等动物对环境变化的反应,则经常是机体各部协调配合的整体性反应。这种反应的形式常很复杂,特别是动物进化到高级阶段,机体内已分化出一些专门感受环境中不同性质变化的感受细胞,并出现了主要由神经组织构成的调节系统,以及由肌肉、腺体等参与构成的效应器。环境中出现某种变化时,刺激了相应的感受细胞,这些感受细胞立即将所感受的刺激转变为生物电信号,由这些生物电信号将环境变化的信息传送到中枢神经系统,经过神经系统分析处理以后,仍然以生物电信号的形式将信息传送到机体各部分的效应器细胞,使它们迅速产生生物电变化,从而激起它们所特有的功能活动,如肌肉的收缩和腺体的分泌等。神经、肌肉和腺体等组织,即使从肌体分离出来后,用人为的刺激也可以较迅速地引起它们的生物电反应和其他反应。通常将这些受到刺激后能较迅速产生某种特殊生物电反应的组织——神经、肌肉、腺体统称为可兴奋组织，将受刺激后产生生物电反应的过程及其表现称为兴奋，而这种感受刺激产生兴奋的能力则称为兴奋性。

生物体对环境变化做出适宜反应，是一切生物体普遍具有的功能，也是生物能够生存的必要条件，所以兴奋性也是生命的基本表现。

（三）生殖

生物体生长发育到一定阶段后，能够产生与自己相似的子代个体，这种功能称为生殖或自我复制。烟草斑纹病毒颗粒进入烟叶毛细胞后，可以迅速复制出大量烟草斑纹病毒颗粒，这就是最原始的生殖过程。单细胞生物的生殖过程，就是一个亲代细胞通过简单的分裂或较复杂的有丝分裂，分成两个子代细胞。在此过程中，亲代细胞核内的染色质将均分给两个子代细胞，其中的脱氧核糖核酸（DNA）将亲代的遗传信息带到子代细胞内，控制子代细胞中各种生物分子的合成。子代细胞中的各种生物分子，包括各种酶系，均与亲代细胞相同，于是子代细胞能具有与亲代细胞相同的结构与功能。高等动物个体发育到一定阶段，同样具有生殖功能。但是它们分化为雄性与雌性个体，要由两性生殖细胞结合以生成子代个体。这种生殖过程虽然复杂得多，但父系与母系的遗传信息也是分别由雄性和雌性生殖细胞中的脱氧核糖核酸带给子代的。

任何生物个体生命过程都是有限的，必然要衰老死亡。一切生物都是通过产生新个体来延续种系的，所以生殖也是生命的基本表现之一。

二、生命活动的特征

（一）内环境与稳态

高等动物特别是哺乳动物多数是生存在大气环境中，但它们的大多数细胞并不直接和大气环境（外环境）接触，也不能直接与大气环境进行物质交换。对于体内多数细胞来说，它们实际是生活在一个特殊的液体环境之中，这就是内环境。它是包绕着各个细胞而又相互沟通的细胞外液。内环境所起的作用是为机体细胞提供必要的理化条件，使细胞的各种酶促反应和生理功能得以正常进行。

内环境同时也为细胞提供营养物质，并接受来自细胞的代谢产物。细胞的正常代谢活动需要内环境理化因素的相对恒定。正常机体内，在神经体内调节下，各系统、器官进行相互协调的活动，实现在代谢活动正常进行的条件下，内环境理化性质仍能保持相对恒定。例如，通过消化系统的活动，不断补充内环境中营养物质的浓度；通过呼吸和循环系统的活动，使内环境中的 O_2 含量得到补充，而 CO_2 得到排除；通过肾脏的活动，使进入内环境中的固体代谢产物得到清除；等等。由此可见，内环境最重要的特征是它们的理化性质能保持相对恒定，而这一特征又是维持整个机体生存的基本条件。

维持内环境是理化性质相对恒定的状态，叫作稳态或自稳态。稳态乃是一种复杂的、由体内各种调节机制所维持的动态平衡：一方面是代谢过程使这种相对恒定遭到破坏；另一方面是通过调节使平衡恢复。整个机体的生命活动正是在稳态不断受到破坏而又得到恢复的过程中得以维持和进行的。一旦内脏系统的活动发生严重紊乱，稳态将难于维持，新陈代谢将不能正常进行，机体的生存即受到威胁。目前，稳态的概念已经扩展开来，它不仅用于内环境理化特性的动态平衡，也可用于某一细胞、某一器官、某一系统的活动乃至整个机体的相对稳定状态的维持和调节。

（二）生物节律

生物体内的各种功能活动常按一定的时间顺序发生变化。如果这种变化按一定的时间重复出现，周而复始，这种变化叫节律性变化，而这类变化的节律就称为生物节律。人和动物的生物节律，按频率的高低，可分为高频、中频和低频三类节律。节律周期低于一天的属于高频节律，如心动周期、呼吸周期等。低频周期有周周期、月周期和年周期。例如人类的月经周期即属月周期，年周期和月周期多与生殖功能有关。中频周期是日周期，这是最重要的生物节律。人体内几乎每种生理功能都有日周期，即一天一个波动周期，只是波动的幅度和明显程度不同而已。最明显的如血细胞数和体温的日周期波动。此外，血压、尿成分、各种代谢过程强度及对药物反应等均有日周期变化。由此可见，机体内环境理化性质稳态的水平是有昼夜节律性变化的，也就是说，稳态的调定点是有节律性波动的。

身体内各种不同细胞都有各自的日周期节律，但是在自然环境中生活的人体器官组织只表现一种日周期节律，就是说这些器官组织的日周期都同步化了。可是一旦人与自然环境因素隔离开来生活，不给予任何时间因素刺激，经过2个月以上的隔离，各生理系统的日周期便不再同步了。这说明人机体内有一个总的控制生物节律的中心，它控制着体内所有细胞、组织的节律，使各种位相不同的生物节律统一起来，趋于同步化。一旦机体与自然环境隔绝，总的节律中心失去了控制作用，各个生理系统的节律中心便按自己的节律活动，因而各生理系统便出现不同的生物节律。

生物节律最重要的生理意义是使生物对环境变化作更好的前瞻性的适应。以日周期为例，它可使一切生理功能和机体活动以日周期的形式，根据外环境的昼夜变化，有秩序有节奏地进行。在医疗工作中，可利用日周期中生理功能特征的变化和对药物反应强度的差异来提高治疗效果。生物节律的知识也将帮助我们正确掌握和解释各种生理数据。

（三）人体功能活动的调节

人体对外环境变化的反应，总的是与这些环境变化相适应的，而且总是作为一个整体来进行的。整体反应包括两方面：一方面是运动系统按一定方向路线进行一系列活动；另一方面则是内脏系统活动作相应的调整。这是因为运动系统的活动必将影响人体新陈代谢活动，从而影响内环境的稳态；有些剧烈的外环境变化甚至可以直接破坏稳态，必须相应地调整内脏活动才能维持稳态。所以在人体发生适应性反应时，既要调节运动系统以完成一定的动作，又要调节内脏活动以保持稳态，而这些调节是由人体内三种调节机制来完成的，即神经调节、体液调节，以及器官、组织、细胞的自身调节。其中，神经调节是人体内最重要的调节机制。

1. 神经调节

神经调节的结构基础是，中枢神经系统通过传入神经与各种感受器相联系，又通过传出神经与骨骼肌和内脏系统相联系。例如进食时，食物送入口腔后，一方面引起咀嚼运动，包括咀嚼肌以及舌部肌肉有节奏的、密切配合的舒缩运动；另一方面又引起唾液分泌与咀嚼相配合；与此同时，还引起胃腺、胰腺等分泌消化液，为食物进入胃和小肠继续消化做好准备。这些活动的发生，首先是由于食物刺激了舌和口腔黏膜的感受器，并通过传入神经将感受器兴奋所激发的神经冲动传入中枢神经系统，传到调节这些活动的神经元所组成的"食物"中枢，传入信息在中枢经过分析处理后，由中枢发出的神经冲动又将控制信息分别由不同的传出神经传送到咀嚼肌群和有关消化腺，最终产生协调一致的消化活动。又如，一条肢体因某种意外情况而受伤产生疼痛感觉时，一方面这条受伤的肢体将缩回，同时还伴有一系列调整姿势的动作以避免身体倾倒；另一方面还将发生心跳加快，呼吸活动加深或暂停，消化活动受抑制等一系列内脏活动的变化。这同样是由于痛觉感受器所激发的神经冲动将疼痛信息沿传入神经传入中枢相应部位，在中枢经分析处理后，由中枢发出的神经冲动将信息沿各传出神经分别送到有关的骨骼肌和内脏器官的结果。高等动物机体在中枢神经系统的参与下，对内外环境变化产生的适应性反应，称为反射。

反射是神经调节的基本方式。完成反射所必需的结构则称为反射弧。通常构成反射弧的五个环节是：感受器→传入神经→反射中枢→传出神经→效应器。按照这个传统概念，神经信息由感受器传到效应器，反射过程即告结束。实际上，人体内各种效应器上也都分布有特殊的感受细胞或感受器，能够将效应器活动情况的信息随时又传回到中枢，因而中枢能适时调整所发出的神经冲动，使各效应器活动能够准确、协调。例如，进食或创伤引起的反射中，各内脏活动和肢体动作，常能协调配合，分寸适当，这就是由于各效应器的活动或所产生的效应能够随时为某些感受器所感受，并形成神经信息传送到相应的中枢，中枢可据此随时调整效应器的活动。

人和动物的反射活动，又可进一步分为非条件反射和条件反射。非条件反射是生来就有的、比较固定的反射。在非条件反射中，刺激性质与反应之间的因果关系，是由种族遗传因素决定的。条件反射是建立在非条件反射基础之上的，是人或高等动物个体在生活过程中根据个体所处的生活条件而"建立"起来的，因而刺激性质与反应之间的关系不是固定的，而且是后天获得的，也是灵活可变的。例如在动物实验中，狗吃食物时有唾液分泌，这是非条件反射；而某种声响则不能引起唾液分泌，但若在每次饲喂这条狗时，都预先或同时伴有这种声响，在声响与食物两种刺激多次结合以后，单有声响而不伴有食物也能引起唾液分泌。这就是在一定条件下，建立了由声响引起唾液分泌的反射，因而称为条件反射，声响则由"无关"刺激变成了条件刺激。如果以后声响又长期不与食物刺激相结合，声响将不再引起唾液分泌。通过建立条件反射，可以使大量无关刺激成为预示某些环境变化即将来临的信号，从而扩大了人或动物适应环境变化的能力。

2. 体液调节

体液调节主要是通过人体内分泌细胞分泌的各种激素来完成的。这些激素经血液运送到全身各处,主要调节人体的新陈代谢、生长、发育、生殖等重要的基本功能。因为激素通常通过血液运输到远距离的部位发挥作用,因而称为体液调节。

血液中激素的浓度大都是相对恒定的。这些激素所影响的组织或细胞的活动以及所产生的效应,也是相对稳定的。这样,机体才能保持稳态。例如,人颈部的甲状旁腺,它分泌的甲状旁腺激素随血流运送到机体各部分骨组织,促使骨中的钙释放入血,增加血浆中的钙离子浓度。但另一方面,甲状旁腺又能感受血浆中钙离子浓度变化的化学信息,并根据这些信息相应地调节激素分泌的速度。血浆中钙离子浓度高,则甲状旁腺激素分泌减少。正是这种相互影响,使得血液中甲状旁腺激素和钙离子浓度均保持相对稳定。其他各种激素调节的过程可能复杂些,但基本原理是相同的,即激素的化学信息调节着效应细胞或组织的活动,同时,后者所产生的效应又通过不同途径调节着激素的分泌。一般可将各种内分泌腺体构成的内分泌系统看作是一个独立的调节系统,其中一部分内分泌腺或内分泌细胞可以感受内环境中某种理化成分或性质的变化,直接做出相应的反应。但是,不少内分泌腺本身直接或间接地受中枢神经系统的调节,在这种情况下,体液调节成了神经调节的一个环节,这种情况又称为神经-体液调节。

3. 自身调节

自身调节是指内外环境变化时,组织细胞不依赖神经或体液调节而产生的适应性反应。例如,心肌收缩的强度在一定范围内与收缩前心肌纤维的长度成正比,即收缩前心肌纤维愈长,收缩强度愈大。又如,脑血管的血流量在理论上应取决于动脉血压的高度,但平均动脉压在一定范围内升降时,脑血管可相应地收缩或舒张以改变血流阻力,使脑血流量能保持相对恒定。一般来说,自身调节的调节幅度较小,也不十分灵敏,但对于生理功能的调节仍有一定意义。

自身调节常局限于一个细胞或一小部分组织之内,产生的效应与神经和激素调节相似,也常常是准确稳定的。这种准确和稳定也是通过原因和效果之间的相互影响来达到的。例如,细胞内某一种酶的活性可影响某种物质的生成量,但该物质反过来又影响酶的活性,这就使该物质的浓度能通过对酶活性的调节而维持相对恒定。

第三节 健康的概念和内容

健康是人类生存和发展的最基本条件之一,又被称为人生的"第一财富"。德国评论家伯尔尼说:"疾病有千百种,而健康却只有一种。"拥有健康是我们学习、工作和幸福的先决条件。健康度过一生的人是幸福的。

一、健康的概念

随着社会的进步和科学技术的发展,人类对自身的认识也逐步深入。世界各国的医学家们发现,人类的疾病谱、死亡谱与半个世纪以前相比,已经发生了根本的变化。传染病发病率,死亡率明显下降,一些非传染性慢性疾病如心血管疾病、脑血管疾病精神病、肿瘤等,逐渐成为威胁人类健康和生命的主要疾病。同时,他们还发现这些疾病的发病率、死亡率与个体的心理、行为、社会因素、生活方式关系密切。这种新情况的出现,使传统的医学模式遇到了挑战,因而,健康的概念也进一步深化。

1978年世界卫生组织(WHO)将健康定义为:健康不仅是没有疾病和衰弱现象,而是一种躯体上、精神上和社会上的完满状态。世界卫生组织所提倡的身体、心理和环境适应三位一体的模式,深化了健康的概念,揭示了健康概念的精髓,完全符合现代医学模式,即生物—心理—社会的医学模式,因此是确切的定义。

1990年WHO在有关文件中论述健康时提出"健康包括躯体健康、心理健康,社会适应良好、道德健康。"WHO的健康定义不仅是一个医学定义,而且是一个社会学定义。这一健康概念的内涵大大超出了生物学的范围,把人体的健康与生物的、心理的、社会的关系紧密地联系了起来,这是人类在总结了近代医学成就的基础上,对健康认识的一次飞跃。

二、健康的内容

根据健康的定义,健康的内容应包括躯体健康、心理健康和良好的社会适应能力。现代健康观是一个"三维"健康观,对健康的认识要从以下三个方面入手。

(一)躯体健康

基本标志是躯体形态结构正常,发育良好,功能活动正常。机体的各个脏器、各个系统能正常发挥其功能作用,保持机体的稳态,具有进行日常生活和社会活动的能力和充沛的精力。人是完整统一的机体,全身所有组织、器官、系统发育状况良好,是健康的基础条件。各器官、系统的功能活动处于良好状态则是健康的具体表现。

(二)心理健康

心理健康在一般意义上,表现为人的心理现象及其活动处于良好的状态。心理健康的内容具有社会历史性。在不同的社会条件下,在不同的历史时期,心理健康的评判标准是不同的。心理健康的基本表现可归纳为:世界观科学,人生积极向上;思维不偏执,认知功能正常;反应适度,情绪稳定,具有精神创伤康复能力;个性无畸形发展,意志品质健全;自我意识正确,自我评价适当。

(三)社会适应良好

任何人都生存在一定的社会环境中,都与社会其他人发生各种关系。面对社会环境的适应能力强,以及对与他人的关系处理协调,是健康的主要内容之一。一般而言,社会适应良好表现为:人际关系协调,有社会责任感,社会角色扮演尽职,行为合乎社会规范。

健康具有连续性,从健康、疾病到生命终结,是一个逐渐变化的连续过程。健康与疾病之间,并没有一个"非此即彼"的绝对界限。健康与疾病的区别是相对确定的,它们之间还存在一个"中间状态",即"亚健康"。亚健康状态是指健康状态与疾病界限很不清楚,在一个相当长的时间内,各种仪器和生化检查很难发现阳性结果,人仅仅感到躯体和精神上的不适。其后既可以发展为某种疾病,但也可以仅有种种不适而不发病。在这种状态下人既不属于健康,又难于发现有疾病,是处于健康和疾病的临界状态,即所谓亚健康状态。亚健康状态是健康和疾病相联系的中介环节。一个外表健康的人不一定真正健康,他可能正处于既不属于健康状态也不属于患病状态的亚健康或亚临床状态。包括疾病的潜伏期、慢性病的病前期和恢复期。如艾滋病患者,在平均长达7年的潜伏期内,外表看起来和健康人几乎无差别;又如肝癌、肺癌等,在相当长的时期内并无症状,一旦出现临床表现,已是病入膏肓。由此启示人们应该定期体检,认识早发现、早治疗的重要性。

健康是一个动态的概念,健康的概念随着人类社会的发展而不断深化,世界卫生组织提出了健康的10项标准。

(1)精力充沛,能从容不迫地应对日常生活和工作而不感到过分紧张。
(2)处事乐观,态度积极,勇于承担责任。
(3)善于休息,睡眠良好。
(4)应变能力强,能适应环境的各种变化。
(5)能抵抗普通感冒和传染病。
(6)体重得当,身材匀称。
(7)眼睛明亮,反应敏捷。
(8)牙齿清洁无空洞,无痛感,牙龈颜色正常无出血。
(9)头发有光泽,无头屑。
(10)肌肉、皮肤有弹性,走路轻松有力。

世界上不存在"绝对健康的完人",任何健康的标准都是相对的、人为的,大学生应以发展的观点加以对照。

第四节 健康的影响因素

人的身心发育过程是机体不断适应外界环境的过程,既是机体和外界环境矛盾统的过程,也是遗传性和适应性矛盾统一的过程。影响人体健康的因素归纳起来主要有以下几方面。

一、环境因素

环境对人类健康影响极大,几乎所有影响人类健康的因素都与环境有直接关系。根据人类所处的环境可分为自然环境和社会环境两大方面。

(一)自然环境

自然环境包括阳光、空气、水、土壤、气候,以及各种物理、化学和生物等因素,是人类赖以生存和发展的物质基础,是人类健康的根本。人类与自然环境之间是相互依存、相互影响的。保持自然环境与人类的和谐,对维护、促进健康有着十分重要的意义。众所周知,有益于健康的居住环境比有效的医疗服务更能促进健康。在优美适宜的环境中能使人的心情舒畅,内分泌协调,精力充沛,对青少年儿童的身心成长健康更为重要。但当外界环境受到污染或气候突然变化,环境刺激超过机体的适应能力时,机体与外界环境之间的平衡被破坏,人体健康就会受到影响,出现病理状态。因此,各级行政部门和学校要高度重视校园环境的规划和建设,积极创造良好的校园环境条件,促使学生身心健康。

(二)社会环境

社会环境因素对健康的影响非常广泛,在疾病的发生、防治过程中常常起着极其重要的作用。社会环境因素影响健康主要是通过心理感受这个中心环节发生作用的。社会环境因素被人的感知系统纳入,经过中枢神经系统的调节和控制,形成心理折射,产生心理反应及行为,引起社会适应和躯体机能的变化。

1. 社会制度

社会制度决定健康相关政策和健康相关资源保障,法律法规决定人的健康权利的维护,经济决定着与健康密切相关的衣食住行,文化决定着人的健康观及与健康相关的风俗、道德、习惯,教育决定着人的健康相关知识行为水平,人口拥挤会给健康带来负面影响,民族习惯影响人的食物结构、生活方式,职业确定人的劳动强度、方式、环境等。社会环境还包括人际关系、社区环境、社会状态等。人际关系紧张、社区服务能力低下、社会处于动乱或战争状态,对健康均会造成不利的影响。

2. 社会经济

社会经济的发展程度是与健康呈密切的正相关联系。先进的政治制度可以促进社会经济的发展和保障健康;相反,落后的经济则是严重危害健康的因素。世界各国健康水平差别巨大,发达国家与发展中国家疾病类型和死因谱不同。在经济落后的发展中国家,由于贫困、营养不良、卫生设施落后和环境污染等,使传染病和营养不良引起的死亡占5岁以下儿童死亡的70%~90%。在落后的社会经济条件下,人口增长速度难以控制,成为制约经济增长的另一个因素。

3. 社会心理

社会心理因素对人类健康与疾病的影响越来越显著。大量研究结果表明,许多有害的社会心理因素可以是躯体疾病和精神疾病的致病因素;相反,良好的社会心理因素对疾病的预防、治疗和康复起重要的作用。

社会心理因素主要有以下几个方面:

（1）世界观与健康观。世界观及健康观对健康起制约作用。世界观不仅决定健康相关价值取向,还影响人的生活方式、人生态度,进而影响健康。例如,暴饮暴食、生活无规律,很容易引起营养过剩,容易患高血压、胃溃疡等疾病,生活行为放荡则容易感染性病、艾滋病等疾病。如果生活的愿望不能实现,就可能出现精神颓废消沉,甚至铤而走险,伤人或自伤。

（2）心理状态。心理状态指心理活动在某一段时间的表现,包括认识状态、情感状态、意志状态,等等。心理状态不仅决定心理健康水平,还直接或间接地影响其他方面的健康。例如,愤怒的情绪不仅破坏了心理健康,还会影响社会关系,并导致血压升高、胃黏膜出血等,使社会适应能力下降及身体健康受损。

（3）记忆与思维。记忆与思维影响着人的健康知识、技能水平,影响着维护健康的能力,进而影响健康。

二、生物因素

人类生物遗传危险因素也是危害健康的因素之一。随着分子生物学和遗传基因研究的发展,遗传特征、家族发病倾向、成熟老化和复合内因学说等都已经在分子生物学的最新成就中找到客观依据。

（1）遗传。每个人都从上代继承遗传基因,不仅继承高矮胖瘦等基因,还会继承健康和疾病等基因。例如,高血压、糖尿病、色盲等病症都与遗传有关;心理气质、寿命的长短,也与遗传有关。

（2）个体生物学特征。个体生物学特征包括性别、形态健康状况等。不同的人处于同样的疾病流行环境,可能有的人会感染得病,有的人仍然健康;不同的人喝同样多的白酒,可能有的人中毒严重,头晕恶心,有的人却没有中毒症状,这都与个体生物学特征有关。个体生物学特征受遗传影响,并与后天环境及社会行为习惯等有密切关系。

（3）病原微生物。病原微生物包括细菌、病毒、寄生虫、原虫、螺旋体等,是威胁人体健康的最主要因素。几乎每个人每年都会多次受到病原微生物的危害。

三、体育锻炼

科学的体育锻炼不但能够增强人体各系统器官的功能,提高大脑皮层及神经系统的协调指挥能力,全面促进机体的新陈代谢和体格的正常发育,还能促进机体的生理、心理及免疫等产生一系列良好的变化。经常性的体育锻炼,可提高神经活动过程的强度、平衡性和灵活性,使人的感知力、记忆力、想象力和观察力得到提高,对事物的认识反应迅速、思维敏捷、精力充沛、注意力集中;还可以陶冶情操,锻炼思维,培养顽强、果断的意志,增强集体观念,使人们达到身心健康的目的。

四、保健服务因素

一是医疗保健服务,如提供较好的医疗保健设施,能及时诊治危害健康的疾病;二是卫生保健服务,能及时得到卫生保健指导和帮助,以及预防疾病的发生、发展和促进健康;三是自我保健服务,每个人都能得到自我保健教育,培养自我保健意识和能力,懂得如何保持和增进健康,如何对待"异常",并能及时进行自我诊治和寻求医疗保健帮助。医疗和卫生保健服务是健康的重要基础,而自我保健是医疗卫生保健服务措施真正落实到每个具体的人的重要前提,是实现健康的重要保证。

五、医疗卫生服务中的因素

医疗卫生服务包括预防、保健、医疗、康复服务等。良好的卫生服务保障体系,对于及时消除或减少健康危险因素,维护健康,有着重要意义。例如,定期进行体检、及时得到自我保健指导等卫生服务,是维护健康所不能缺少的。医疗卫生服务中影响健康的因素,是指医疗卫生服务系统中存在各种不利于保护及增进健康的因素,如医疗质量低、误诊漏诊、医院交叉感染都是直接影响健康和影响医疗质量的因素。

美国劳伦斯·格林在健康促进计划设计中,把健康行为主要相关因素分为倾向因素、促成因素、强化因素三类。倾向因素包括知识、信念、价值观、态度等;促成因素包括可获资源、法律法规、政策、技能等;强化因素包括激励、压力等。我国华西医科大学马骁教授把健康相关行为分为自身系统与环境系统两大类。自身系统包括遗传、形态等生理因素,需求(需要)、动机等;环境系统包括家庭、同学、朋友等人际环境,居室、学校等生活环境,经济、教育、风俗、道德、自然资源等社会人文自然环境和医疗保健制度、服务提供、医疗保健资源可获得性等卫生服务环境。

要使健康相关行为向促进健康行为方面发展,必须综合考虑影响行为的各因素的作用,并进行全面改善,否则,就不能形成促进健康行为,或者是形成的促进健康行为不能持久。例如,吸烟的人要想戒烟,不仅要掌握必要的有关戒烟的知识、技能,建立起戒烟的信念,有戒烟的需求、动机,而且要处在有利于戒烟的人际环境和社会环境,使戒烟行为不断获得法规政策、亲友、舆论的正向激励,想吸烟的动机不断受到自身和外界的压力等。这样,才有利于戒烟行为的持久。

六、行为和生活方式

行为是人类为生存和种族延续所进行的一切活动的总称,包括人的一些本能性活动和高级的社会活动。行为是影响健康的重要因素,几乎所有影响健康的因素都与行为有关。

生活方式是社会及其组成人群中占优势的行为模式,是人们长期受一定民族、文化、经济、习俗、规范以及家庭影响而形成的一系列生活意识、生活习惯和生活制度。在现代社会,人们越来越清楚地认识到,不良的生活方式是影响人类健康的重要因素,如心脑血管病、恶性肿瘤与人们滥用酒精、药物,过度饮食,缺乏体育锻炼料,吸烟等不良行为有关。

第五节 亚健康

通常亚健康状态是指人们处于健康和疾病之间的健康低质量状态及其体验,或者说它是现代人类生活中介于健康与疾病之间的一种特殊状态。处于亚健康状态的人群,通常具有生理、心理上的多种表现,或似患有慢性疾病的表现,如心情烦躁、情绪不稳、焦虑、忧虑、精神不振、反应迟钝、注意力不集中、记忆力减退等。据世界卫生组织估计,目前全球有近60%的人不同程度地生活在亚健康状态之中。

一、亚健康概述

亚健康状态又称"次健康""病前状态""亚临床状态""第三状态"或"灰色状态",是人们在身心、情感方面处于健康与疾病之间的健康低质量状态与体验,是非器质性改变或未确诊为某种疾病,但身体出现功能上的变化的状态。

(一)亚健康概念的产生

亚健康是介于健康与疾病之间的一种动态变化的中间状态,在健康—亚健康—疾动态变化过程中,亚健康处于中位,较健康或疾病更为复杂。根据这一定义,经过严格健康的内涵计学统计,人群中真正健康(第一状态)和患病者(第二状态)不足2/3,有1/3以上的人群处在健康和患病之间的过渡状态,世界卫生组织称此过渡状态为"第三状态",国内常常称之为"亚健康"状态。第三状态处理得当,身体可向健康转化,反之,则患病。

20世纪90年代中期,国内学者王育学首次提出了"亚健康"这个词汇。其把"亚健康"初步定义为:介于健康和疾病的中间状态,在相当高水平的医疗机构经系统检查和单项检查,未发现有疾病,而病人自己确实感觉到了躯体和心理上的种种不适,这种情况,我们就称其为"亚健康"。处于亚健康状态的人去医院进行相关检查却没有器质性病变,医生也没有好的办法来对其进行治疗,但主观、心理上有许多不适的体验,机体上呈现活力降低、各种反应能力和适应能力不同程度的减退状态。

早在1996年的1月,"亚健康"这一概念见于专业报刊。当时《健康报》曾开辟了一个名为"亚健康学术探讨"的专栏,并相继发表了王育学所撰写的《疲劳综合征与亚健康状态》和其他专家所撰写的一系列文章。王育学称"(亚健康状态)是近年来医学界所提出的一个新的概念……当前尚无规范性的明确定义",可以认为"在健康与非健康二者之间,机体存在着一种非此非彼的状态,即亚健康状态"。1998年,"第2届亚健康学术研讨会"上提出亚健康状态的英文名为"SUB HEALTH STATE(SHS)";2001年8月召开的"第8届亚健康学术研讨会"上,亚健康的英文名被修正为"SUB-HEALTH(SH)",此后被广泛引用。

目前,许多学者通过研究指出,亚健康状态是指"人的身心处于疾病与健康之间的一种健康低质状态",是机体虽无明确的疾病,但在躯体上、心理上出现种种不适应的感觉和症状,从而呈现活力和对外界适应力降低的一种生理状态。这种状态多由人体生理功能或代谢功能低下所致,严重影响人的工作能力和生存质量。健康、亚健康、疾病这几种状态都是动态发展、互相转化的,不是一成不变的,但亚健康如何与疾病及健康状态进行界定,其主要的特征是什么,在时间上如何限定,其转归如何,目前尚未有统一的界定方法。

(二)亚健康的定义

"健康不仅仅是没有疾病和不虚弱,而且是身体上、心理上和社会适应能力上三方面的完美状态。"这是世界卫生组织(WHO)提出的健康的概念。与此相对应,亚健康是指人体处于健康和疾病之间的一种状态。处于亚健康状态者,不能达到健康的标准,表现为一定时间内的活力降低、功能和适应能力减退的症状,但不符合现代医学有关疾病的临床或亚临床诊断标准。因此,对亚健康的定义采取现代医学对疾病定义的方法进行描述,实质上采用的是排除法。

临床上存在疲乏无力、精力不够、肌肉关节酸痛、心悸胸闷、头晕头痛、记忆力下降,学习困难、睡眠异常、情绪低落、烦躁不安、人际关系紧张、社会交往困难等种种躯体或心理不适等症状,通过运用现代的仪器或方法检测却未发现阳性指标,或者虽有部分指标的改变,但尚未达到现代医学疾病的诊断标准,这就是"亚健康"状态。

(三)亚健康的界定

1. 西医学界定

亚健康的范畴宏观而模糊,难以明确界定。从西医学对亚健康的界定分析,亚健康状态涉及的医学范畴有以下几个方面:

(1)某种或某些疾病的临床前状态,可进一步向该疾病发展。
(2)某些疾病经治愈后仍存在的各种虚弱与不适。
(3)人体处于衰老时期,由于组织结构老化及生理功能减退所导致的各种虚弱表现。
(4)机体身心功能的轻度失调,存在有相对独特的表现特征,其发生机理尚未明确,多与现代医学的各种"综合征"有关。
(5)身心上不适应的感觉所反映出来的种种症状,其状况在相当时期内难以明确。

2. 中医学界定

中医学理论认为,健康是指机体内部的阴阳平衡,以及机体与外界环境的平衡。健康意味着阴阳双方交感相错,对立制约,互根互用,相互转化,消长平衡,处在永恒的运动之中。亚健康的发生,是机体的"阴平阳秘"正常生理平衡被破坏,引起"阴阳失调、气血失调、脏腑功能失和"所致。

中医学在《内经》中提出了"治未病"的预防思想。如《素问·四气调神大论篇》指出:"圣人不治已病治未病……夫病已成而后药之……犹渴而穿井,斗而铸锥,不亦晚乎!"虽然中医学的"未病"不等同于西医学的亚健康,但应用中医学"治未病"的理论对亚健康有很大的意义。

中医关于"治未病"的含义可以概括为以下几个方面:

(1) 未病养生、防病于先。
(2) 欲病救萌、防微杜渐。
(3) 已病早治、防其传变。
(4) 瘥后调摄、防其复发。

3. 综合界定

综合多数学者的意见,根据亚健康状态的临床表现,一般将亚健康分以下几类来界定:

(1) 以疲劳,或睡眠紊乱,或疼痛等躯体症状表现为主。
(2) 以抑郁寡欢,或焦躁不安,急躁易怒,或恐惧胆怯,或短期记忆力下降,注意力不能集中等精神心理症状表现为主。
(3) 以人际交往频率减低,或人际关系紧张等社会适应能力下降表现为主。

这3条中有任何一条持续发作3个月以上,并且经系统检查排除可能导致上述表现的疾病者,可分别被判断为处于躯体亚健康、心理亚健康、社会交往亚健康状态。

(四)亚健康的分类

亚健康状态因主诉症状多种多样且不固定,故又被称为"不定陈述综合征"。众多学者认为其分类主要有以下几种:

1. 躯体亚健康

特征是持续的或难以恢复的疲劳,常感体力不支,懒于运动,容易困倦疲乏。由于伴有多种躯体表现,所以又分以下几个类型:

(1) 睡眠失调性亚健康。睡眠失调性亚健康指排除可能导致睡眠紊乱的各种疾病,如重症抑郁、睡眠呼吸暂停综合征、发作性睡眠病等,有持续3个月以上的失眠,如入睡困难,或多梦、易惊醒,或睡眠不实,或早醒、醒后难以入睡等;或嗜睡、晨起时有明显不快感;或不解乏的睡眠为主要表现的。

(2) 疲劳性亚健康。疲劳性亚健康指排除一切可能导致疲劳的疾病,如病毒性肝炎、肿瘤、糖尿病、重症抑郁等,有持续的3个月以上的疲乏无力表现的。

(3) 疼痛性亚健康。疼痛性亚健康指排除可能导致疼痛的各种疾病,有持续3个月以上的各种疼痛为主要表现的。例如,头痛多为全头部或额部、颞部;枕部的慢性持续性的钝痛、胀痛、压迫感、紧箍感,属于肌紧张性头痛,伴有头昏或眩晕;其他部位疼痛,如咽喉痛、肩颈部僵硬疼痛、背腰部酸、肌肉酸痛、关节疼痛等。

(4) 其他症状性亚健康。其他症状性亚健康指排除可能导致某些症状的各种疾病,有持续3个月以上其症状为主要表现的。

此外,有根据西医生理病理特点进行分类的,如易感冒性亚健康;心肺功能低下性亚健康;消化不良性亚健康;内分泌代谢紊乱性亚健康等。

2. 心理亚健康

心理亚健康状态是由于社会竞争日趋激烈，生活节奏不断加快，人们不可避免地要面对各种矛盾和冲突，承受极大心理压力造成的。最为常见的心理亚健康类型有以下几种：

（1）记忆力下降性亚健康。记忆力下降性亚健康指排除器质性疾病或非器质性精神类疾病，而有持续3个月以上的近期记忆力下降，或不能集中注意力做事情为主要表现者。

（2）焦虑性亚健康。焦虑性亚健康指不满足焦虑症的诊断标准，而有持续3个月以上的焦虑情绪的。焦虑情绪主要表现为精神焦虑不安，急躁易怒，恐慌。可因失眠、服梦及血压增高、口干、多汗、心率增快、肌肉紧张、手抖、尿频、腹泻等躯体不适而产生疑病和忧郁。

（3）恐惧或嫉妒性亚健康。恐惧或嫉妒性亚健康指不满足恐惧症的诊断标准，而有持续3个月以上的恐惧情绪的。主要表现为恐惧胆怯等不良情绪，还有妒忌、神经质、精神不振疑病、记忆力减退、失眠、注意力不集中、健忘、反应迟钝想象力贫乏、情绪易激动、爱钻牛角尖、遇小事容易生气、过于在乎别人对自己的评价等。

（4）抑郁性亚健康。抑郁性亚健康指不满足抑郁症的诊断标准，而有持续3个月以上的抑郁情绪的。抑郁情绪主要表现为情绪低落、抑郁寡欢、兴趣减低、悲观、冷漠、自我感觉很差和自责，还可以有失眠，食欲和性欲减低、记忆力下降、体重下降、兴趣丧失、缺乏活力等，有的甚至产生自杀欲念。

3. 社会交往亚健康

以持续3个月以上的人际交往频率减低或人际关系紧张等社会适应能力下降为主要表现。最为常见的社会交往亚健康类型有以下几种：

（1）青少年社会交往亚健康。青少年社会交往亚健康主要因个人心理发育等因素，导致社会适应困难。一旦离开家庭，独立生活能力差，难以适应新的生活环境，处理不好各种人际关系，从而阻碍了有益的信息交流，导致情绪压抑、苦闷烦恼。

（2）成年人社会交往亚健康。成年人社会交往亚健康主要因为工作环境变换、复杂的人际关系处理、建立家庭、养育子女、工作压力、知识更新等，一旦不能适应这些问题，就会陷入不良情绪当中。

（3）老年人社会交往亚健康。老年人社会交往亚健康主要因为退休后生活内容、社会地位的改变，都需要不断地调整行为方式，积极地适应。

4. 道德亚健康

持续3个月以上的道德问题，直接导致行为的偏差、失范和越轨，从而使人产生一种内心深处的不安，沮丧和自我评价降低的状态。

（五）亚健康状态的形成

日本老年学家在进行调查后指出，影响人类健康和寿命的因素固然很多，但过劳是其中极为重要的因素之一。过劳可造成脑力、体力的巨大消耗，远远超过人体的承受能力，从而导致细胞、组织、器官较长时间处于"入不敷出"的超负荷状态。有些疾病早期没有什么明显的症状，在发病前仅有功能障碍，在相当长时期内尚难发现器质性病变，因此，往往不被人们重视和关注。此外,人体内在不断发生周期性变化,即使是健康人,有时也会在一个特定的时期内处于亚健康状态,如女性月经期的表现,男性疲劳时的表现(疲劳不同于过劳,疲一般为生理性范畴的改变,而过劳则为病理性范畴的改变)。随着工业的发展、经济的繁荣、空气的污染、生活节奏的加快、竞争的加剧和人际关系的日趋复杂,影响人体健康的因素发生了很大变化。伴随着医学模式的转变,致病因素不仅仅是单一生物因素,还包括社会因素、心理因素等。造成身体出现第三状态的原因主要有以下几个方面:

1. **营养不全**

现代人饮食往往热量过高,营养素不全,加之食品中人工添加剂过多,人工饲养的动物成熟期短、营养成分偏缺,造成很多人体重要的营养素缺乏和肥胖症增多,机体的代谢功能紊乱。

2. **逆时而作**

人体在进化过程中形成了固有的生命运动规律,即"生物钟",它维持着生命运动过程中气血运行和新陈代谢的规律。逆时而作就会破坏这种规律,影响人体正常的新陈代谢。

3. **心理失衡**

古人云:万事劳其形,百忧撼其心。高度激烈的竞争,错综复杂的各种关系,使人思虑过度,素不宁心,不仅会引起睡眠不良,甚至会影响人体的神经体液调节和内分泌调节,进而影响机体各系统的正常生理功能。

4. **噪声、郁闷**

科技发展、工业进步、车辆增多、人口增加,使很多居住在城市的人群生存空间狭小,备受噪声干扰,对人体的心血管系统和神经系统产生很多不良影响,使人烦躁、心情郁闷。

5. **六淫七情**

外感风寒,暑湿燥火,六气淫盛;过喜伤心,暴怒伤肝,过思伤脾,过悲伤肺,惊恐伤肾。

6. **高楼、空调**

高层建筑林立,房间封闭,一年四季使用空调,长期处于这种环境当中,空气中的负氧离子浓度较低,使血液中氧浓度降低,组织细胞对氧的利用能力降低,影响组织细胞正常的生理功能。因此,住在高楼层的人们要经常到地面上走走,使用空调时,要及时换气。

7. **乱用药品**

用药不当不仅会对机体产生一定的副作用,而且会破坏机体的免疫系统。如稍有感冒,就大量服用抗生素类药物,不仅会破坏人体肠道的正常菌群,还会使机体产生耐药性;稍感疲劳,就大量服用温阳补品,本想补充营养,但实际上是在抱薪救火。

8. **内劳外伤**

外伤劳损、穷思竭虑、生活无序最易引起各种疾病。只有一张一弛,动静结合,劳逸结合,才能避免内劳外伤引发的各种疾患。

9. 练体无章

生命在于运动,生命也在于静养。人体在生命运动过程中有很多共性,但是也存在着个体差异。因此,练体强身应该是个体性很强的学问,每个人在不同时期,身体的客观情况都处在动态变化之中,如果练体无章、运动不当,则会损坏人体健康。

二、影响大学生亚健康的因素

导致大学生亚健康状态的主要因素包括学习压力加大、缺乏身体锻炼、学习兴趣不高、就业态度不乐观,在校表现不满意、父母身体欠佳等。具体而言,主要有以下几方面:

1. 营养因素

我国大学生多存在营养过剩与营养失衡的现状。营养是大学生增强体质、提高健康水平的必要条件。体质不佳的一个明显现象是体重不足,血红蛋白下降,出现贫血。其中以缺铁性贫血为普遍。体重不足将会限定热能释放。血红蛋白降低将影响机体内氧的运输能力,其中尤以大脑供氧供血降低为明显,使人易产生疲劳,导致学习和工作效率降低,体力下降。

2. 家庭因素

现在的中国大学生大都是独生子女、家庭的过分溺爱与放纵,使大学生从小有一种优越心理,做事容易以自我为中心,很少考虑别人,在各种能力表现上缺少独立性。

3. 社会因素

由于社会的进步、科学技术的迅猛发展、对物质方面更高的追求,使得整个社会对个人能力的要求越来越高。社会、家庭都对孩子成长赋予过高的期望,很多家长由于经历坎坷,失去了很多原本属于他们的机遇,希望在孩子身上完成他们的梦想。肩负两、三代人希望的大学生,自然心身疲惫,不堪重负。

4. 其他因素

现代医学研究的结果表明,大学生的亚健康状态形成还与其他很多因素有关,比如遗传基因的影响、免疫功能缺陷、宿舍卫生较差、体育锻炼不足、水源污染、空气污染、噪声污染和电磁波辐射等。

三、亚健康干预

亚健康的综合干预是一个新的概念,在我国刚刚起步。我国几千年文明的积淀留下了许多宝贵经验,为今天的亚健康综合干预准备了丰富的资源。如何把文化遗产和现代的亚健康综合干预结合起来,需要不断地探索和研究。下面介绍几种亚健康干预的方法。

(一)健康教育

健康教育是研究传播保健知识和技术,影响个体和群体行为,预防疾病,消除健康危险因素,促进健康的一门学科。健康教育是从预防为主和健康促进的观点出发,通过有计划、有组织、有系统的社会教育活动,促使人们转变旧的观念和态度,自觉地采纳有益于健康的行为和生活方式,消除或降低危险因素的影响,改善生活环境,预防疾病,促进健康和提高生活质量。

健康教育的目的是提高人民健康水平,让人们从亚健康的状态转变到健康的状态。许多发达国家通过健康教育改变人们的生活方式,取得了显著成效。如芬兰的北卡利里亚执行以预防冠心病为主的健康教育项目15年后,总吸烟率从52.96%下降到35%。可见,通过健康教育提高人民的自我保健能力,可以预防和改善亚健康状态。

(二)心理调适

心理调适是运用医学心理学的原则与技巧,通过语言、表情、姿势、行为,以及周围环境的作用,对亚健康状态者进行启发、教育、劝告、暗示等,对心理亚健康进行干预的过程。心理调适的具体方法很多,常见的有如下几种:

1. 语言开导法

语言开导法是指采用语言交谈方式进行疏导,来消除不良情绪和情感活动等的一种方法。劝导时应该以准确、生动、灵活、亲切、适当、合理的语言进行劝导,以矫治其心理误区,排除心理障碍,使其心理状态从消极向积极转化。

2. 暗示解惑法

即意示法,是指采用含蓄、间接的方式,对其心理状态产生影响,以诱导其无形中接受治疗性意见;或通过语言等方式,剖析本质、真情,以解除其心中的疑惑,从而达到改善多疑、抑郁等不良情志因素的目的。

3. 移情易性法

移情易性法也就是通过分散注意力,或通过精神转移,排除其内心杂念,改变其不良情绪。移情易性的具体方法很多,可根据不同人的心理、环境和条件等,采取不同措施,进行灵活运用。实践证明,情绪不佳时,听听适宜的音乐,观赏一场幽默的相声或喜剧,苦闷顿消,精神振奋。

4. 情趣易性法

情趣易性法是指培养和发展多种兴趣爱好,借此以分心怡情,调养情性。正当而较为广泛的兴趣爱好,可以改变人们单调枯燥的生活方式,增加心理宣泄和保持平衡的途径,使之精神上总有着某些良好的寄托,避免陷入强烈或持久的情感波动状态,它对于个体形成健康稳定的心身素质很有益处。

5. 交往活动法

积极与人交往,共同从事某种有意义的活动,作为一种心理调适手段,对于那些离群索居、忧郁之人具有改善情性,陶冶情趣,增进身心平衡的积极作用。

6. 宁神静志法

就是通过静坐、静卧或静立以及自我控制调节等,达到"内无思想之患,外不劳形于事"的境界。

(三)运动健身

生命在于运动,运动是健康长寿之本。通过运动既能够舒畅情志,流通气血,舒筋健骨,又能锻炼毅力,增强身体素质。通过运动锻炼,可使人感到心情舒畅,消除消极情绪,脱离病态心理。有学者针对目前大学生存在的心理亚健康现象,提出了改善大学生神经衰弱、心理抑郁、情感偏差、缺乏信心、急躁、易怒等心理亚健康状态的运动处方。例如,针对神经衰弱型,选择一些舒缓神经的运动,如健身慢跑、广播操、跳绳、骑自行车、交谊舞、气功、放松功、太极拳、木兰拳、毽球等;针对缺乏信心型,选择一些简单易做的运动,如跳绳、俯卧撑、广播操、跑步等体育项目。结果表明,运动健身对改善大学生心理亚健康有良好的干预效果。

(四)娱乐保健

娱乐活动内容丰富,形式多样,适用于亚健康调摄的娱乐方式有如下几种:

1. 音乐疗法

音乐疗法是治疗亚健康状态的有效方法之一。音乐疗法是指将音乐具有的生理、心理和社会效应,有目的、有计划地用于一些亚健康人群的康复和机能改善中去的一种方法。其对失眠情绪低落、疲倦、烦乱、紧张不安。易激动等症状的改善作用十分明显。据有关专家论证,人在进行音乐体育运动时,一方面,通过神经及神经体液调节,促进人体分泌一些有益于健康的激素、酶和乙酰胆碱物质,起着调节血流量,促进血液循环,增加胃肠蠕动、促进唾液分泌,加强新陈代谢等作用;另一方面,脑的左半球逐渐受到抑制,而右半球逐渐活跃,进而取得支配地位,正是这种大脑的兴奋与抑制区域的变化,促进了人的情绪高涨。也就是说,在音乐体育运动中,人体通过大脑的整合和认知,调节人体的生理唤醒水平,从而缓解单一的紧张状态。因此,音乐体育活动是防治亚健康简便有效的重要手段。

2. 旅游

旅游不仅可以一览大好河山之壮丽景色,而且还能借以舒展情怀,开阔心胸。锻炼身体,增长见识,是一种有益于身心调养的活动。在跋山涉水之中,不仅观赏了大自然的奇妙风景,领略了美好的环境,也活动了身体筋骨关节,锻炼了旅行者的体魄,使人气血流通,利关节而养筋骨,畅神志而益五脏。

3. 垂钓

垂钓时全神贯注,使人入静,与中医养生学"静养神"的观点一致。垂钓的环境多为湖滨、溪畔、河旁,绿树青草,空气中含有较多负氧离子。人们脱离喧嚣的环境、呼吸新鲜空气,可使人头脑清醒。垂钓使人回归大自然,沐浴阳光,日光中的红外线,则能给人以温暖,使人体血流畅通,改善血液循环,促进新陈代谢。

4. 放风筝

放风筝可以呼吸新鲜空气,清醒头脑,促进新陈代谢。在放风筝时,或缓步,或迅跑,缓急相间,张弛有变,活动周身关节,促进血液循环;放风筝时昂首翘望,极目远视,能调节眼部肌肉和神经,消除眼的疲劳,防治近视眼,达到保护视力的目的,同时使颈椎得到活动,与长期伏案工作时颈椎的状态正好相反,可以纠正颈椎变直甚至反向的曲度。

5. 书法

书法艺术讲究用"意念"驱动形体,纸上的点划起伏,其实就是意念在笔端的表现,这正体现了中医养生学形神共养的统一性。"神为形之主",静以养神,养神则保形。在落笔之前,人们全神贯注,意守丹田,恬淡少欲,心神内定,有效地减少心理对于生理的干扰,使体内阴阳平衡。人在挥笔泼墨时,要"澄神静虚,端己正容,秉笔思生,临池志逸",这样既练静功,又练动功,静中有动,动中有静。

(五)限酒

酒精会在不知不觉中悄悄损害脑细胞、微血管,使人感觉迟钝、注意力不集中、情绪变化无常,影响人的思维和注意力,到了一定程度就可能出现脑萎缩、脑缺血、脑动脉硬化、老年性痴呆。过量饮酒,对人的胃肠、心脏、肝脏、肾脏等都会有不良的影响,容易导致一些疾病的发生,最常见的有慢性胃炎、中毒性肝炎、心肌肥大、尿路结石、痛风性关节炎、急性胰腺炎等。

(六)戒烟

烟草烟雾中含有烟碱、亚硝胺、一氧化碳、尼古丁、焦油等有害物质。人体吸入后对呼吸道、心血管、胃肠道、肝、肾等器官均有不同程度的损害。吸烟者患慢性支气管炎的概率是不吸烟者的8倍,并且国内外研究都已经证明吸烟是肺癌的罪魁祸首。吸烟也是缺血性心血管疾病的主要危险因素。

(七)饮食调摄

良好的饮食习惯及合理的营养是保证身体健康、预防疾病的首要因素。饮食的合理调摄是亚健康干预中的重要环节。饮食调理得当,不仅可以保持人的正常功能,提高机体的抗病能力,还可以治疗某些疾病。饮食调摄中要注意以下几个方面:

1. 全面均衡

饮食物种类多种多样,所含营养成分各不相同,只有做到各种食物合理搭配,才能构成平衡饮食,满足机体各种营养需要,满足各种生理功能的基本要求。中国营养学会根据国情,提出食物多样,谷类为主,多吃蔬菜、水果和薯类,常吃奶类、豆类或其制品的建议,值得推行。每天的食品应包括以下五大类:

(1)谷物及薯类,如米、面、杂粮、马铃薯等,主要提供糖类、蛋白质、膳食纤维及B族维生素。

(2)蔬菜水果类,如胡萝卜、南瓜、西红柿等,主要提供膳食纤维、矿物质、维生素C和胡萝卜素。

(3)豆类,如大豆及其豆制品,主要提供蛋白质、脂肪、膳食纤维、矿物质和B族维生素。

(4)动物性食物,如肉、禽、鱼、奶、蛋等,主要提供蛋白质、脂肪、矿物质、A族和B族维生素。

(5)纯热能食物,如动植物油、各种食用糖和酒类,主要提供能量、维生素E和必需脂肪酸。

2. 饮食有节

饮食要有节制,即进食要定时、定量。定时是指进食应有较为固定的时间。有规律地定时进食,可以保证饮食物在机体内有条不紊地被消化、吸收,并输布全身。定量是指进食量要适中。进食定量,饥饱适中,恰到好处,则脾胃可以承受,消化、吸收功能运转正常,人体可及时得到营养供应,可以保证各种生理活动。

3. 饮食卫生

讲求饮食卫生,防止"病从口入"。饮食卫生特别是不要吃发霉的花生、玉米、大豆、薯类等,以免食入黄曲霉素引起癌症。同时要少吃用盐腌制的咸鱼、咸肉、卤虾酱,腐烂发霉的酸菜以及加入亚硝酸盐的火腿、香肠等。尽量不吃含人工防腐剂、合成甜味剂及合成色素的食品。

(八)睡眠调理

睡眠是调节各种生理功能的重要环节,是消除疲劳、恢复体力的主要形式。睡眠对亚健康人群的主要好处有消除疲劳,保护大脑和提高免疫力。在睡眠调理中注意以下几个方面:

(1)养成良好的睡前习惯。睡前不宜吃得过饱,多吃会加重消化系统负担,使睡眠不深;应做到不吃刺激性和兴奋性食物;应用热水洗脚,可改善脑血循环,消除疲劳,帮助入睡;要刷牙,不仅可以清洁口腔,保护牙齿,而且对安稳入睡也有好处;不做剧烈运动,以免影响入睡。

(2)按时作息。定时上床,按时起床,形成固定的睡眠节奏。

(3)睡觉注意保持良好的睡眠的姿势、方位。一般认为,以"右侧曲卧"为佳。这样不仅可避免心脏受压,还可增加肝的血流量,全身肌肉也能较好的放松。睡眠时一定要露头、切忌蒙头。

（4）保证充足的睡眠时间。正常的睡眠长度应以醒后疲劳感消失,周身舒适,头脑清醒,精力充沛,能胜任一天的工作和学习为标准。大部分成人应保证8h睡眠,儿童为12~14h。

第二章　生命教育

教学目标

（1）了解大学生生命教育的内涵、特点、内容及意义。
（2）掌握生命意识教育、生存教育、生命境遇教育、生命道德教育、死亡教育。

生命教育是满足个体需要、促进个体生命发展的教育。个体在生命的不同阶段具有不同的发展需求，因此，生命教育需要根据个体不同阶段的发展需求来确立其相应的内涵。大学生生命教育内涵的界定，必须考虑大学生的特点，了解他们的心理和适应社会发展的需求。

随着社会的不断发展，国家对大学生提出了更高的要求。同时，大学生随着年龄的增长和知识水平的提高，对现实的理解更加深入，个人和社会的责任意识不断增强，也需要思考自己和国家的未来，正确认识自己在社会中所处的角色及所担负的社会责任。

第一节　大学生生命教育概述

在大学期间，大学生要结合自己的专业特点、个人爱好和兴趣等情况，规划好自己的职业及未来的生活形态，为自己未来的发展设立目标，明确发展方向，为国家尽好自己的一份责任。大学生生命教育是满足大学生心理和社会需求的教育，只有正确把握当代大学生的特点和需求，才能积极引导大学生正确认识自我，发展自我，学会与他人相处，确立恰当的未来发展目标，才能真正理解大学生生命教育的内涵。

一、大学生生命教育的内涵

不少人对大学生的生命教育认识不到位，存在着一些模糊认识。有人把生命教育理解为"关于人的生命的知识教育"，即认为生命教育是与人口教育、环境教育等并列的教育。准确地说，他们认为生命教育只不过是在教育内容中增加了一项关于人的生命知识的教育内容而已，在高校，只要开设一些关于人的生命知识讲座就行了。固然，"关于人的生命的知识教育"是生命教育的一项内容，这是不言而喻的，但是仅限于此，显然是远远不够的，其认识是有偏差的。近几年,许多高校都开设了生命知识教育讲座,许多有关欣赏生命、尊重生命、敬畏生命及珍爱生命的生动事例在影响着许多大学生,取得了一些成效。但是,高校校园里大学生暴力事件仍是时有所闻。尽管事件的发生有其特定的社会背景,我们不能把所有的责任都归咎于教育,但是,"对生命的漠视,是教育不可推诿的责任"。这与大学生生命教育的不完整性有一定的关系。尽管我们明白教育理论是指导我们的教育实践的,但是我们更须明白,只有科学的教育理论才能有效地指导教育实践,如果是以片面的教育理论来指导教育实践,所产生的后果可能是毁灭性的。正如教育家洛克所说:"教育上的错误更不可犯。教育上的错误正和配错了药一样,第一次弄错了,绝不可能借第二次、第三次去补救,它们的影响是终身洗不掉的。"缘于此,我们必须得探究和运用科学、合理的大学生生命教育理论。

大学生处在人生的关键时期,他们具有自己的特点和需求,其生命存在于自然、精神和社会三个领域。为此,大学生的生命教育内涵包含生命知识的教育、生命关系的教育和生命价值的教育三个方面。

(一)生命知识的教育

受应试教育的影响,很多大学生的知识构成都是以高考科目为主,至于其他知识,包括生命知识则非常缺乏,主要表现为对自己的生理结构不了解,心理问题突出,生命自救能力弱等。生命是什么?这是一个谜团,狄尔泰曾感叹道:"我们体验生命,但生命对我们却是个谜。"大学生虽然具有较丰富的知识,但是对生命的认识也依然是个谜。

狄尔泰认为,社会科学可以借助于直觉的理解,可以达到人的生活的深处,其出发点就在于知识和智慧。一个人要对自己的生命和生活世界有更好的理解和认知,就需拥有一定的知识和智慧。高校开展的生命教育,就是给大学生传授有关生命的知识,它涉及关于生命的由浅入深的、形象生动的、贴近生活的各个方面的知识,涵盖着各种生命的形态、生理结构、生活习性、生命健康和人的生理规律等知识。

对大学生开展生命知识的教育,仅给学生灌输一些抽象的有关生命价值和意义的知识和把生命知识局限于人的生命的知识是不够的,而应是关系到地球上生物的相关知识。总之,大学生的生命知识教育是涉及关于生命的各个方面的知识教育,既包括有关生命的各种知识的教育,又包括与生命密切相关的知识的教育。当然,生命教育并不是它们的简单相加,而是应把所有的教育都提升到"生命"的高度来进行教育。

(二)生命关系的教育

随着人类社会的进步与发展,人们对生命是越来越重视,越来越懂得珍惜。然而,我们也不得不看到,现实社会不时出现一些人对自己或他人生命的轻视和漠视的现象。在以人为本的现代社会,大学生不再是接受知识的容器,而是一个具有独特的认知、情感、意志等个性特征的人,"对生命关系的教育"所要培养的情感是以科学知识为依托、融真善美于一体的合理的情感教育。同时,大学生作为一个社会的人,正处于思想活跃、精力充沛和兴趣广泛的时期,希望被人接纳和认可,迫切需要与他人建立各种关系。在与他人相处的过程中,大学生与他人交往时应树立起平等、信用、尊重、宽容和互利的思想,克服一些知觉障碍和品质障碍,调整与他人相处存在的嫉妒、自卑、羞怯和猜疑等不良心理。

大学生生命关系的教育表现在教育大学生处理好人与自然的关系。我国古代哲学的核心理念就是以"生命"为中心,认为人类与人类之外的其他生物是一个生命的有机体。"天地与我并生,而万物与我为一",就是说,天地、万物、人是一个生命有机体,我们应该爱一切人和一切物。对大学生开展生命关系的教育,让大学生认识到,人类与其他生物处在一个生命的有机体中,有着相互依存、相互制约的生态关系,大家应该遵循"诺亚原则"来保证各种物种延续下去,"我们不要过分陶醉于我们人类对自然界的胜利,对于每一次这样的胜利,自然界都对我们进行报复"。对大学生开展生命关系的教育应该将"大生命"观作为一种世界观和方法论传授给学生,积极培养大学生对所有生命的敬畏,以大爱境界关注所有生命的价值,正确处理好与自然的关系。

(三)生命价值的教育

一直以来,高校作为培养高级人才的基地,非常重视大学生生命价值的教育。从高校思想政治理论课设置的教育内容来看,一直也把有关生命价值作为重要教育内容来教学。当然,这里所指的"生命价值的教育",不同于传统的生命价值的教育。传统的生命价值教育,常常把人当作认知的工具而非完整的有生命的人来看待,它忽视了人的生命的特点,向学生灌输大量有关生命的价值与意义等方面的知识。这种生命价值教育授予学生的知识及其在学生心中形成的价值观,往往与现实状况形成较大的反差,当面临特殊情境时,有的学生非但不会运用所学的知识来珍惜生命,反而为了所谓"生命的尊严"而含恨离世。

生命哲学强调生命的变异性和创造性,强调生命和激情对经验和理性的超越,把关注的主题由外转内,核心是人的生命存在及其活动等。人的生命价值有肉体的价值、精神的价值和社会的价值,对大学生开展生命价值的教育,就是对他们进行上述三种价值的教育。

大学生生命价值的教育凸显了肉体价值的重要性。生命价值的教育让大学生从中真切感受到自己的血肉存在,就是大学生当下的生存状态,是生命个体最基本且最重要的价值。也就是说,"活着"才使生命具有现实性,"活着的肉体"是人们"精神"存在的基础,只有健康的身体才会有良好的精神。在生命价值教育活动中,高校要重视大学生的体育、美育课的教育,向大学生讲明健康身体的重要性,让大学生认真学习掌握身体的结构、疾病的防御以及生命危机的自救等知识,使大学生对身体有深入的了解,加强锻炼,善待身体,促进身体健康,珍惜自己的生命。

大学生生命价值的教育凸显了精神的价值。人的生命与其他生命体最大的不同就是人的活动具有目的性,人通过各种有目的的、对象性的活动来发展自己。人的存在不仅仅是自然生命的存在,更是精神生命的存在,人之生命的精神性决定了人的存在问题不只是一个单纯的生存问题,而是一个"创造存在"的存在问题。人作为主体性存在物,在创造历史的过程中,是一种更高精神的追求,表现为人们对理想、感情、道德、信仰和价值的追求。大学生在校期间,正是确立科学的理想和树立坚定不屈的信念的关键时期。因此,高校开展生命价值的教育,必须凸显大学生的精神价值的追求。

大学生生命价值的教育凸显了社会的价值。人类生命是具体的、独特的和个我的,而意义作为人之为人的本质,总是具有不同个性的人相互区别的重要尺度,换言之,不同的人总会有不同的生命意义,因而必定有各不相同的生命价值观。如何使大学生的生命更富有价值,关键在于大学生如何促进社会的文明和进步,也就是如何提升大学生的社会价值。个人生命的社会价值,是个体的人生活动对社会、他人来说所具有的价值。人的本质属性是社会性,个体的人只有在社会中,才能使自己的物质和精神的需要得到满足,一个人的需要以怎样的方式和多大程度上得到满足也是由社会决定的,即个人生命价值的实现取决于他的人生活动对他人和社会的贡献,即他的社会价值。所以,一个人生命的社会价值高低主要是看其对社会贡献的多少。作为大学生生命价值的教育,应该关注和重视个体生命的特殊性,尊重和理解他们各自拥有的独特价值。人的价值,除了人类的共性价值外,总有个体的特殊价值所在。因为,人类生命是具体的、独特的和个我的,而意义作为人之为人的本质,总是具有不同个性的人相互区别的重要尺度,换言之,不同的人总会有不同的生命意义,因而必定有各不相同的生命价值观。正是在这一意义上,我们说,大学生生命价值的教育需要关注个体的不同价值取向。在尊重和理解的基础上,因势利导,因人而异,对他们进行有效的引导,更好地帮助他们提升自己,完善自我,进而促使他们更好地实现自我价值。

大学生生命教育内涵的这三个方面内容,看似可以独立存在于某种教育活动中,其中的任何一个方面似乎也就可以称之为大学生的生命教育。但是,我们须知,在不同的教育活动中,其重点和中心是各不一致的,任何单方面的教育虽说也是一种教育活动,但它不能构成完整意义上的生命教育。唯有这三方面内容的融合统一,共同体现于生命教育中,才能称得上是完整科学的生命教育。总之,大学生的生命教育扩展了当前高校教育的内涵和外延,将教育转化为浑然一体的过程,完美地融合了大学生的学习和人生体验。大学生生命教育是教育的一种价值追求,是教育的一种存在形态。

二、大学生生命教育的特点

大学生的自身特点和需求,决定了大学生生命教育不同于其他群体的生命教育,其特点主要表现在教育对象的特殊性、教育内容的广博性和教育方式的灵活性等方面。

(一)教育对象的特殊性

大学时期是一个充满梦想和希望的人生阶段,也是个体发展的黄金时代,这个阶段是大学生的心智不断成熟,人际交往能力不断提高,社会经验日益丰富的时期,同时也是他们思考人生目的,认识生命意义,探求生命价值最困惑的时期。他们有着与同龄人相似的特点:生理成熟与思想成熟不相一致,身体发育与心理发展不相协调、自我感受与社会认识不相统一等。但与其他同龄人相比,他们有着一些自身的特点,大学生毕竟是高素质的群体,对自我价值实现的要求高、社会责任感强等,这些差异、差别就说明生命教育对大学生有着特殊重大的意义。

（二）教育方式的灵活性

生命教育是引导与帮助大学生认识生命、欣赏生命、尊重生命、珍惜生命,提高生存技能,提升生命质量,实现生命价值的教育活动。它所关注的是学生整体人生的健康发展,而不是生命存在的权宜之计。正因为如此,关爱生命,是教育必须承担的责任,也是教育应该确立的价值取向。生命教育是大学教育的应有之义,其目的是远大而崇高的,理应成为大学生的必修课程。由于生命教育的对象是鲜活的有灵性、有情感、有思想的大学生,这就要求教育环境是良好宽松的,教育内容是丰富而多彩的,教育手段能满足因材施教的原则。生命教育是学校教育唯一指向大学生各个层面的综合性教育,其教育方式有别于一般的课程教学,更需要灵活性。生命教育既需要学校教育,也需要社会和家庭的教育;既需要课堂教师教育,也需要课外个人感悟;既需要理论教育,也需要实践情感体验。这正是生命教育方式灵活性之所在。上述只是简单地介绍了大学生的一些共性特点和表现,同时大学生个体也有其自身的特点。在对大学生开展生命教育过程中,教育者要根据每个学生的特点开展有针对性的教育,生命教育才会有实效。

三、大学生生命教育的必要性

近年来,生命教育受到关注的程度不断提高,但我国高校的生命教育仍存在着开展不普遍、不系统、不规范、不平衡的现象。从大学生生命意识现状来看,大学生生命意识淡薄、人生价值迷茫的现象在一定范围内普遍存在,现实社会中物质与精神的失衡,知识本位、技术至上的价值观,加上政治、经济等外在因素的介入,使教育过于工具化,往往把关注的重点放在如何帮助学生扩展知识、提高能力上,使得教育在谋求如何生存的本领的同时,忽略了对为何生存的思考。其造成的直接后果是一部分大学生在面对挫折和打击时,由于缺乏生活的目标,缺少抵御挫折的能力,而易导致各种心理问题,容易走向自我毁灭;而另一部分大学生则更关注物质的索取和生存技能的培养,过分夸大个人生命价值的无限性、终极性。忽视了对人生目标、人生信仰、社会责任的追求。两种错误的价值观产生的直接原因就是当代大学生缺乏生命教育而导致生命意识的缺失,造成的直接后果是他们不能激活与生成对自身、对他人和对其他生命的尊重、敬畏和热爱之情,培养出应有的对个人、家庭、社会的责任感,因此,开展大学生生命教育迫在眉睫。

第一,开展大学生生命教育是教育本质的应有之义。意大利著名教育家蒙台梭利指出,教育的目的在于帮助生命力的正常发展,教育就是助长生命力发展的一切作为。以加强生命教育,引导学生从人生的终极问题上思考生命、理解生命,从而尊重生命、珍爱生命、捍卫生命,建立起对生命的正确态度和对人生的崇高追求,是高校实践以人为本的教育理念的客观需要,也是回归教育本质的必然选择。

第二,开展大学生生命教育是贯彻党的教育方针的需要。我国的教育方针是培养德、智、体、美、劳全面发展的社会主义事业的建设者和接班人。大学生是祖国最为宝贵的财富,把他们培养成全面发展的栋梁之材,是教育者的神圣职责和崇高使命。这就要求高等教育不仅要使学生获得知识和技能,更重要的是要以学生的成长发展为本,促进他们的素质提升和人格完善,帮助他们在人生中更好地成长。

第三,开展大学生生命教育是适应形势发展的需要。随着社会生活的不断变化,各种思想文化相互激荡、相互冲击,全球化、网络化、信息化的快速发展,在为大学生了解世界、增长知识、开阔视野提供更加便利的条件的同时,一些有害信息也在影响着大学生的世界观、人生观和价值观的形成。当个人生活遇到挫折时,很容易产生对生命的意义与价值的怀疑,甚至轻视自己年轻宝贵的生命。

第四,开展大学生生命教育是大学生身心发展的需要。大学阶段是人生的特殊阶段,大学生生理发育逐步成熟,但心理发育相对滞后。在此时期,他们往往会出现一系列的矛盾冲突,如独立性与依赖性的矛盾,交往需要与自卑闭锁的矛盾,理想与现实的矛盾等。随着社会的快速发展和科技水平的日新月异,生活节奏加快,竞争更加激烈,加之家庭贫困、学业和人际关系协调困难等问题,特别是当代大学生多为独生子女,社会经验不足,缺乏耐挫力,容易走向极端。大学生身心发展的特殊性,决定了高校教育工作必须正视大学生心理发展落后于生理发展的实际,及时加以疏导,使其向积极的方面转化。

第五,开展大学生的生命教育是促进人的全面发展的需要。健全的人格和对生命意义的正确理解是人的全面发展的基础,没有正确的生命观作为个体的人存在的基础,就没有人的发展,更谈不上人的全面发展和对社会的贡献。生活是美好的,但也充满矛盾和艰难,有了对生命的正确理解,就有了应对矛盾和困难的积极态度,这也是构建和谐社会的坚实思想基础。

四、大学生生命教育的意义

大学生生命教育,是指从大学生进入大学到离开校园的整个过程中,通过有目的、有计划、有组织的教育活动,引导大学生认识生命的起源、发展和终结,从而认识生命、理解生命、欣赏生命、尊重生命、珍惜生命,建立起乐观、积极的人生态度,培养生存能力,提升生命价值,最终使生命质量充分展现的活动过程。大学生生命教育必须以马克思主义为指导,综合运用哲学、伦理学、心理学、社会学等学科理论,帮助与指导大学生树立生命意识,认识生命意义,激发生命潜力,促进生命成长,提高生命质量,创造生命价值。简单地说,就是引导大学生活着、活好、活美。

(一)促进大学生认识生命的完整性

生命的完整性可以从三个维度来理解:

第一,根据生命存在的不同层次,生命分为自然生命、社会生命和精神生命。目前,大学教育中一直存在着重视社会生命和精神生命,忽视自然生命的现象。教育一般关注的是人的社会文化属性,强调个体的社会价值,当个体存在和社会价值之间产生冲突时,个体被要求牺牲自我,来实现社会的利益。而牺牲的对象包括个人利益之外的东西,甚至生命,这种做法的直接后果就是部分学生轻视自然生命,不珍爱自然生命。生命教育提倡在珍爱生命的前提下,对生命采取负责任的态度,在个人利益与精神自由、社会价值之间发生冲突时,提倡在保持生命完整性的前提下,谋求自然生命、社会生命和精神生命的和谐发展。

第二,生命一般的完整性包括从生到死的整个过程。教育一般比较重视大学生在校的生命发展和完善,强调的是掌握知识、学习技术、训练技能,以便成为某一领域内的专才,忽视了对学生生命整体性的教育,特别是对生命中的死亡的认识、理解和接受。由于传统思想的影响,一般教育很少对学生进行死亡方面的教育,学生在不了解死亡的真相和威胁的前提下,失去了生命存在的动力和紧迫感,失去了对生命的珍惜感。生命教育关注人从生到死的整个过程,重视对学生进行有关死亡方面的教育,传授学生有关死亡的知识,培养学生对待死亡的正确态度,从而使其正确地认识死亡、珍惜生命。这有助于促进学生认识生命的完整性,追求完整的生命。

第三,生命的完整性还包括认知、情感的统一。认知是人的智能的认识活动,情感是对客观事物是否满足自己需要的心理体验。认知与情感虽是不同的心理活动,但二者是紧密相连的。认知是情感产生的基础,没有人的认知活动就不会产生喜怒哀乐的情感,而如果没有情感的推动,人的认知也就不可能发展和深入。认知与情感是相互影响、相互制约、协调发展的。生命教育使人们认识到情感在人的发展中的特殊价值。注重认知与情感的协调发展,在知识教学中,引导学生不断地感悟、体验,有助于知识的理解、掌握和运用。情感教育只有融入知识、智慧之中才会激发理性的生命,真正提升生命的质量。

(二)唤醒大学生的生命意识

现代社会对物质生活的过分追求使部分大学生迷失了人生的坐标,忘却了人生目标,虽然学到了"何以为生"的本领,却忘记了思考"为何而生"。他们把物质财富、技术力量。科学知识作为生命追求的目标,对为什么活着、怎样活着等生命本身带有的实质性问题缺乏深刻的思考。不少大学生对生命感到彷徨、消沉,陷入了前所未有的困境,对生命的存在产生怀疑甚至轻易放弃。因此,生命教育要帮助大学生认识生命的意义。因为只有正确地认识了自己生命的意义,人才能更好地认识生命、珍爱生命,在面对激烈的竞争、巨大的压力以及人生中的种种失落与痛苦时,才能正确而客观地面对困难,迎接挑战。反之,则容易造成个人的挫败感,一旦遇到困难,就可能选择向困难低头,甚至放弃自己的生命。

第二节 生命意识教育

苏格兰哲学家托马斯·卡莱尔曾说:"生命意识是个体对生命的理解与态度。它是人的生命为了适应自身生存和发展的需要,依据先天的基因,加上后天的教化而形成的对于生存和生存价值的体认和感悟。生命意识包括了浅层次的生存意识和深层次的生命价值意识。生存意识即生存意志,是个体维护生命存在和延续的欲望。生存意识的强烈与否,对个体的成长和发展有着极大的影响。"大学生的生命意识,是其对个体生命存在所产生的一种自觉的意识,是对生命的理性思考和感性体验,是对生命终极价值的审视。应该说,生命意识是人类文明发展的核心主题。整个社会的关注、专家的重视、人大代表的呼吁以及大学生冷漠的反应,一方面显示了生命教育的重要性,另一方面也反映了当前高校生命意识教育的缺失。而在高校进行生命意识教育,本身也是教育目标中关注人的价值、关怀人的生命的重要体现。

一、认识和理解生命的意识

人的生命与其他生物生命最大的区别在于:"动物和它的生命是直接同一的,它没有自己和自己的生命活动之间的区别,它就是这种生命活动。人则把自己的生活活动本身变成自己的意志和意识的对象。"人能凭借思维,清晰地认识到自己所处的状态。因此,要理解生命就必须对生命的基本特征进行认识。

在对生命的认识中,我们发现人的生命具有独特性。

第一,人的生命是有限的。关于生命的有限性,主要从以下两个方面来理解:首先,人的自然生命是有限的,死亡是人生必然的结局。其次,人生的际遇是不可控制的。人的一生很难完全按照事先的设计执行,突如其来的自然灾害,疾病以及种种偶然因素,都会导致个体生命的突然消失。

第二,人的生命具有独特性与完整性。每一个生命都是独特的个体,世界上没有两个完全相同的人,正如世界上没有两片相同的树叶。遗传的差异是个体保持独特性的生物性基础,但人的独特性更多来自后天环境、教育和个人实践活动的影响。生命既具有独特性也具有完整性。

当我们人为地划分生命的结构时,却忽略了生命的完整性。哲学家雅斯贝尔斯曾经说过:"毋庸置疑,生命是完整的,它有年龄、自我实现、成熟和生命可能性等形式,作为生命的自我存在也向往着成为完整的,只有通过对生命来说是合适的内在联系,生命才能是完整的。"每一个个体在追求完整性的同时追求着个性,因此,任何对生命的解读和理解都必须建立在对生命完整性和独特性的基础之上。

第三,生命具有精神性和超越性。人的生命不仅仅是自然赋予的肉体生命,还包括后天发展起来的精神生命,这也正是人的生命完整性的体现。人生存于世界之中,生存于自我的意识之中,能够意识到自身生命在世界之中的活动,并在人的意识之中给出人的活动,人对人的生命活动的意识构成生命的意义。人的生命是一种追求意义的存在,而探索有意义的存在是实存的核心。人生的过程不仅仅是物理时间延长的过程,更是一个不断追求生命意义,实现生命价值的过程。在此过程中,人们改变和创造社会,并不断超越自我,提升自我,走向新的解放,生成新的自我。

第四,生命具有实践性的特点。独特的个体、完整的个体、超越的个体,都是在实践中展示和表达出来的。应该说,实践是人类存在的最基本方式。个体在实践中去体验生命的困惑,在实践中去追求生存意义,在实践中去创造美好的未来。认识生命的本质特征是我们生命实践的基本前提。

二、热爱和珍惜生命的意识

在认识和理解生命的基础上,大学生生命教育要培养学生热爱和珍惜生命的意识。热爱是一种深厚、积极、稳定的情感,热爱生命是情感的培养。高校生命教育意识培养,要求大学生在实践活动中去亲身体验和经历。这种对生命热爱的情感一旦养成,再经过加强和巩固,有助于他们在未来社会生活中无论遇到怎样的挫折都能从容面对。

热爱生命,珍惜生命就要养成健康的生活方式。校园是非常有利的健康生活方式的养成环境,大学生要抓住这个机会,养成一生的健康生活方式。首先要合理膳食,养成健康的睡眠习惯。这对于一部分大学生有一定的难度。他们沉溺于游戏,生物钟混乱,因长期缺乏睡眠导致精神涣散、学习效率下降。其次要保持良好的心态。每个人的生活不可能一帆风顺,来自学习的压力,人际交往的压力以及情感问题往往会使大学生陷入苦恼之中。这就要求大学生以平常心对待,因为情绪大起大落的波动容易导致身体和精神上的疾病,不好的情绪易破坏人体免疫功能,加速人体衰老过程。所以生活、工作中非原则问题无须过分坚持,要懂得欣赏自己所拥有的,时刻提醒自己要保持轻松愉悦的心情。最后要进行适当的锻炼。选择一种自己喜欢并适合每日锻炼的方法,比如跑步、游泳、打球、健身等,日复一日地坚持下去。但必须注意选择自己所喜欢的运动,如果自己做绝对不喜欢做的事情,便很难坚持。所以需要尝试找到合适的,喜欢或可以学习喜欢的运动。运动不但能提高自己的身体素质,有助于改善体型,还可以调节身体功能。减低脂肪含量,使我们拥有健康的身体。

热爱和珍惜生命就要求大学生学会体验生命的快乐和精彩。对他人要爱人如己,关爱他人,与他人和谐共处;对自然要学会珍惜生存环境,热爱自然中的一切生命,热爱树木花草,与自然和谐共处。生命是一切上层建筑和物质世界的基础,因为人类有了生命,才有了思想,才有了希望和追求,才有了这个五彩缤纷、像万花筒一样美好的世界。人生是短暂的,也是永恒的。人世间的生活才是实实在在的,有天伦之乐、朋友之谊、恋人之情,有理想,有美好,有追求,有梦幻,热爱和珍惜生命,我们才可以过上快活的人生。应该说。热爱和珍惜生命,就是要在认识和理解生命的基础上,把保存生命作为人生的最大价值,并以此为前提去充实生命的应有内涵,实现生命的价值和意义。

三、尊重和敬畏生命的意识

尊重和敬畏生命在大学生生命意识培养中尤其重要,因为只有在认识和理解了生命的独特性后,我们才能学会尊重和敬畏生命。

尊重生命有三个层次。

第一,要尊重自己的生命。一个连自己的生命都不尊重的人是不可能懂得尊重别人的生命的。尊重自己的生命。当然也包括珍惜生命,热爱生命,但更重要的是承担自己的义务,努力做好眼前的事情、身边的事情,做自主生活的强者。尊重生命就是要热爱生命、珍惜生命、直面挫折,勇敢地担负起对自己的责任、对父母的责任、对学校的责任、对社会的责任,永不放弃生的希望,做生命的主人。对每一个人来说,人的生命只有一次,在人类历史的长河中,生命是短暂的,但在个体的成长过程中,生命又是漫长的。每个人从出生到死亡,要经历一个跌宕起伏的曲折过程。人生的意义不在于生命的长短。而在于生命的意义。

第二,要尊重他人的生命。生命具有最大的普遍性。每个人都希望自己的生命不要受到伤害,都希望别人尊重自己的生命。这就要求我们每个人都尊重他人的生命,绝不去伤害他人的生命,这是道德的底线,也是最具有普遍意义的道德。那么尊重他人生命的道德基础是什么?周国平认为,人有两个本能,一个本能是爱自己的生命,对自己生命有利的东西。他就喜欢,就想得到;对自己生命有害的东西,他就厌恶。就想避开,这就是所谓的"趋利避害"。从这个意义上可以说,利己是人的本性。另一个是同情本能,就是看见别人的生命有了危险,遭到了威胁或损害,他会设身处地去感受,他也会不好受。尊重生命就要有包容之心和爱心。有的生命精美绝伦,有的生命并不那么完美,我们尊重生命,就要以包容之心去对待一切生命现象,而不要以唯美的标准去苛求他人,要学会接受生命的不完美。对一名教师而言,尊重生命就是要尊重每个学生的独特个性,接受每个孩子的优点和缺点,努力培养学生健全、丰富的情感。

第三,要尊重自然界所有的生命。生命是自然界的奇迹。人类本身也是生命形态之一。这种生命形态与其他的生命形态息息相关,并不能脱离其他的生命形态而独善其身。因此,人类不仅要尊重自己的生命,还要尊重别人的生命以及一切生命形态,面对自然的尊重就是对人类自己的尊重。大自然是伟大的,一草一木都有其存在的意义。生命是崇高的,在自然的生命面前,一切生命都是平等而珍贵的。从尊重自己的生命来说,首先是要珍惜生命,养成健康的生活方式,不做损害生命的事,比如吸毒、纵欲、过劳。其次是要享受生命。生命的享受不仅仅是满足生理性的欲望。更重要的是满足生命的欲望。现代社会,人们往往将物欲等同于生命欲望。殊不知物欲是社会刺激起来的,绝不是生命本身的需要。中西方的哲学家早就认识到了生命对物欲的需要是十分有限的。如道家强调"全性保真""不失性命之情""不以物累形",这些都体现了先人的智慧。

敬畏在现代汉语词典中被解释为"又尊敬又害怕",敬畏是一种掺杂着惊讶、恐惧的尊崇的情感。敬畏不等于恐惧,恐惧产生卑怯感,而敬畏则产生崇高感。因此,不畏者不敬,畏和敬是不可分的。生命之所以值得敬畏的本质在于生命的不可重复性和创造性。敬畏生命要求大学生对所有的生命保持最基本的善意,在力所能及的范围之内,避免伤害生命并救助生命。任何生命都有自己的价值和存在的权利,若习惯于把某种生命看作没有价值的,就会陷于认为人的生命也是没有价值的危险之中。对非人的生命的蔑视最终会导致对人自身的蔑视,世界大战的接连出现就是明证。

敬畏生命特别强调对生命的责任。我国著名哲学家,北京大学教授张岱年先生曾说,人之所以为人应该具备两个条件:第一是拥有独立人格,即对自然、社会、自我的关系有充分的认识能力;第二是有社会责任感,个人的成长过程就是个人从不完整的人成长为完整的人、不断提高自我认识能力和社会责任感的过程。

近年来部分高校大学生的心理问题突出,甚至出现了一些犯罪行为。这些问题一再提醒教育工作者在教育中,应该着力培养孩子的敬畏感,包括敬畏生命、敬畏自然、敬畏崇高、敬畏美好、敬畏师长等,也就是要培养孩子对生命价值的认识,对自然的亲近,对崇高事物的追求和向往。如果青年没有这种敬畏之情的话,就很可能成为一个对自己的内心世界没有约束的人,一个缺少憧憬与精神追求的人,将来可能会是一个"背着炸药包"走上社会、危害社会的人。所以,丰子恺先生曾多次劝告小孩子,不要肆意用脚去踩蚂蚁,不要肆意用火或用水去残害蚂蚁。他认为自己那样做不仅仅出于怜悯之心,更是怕小孩子那一点点残忍心以后扩大开来。

四、创造和超越生命的意识

生命在不断的创造中得以发展和壮大。人类从来不满足于自己的生存现状,凭借人类的智慧,不断超越生命存在的现实,提升生命的创造力,更新和丰富生命存在的内容和方式。存在不是生命的根本价值,生命的存在是为了追求更有意义,更有品质和更有价值的生活。

生命中最重要的是创造力,其他的都是附加的报酬。但是,社会的物欲横流让一些人根本没有时间思考什么是生命的本质,反思幸福的源泉,他们希望得到的是可以看到、触摸到、使用到的实实在在的东西;一些大学生所关心的也只是能否评上"三好学生""优秀干部",能否加"量化分",能否多拿一个证书为未来求职增加砝码。人们在追逐名利、金钱、事业成就、地位等的过程中永远都不会满足,在得到的时候人们只能获得短暂的快乐和满足,随之而来的是更深的匮乏感和更多的欲望。他们原以为只要拥有了自己想要得到的东西,就会得到幸福。可却由此发现自己离生命存在最深的渴望——幸福越来越远。

人们之所以在无限追逐成功的过程中感受不到幸福,是因为很多人本末倒置,将追寻生命幸福的手段当作目的,脱离甚至忘记了自己生命原本最重要的来源——创造。当人们都没有办法进入创造之流的时候,就会寻找替代品,有的替代品就是去追逐原来只是跟随创造而来的报酬,如金钱、名利、关系。他们以为最重要的是这些,而忘记了创造力这个本质的存在。当人们能认识到生命中最重要的是创造,其他的都是附加报酬时,就不会脱离生命的本质。所以当我们回到创造本身,而不是执着于外在替代品,我们就能真正享受到由创造而衍生出来的报酬——金钱、关系、名利,而不是陷入金钱、关系,名利中不能自拔。而所有的心灵成长的过程,其最终的目的都是让我们清醒过来,不要沉迷于外界的物质世界。真正能让我们的生命长存并具有存在意义的就是认识到创造之流的存在,无论我们现在拥有什么,或者没有什么,其实都不是最重要的,重要的是我们是否能够发挥我们的创造力,为我们自己,为世界而创造。

真正幸福的人就是进入创造之流的人。哲学家尼采也曾经说过生命的本质在于创造,人只有在创造中才有自由,因而尼采特别强调艺术的创造性,他喜欢将艺术同自然的生殖性联系起来,祈望艺术像自然一样,"在万象变幻中,做永远创造、永远生机勃勃、永远热爱现象之变化的始母"。

生命具有通过人的实践活动去超越生命本身的能力,人的生命就是一个不断去创造和发展的过程。相较于无法超越的动物生命,人的生命本质就是在创造中超越自己。然而,当今社会的一些人,只是被动地接纳社会的个体。将原本扩散型的生命历程简化为线性的生命历程,单调而重复,十年犹如一天地重复。没有了超越性,人的生命的存在就如同动物的生命一般,最终也会丧失作为人的本质的存在。

超越生命的极限,也是高等学校生命教育的重要内容。教育是要从人的生命深处唤醒人沉睡的自我意识,激发人的创造力、生命力、价值观,使人具有一种觉悟,触及人的灵魂,使人心灵震撼,催醒人内心深处沉睡的意识,使人灵魂的眼睛抽身返回自身之内,内在地透视自己的灵体。在人生中,只有教育才能使人不断认识,不断改正,不断总结,不断积累,不断适应,不断成熟,使人的生命连续发展,不断发展进步,不断创新升华,直到人生命的最大值,即人生命的最大极限,最后坦然走向死亡。死亡是必然,人有生必有死,这是自然的。无论高贵还是卑微都回避不了。但是人可以超越生命的最大极限,即延长人的有限生命,超越人固有的生命。这些目标的达成都与教育有着密切的联系。因为人在世界上,活得时间越长,走得越远,拥有的综合能力就会越强,知识智慧就会越多,生活阅历就越丰富。

第三节 生存教育

生存,是人类在发展中面临的共同课题,也备受世界各国学者的关注。生存教育简单来说就是生存能力的教育。生存能力是指一个人为了保存和发展自己,通过自身的努力在对自己的生存环境和条件进行适应。利用、斗争、创造时所表现出来的综合能力,以培养和训练学生生存能力为主要目的的教育,就是生存教育。

一、生存价值教育

在高校开展生存教育,要注意培养大学生的生存意识,进行生存价值教育,使其养成良好的生活习惯。生存意识,也被称为"本能意识",是人类的最基本精神,影响和调控着人类的一切行为,如人的学习意识、审美意识、创造意识、求职意识等。应该说,生存意识是其他意识的母体,它充溢在人类的一切活动之中,而子体又以不同的表现形式体现了人类的生存意识。

生存价值教育是为了让学生了解生存的价值与意义,了解生存是实现生命价值的基本途径。当代社会生存异化现象较为严重,高校中也存在生存异化的现象。究其缘由,在于当代社会政治、经济生活发生了巨大的变化,生活方式的变革、外来文化的侵袭以及价值观念的多元导致了人在自我认知中的失度。

高校的生存教育必须正确而又深刻地回答大学生的世界观和价值观问题,给他们提出的问题一个具有说服力而又令人满意的回答。"学会生存、适应生存"是生存哲学在当代重要的价值旨趣。

然而"生存"并不仅是生存,而应该是生存的"生存",也就是说,我们要构建生存的社会化方式,在社会生活与社会关系中学会生存,实现生存的价值与意义。生存教育的价值旨趣是"成为人自身",它包括对人"本源性"的生存状态的澄明和回归,对人的"超越性"的承诺、对人的"整体性"的呼唤。使生存"超越"沉沦,彰显人的"本源性"和"整体性"存在,是生存哲学所追求的境界,是生存教育所要实现的价值本质,也是生存教育回归教育的生命价值本源的核心所在。总体来说,大学生生存价值教育要让学生充分意识到提高生存能力的必要性,端正生活态度,树立人的自我身心、人与社会、人与自然的和谐观念。

二、生存知识和技能的教育

全国每年因突发公共事件造成的损失非常惊人。在高校进行生存教育,让学生掌握日常的安全知识以及应对自然灾害的必要常识,能及时帮助学生建立适合自己的生存追求,在价值多元及众多生存异化的现象中,学会判断和选择正确的生存方式,学会应对危机和摆脱困境的知识和方法,满足个体在社会上安身立命的需求。

在高校开展生存知识和技能的教育十分有必要。高校生存知识和技能的教育既包括日常安全知识,也包括应对自然灾害,突发事件的必要常识。

首先,要普及大学生日常安全知识。随着社会发展进步,大学生的生活空间也随之扩展,交流领域也在不断地拓宽。大学生不仅要在校园内学习、生活,而且还走出校园参加众多的社会活动,危及安全的因素也随之不断增多,诸如无序的交通、变质的食品、水电隐患。若是不慎就可能会造成不幸,给家庭造成痛苦,给社会造成负担。因此,进行人身安全教育,帮助学生了解人身安全的基本常识,掌握处理各种应急情况的技能,提高自身的防御能力,就显得尤为重要。针对当前普遍存在的大学生财产安全意识薄弱、轻信他人、财物保护观念差的现象,更要加强大学生安全意识教育,提高大学生的自我防范意识和能力。

其次,还要普及大学生应对自然灾害和突发事件的必要常识。学生意外伤害事件的频频发生,不仅给家庭造成了无法弥补的伤害,也为学校工作带来了难题。应对地震、台风、雷击、洪水等自然灾害都是我们生存教育的重要内容。

除了向学生进行日常安全教育和应对自然灾害与突发事件必要的常识教育,我们还需要教授一些必备的技能技巧。在我国,从基础教育到高等教育,生存教育还未被正式纳入教学体系,加之社会民众缺乏生存教育意识,使得人们缺乏防灾意识和自救、救护的能力。现代化社会,人们应该具备一定的急救知识和技能,因为这不仅代表了一个国家国民的综合素质、文明程度和发展水平,同时也标志了一个国家现代医疗健康保障体系的完善程度。

与理论知识介绍相结合的实践技能的培养应该是构成生存教育的重要组成部分。比如,教会学生使用灭火器,掌握人工呼吸和胸外心肺复苏挤压的基本技巧,等等。因此,大学生生存教育应该让学生充分了解日常生活中的水、火、电以及自然界中的地震、台风、洪水、雷击,以及一些社会性伤害事件如踩踏、抢劫、盗窃等对人的身心造成的伤害,加强防范意识和能力,并且要在教育过程中提高学生的自救和互救能力,培养学生坚强的意志力和承受挫折的能力,帮助学生树立正确的人生观和价值观,使学生通过自己的不断努力,推动社会的进步与发展。

三、职业生涯教育

大学生职业生涯教育是高校生存教育的重要组成部分。所谓大学生职业生涯教育,就是帮助大学生进行深度的自我探索,职业定位,提升职业决策能力和职业素质,从而使他们能够科学地规划自己的学习、生活和未来的职业选择,最终达到人与职业的最优结合和个人的全面发展。应该说,职业生涯教育从人的全面发展角度出发,通过课程和多种课外实践活动的形式,让大学生树立正确的职业观和劳动观,培养他们对职业生涯的规划意识,使其掌握相应的知识和技能,为未来进入社会奠定基础。职业生涯教育旨在从人的全面发展的角度出发,引导个体树立正确的劳动观和职业观、培养他们规划职业生涯的意识与技能,形成自我调节和自我引导的能力,目标是让每个学生过上适合自己的美满生活。

我国的职业生涯教育萌芽于陶行知先生的"生活教育"思想以及黄炎培先生的"生计教育"。虽然起步较早,但因为当时国内复杂的社会政治环境,发展非常缓慢,也并没有实质性的进展。职业生涯教育真正引起教育者重视是在20世纪90年代,我们引进和借鉴西方发达国家先进教育经验的基础,逐步在高校中推进职业生涯教育。

在大学阶段,许多学生由于选择了不感兴趣的专业而懈怠甚至荒废学业。还有一些年轻人,读了很多年的书,一直在换专业,总也找不到自己喜欢的,甚至有些人参加工作后,还在为寻找自己的兴趣或适合自己的东西而继续摸索、不断跳槽。

在高校开展职业生涯教育要加强大学生的专业知识和技能培训,培养职业情感和态度。高等教育大众化后,高校教育质量问题备受争议,且当前的教学模式大多集中于专业课程的理论学习,缺乏企业所需要的知识结构和专业能力,这些问题都是影响大学生就业的不利因素。因此,要设计综合化的职业生涯教育模式,通过课内讲授和课外实践活动等形式,让学生系统地学习教育学、心理学、管理学等职业生涯相关知识,并发展职业能力,建立职业生涯规划的意识,掌握职业生涯规划的方法和技巧。在国家政府支持、社会企业参与、高校主导三位一体协同联动下,引导他们主动思考人生目标、筹划生命方案、追求幸福人生。职业生涯教育是一个连续不断的教育过程,它需要各阶段教育的相互配合,也需要各主体的互相支撑,进而使得大学生能结合自身条件和现实就业环境,对社会的就业形式有清楚的了解,并在此基础上将个人的人生理想和社会的现实需求有机地统一起来,进行准确的职业定位,实现成功就业。

四、环境保护教育

生存环境教育是生命教育在每个学段的教育任务。生命教育在达成人的身心和谐、人与社会和谐的同时,也强调达成人与自然的和谐统一。人类生存环境的变化对人的生命质量高低影响重大。20世纪,地球环境遭受了巨大的破坏,一是两次世界大战给环境带来了巨大伤害,二是世界各国发展经济以破坏环境为代价,环境与生态问题日益凸显。生态危机已经成了世界各国面临的重大课题。1972年,联合国人类环境会议在瑞典斯德哥尔摩举行,会议的目的是促使人们和各国政府注意人类活动正在破坏自然环境,并给人类的生存和发展造成了严重的威胁。这是世界各国政府共同讨论当代环境问题,探讨保护全球环境战略的第一次国际会议。会议通过了《联合国人类环境会议宣言》(简称《人类环境宣言》),呼吁各国政府和人民为维护和改善人类环境、造福全体人民、造福后代而共同努力。

中国的环境教育萌芽于20世纪70年代。1973年,中国召开了第一次全国环境保护会议并颁布了《关于保护和改善环境的若干规定》,号召要努力开展有关环境保护的研究、宣传和教育工作,要求有关高等院校开设环境保护的专业和课程。这标志着中国环境保护和环境教育的起步,也奠定了中国环境教育概念的基本结构。为了推进环境教育的深入开展,教育部在2003年颁布了两个文件《中小学环境教育专题教育大纲》和《中小学环境教育实施指南(试行)》,要求在中小学正式实施环境教育。但是当前的环境教育仍然存在一些问题,如理论体系尚未形成,环境教育的实践效果有待加强等,因此,在作为基础教育补充的大学教育中,环境教育的内容同样也是生存教育的重要内容。高校主要从环境观教育、环境理论知识教育、环境治理技术教育、环境史教育以及一些专项问题的角度开展环境教育。对于非环境专业的学生,高校可以根据环境教育的内容和目标,采用课堂讲授、讲座、公益宣传、观察体验、科学研究等多种方式进行,让大学生在了解中外环境历史的基础上,了解环境教育的理论知识和治理技术,进而培养大学生对人与自然双向关系的认知,确立正确的环境观念。

21世纪是一个创新的时代,充满着竞争和挑战。它对大学生的知识、能力、生存能力提出了更高的要求,也对高校人才培养的目标提出了更高的要求。高校不仅要培养学有所长的未来建设者,同时也要让学生学会生存,使其拥有善待生命、健康生活的社会智能。正如杜威所说,每个人都拥有生存发展的能力,而教育的作用正是为人类提高生存发展的能力,为实现发展(继续生长)的愿望提供有效方法,并促使愿望的实现。人类若要生存,就需要接受教育、不断学习。教育为人类学会如何生存提供了可能。

第四节　生命境遇教育

人生境遇即人的命运,每个人的生命都会有不同的境遇,有快乐,也有苦闷。快乐时,内心光明,充满无限惊喜,热爱生活,善待身边的人和事;苦闷时,内心充满愤恨与不平、报复等种种恶念,眼前世界一片黑暗。这些都是人在面临不同境遇时候的正常反应,但是,人毕竟具有主观能动性,对环境有正确的认知,对情绪能进行自我调节。然而,在激情状态下,大学生却可能做出伤害自己或他人生命的行为。

人的能动性毕竟是有限的,因此,当逆境无法改变的时候,我们应把自己的主观能动性放在调整心态、找到解决问题的正确方法上。大学生在学习和生活中会遭遇不同的境遇。因此加强大学生挫折教育、情爱教育、心理健康教育、死亡教育以及应对突发事件的教育都是大学生生命教育中的重要内容。

一、挫折教育

挫折感是一种心理现象。挫折情境指产生挫折的原因,也就是使预定目标无法实现的客观因素或主观因素,因此,它可以是人也可以是物,也可能是各种自然环境和社会环境。挫折认知是人们对于挫折情境的知觉,认识和评价。而挫折行为是人们在遭遇挫折后,伴随着挫折认知所表现出来的反应,它包括情绪性反应、理智型反应和个性变化。情绪性反应是个体在遭遇挫折后出现的强烈的心理体验或特定的行为反应,如攻击、冷漠、退化、固执、幻想、逃避、自我等。理智型反应是个体在遭遇挫折后采取的积极进取的态度,用于克服困难、排除阻碍,毫不动摇地朝着预定目标前进。个性变化是个体在遭遇重大挫折后产生持续的紧张状态而形成的较为固定的个性特点。而挫折教育是一种有目的、有计划、有组织的教育行为,它不同于学生在日常生活中遭受的挫折打击,并不是教人如何回避困难,而是主张以一种积极的心态去面对挫折,并在战胜挫折中成长。

大学生大多为18～23岁,人生经历较单一。在成长过程中除了学业挫折,几乎鲜少遇到其他困境。由于经验缺乏,心理承受能力较弱,出现了极少数大学生行为倒退甚至是伤害生命的情况。这些情况的发生,再一次给高校管理者敲响了警钟。

在全球化发展,国际社会竞争日益剧烈的今天,大学生作为未来社会的中间力量,将会迎接前所未有的挑战,因此,增强大学生承受挫折的能力,不仅是高校生命教育的重要内容,还为人才强国提供智力支持,关系到国家未来发展的前途和命运。

(一)我国挫折教育存在的问题

纵观我国高校挫折教育多年的实践历程,收获颇丰,但也存在一定的问题。

第一,大学生挫折教育的理论和实践缺乏系统的设计。我国的大学生挫折教育属于思想政治教育的组成部分,在国内刚刚起步,学者对此缺乏系统、深入的研究,因此在实践中缺乏科学理论的指导,挫折教育的内容、大学挫折教育如何与中小学挫折教育衔接、实施途径、效果评价等各个环节缺乏统一的标准。高校挫折教育实践环节主要由辅导员实施,再加上高校学工系统、教学系统各自为政,教育主体不够明确,因此没有形成教育合力,效果大打折扣。

第二,高校挫折教育的内容和形式仍然沿袭传统,缺乏创新。当前高校作者教育并未在充分调研后进行针对性设计,往往是在思想政治类课程中进行理论讲授,缺乏社会实践操作,缺乏日常挫折教育训练,学生没有体验感,因此,很难达到教育的预期目标。

此外,在挫折教育中,主体不明确,特别是没有发挥大学生本人的主体作用,这是当前高校挫折教育中普遍存在的问题。挫折教育不是专业课程,不需要从头到尾由教师讲授。换言之,大学生并不完全是挫折教育的受教育者,同时也应该是教育的主体。因为融入了他们自身经历、体验和感悟的挫折教育才能够引起大学生的共鸣,才能够产生教育的实效。所以说,高校挫折教育在实践中忽视了"以教师为主导,以学生为主体"的基本原则。

(二)大学生挫折教育的内容

大学生挫折教育在坚持以教师为主导,大学生为主体的基本原则下,倡导学校各个部门相互配合,形成教育的合力。高校挫折教育的内容大致有以下几个方面:

第一,引导大学生对挫折进行正确的认知和归因。一方面,引导学生认识挫折的两面性。正如巴尔扎克所说:苦难,对于天才是一块垫脚石。对于能干的人是一笔财富。对于弱者是一个万丈深渊。因此,人生中的挫折和磨难并不都是坏事,它可以促使我们去为环境的改变而奋斗,也能够磨炼我们的意志和品格,增强智慧和创造能力;同时,我们在遭遇挫折后也要进行经验教育总结,尽量避免不必要的挫折。运用心理学所提倡的"意义换框法",让大学生转变对挫折的认知。此外,归因也很重要,将引起挫折的原因归结为外部原因还是内部原因,将直接影响大学生的行为选择。在归因中,教育者应该有意识地引导学生,只要能使挫折情境得到改善和消失,挫折感也会随之消失。归结为外部因素,就要坦然面对,或者是调节自身的抱负水平,提出适合个体能力水平的且具有挑战性的标准;归结为内部因素,就应该总结经验教训,找出问题症结所在,发现自己的弱点,力争改正,发扬优点。振作精神,鼓起战胜困难的勇气,树立信心,提高承受挫折的能力。

第二,适当地进行磨难教育。孟子曾经说过:"故天将降大任于斯人也,必先苦其心志,劳其筋骨,饿其体肤,空乏其身,行拂乱其所为,所以动心忍性,曾益其所不能。"磨难教育能增加大学生的挫折容忍力,而且实践也证明了这一点。纵观中外历史,事业大成者,无不经历了巨大的艰难困苦。在高校进行磨难教育可以通过社会实践活动或是体育锻炼来实施。创设大学生能够接受的磨难环境,适当地控制难度,在教育中提供保护。针对学生个体创设有针对性的磨难教育,让学生在多次经历中学会进行挫折的自我调适和容忍力。

第三,帮助学生建立心理防御机制,提供情绪宣泄的安全机制。高校应联合校内心理健康教育部门,培养学生良好的心理素质,建立大学生挫折教育的心理防御机制,还要教会学生宣泄情绪的途径和方法。大学生在遭遇挫折后会出现强度不同的情绪反应,如焦虑、冷漠、压抑、自卑等,并且有可能会出现一些攻击性行为。因此,在教育中,我们要对学生面对挫折的积极情绪给予赞赏,同时也应该宽容学生的消极情绪,引导他们进行适当宣泄,否则消极情绪郁积后爆发的后果往往不堪设想,极端情况下甚至有发生恶性事件的可能。必要的心理疏导和情绪宣泄是高校挫折教育的重要内容。

第四,加大对高危人群的挫折教育。在高校,所谓的高危人群是新生、毕业生和贫困生。新生刚刚进入大学,大学中的校园文化、人际关系和高中完全不同,以学习为唯一目的的环境改变后,大学生的特长、情商、人际交往能力成了他们能够在校园里独领风骚的重要资本,而很多学业优异者进入大学后优势不再,自尊心和自信心都会受到一定的打击,容易出现心理问题。毕业生在当前严峻的就业环境中,面对各类公招考试或应聘失败,倍受打击,也容易产生心理问题。贫困生由于经济条件较差,较大的经济压力和精神压力使得他们思想包袱很大,也容易产生心理问题。因此,高校挫折教育应该重点抓好高危人群的教育。

二、情爱教育

亲情、友情、爱情是人生的三种情感。在个体成长的道路上,这三种情感伴随着人们走向成熟。而大学生处于人生情感最为丰富的阶段,如何正确地处理亲情、友情与爱情,以感恩的心对待身边的亲人、朋友和爱人,努力回报社会,这是大学生生命教育的又一重要课题。

亲情是人世间最无私、最朴素、最真挚的情感,它是一切情感的基础,也是个体成长中最为坚强的后盾。中国传统文化自古重视亲情。《礼记》中说:"何谓人义?父慈,子孝,兄良,弟悌,夫义,妇听,长惠,幼顺,君仁,臣忠,十者谓之人义。"从人义的外延来看,有八项涉及亲情。但是,随着时代的发展,家庭观念和亲情观念的变化以及人类通信方式的变化,当代大学生亲情缺失现象非常普遍。知识和能力越来越强,但对父母的亲情越来越淡,相当一部分学生与家长保持联系的方式为打电话,且大多为一星期一次,内容主要围绕生活费等话题。很多学生表示除此之外,与父母基本上无话可说。更有甚者,一味向父母索取,而给予家庭的照顾却很少,在与同学的攀比中嫌弃父母"没权""没钱",导致他们与父母的交流却越来越少。诸如此类的现象不仅让家长感到寒心,也让高校教育者意识到了亲情教育的重要性,因为一个只有专业知识和技术,对身边的人都做不到爱和责任,没有感恩之心的人其实是很难获得成功的。哈佛大学研究成果也表明,导致一个人成功的因素中,智商只占20%,而情商则占80%,真正决定一个人是否成功的关键是情商而不是智商。当然亲情缺乏现象产生既有家庭和学习的原因,又有社会的原因。但是,针对现状,高校开展亲情教育应该摆脱原来仅在"思想道德修养与法律基础"课程中大而无当的教育内容,寻求亲情教育内容和方式的突破。一方面寻求家庭、社会的通力合作,积极营造良好的亲情教育环境,让家长重视亲情的示范作用;另一方面形成一个良好的社会育人大环境,健全和完善亲情教育的体制。除此之外,高校可以利用得天独厚的教育优势,以课程为载体,思想政治理论课程教师通过课堂教学,培养大学生正确的亲情观。还可以通过主题班会,利用各种节假日开展亲情活动,使大学生进一步体会父母的无私与伟大,体验父母对自己的情感,懂得家庭的温暖与爱,从而能更爱自己的父母和亲人。

情爱教育中除了亲情教育,作为社会人,我们还必须与社会的其他成员进行交流和沟通。马克思在讨论人的本质时就曾经说过:"人的本质并不是单个人所固有的抽象物,在其现实性上,它是一切社会生产关系的总和。"从心理学的角度来说,马斯洛就曾经说过人有"归属和爱"的需要。作为社会团体中的一分子,人们从婴儿时期就表现出了与他人交往的需要。交往需要的满足可以使个性得到健康的发展,也可以使团体成员之间更加了解、相互信任,同时也有助于社会的稳定与安全。因此,大学生在沟通和交流中就产生了各种类型的友情。友情能充实大学生活,并且伴随他们的一生,正如亚里士多德所说的"挚友如异体同心",朋友间互相激励,可成为彼此精神上的支柱。但是,部分大学生在交友过程中,由于受到家庭,学校和社会的不良影响,形成了不良的友情观和交友心理,比如嫉妒、自卑、羞怯或是猜疑心理。这不仅阻碍了同学之间亲密友情的建立,同时也可能会产生不良的心理影响,产生人际交往障碍。人际交往能力是衡量大学生社会化程度的重要指标,而且现代社会的调查研究也显示,人际交往能力是成功的重要保障。因此,高校加强友情教育意义重大。

第一,要教育大学生建立良好友情的原则,包括平等、信用,尊重。宽容等。只有建立在类似原则基础上的友情才能让人产生愉悦、满足的心境,友情才能和谐而又长久。

第二,要教会大学生克服友情交往中存在的心理障碍、知觉障碍,比如心理学中所说的"第一印象""刻板效应""晕轮效应"。针对不同的交往对象,全面地观察和了解交往对象,为良好互动型的人际交往建立基础。

第三,要教会大学生克服人际交往中的品质障碍。一方面要克服嫉妒心理,祛除个人中心主义,以宽容的心理悦纳朋友的成功,在竞争中保持良好的心态;另一方面要克服自卑心理。自卑是人际交往的大碍,针对心理自卑者一是要鼓励他们进行自我肯定,增加自信,二是要让他们积极地在自己身上发现优点,减弱或消除自卑感。

第四,要教会大学生克服羞怯心理。教会大学生在全面客观的自我评价的基础上,学会观察和掌握生活和交往的技巧,从而使大学生在交往的时候得心应手。

当代大学生情爱教育中最受关注的是爱情教育。爱情是人生中最美好的感情之一。在大学时代遇到爱情,是人生的一大美事。从目前大学生恋爱的现状来看,大学生群体中有恋爱行为及倾向的人数比例非常高,没有恋爱打算的仅仅占10%。

大学生恋爱休闲化、实用化、放纵化和虚拟化现象严重,大学恋爱成了休闲驿站,成为部分大学生弥补精神寂寞空虚的方式。由于青年人的猎奇心理以及生理成熟而导致的性冲动,大学生婚前性行为数量激增,因恋爱不当或性无知造成的悲剧事件偶有发生。这些严峻的问题对高校爱情教育造成了极大的挑战。现实要求高校教育管理者加强对大学生的爱情观教育。苏霍姆林斯基曾指出:"爱情,是一个永恒的课题。它摆在年青一代面前。我们需要借鉴人类文明史提供的全部正面经验来研究这个课题。以解答年轻人的最隐秘感情——爱情有关的问题。但是,很遗憾,年轻人亲密关系的问题常常得不到解答。不仅如此,某些教育者还根本不予理解。结果,培养人的最重要的神圣职责被束之高阁,这是教育工作中存在的严重缺点。如果说,在其他领域里,自发的个人生活经验不能代替社会对人的思想和感情所进行的有意识、有目的的教育,那么在爱情领域里,就更不应指望经验。"因此,大学生的爱情观教育,大学生恋爱心理的调适是爱情教育的重要内容,此外,还需要加强对大学生的性教育,要让大学生明白爱情意味着奉献、义务和责任,并能以一种健康成熟的态度对待两性之间的关系和行为,减少悲剧事件的发生。

三、应对突发事件的教育

随着经济发展,文化的急剧变迁、外部环境的变化以及社会转型的阵痛和潜在的社会矛盾导致部分大学生思想混乱、信仰缺失,职业道德和社会公德水平下降,自由主义、拜金主义、个人主义等对高校改革发展产生了重大的影响。近年来,高校突发事件频发,表现出了多样化的特点,如意外伤亡、暴力行为、学生食物中毒等。这些意外事件的发生不仅伤害了一些大学生的生命,也给社会带来了不良的影响。面对种类繁多的突发事件,提升大学生的应对能力和自教本领,是高校教育工作者开展生命教育的重要内容。

关于高校突发事件的类型,按照不同的标准,国内学者划分的类型不尽相同,但总体说来,按照内容可以划分为自然灾害事件、事故灾害事件、公共卫生事件、社会政治稳定类事件、人际关系因素类事件等,按照事件的性质可以分为政治类事件、治安安全类事件、学校管理类事件,按照人群可以划分为个体类事件和群体类事件,按照危害的结果可以划分为人身及精神损害类事件、财产损害类事件、秩序损害类事件及综合损害类事件,等等。大学生突发事件的偶发性大、影响面广、破坏力大、扩散性强、后果难料等特点进一步加剧了高校生命教育任务的紧迫性。大学生突发事件的教育尽管成了学界研究的一个焦点,但是由于起步较晚,仍然存在很多问题。比如大学生突发事件的法律、法规和相关政策及预案缺乏,大学生对突发事件的管理意识较弱,缺乏应对的知识和能力,各校各部分的横向沟通不够通畅,积极应对突发事件但是忽视预防,等等。因此,高校必须建立起一套系统的突发事件的预防和应对机制。

大学生突发事件预防机制是指在危机尚未爆发之前,为应对可能出现的问题进行的一系列管理工作机制。这一预防机制的建立需要各部门之间的通力合作。一方面是建立专门应对突发事件的管理机构。专门管理机构的建立是提高合作效率的重要途径。各高校根据自己的具体情况。可以设立实体管理结构,也可以设立虚拟机构。从当前高校编制紧缺的现实来看,设立虚拟管理机构是高校部门结构设置的最佳途径。所谓虚拟机构是以解决具体问题为目标,从行政、学工系统抽调骨干教师组成项目小组,并根据事件大小确定参与人数,具有极大的灵活性。另一方面,要建立大学生突发事件的预警机制。一是要培养师生的危机意识。危机意识是高校突发事件预警的起点,我们要时刻提防变化的环境对高校带来的冲击和伤害,更要从各种高校问题中发现突发事件出现的征兆及早觉察,及时排除;二是要积极开展应对突发事件的教育和训练,加强突发公共事件应急演练工作,检验和完善高校应急预案,增强广大师生公共安全意识和防灾避险的能力,提高应急处置工作水平。高校可以通过安全知识讲座向师生介绍相关的知识和技能,还可以通过模拟演练,使各个机构在处理大学生突发事件中管理过程中相互配合、相互协作。

预防机制的建立是高校防范突发事件的基础。要有效处理、及时应对突发事件,建立相关的处置机制是关键。

第一,建立有序的应对行动机制。高校突发事件往往形势紧迫,管理部门首先必须做出正确的决策,立刻启动事先准备的应急预案,以避免事件的进一步扩大化。其次要做好人,财、物的调度管理。在配合各部门行动中还需要做好大学生突发事件的监测工作,防止连环事件的爆发。高校管理者在处理的过程中还应该积极关注事情解决的进展工作,监测负面影响是否在减弱,特别是要监测大学生的心理变化,以便采取有针对性的措施,防止大学生突发连环事件的发生,避免负面影响进一步扩大化。

第二,建立及时、准确的信息发布机制。突发事件往往影响极差,高校如果不能及时辟谣,平息媒体和大学生的过度反应,后果将更加严重。

在突发事件发生后,高校应该选择恰当的时间,通过多种途径向大学生和公众发布信息,这样才能够让大学生及时了解问题解决的程度,防止恐慌的发生。此外,高校还应该建立突发事件的善后机制。突发事件解决以后,学校要及时总结经验教训,防止类似事件的再次发生。

第五节 生命道德教育

教育是人的生命的需要,是人的生命存在的支柱,生命离不开教育。教育是生命与生命之间的交流,教育只有关注生命,回归生命,才能够达到其应然的目标。在高校,大学生生命教育属于德育的重要组成部分,因此,我们不可能脱离道德教育、心理健康教育、思想政治教育去单独研究生命教育。要将德育的理念、内容、方法、价值等融入生命教育的内容,在德育中关注对学生进行整体人生的塑造,帮助青少年从小开始探索与认识生命的意义,了解生命的有限性,欣赏生命、珍爱生命、体验生命,树立远大的人生目标与理想,最终实现自我人生价值。在高校进行生命道德教育是弥补当前德育教育不足的重要举措。

一、价值观教育

价值观是个体对生活中的各种现象、问题进行判断的基本标准和尺度。大学生价值观教育就是根据青年大学生的认知水平和思想道德发展阶段所进行的价值观教育。具体而言，就是根据一定的价值目标和依据，有计划、有组织、有意识地对大学生进行系统教育，激发大学生的主观能动性，使大学生形成正确价值观的活动。

当前，大学生的价值观总体上是健康的、积极向上的，对社会主义道德规范大多数是认同的，但在多元思想冲击下也呈现一些新的特点，突出表现为个人主义、拜金主义、享乐主义等在部分大学生群体中的滋生蔓延，功利性倾向有所增强。在此背景下，加强当代大学生社会主义核心价值观教育成为摆在我们面前的重要使命。作为大学生成长的摇篮，高校是帮助大学生树立正确理想信念、凝聚共同价值追求的重要场所，肩负着帮助他们"扣好人生第一粒扣子"的重要任务。因此，在高校生命道德教育中首先要进行的就是价值观教育。

高校价值观教育主要包括三个方面的内容：

第一，大学生价值观评价标准的建立。价值观评价标准是对对象进行评价的基本尺度，也是一切价值评判的基本依据，因此，高校价值观教育首先要进行的就是教会学生选择评价的标准。不同的维度有不同的评价标准，在多元社会中，东西方文化的交流和碰撞使得价值观的评价标准的唯一性被打破，大学生价值观标准也日益多元化。因此，作为高校生命道德教育工作者，首先要在坚持社会主义核心价值观的前提下，教会学生选择正确的评价标准。"教会选择"就是让学生在多元化的社会环境中，经过价值冲突，培养价值判断能力，把自己的价值经验内化为稳定的道德品质，是个体自我体验、自我选择的过程，也是一种积极主动的吸收、辨别、内化的过程。个体选择的过程，就是不断建构自己道德结构的过程。价值选择是个体面对价值冲突时，基于道德判断所做出的选择。建立客观的评价标准是正确进行价值评判的前提和基础，也是高校价值观教育的关键环节，因此，在教育过程中，教育者应该以社会热点问题或价值冲突问题为案例，让学生在评价的过程中正视自己所处的困境，形成正确的价值观，做出正确的价值取舍和行为选择。

第二，大学生价值取向教育。价值取向是价值哲学的重要范畴，它指的是一定主体基于自己的价值观在面对或处理各种矛盾、冲突、关系时所持的基本价值立场、价值态度以及所表现出来的基本价值取向。价值取向具有实践品格，它的突出作用是决定、支配主体的价值选择，因而对主体自身、主体间关系、其他主体均有重大的影响。应该说，价值取向是选择和追求人生价值的方向，它可以调整个体的人生价值目标，并实质性地影响价值实践的内容。一方面，不同的价值取向体现了不同的人生理念以及个体对人生的期待和设计，体现了个体对人生价值的态度和关注，并决定了个体会怎样去看待人生、对待矛盾与冲突；另一方面，价值取向的形成也受多方面因素的综合影响。如前所述，教育是一个开放的系统，大学生的价值取向绝非是思想政治课程教学或教材内容在他们头脑中的复现。当前暴露出的大学生价值取向中存在的趋向实用化、功利化的现状，其实是社会价值观在大学生身上的复现。因此，高校教育者引导学生正确地进行价值判断，树立科学的价值观取向，是生命教育探索的重要内容。

第三,大学生价值目标的选择。价值目标就是人们对某种客观事物(包括人、事、物)的意义、重要性、值得获得性或者实用性的总评价和总看法。价值目标是价值取向的升华,是所有个人追求的终极目标,它贯彻个体社会实践活动的始终,并指引着人生价值追求的方向、内容和选择。据相关调查,当代大学生价值目标受社会背景和多元文化的影响,表现出了注重功利和现实,注重实用、实惠和物质享受,注重感官和金钱享受的倾向。高校价值观教育在引导大学生进行价值目标的选择时,应充分尊重他们的主体价值,并通过多种途径和手段,摒弃消极、错误的人生价值观的影响,充分调动大学生的主动性和积极性,自觉地追求真善美,为实现人生的价值而努力。

二、诚信教育

诚信是中华民族的美德。作为伦理学范畴的一个概念,诚信是诚实守信的统一,要求个体言行一致,知行合一。孔子关于道德教育的培养,提出"文、行、忠、信"四教。这里的"信"就是要求在道德品质的培养中,做到言而有信,有信义,并将其作为处身立事的基本准则。

随着经济全球化的到来,传统文化也受到了前所未有的冲击。不少人在急剧增加的社会物质财富面前,信奉功利主义、"金钱至上",而众多的传统文化美德渐渐被消解和淡忘。当前,大学生群体的诚信问题也成了社会关注的焦点。例如,近年来大学生贷款诚信问题凸显,除此之外大学校园里的学术欺诈、考试舞弊、毕业伪造履历、擅自毁约等现象,在全国各大高校也屡见不鲜。究其缘由,既有外部环境因素的影响,也有大学生自我认识的偏差。外部环境因素既有来自经济方面的影响,来自政治因素的影响,也有来自家庭和学校教育的影响。在社会主义市场经济的发展过程中,由于某些环节体制还不够健全,部分不法商人抓住空当,违法经营谋取暴利;某些政府官员为了个人的升迁,虚报数据,造假政绩。社会经济信用制度和社会道德体制建设还不够不健全,使得社会上的诚信缺失问题较为普遍。再加之在家庭教育中,部分家长的失信行为给孩子带来了潜移默化的负面影响,他们往往过于重视孩子的成绩而忽视了对子女日常行为习惯的教育和矫正,对子女偶然发生的抄袭作业、考试舞弊的问题既没有予以足够的重视,也没有有意识地进行教育。此外,部分学校德育过于简单化和一般化,忽视了对学生个体道德教育的培养。种种外部因素的负面影响对大学生的诚信教育产生了不良的影响。此外,大学生年龄和阅历的限制,使得他们受外部影响较大,甄别、辨识能力较弱,在西方文化冲击传统文化的进程中,一些大学生受不良文化和西方价值意识的影响,背弃了诚信的中华传统美德。因此,在当代社会,在关注个体生命发展的今天,加强大学生诚信教育更具有了现实性的意义。

高校的诚信教育是一个完整的教育体系。一方面,它需要社会,家庭的配合;另一方面,它也是一个动态变化的过程。学校德育作为诚信教育的主要载体,应该发挥其应有的功能。这就要求改变"我国传统的学校德育忽视学生的实际生活和个性化发展的状况,单纯从道德规范出发去要求学生,脱离生活与实际,颠倒了生活与道德规范的关系,使高等学校德育陷入远离生活世界的困境"的现状,构建完整的高校诚信教育体系。

第一,要确定诚信教育目标。目标是行动的先导,诚信教育目标的确定是高校诚信教育的关键。一是要增强大学生的诚信意识。诚信意识是通过大学生自觉、主动地学习诚信教育理论知识和参加诚信道德实践活动,内化成其品质的一种意识。二是要掌握诚信规范。诚信规范是人们在社会实践活动中逐渐确立起来的一种稳定的以诚信为行为标准的规则范式,它由人们共同确定,又制约着每个人的行为选择。三是要养成诚信的习惯。诚信习惯是个体在形成诚信意识的基础上,遵守社会诚信规范后所形成的一种稳定的生活方式。在内化为个体品质以后,常常以不自觉的方式表现出来。总的来说,高校诚信教育的目标是将具有社会普遍规定性的诚信价值观通过理论或实践的方式内化为大学生的道德价值理念,让学生形成诚信意识,进而推动他们知行合一、身心健康。

第二。要确定大学生诚信教育的内容。根据大学生学段的独特性,大学生诚信教育主要涉及学习诚信教育、经济生活诚信教育、就业过程中诚信教育、精神生活中诚信教育等,从大学生生活的方方面面进行教育,以培养他们良好的诚信意识和诚信行为。

第三,发挥制度在大学生诚信品质培养中的作用。我们在反思当前大学生诚信教育问题时发现,制度缺失是教育环节中的一大疏漏。柔性的道德规范必须与刚性制度结合使用,才能发挥效用。在高校,应该充分发挥制度在大学生诚信品质培养中的作用,完善教育诚信立法,建立诚信档案制度,健全诚信制度规范,建立诚信评价机制、激励机制,完善诚信监督机制。通过各种制度的确立。培育大学生对诚信制度的信念与敬畏感,使诚实守信成为大学生的文化和制度自觉。

三、感恩教育

感恩教育,就是教育者运用一定的教育手段和方法,对受教育者有目的、有步骤地实施识恩、知恩、感恩和报恩的思想道德教育活动。它以人的感恩意识和感恩行为的养成为目标,培养个体的感恩情感,发展个体的感恩行为能力,形成个体对己、对人、对社会、对自然真诚回报的感恩态度和人格特征。对于大学生感恩教育来说。它是一种以情动情的情感教育,是一种以德报德的道德教育,更是一种以人性唤起人性的人性教育。从本质上来说,感恩教育是一种情感教育,它强调"以情动情"。

在开放的环境中,任何人都不是孤立地存在于社会之中,必然要与他人发生联系。于是人与他人、与社会、与自然的交流之间都存在着情感,情感需求的满足正是在双向交往中得以实现的。大学生感恩教育就是要激发和强化大学生的情感体验。高校教育者要利用身边的一切有效资源,包括教育者的情感作为教学资料,与学生进行情感的沟通和渗透,让大学生从身边的人物、事件去体会他人、社会和自然给予自己的恩惠和方便,并衍生出幸福和愉悦的情感,产生回馈的认识、情怀和行为。

此外,感恩教育本质上是一种道德教育,强调"以德报德"。在大学生感恩教育中,我们引导学生培养感恩意识,树立责任意识。因为在现实生活中,并不是完全有了"恩惠"我们才"感谢",感恩绝非是你来我往的交易,而是要让学生善于体验到别人对自己的帮助,进而能不求回报地付出。从这个层面上说,感恩教育就是"以德报德",要培养大学生对自己、对他人、对社会、对自然的责任意识,并内化为自己的行为习惯。"作为有天赋心灵和意识的人,我们的责任是鼓励对表现在一切方面的人类精神的优美的理解和欣赏,鼓励精神上对宇宙的敬畏和惊叹,因为宇宙产生了生命和意识,并可能继续进化到洞察力、理解、爱和同情心的更高的层次。"

感恩教育从本质上来说是一种人性教育。人性,是人区别于动物的本质区别。在高校,感恩教育隶属于生命教育的范畴,也是高校思想政治教育的重要内容,它能有效帮助大学生正确地认识和处理自我身心发展,自我与社会、与自然的关系,增强对感恩教育的认同感,进而升华为道德情感和道德意志,并最终内化为道德行为,善待身边的一切人和事。

感恩教育是一个长期的过程,不可能一蹴而就,需要家庭、社会和学校形成教育合力,立体、全方位地对学生进行教育引导。而大学教育,作为人生命成长的一个特定阶段,在感恩教育的培养中同样具有非常重要的作用。感恩教育要培养大学生识恩,知恩,教会大学生知恩图报,最后便大学生养成施恩不图报的优良品德。在此过程中,我们还要培养大学生对父母的感恩意识。中国传统文化提倡"百善孝为先"。父母给予了我们生命,含辛茹苦地抚养我们长大,孝敬父母、善待父母是我们热爱祖国、热爱人民的前提。

此外,培养对师长的感恩意识,培养对他人、对祖国、对自然的感恩意识都是高校生命教育的重要内容。高校作为专业培养和健全人格的培养基地,在大学生感恩教育中必须发挥其优势,将感恩教育融入学科教学,积极营造优化感恩的校园环境,通过广播、展板、标语、网络等多种平台广泛宣传,树立典型,以教师和学生榜样为示范,加强情感引导和交流。此外,通过加强社会实践活动,比如服务社区、志愿者活动等,让大学生的感恩认知从感性层面上升到理性层面,并将其内化为个体的观念指导行为。

第六节 死亡教育

死亡教育是当前生死哲学研究的新领域,是生命教育的重要组成部分,也是生命教育的特殊形式。近年来,随着社会的进步,科学技术的飞速发展,人们在关注和重视生命教育、健康教育的同时,也开始重视死亡教育。

关于大学生的死亡教育,还缺乏成熟的做法,因此,必要的策略在于理清思路,把握重点,分步实施。死亡教育是一个意义深刻的话题,然而对于不同的人群,它的意义又是不尽相同的。因此,我们只有充分理解在大学生群体中开展死亡教育的重大意义,才能奠定起扎实的思想基础,自觉地进行死亡教育。

一、死亡教育的起源和内涵

死亡是生命历程中的自然环节。在西方社会,随着医学和心理学科的发展,死亡问题的研究体系以及死亡教育体系相对比较完善。由美国发端的"死亡学",已经走进了很多大学的课堂。在我国,情况则有所不同。由于受中国传统文化的影响,国人对"死"向来比较避讳,每每涉及与死有关的问题,大多与恐怖、不祥等负面因素联系起来。在传统文化和其他各种因素的共同作用下,我国对"死亡学"的研究明显滞后,对死亡教育的开展也才是近几年的事。因此,学习与借鉴别国的成功经验,相当有必要。

美国是世界上最早开展死亡教育（Death Education）的国家，其开展死亡教育的最早历史可以追溯到1928年。该年，John C.Gebhart发表了第一篇关于美国葬礼及殡仪馆的评价方面的文章，可视之为死亡教育的滥觞。美国的死亡教育，真正以一种相对比较固定的模式开展，并且赢得社会各界的广泛共识，应该是在20世纪五六十年代。这时的死亡教育在美国逐渐成为一门学科。20世纪70年代，日本开始关注这一课题并大量引进美国的研究成果，结合日本"岛国"的实际情况，开展符合民族特点和具有时代特色的死亡教育，出版一些以死亡为主题的专著，在大学开设死亡教育的课程，开展生死学研究领域的讨论，等等。例如，日本出版界先后出版《生与死的思考》《对孩子来说什么是死》和《人生的临终图画》等书籍。欧洲一些发达资本主义国家也非常重视死亡教育，它们从各自国家的实际状况出发，进行了多方的探索，取得了较好的成果。

孔子的"未知生，焉知死"，本是对弟子子路"敢问死"的回答，是孔子对子路率真的性格而因材施教的作答，但由于孔子的确在其他场合较少谈论死亡的问题，这便自然成为孔子的生死观了。众所周知，由于孔子在文化上的地位和影响力，也就成了中国回避死亡问题的文化起源。重生轻死、重生恶死，它的缺陷在于割裂了生与死的联系。作为一种生死观，作为一种健全的文化，则要求我们对生命过程要有完整叙事，不能回避、消解死亡问题。

虽然，由于东西方文化的差异，以及不同的理解，人们对什么是死亡教育以及死亡教育到底要解决什么问题的认识有所不同，但综合前人的理解与认识，我们认为：所谓死亡教育，是就如何认识和对待死亡所进行的教育，它从心理学、伦理学、社会学、医学、经济学、护理学和法学等不同方面增进人们对死亡的认识，善待生命，在面对自身或他人的死亡时能寻求良好的心理支持。死亡教育所探讨的不只是死亡本身的问题，还包含人们对这个世界的感觉与情感。

一般来说，死亡教育应该包含死亡知识教育、死亡态度教育和死亡意义教育等三个部分。这三方面内容构成死亡教育的基本框架，三者之间相互关联、相互渗透、协同发展、不可偏废。

第一，死亡知识教育是死亡态度教育的前提和基础。所谓死亡知识教育主要是概念性的知识教育，例如什么是临床死亡、什么是脑死亡、什么是心脑死亡、为什么说死亡有不可逆转性的特点等。我们要通过宣传"生老病死"的自然规律，宣传死亡的不可抗性和自然性，从医学、生理学、自然科学的角度，解释死亡的原因与规律，扫去笼罩在世人心里的关于死亡问题的阴霾，从而使人们对死亡及其相关知识有一个系统、科学的认识和掌握。这个环节是我们开展死亡态度教育的必要内容，也是科普工作的重要内容。

第二，死亡态度教育是死亡知识教育的丰富和发展，是死亡意义教育的基础。死亡态度教育必须要在死亡知识教育的基础上才能顺利开展。我们只有科学地认识什么是"死亡"以及死亡的相关科学知识的前提下，才能教育大家要树立"科学死亡观"。所谓"科学死亡观"是指人们在面对死亡时应有的积极科学态度，它是人类终极关怀的重要内容。其实，说到底，生是一种偶然，死则是一种必然。对于冥冥中出生、恋恋中离世的我们来说，生与死，都无法选择，只有坦然地去面对，去承担。

第三，死亡意义教育是死亡态度教育的拓展和延伸，是死亡知识教育的升华。死亡意义教育主要是通过形式多样的教育途径，使人们进一步理解和明确"人固有一死，或轻于鸿毛,或重于泰山"这句话的哲学内涵。要教育人们,死亡是生命的环节,不可避免。

但是,要"死"得有意义。如何"死"得有意义,首先要"生"得有意义。有些人珍惜青春,珍惜生命,在有生之年,不断开拓进取,不断创造辉煌,就是"生"得有意义;有些人把宝贵生命献给了国家、社会和他人,把有限的生命融入放到"无限的精神世界"中去,就是"生"得有意义,也是"死"得有意义了。

由此可见,死亡教育不是教育人们"躲避死亡",也不是教育人们去如何"结束生命",更不是美化死亡,而是通过大量科学知识的宣传和教育,让人们树立正确的死亡观,从而引导人们领悟死亡本质,探寻死亡意义,更加热爱生命,利用有限生命时光创造更多生命奇迹。

二、大学生死亡观教育

生与死是一个相对概念,生是相对于死的一种存在形式,死是相对于生的一种概念。"生死观"是相对一个生命体而言,基于"生"和"死"两方面的认识和观点,是个人所表现的生命观和死亡观,它是个人世界观和价值观的组成部分,也是主导个人生命过程的指导思想。"以人为本"思想已经成为我国的主流思想,一切围绕人、发展人、服务人成为社会的价值取向和奋斗目标。

(一)死亡的本质

死亡似乎是谁都知道的事,但很难真正说得清楚,显然,对于真正需要洞察死亡真相、了解生命意义的人来说,这样的状况是无法令人满意的。只有对死亡的真谛有着一定认识和理解的人才能真正从死亡这一事件中汲取生命的智慧,延续现实生命的维度。

1. 生物学上的死亡

生物学上的死亡指的是肉体死亡,它是机体内同化、异化这一对矛盾运动的终止。人体内各个组织器官需要呼吸、循环系统供给足够的氧气和原料,进行新陈代谢。新陈代谢一方面促进人体的呼吸和血液循环,促进人体的生命活动;另一方面,新陈代谢也是氧化过程,产生的氧基会伤害线粒体,危及人体细胞核,促进机体老化,最后导致机体生命活动和新陈代谢终止。

2. 哲学意义上的死亡

人的生命既有肉体生命,也有精神生命,两者统一于人的一体。肉体死亡是指人的物质肉身的死亡;精神死亡是指人的思维以及高级理想活动已经停止,或者停止其正常范围的追求。一般而言,人的肉体死亡必然会带来精神死亡,因为人的肉体死亡,意味着大脑的死亡,而大脑是人的精神源泉,进一步也就是精神死亡,因为精神的载体已经死亡。这里所说的精神死亡,除了这一意义外,还特指没有思想、没有该有的精神意蕴,像动物一般的活着,不具备为人的资格。在当前的社会中,一些人,包括个别的大学生,生活没有理想、没有追求,犹如一具行尸走肉,精神枯萎。

显然,哲学比生物学所探讨的死亡本质更深了一个层次,它所关注的不仅仅是人的纯肉体死亡,而且涉及人的精神层面,触及死与生的关系。

(二)死亡观教育

死亡观是人们对死亡的内容、本质、价值和意义的根本性的观点,它既是世界观和人生观的有机组成部分,也是人类对自身认识深化的必然结果。科学的、正确的死亡观不能自发地形成,它是社会文化潜移默化的结果,是个人接受社会教化而形成的对死亡的认识和态度。我国的死亡观深受传统文化的影响,对待死亡,少见公开议论的场景,大多数人总是采取回避的态度。西方学者对死亡的态度与我们不同。赫拉克里特说,"死亡就是我们醒时所看见的一切";苏格拉底"对于死亡本性","不自命知之";德谟克利特称"死亡是自然之身的解体";柏拉图认为"死亡是灵魂从身体的开释"。

在马克思主义的死亡观中,它把个人看作人类社会的一分子,把人的有死性和不朽性、死亡的必然性与人类社会的自由辩证联结、把小我的有限性与群体的无限性辩证地联结在一起。它把人的死亡价值提高到了"为人类牺牲自己"的高度,把个体生命融入人民群众的整体利益和历史运动中,顺应时代潮流,把"为人民利益而死"视为死亡的最高价值和意义所在。可见,马克思主义对人类生命价值追求的探讨离不开对死亡的认识。

人的生命是有限的,有生必有死,生与死构成了生命不可分离的一体两面,创造了人生完美的奇迹。死和生一样,不仅是人的"一个"规定性,而且成了人的最本质的规定性,成了人生性质的重要因素,人的本真存在就是"向死而生",生命的意义必须借助死亡才能彰显出来。所以,有见于"生"而无见于"死"属片面之见;有见于"死"而无见于"生"亦是片面之见。只有两者结合,才能达到学理上的全面性和正确性。人之"生"与"死"并非位于人生的两个端点,而是交织在一起密不可分的。

通过对"生命"这个核心范畴进行全面、正确的界定,可以帮助大学生树立全面的"生死观",帮助他们正确地理解死亡,消解死亡对他们的负面影响,促进他们热爱生命的热情,提升人生境界。对大学生的死亡观教育,一是开展唯物主义教育。以马克思主义唯物论和辩证法为指导,把死亡理解为一个客观的事实和过程,人生就是走向死亡的自然过程。引导大学生在树立马克思主义科学世界观的同时,也树立起正确的物质死亡观,反对把死亡神秘化,反对唯心主义化的错误倾向。二是要让学生正确认识生命的珍贵和死亡的意义。正因为生命来之不易,个体的生命需要得到呵护。生命是宝贵的财富,我们要珍惜仅有一次的生命。此外,我们要教育学生深刻认识死亡的本真意义。三是注重培养大学生坚强的品质和积极的人生态度。我们必须明白,所说的死亡教育,不是教育人们如何去结束生命,也不是美化死亡,而是引导人们正确领悟死亡的本真价值,摆脱对死亡的恐惧,从对死亡的惧怕中解放出来,教育学生超越死亡,引导学生开心地过好人生的每一刻,从容地享受生命的每一瞬,踏实地做好人生的每件事,认真地干好人生的每一项工作,以自己真实的生命存在貌视死亡的威胁,以灿烂的人生成就超越死亡的威胁。

总之,通过死亡教育内容的初步构建及实施,引导大学生思考生与死的生命课题,以积极的态度面对生命的失落与痛苦,体会生命的意义,热爱生命,积极为人类社会的发展做出贡献,从而有利于全社会的稳定和发展。

(三)大学生死亡教育的途径

大学生的死亡主要由两个因素引发：一是外部因素，外部因素主要是指社会变革、社会动荡、传染性疾病、交通事故和伤害他人等原因导致的大学生死亡事件；二是自身原因，自身因素主要是指大学生因内心承受不了就业、学习、恋爱、交友等各方面的压力。

针对大学生的死亡现状，高校可以采取以下路径开展教育。

1. 抵抗诱惑的教育

对当代大学生进行生死观教育的同时，要理清当前社会对于大学生的主要诱因，指导学生抵抗诱惑，形成良好的生命意识，才能避免相关的校园危机的出现。

第一，加强大学生抵抗诱惑的心理教育。一方面，大学生的心理具有易感性，其内心及行为容易受外界环境的影响，变化较为显著。为此，社会上许多不法分子，把作案对象选择为大学生，对其进行骗财、骗色等。另一方面，在于当代大学生的特殊成长环境所致，比如独生子女较多，生活经历较为简单，相当一部分大学生的心理存在着脆弱的一面，一旦发现上当受骗，对危机和冲突缺乏心理承受能力和自我调适能力。如果这些心理冲突和矛盾强度过大或持续过久，就会导致心理生理机能的紊乱，进而有可能发展为神经症或精神病，甚至导致自杀。因此高校必须注重引导大学生学会增强对自身心理活动的认识、判断与评价能力，不断增强抵抗诱惑的能力。

第二，培养大学生在交际网络与关系下识别诱惑的能力。当代的大学生有着鲜明的时代特征，表现在有活力、有思想、敢冒险等方面，但也存在诸多问题，其中最突出的就是无法处理复杂的人际关系，以及在交际过程中不能甄别不良诱惑。这两个方面往往成为影响大学生思想和行为的重要因素，如果处置不当，就容易滑向消极一端，甚至酿成悲剧。因此，引导大学生树立起人际交往的基本意识，掌握人际交往的常识，让他们学会既要与别人友好和睦地相处，培养他们良好的人文关怀、社会关怀精神，学会尊重他人、欣赏他人、爱护他人，又要培养他们在交际网络与关系下识别诱惑的能力，在当下显得十分必要。

第三，加大对大学生网络游戏的监管力度。21世纪互联网的应用飞速发展，标志着一种以信息为标志的崭新的生活方式已经开始，这也对大学生的生命教育提出了严峻的挑战。网络传播的暴力和自杀信息对大学生的暗示作用不可小视。面对网络游戏对学生的消极影响，一方面，应科学引导他们合理地使用，适当地娱乐，切不可沉溺其中，不能自拔；另一方面，要关注网络成瘾者的身心健康，帮助他们树立信心，争取早日从网络游戏回归到现实生活。

第四，培养大学生建立正确的竞争理念。随着全球经济一体化的趋势加强，国际竞争和国内竞争越来越激烈，可以说每一个人都生活在激烈的竞争压力中，各种竞争的加剧导致大学生的学习压力迅速增大，特别是高校毕业生求职压力。为此，一方面，全社会要切实为大学生营造安全的求职环境；另一方面，要培养大学生建立正确的竞争理念，端正心态。

2. 远离自杀的教育

大学生的自杀给家庭和社会带来十分惨痛的创伤，甚至会严重干扰学校正常的教育教学秩序,并可能会带来一些法律纠纷。随着人文教育、素质教育、关怀教育的提出,高校对学生的关注不应该仅限于对他们学业成绩的关注,还应该重视他们的思想、情感和心理等,使之形成正确的死亡观,敬畏生命,远离自杀。

第一,转变教育观念,强化大学生生命意识。高校必须转变教育观念,树立以学生为本的科学发展观的理念,必须强化大学生的生命意识,使大学生找回生命成就感,帮助他们在追求科学知识的同时,找到合理的生存、生活方式;教育大学生彰显个体生命的多样性、独特性,在教育过程中肯定自我,掌握命运;培养大学生的生命和谐意识,摒弃生命"异化"现象,努力促进个人身心的和谐发展,个人与他人的和谐发展,个人与自然的和谐发展,个人与社会的和谐发展。

第二,正确认识生命,引导学生欣赏生命。对于人来说,生命只有一次,丢失了就无法再找回来。人生的失落与痛苦,是生命成长的一部分。教育者应协助大学生用积极的方法来面对这些失落和痛苦的经历,最后找出自我生命的意义与价值,展现更积极态度,把握现在,活在当下。

第三,敬畏生命,提升大学生生命质量。正因为生命对于每个人来说,都仅有一次,所以世上最可宝贵的莫过于生命。我们应反对轻视生命的态度,反对虚无化生命,要渴望生命的价值和意义。在现实生活中,许多人对生命满不在乎,理所当然地享受生命,全然没有考虑到生命的艰辛与伟大,有些人肆意把生命当儿戏,觉得最不值钱的就是生命,原因这就在于他们缺乏对生命的敬畏。只有当我们拥有对生命的敬畏之心时,世界才会在我们面前呈现无限生机,我们才会时时处处感受到生命的可贵和神圣,也才会时时处处在体验中获得"鸢飞鱼跃,道无不在"的顿悟和喜悦。教育者要引导学生在生命的探索中,敬畏生命,注重生命质量的提升。

第四,提升生命价值,教导学生尊重生命。我国古代就有"道大、天大、地大、人亦大""惟人,万物之灵""天地之性人为贵"等说法,说明人是有很高价值的。个体的生命是有限的,但是人的生命一旦与社会和他人联系起来,便有了质量高低之分,一个人为社会和他人作出更多、更大的贡献,其生命质量就高。因此,人的生命的价值是通过改造自然、推进社会来充实、赋予和提升的。尊重生命就是尊重生命的基本权利和责任,包括善待自己、善待别人、诚实守信、宽容大度。反过来说,从某种意义上讲,善待自己便是珍爱生命。人的生命是有思想的,人因为有尊严才有自信和思想的灵光,青年是向往美好、崇尚幸福的时期,有憧憬和期盼,更有五彩斑斓的梦想。因此,要引导大学生在生命的实践过程中,树立对生命的责任意识,明白生命的价值在于奉献,不仅要让大学生知道以何为生,更能明白为何而生;帮助他们学会惜时与敬业,惜时与敬业是生命价值社会性的体现;注重对大学生的审美教育,审美教育的过程就是生命教育的过程;引导大学生共同展示人的魅力和对生命的挚爱,在相互尊重、民主平等的氛围中领悟道理、获取新知、共同提高。

第五,懂得生命地位,激发学生热爱生命。世界上最可贵、最有价值的就是生命,生命应该全面拓展。生命的价值,应该是全面的、整体性的丰盈,而不应只停留在某一方面。我们关切的对象应是包含着人类自身在内的整个世界,因而生命价值的提升应超越生命本体和时间界限,让有限的生命创造无限的价值。一个人不仅要珍爱自己的生命,而且也要尊重他人乃至世界百物的生命。只有热爱自己生命的人才懂得对他人生命的热爱；也只有热爱他人生命的人才会真正地热爱自己的生命。教育是生命增值的重要工具，我们应引导大学生思考信仰与人生的问题，认清自己的人生方向，以宏观的视野去审视人类存在的意义和价值，关心人类的危机，活出具有全方位、有价值的生命，让人类本体生命的存在在社会实践中得以永恒的展现。因此，要引导大学生把生命视为一束鲜花、一片阳光、一串欢笑，一切全在个体的赋予，一切全在自己的创造。人活在世界上是为了创造幸福，为社会、为他人、为自己创造幸福。含笑来去，留鲜花在路上，留歌声在途中。

第六，重视生命智慧，促使学生领悟生命。当前，青年学生自杀现象有增无减的原因除了大学生外在的压力成倍加大外，更重要的是内在的生命力没有相应提高甚至有所削弱，而内在生命力缺乏的根本原因还是生命智慧的缺乏，这与社会和学校缺乏生命教育分不开的。

当然，对大学生开展死亡教育，其作用不仅仅在于抵抗诱惑和防止自杀等，而且还在于提升了人们的生活质量和获得了较高的生存品质。

三、大学生生命关怀教育

高校是推动社会进步与发展的不竭动力，也是莘莘学子实现梦想的殿堂。大学创造了一个又一个人生与社会的奇迹，但校园里也存在着些大学生践踏生命的不谐之音。随着高等教育的不断发展，人的生命关怀在教育中渐渐凸现出来，生命关怀教育也越来越引起教育界的关注和探讨。因此，加强大学生的生命关怀教育，既是落实以人为本的科学发展观和建设社会主义和谐社会的必然要求，更是当前高校思想政治教育的现实责任。

（一）生命关怀的内涵

生命关怀其实就是关注人，关注人的生存状态和生存意义，关注人的成长和完善；生命关怀更是关注生命的发展性、自主性、完整性和多样性。

第一，人的生命的发展性。人的生命一直处于发展过程中，既然处于不断的发展过程中，那么人的成长就是一个不断完善的过程。在大学生活中，大学生难免也会犯一些错误，但只要我们将大学生视为发展中的生命，视为可以通过教育、管理获得进步的人，那么这些缺点、错误就会成为他们生命成长、进步的有效资源。

第二，人的生命的自主性。人的自主性使人获得了多种发展的可能性。人的发展的可能性不是实质意义上的可能性，不是规定好的可能性，而是包含着人的精神和意志自由的、开放的、未设定的可能性。在生命发展的过程中，人的自主性起决定性作用，大学生作为个体的发展，并不是在高校学生管理者的控制下，完全按照他们的意愿发展，而是根据自己的生命发展需要，不断吸收外界的有利因素，实现个人发展。生命只有获得自主，才有可能谈得上精神和心灵的自由，才有可能采取各种可能的手段实现生命发展。

第三，人的生命的多样性。生命的多样性显示出我们所生活的世界的丰富性，也显示出这个世界的活力。每个生命都是独特的，都有存在的价值，需要我们区别对待。大学生也是一个个不同的生命个体,高校学生管理工作者要正视学生生命的多样性,采取灵活、有效的措施实现管理目标。

生命是短暂的、具有不可逆性,需要对生命的关怀。生命关怀是对生命的引导,即对人之尊严引导,人之生活引导,人之德行引导,人之求知引导,人之智慧引导。生命关怀有广义和狭义之分,广义的生命关怀泛指在内心里尊重、理解、同情一切生命,关心、珍惜、爱护一切生命;狭义的生命关怀仅指对人的生命的关怀,在每一个生命成长的过程中遵循生命成长的天性,从生命的实际需要出发,走进生命的生活世界,贴近生命的心灵,让生命在自然、自由的状态下感悟和体验生活的意义并创造出新的生活资源,以更好地促进生命的全面发展。生命关怀强调以大学生的生命活力为基础,以承认不同禀赋、性格和能力的差异为前提,通过最优化的教育方式,唤醒人的生命意义,开发人的生命潜能,激发人的生命活力,提升人的生命质量,最终促使大学生身心素质得到全面发展,使他们成为学校教育的最大受益者。

(二)生命关怀教育的途径

生命关怀教育既要正确引导大学生生命发展的方向,提供生命发展的动力,唤醒生命发展的意识,挖掘生命潜能的力量,张扬生命的个性;又要做到主体间的互相指导学习,实现"教育者"与"受教育者"在知识能力、情感和道德以及其他心理素质方面的协同发展和完善。因此,生命关怀教育是一个系统的整体性工程,需要"教育者"与"受教育者"的共同努力和奋斗,最终实现生命的丰富与张扬。

1. 构建生命关怀教育体系

大学生生命关怀教育应从生命本体尊严和生命实践价值两方面来构建其目标体系、内容体系、保证体系和监督体系,从而使大学生的生命关怀教育落到实处。

(1)构建生命关怀教育的目标体系。当今人类社会面临着诸多危机,无论是生存环境的破坏,还是精神家园的失落,无论是贫困与疾病,还是道德价值偏转与社会腐败现象的蔓延,都销蚀着人的生命感,威胁着人的生命存在。此外,全球化、网络化和信息化的快速推进,也加重了人们的生存危机感。一个人如果不能找到心安之路,其生命就无所依,就可能怀疑生命的意义与价值,甚至轻视生命。大学生生命关怀教育应从生命本体尊严和生命实践价值两方面来定位,即通过教育引导大学生思考生与死,以积极的心态面对生命的失落与痛苦,体会生命的意义与价值,热爱自身的生命,尊重他人的生命,保护自然的生命,创造生命的意义和价值,而这也是生命教育的最终目的。

(2)构建生命关怀教育的内容体系。生命关怀教育的内容包括:生命伦理教育、生命价值与意义教育、自我发展教育、人格教育、创新教育、实践教育等。开展生命关怀教育,使大学生生成并激活对自身、对他人和对其他生命的尊重、敬畏与热爱之情,培养大学生旺盛的生命力,坚强的意志力,以及乐观向上的人生观,帮助大学生确立科学的世界观、人生观和价值观。

(3)构建生命关怀教育的保证体系。生命关怀教育不仅是一门课程,更重要的是要渗透到高校所有的教育教学活动之中,充分发挥专题教育、学科渗透、课外活动三大载体的保证作用。开设生命关怀教育课程是高校实施生命关怀教育的最基本的途径,如中国台湾大学将《生命教育概论》《生命发展与关怀》和《自然科学信仰》三门作为必修课程,将宗教、伦理、生死教育、自我成长、人际互动和服务等领域作为选修课程。各高校也可根据自己的实际情况,开设适合本校的课程。

(4)构建生命关怀教育的监督体系。生命关怀教育是一项涉及学校、家庭和社会等方面的系统工程,需要积极探索符合大学生,身心发展需要的新思路、新方法,加强生命关怀教育的科学性、系统性、针对性和有效性。在实施的过程中,注重发展、预防与干预相融合,以发展性、预防性教育为主,同时又必须对已经发生的大学生危机问题进行科学的干预;注重自助、互助与援助相融合,形成互动互补效应,为提升大学生的生命质量营造生命关怀教育的良好氛围;注重学校,家庭与社会相融合,形成生命关怀教育的合力。生命关怀教育是我国教育改革发展的方向,也是我国教育改革发展的目的。因此,不仅在理论上还是在实践上都需要进一步的研究和探索。

2. 完善个体生命观的科学认知

(1)生命意识的教育。生命是一个完整的过程,艰辛、险阻、挫折和困顿以及欢乐、幸福等等都是生命的一部分。我们必须承认生命是脆弱和有限的,同时我们又必须体会生活的疾苦,理解生命的脆弱,认识生命的有限。人的生命首先表现为生物个体形式的存在,在此基础上才有了生命的社会意义。生命意识是人对生命存在的一种自觉也是一种道德责任的承担。但是,随着现代社会外在环境的激烈变化及其导致的个体内在心理的失衡,使大学生漠视生命的现象正呈现上升的趋势,生命的存在或者消失作为人的一种基本价值判断,将成为高校德育生命教育的一个主题。

引导学生认识生命、欣赏生命、珍惜生命并勇于生存,一方面我们要理解警惕大学生的消极、懈怠心理,培养他们积极的生活态度,帮助他们认识到面对任何艰辛、矛盾挫折和不幸,都不能任意处置自己的生命。只要能以积极的心态加上投入自己的激情,就会发现生命的魅力。无论处在什么样的条件下,若能面带微笑坦然对待,就会发现生活的真谛,闯荡生活中的挫败,通向更加成熟的契机。一个饱尝过痛苦折磨的人,才能真正迈入成熟的人生,也才能明白要在不断竞争中升华生命的意义,因而能成为一个坚韧而优秀的人。另一方面,创造一些条件让大学生去体验生活,进行死亡体验教育,如到监狱、殡仪馆等地方去参观或邀请一些"劫后余生"的人谈谈他们的感悟,这会有很强的说服力和感染力,经历过死亡体验的人,有更强的对生命的眷恋和执著。

(2)生命价值教育。一个人的生命价值观是其生命观的重要组成部分,它是影响个体对自身生命重要性认识的最重要的因素。在现实生活中,许多大学生对未来有着美好的想象,他们中绝大多数人认为人的生命是宝贵的,想让自己的生命创造出富有价值的人生意义。他们中也有不少人也曾为此做过美妙的人生规划,但随着现实社会日趋增多的不确定因素和生存竞争不断增大的压力,自己的规划也就不可能一帆风顺地实现,长此以往,容易让他们陷入某种犹豫不决,无所适从的彷徨境地,会对自己的人生规划产生怀疑,有的甚至会放弃自己的人生追求,实现不了自己的生命价值。

对大学生而言,生命价值观的教育应当侧重于引导其思考生活的意义与生命的价值,学会在日常的学习生活与人际交往中珍视生命、感恩生命；学会树立正确面对、坦然处置、合理舒解生活压力、学习压力、工作压力和就业压力等的积极态度；学会正确处理人生面对的各种挫折和提高应对人生不幸之事的能力。为此，教师要引导学生认识和理解人从出生到死亡的整个过程，有目的、有计划、有组织地对学生进行生命意识的熏陶、生存能力的培养和生命价值提升的教育，最终使其生命价值充分展现，帮助学生认识、尊重自己和他人的生命，主动思索生命的意义，认清自己存在的价值定位。实施生命教育不仅可以使受教育者尊重生命，肯定生命的价值与意义，并达成自我实现及关怀人类之目标，而且也可以预防和避免自我伤害或自杀行为的发生。所以，从本质上讲，生命教育既是一种价值性活动，又是在人的心灵深处进行的一种干预机制，为那些可能或已经面临心理危机或有着抑郁情绪的人，提供一条能使困扰得以缓解，痛苦能够得以疏导的心灵导航通道。

对大学生开展生命价值观教育的同时，还要处理好其与生命观其他因素的关系，即人生意义观、人生目标观、人生质量观、生命挫折观、生命策略观等因素。生命价值观是个体人生意义观、人生质量观等因素的前提和保证，没有正确的生命价值观，个体就很难奢望能够取得令自身满意的人生意义和人生质量，而任何生命价值观的实现和人生目标的追求断然不可能是一帆风顺的。另外，树立正确的生命价值观又内在地与树立正确的人生目标观、生命挫折观和生命策略观有着密切的关系。如果人生没有目标、便不能正确面对挫折；人生没有策略，那么人生就万事不会成功，就不可能实现自己的生命价值。因此，对大学生开展生命关怀教育，就必须从引导大学生树立正确的生命价值观、人生意义观、人生目标观、人生质量观、生命挫折观和生命策略观等方面入手。它们是相互联系的，是构成生命观的统一体。

（3）生命行为教育。对大学生开展生命行为教育，关键在于优化人际关系和生涯规划的教育。高校作为一个社会文化场所，人际关系教育在促进学生社会化进程，使他们获得安全感、归属感以及自我完善等方面起着重要作用。要引导大学生学会走向他人，学会与不同价值取向的人相处，且要做到对他人尊重、关怀、宽容和理解。正如联合国教科文组织所指出的"教育的使命是教学生懂得人类的多样性，同时还要教他们认识地球上的所有人之间具有相似性又是相互依存的"。此外，进行有效的生命行为教育，要重视学生的生涯规划教育。生涯规划教育，不仅指教育大学生要科学合理地规划自己的职业，而且要他们认真、精心、合理地规划好自己的人生。一方面要引导大学生客观评价自己，树立良好的心态；另一方面更要培养大学生的危机感、紧迫感，在受教育的过程中去主动思考生命的价值与意义，在任何环境下都要理智而审慎地规划自己的未来。大学生若拥有良好的人际关系，又有客观、合理的生涯规划，其表现出来的生命行为自然就会积极、主动、上进。

3. 加强对大学生自身心理的认识能力教育

高校必须坚持以大学生为本的理念，不断深化教育改革，转变以往一味地传授文化知识、专业技能和职业技巧的功能理念，要回归教育的原点，使教育服务于生命，彰显其价值。评判高校教育成效的"基本的尺度是看它有没有体现对生命的尊重和关爱，有没有使每个身处教育世界中的生命都焕发了生命活力，有没有使生命的能量通过这样的教育得到了增殖、提升和扩展"。要提升大学生的生命活力和能量，关键在于使大学生拥有健康的心理知识和心理自救能力。对大学生做好心理健康知识的普及,提升大学生心理自救能力,针对每个学生的不同实际问题,做好深入细致的心理工作,是高校对学生实施生命关怀的一项重要内容,也是高校教育的神圣职责之一。如何做好这些工作呢？高校仅靠开设几节心理学课程,配备几名心理咨询师是远远不够的,应该在教育的全过程中下功夫,应当将长期而宏大的心理工程加以更加细微和具体的程度分化。高校要营造良好的育人环境,每个教师都要承担起大学生"心育"的职能,定期或不定期地举办心理健康活动,邀请专家学者教育学生如何解决自身存在的心理问题等。总之,通过全方位的、系统的、有效的教育活动,使大学生在活动中潜移默化地得到心理锻炼和熏陶,在受教育的过程中,学到生命所需的心理知识和自救技能,提升自己的生命活力和能量。

4. 加强对大学生人文素质教育

大学生的人文素质是指大学生在人文方面所具有的综合品质和达到的发展程度。现代的"人文主义",在很大程度上是作为"科学主义""实用主义"等的对立面而出现的。相对于"科学主义"来讲,"人文主义"强调的是关注人的生命、价值和意义的人本主义；相对于"工具理性"或"技术理性"来讲,"人文主义"强调的是价值理性和目的理性；相对于实用主义而言,"人文主义"强调的是注重人的精神追求的理想主义。可见,大学生的人文素质教育体现着生命关怀的教育理念。意大利教育家蒙台梭利曾说:"教育的目的在于帮助生命力的正常发展,教育就是主张生命力发展的一切作为。"人文素质教育正是遵循这一理念,不仅关注生命个体的现在,还要关注生命个体的未来,信任人的潜能、智慧的信任,肯定人对生命境界的向往和追求,教会大学生如何做人。

对大学生开展生命关怀教育,关键在于提升大学生的综合素质。在科学技术快速发展、社会分工不断细化、知识体系日趋分化的时代,现在大学强调更多的是"科学""技术""实用"等。大学生毕业后,要走向各自不同的工作岗位,因此,在校期间必须经过一定的专业知识和技能的学习和训练,具备一定的专业素质,拥有一定的科学技术知识,这是不言而喻的。然而,必须强调的是,人文素养也是未来的工作不可或缺的重要内容。相形之下,现在的大学生,往往在人文素养方面显得比较欠缺。有的大学生个人工作能力强、水平高,可为人处事就是不行,主要就是人文素质缺乏的表现。学会做人是立身之本,学习知识、掌握专业技能只是服务于社会,立足于社会的手段。前者的学习是根本性的,明确人"为何而生"的道理；后者的学习是工具性的,教人"如何而生"的本领。一个人不能只有"如何而生"的技能,更重要的是应有"为何而生"的思想。著名科学家爱因斯坦曾尖锐地指出:"学校的目的始终应该是:青年人在离开学校时,是作为一个和谐的人,而不是作为一个专家",仅仅"用专业知识育人是不够的。通过专业教育,他可以成为一种有用的机器,但不能成为一个和谐发展的人。要使学生对价值有所理解并产生热烈的感情,那是最根本的。他必须对美和道德上的善有鲜明的辨别力。否则,他一连同他的专业知识——就更像一只受过很好训练的狗,而不像一个和谐发展的人"。

事实上,现代社会是一个竞争的社会,一个人仅具有某一领域所需的专业素质,那么他还是无法适应社会发展的需要。现代社会的发展,需要人的全面发展,人的全面发展也就是人的综合素质发展,是生命个体作为现代人所拥有的现代化素质的发展。它要求大学生拥有良好的思想品德、心理素质、情感、意志、人生观、价值观等方面的人文素养。

5. 构建多层次、全方位的心理咨询网络

生命教育观告知人们,教育是生命与生命交流的过程。而生命关怀教育的目的则是让个体在受教育的过程中,不仅要学到生命所需的知识技能,而且更重要的是要让个体有丰富的生命涵养。在培养个体积极、乐观进取的生命价值观的同时,能够与他人、社会和自然建立良好的互动关系。所以,学校可以通过为大学生提供良好的生活与学习的环境,引导大学生树立积极健康的科学生命观。通过为大学生提供合理宣泄不良情绪的机会,以免其破坏性地爆发;给大学生的社会行为创造易成功的机会,以免其长期遭受挫折和内心冲突;培养大学生有效的心理防御机制,帮助他们学会如何保护自己和他人。

要使生命关怀教育工作做得扎实,起到切实有效的作用,还要针对每个学生不同的实际问题,做深入细致的心理引导工作,做到共性的课堂心理教育和个性的案例问题解决相结合。为此,要建立、健全高校的心理健康咨询机构,配备合格的专职心理咨询教师,构建多层次、全方位的心理咨询网络。

6. 注重社会实践,构建和谐环境

生命关怀教育涉及全社会的方方面面,既是人的全面发展的需要,也是学生健康成长的迫切要求。只有通过多种渠道多种途径,对学生进行生命与健康、安全、成长、价值的教育,帮助和引导大学生正确处理个人、集体、社会和自然之间的关系,使大学生学习并掌握必要的生存技能,认识、感悟生命的意义和价值,才能培养大学生尊重生命、爱惜生命的态度,学会欣赏和热爱自己的生命,进而对他人的生命抱珍惜和尊重的态度,树立正确的世界观、人生观和价值观。

倡导教育要回归生活,指导实践。社会实践活动中有大量丰富的生命教育资源,因此,对大学生的生命关怀教育不仅要发挥第一课堂的主阵地作用,还要通过社会大课堂,通过社会实践活动,促使大学生实现由"知"到"行"的转变。从哲学上看,"知"属于认识的范畴,"行"属于实践的范围,实践是认识发展的源泉和动力,又是认识发展的最终目的和最高归宿。正如荀子所言:"不闻不若闻之,闻之不若见之,见之不若知之,知之不若行之。学至于行之而止矣。"因此,社会实践应该成为对大学生进行生命关怀教育的重要途径。如举行生命价值辩论赛,开展学雷锋,定期帮助贫困家庭以及参加临终关怀等活动。这样的生命实践活动,可以让大学生突破书本的封闭知识体系,以广阔的社会知识与历史文化为背景,使大学生处于一种主动、动态、多元的学习环境中,直面社会中的生命现象,对现实生活中的生命价值问题进行多层次、多维度的思索和体悟,从而理性地选择自己的生活方式,自觉地为实现自己的生命价值而努力。

7. 开设生命关怀教育课程,使生命关怀教育系统化

大学生生命关怀教育主要体现在两个方面:一是高校有专门的教师对大学生进行生命关怀知识的传授;二是大学生个体对生命关怀意识的接纳和应用。要做到这两方面的完美结合,从而有效地进行生命关怀教育,高校有必要专门开设生命关怀教育课程。

我国的生命关怀教育,无论是机构的设置,还是具体活动的开展,都显得十分薄弱,甚至处于空白状态,只能在一些讲座或相关课程中零星地涉及,这对于当前生命关怀教育的迫切性而言简直是杯水车薪。这也导致,随着社会的发展,一部分大学生的生命质量没有因为物质生活的提高而提高,生命的幸福指数反而下降了。因此,高校必须敏锐地抓住突出社会问题,及时而细致地组织专门的生命关怀研究团队,基于我国高校的具体情况编写和开设可行性强的生命关怀教育课程,对大学生进行生命教育,这也正体现了以人为本的教育理念。

在高校重视和倡导对大学生开展死亡教育和生命关怀教育,不仅意味着对大学生个体自然生命的尊重,而且是落实以人为本的科学发展观和构建社会主义和谐社会的本质要求。

第三章 健康教育

教学目标

（1）了解健康教育的概念及内容。
（2）掌握大学生健康教育实施的方法和目的，促进自觉参与健康教育的意识。
（3）领会大学生健康教育的意义及重要性，增强对健康较全面的认知和自身健康的维护。
（4）了解健康促进的相关知识。

健康教育是帮助并鼓励人们实现达到健康状态的愿望，使人们知道如何才能实现健康。健康教育通过有计划、有组织、有系统的教育活动，传播有关健康的知识，促使人们自愿采用有利于健康的行为，消除或降低危险因素对健康的影响，从而提高生活质量和生命质量。

第一节 健康教育概述

一、健康教育的概念

健康教育是健康与教育的有机结合，其核心问题是积极教育人们树立正确的健康观，养成良好的行为和生活方式，促使个体和群体改变不健康的行为和生活方式，增强自我保健和群体保健的意识和能力，创造一种全民族乃至世界范围的卫生意识。通过健康教育帮助人们了解哪些行为是正确的、健康的，哪些行为是不正确的、危害健康的，使其自觉地选择有益于健康的行为和生活方式。健康教育提供人们改变行为所必需的知识、技能与服务，并促使人们合理地利用这些服务（如免疫接种和定期体检等），达到预防疾病、治疗疾病和促进康复的目的。

健康教育不仅是一种教育活动，而且是有计划、有组织、有系统的一种社会活动。在健康教育中，行为与生活方式的改变不应视为个人孤立的行动，而是受文化背景、社会关系、社会经济状况及个性等因素的影响。在生活方式中，各种行为之间是相互作用、相互影响的，更多的行为还涉及生活状况，如居住条件、饮食、娱乐、工作状况等。同时，当个人做出有关健康行为决定时,往往受到个人无法控制的因素的制约,如工作条件、市场供应、教育水平、经济和环境状况、社会规范和社会习惯等。作为个人应该积极地接受健康教育并掌握有关健康的知识、信息,自觉地改变不利于健康的诸多因素,养成良好的健康行为和生活方式,提高生活质量。

二、健康教育的要求

(1)帮助大学生树立现代的健康意识,使他们真正认识到健康不仅是躯体无病,体格健壮,还应有良好的心理素质和社会适应能力。

(2)使大学生掌握必要的卫生防病知识和急救知识,养成用脑卫生、用眼卫生、起居卫生、运动卫生、环境卫生、心理卫生、性卫生、营养和饮食卫生等良好的习惯,并促进他们身体力行,以增进自我保健能力。

(3)使大学生认识到不健康的行为和生活方式(最突出的是吸烟、酗酒、膳食结构不合理、缺少体育运动和心理应激)给自身健康带来的危害,帮助他们改变不健康行为和不良生活方式。

(4)使大学生认识到健康是当代成才的重要素质,并进一步认识到增进健康是历史赋予大学生的使命,而这不仅是对自己负责,也是对社会负责,从而增强他们维护健康的责任感和自觉性。

(5)针对大学生健康方面存在的问题进行教育,并从大学生卫生知识的掌握、良好卫生习惯和生活方式的形成以及体质健康状况的改善等方面来检验健康教育的效果。

(6)不断充实教育内容,改进教育方法,总结和交流教育经验,探索具有中国特色的大学生健康教育模式和体系。

三、健康教育的内容

大学生健康教育的内容包括健康及健康教育、大学生身心发育和疾病特征、心理卫生、学习卫生和起居卫生、饮食与营养、运动卫生、行为环境与健康、性生理与卫生、传染病、各科常见病、急症自救与互救和用药知识等12部分的内容。可概括为以下三个方面:

(一)躯体健康

主要包括防治躯体疾病、改进卫生习惯、增进大学生躯体健康的教育。如通过传染病防治知识的教育,帮助大学生改进卫生习惯,减少传染病在学生中的发生和传播;通过合理饮食、注意营养卫生的教育,减少大学生中维生素缺乏症、贫血等营养性疾病的发生率。通过大学生躯体健康教育,增进大学生的自我保健意识,防止和减少常见病、多发病的发病率。

(二)心理健康

主要是向大学生及时传授维护心理健康的知识和技巧,帮助他们掌握和建立各种积极、合理和有效的心理防御机制,在遭受挫折、心理失衡时,能合理地宣泄情感,调节情绪,调整心理状态;指导、帮助大学生提高社会适应力,提高生活技能,增进自我了解,建立良好的人际关系;培养良好的心理素质,及时防治心理障碍和心理疾病,提高心理健康水平。

(三)行为健康

良好的行为习惯和生活方式是维护身心健康的重要保证。在大学生中开展行为健康教育的重点在于指导大学生养成良好的行为习惯,以减少各种身心疾病的发生。如通过戒烟教育,帮助大学生戒除吸烟的不良行为习惯,消除或降低主动或被动吸烟对大学生健康的危害。

第二节 大学生健康教育的实施

一、健康教育的实施原则

健康教育原则是指健康教育过程中必须遵循的一些基本要求,它是健康教育理论的重要组成部分。健康教育原则来自医学、教育学、心理学、人类学、社会学、传播学、经济学、政策学、管理学及其有关学科领域的理论与知识,同时也是健康教育实践经验的概括,它既反映了上述研究领域的一般规律,又体现了健康教育的特殊规律性。

在健康教育实践中应遵循的原则有以下几点:

(一)科学性原则

健康教育是传播、普及、提高卫生科学知识,使人们了解达到健康的途径,所以应首先做到内容正确、举例真实、数据可靠,切忌片面化、绝对化,以免造成受教育者的误解。

(二)针对性原则

健康教育的对象是整个人群,每个人在不同年龄阶段均有不同的健康问题,不同性别、职业和文化程度的人在认知水平、心理状态及对卫生保健的需求方面也各不相同。因此,对不同人群、不同卫生保健需求者进行有针对性的健康教育,进行因人施教。医生对基层卫生工作者进行健康教育培训,培训内容对不同对象应有所侧重。学校校医应以合理营养、良好卫生习惯、戒烟、性知识、体格锻炼、意外伤害和传染病、常见病、多发病等为主,以达到有的放矢,开展健康教育。

(三)群众性原则

健康教育是一项造福于全人类的工作,要根据群众接受能力,尽量将深奥的医学、教育学理论变得通俗易懂,做到家喻户晓,尽人皆知。

(四)艺术性原则

为了保证健康教育取得较大的社会效益,针对主要疾病的危害及有关危险因素,根据不同对象的心理特点、兴趣爱好和自我保健要求,组织直观形象教育和视听教育,提高群众接受的兴趣。

二、大学生健康教育实施的方法

从总体上讲,健康教育实施的方法可分为信息传播法、培训法和组织法三大类。

(一)信息传播法

信息传播包括讲演(或讨论)、个别指导(或个人咨询)和大众传播媒介等。

1. 讲演

讲演是最古老的正规教育方法之一,它最简单易行,在健康教育中常常采用,但又最难掌握。讲演方法的优点是方式相对简单、灵活,并且不需要花费过多资金,它通过口头传递信息,影响人们的观念,激发人们的思想,从而形成严格思维。这种方法的不足是学习者常比较被动,一般无法与讲演者或其他学习者共享知识。为了避免这种缺陷,可以安排一定的提问与解答时间,并允许学习者阐述自己的见解,从而提高讲演的效果。实践研究表明,讲演在传播信息方面是相当有效的。

2. 个别指导

个别指导又称个人咨询,它是一种一对一的教育方法。个别指导最有针对性,可根据教育对象的个体差异,采取灵活有效的方法施教于个体。从宏观角度上讲,个别指导的效率是很低的,因为它需要投入大量的人力和时间,但从接受教育的个体来讲,个别指导可以带来良好效果。目前随着电信技术的进步,个别指导可以利用电话、网络等进行咨询,以便接受专家的专业指导。

3. 大众传播媒介

大众传播媒介是健康教育经常选用的方法,它包括大众媒介、视听手段、电视教学和系统学习四种媒体技术。这些媒体技术与其他面对面的传播方式有所不同,具体就是使得信息通过广播、电视、图表、标语、书籍、手册和教学设备等媒体传播。美国学者格里菲里和柯鲁兹曾经总结大众传播媒介在健康教育中的效果,认为它的效果体现在三个方面:增长知识;强化和巩固已形成的态度;在充分具备采取某种行动的心理动机基础上,有可能导致行为发生变化。

（二）培训法

培训法包括技能发展（技术培训）、模拟（游戏）、咨询式学习、小组讨论、模仿和行为矫正等。技能发展是一种与操作有关的教育方法，它特别强调发展特定的心理活动能力。例如，父母指导自己的子女如何正确刷牙，学会合理的烹饪技术以避免营养素过分损失等。理想的技能发展包括解释和示范每一个操作步骤。

模拟是一种实验性教育方法，它模拟一个真实的生活情境以刺激和辅助学习。模拟可以采用游戏、戏剧创作、文艺节目、角色扮演、案例研究和计算模型等方式。调查结果表明，模拟方法比较适合能力全面的人，能有效增强其学习的动机。美国健康教育专家认为，这种方法在老年问题、性病、性生活、消费与健康、卫生事业、安全教育和健身计划等方面的应用最具潜力。

咨询式学习又称发展方法、解决问题和思考学习，它鼓励人们形成并体验他们的假设，鼓励通过独立思考来获得知识。咨询式学习能提高人的学习动机，促进学习在应用、分析、综合等方面技巧的发展，增强严格思考、民主合作、解决复杂问题和阐明价值方面的能力。

小组讨论作为一种科学的教育手段，起源于20世纪50年代，温利首先通过实验研究，观察小组讨论对态度变化和行为变化的影响。近年来，小组讨论的方法在许多领域和不同场合所被普遍使用，如集体心理治疗等。

模仿是指人们模仿他人行为的倾向。现代模仿概念吸取了心理分析和角色认同理论，尤其吸取了班杜拉的观察学习研究结果。在健康教育中模仿学习对不同年龄、性别的人的作用是不同的，其中，对儿童的影响最大。因此，早期向儿童传授健康行为并培养其良好的卫生习惯非常重要。另外在改进饮食结构、戒烟和体育锻炼等方面，模仿也具有很大的作用。

行为矫正是依据生理学中的经典条件反射和操作性条件反射原理设计的。在经典条件反射理论中，认为行为是由刺激引起的。在操作性条件反射理论中，某种行为发生的频率受该行为结果的影响，行为结果可以是积极的、不存在的或消极的。行为矫正就是以对刺激控制和对奖罚的处理为基础的。国外有报道，行为矫正在治疗肥胖、酗酒和吸烟方面较为成功，同时该技术也广泛运用于临床对一些疾病的治疗。行为矫正法主要通过认知控制意志来改变顽固的、经常性的和复杂的行为。进行行为矫正必须有训练有素的治疗师和高度激发起来的人群，同时还要获得社会规范的支持或压力，一般只有在讲演、小组讨论、个别咨询和大众传播媒介无效时，才考虑使用。

（三）组织法

组织法包括社区发展、社会行为、社会规划和组织发展等方面。

社区发展是一种有步骤的社区组织方法，它注重于整个社区的技能、能力和认识的提高发展，通常用自助、统一的方法解决问题。在利益一致和协调的社会团体中，这类方法可收到很好的效果。

社会行为是社会成员组织起来要求资源重新分配的一种社区组织形式。社会行为与社区发展不同,前者是建立在社区不同阶层的利益冲突上的。应该指出,许多社会行为与健康教育的宗旨、技术或方针相差甚远,健康教育通常不采取社会行为的方法。

社会规划是指由专家通过合理协调和采取有效措施来解决社会问题的过程。

组织发展主要是队伍的组织建设、冲突处理、体制改革、资料反馈和人员培训等。

三、大学生健康教育实施的目的

广义的健康教育目的首先是要求人们树立正确的价值观,在这个基础上达到"知、信、行"的目的。"知"就是要普及卫生知识;"信"就是改变态度,树立信心和信念,对于卫生知识要相信,要接受;"行"就是要求行为的改变。大学是人生走向成熟的阶段,这一阶段对自我、他人和社会的认识趋向于稳定,世界观也逐渐形成。大学生是大学实施健康教育的对象,大学健康教育的目的就是要根据大学生的生理、心理特点,通过课堂内外的各种教育活动,提高他们的健康知识水平,增进他们自我保健能力和对社会健康的责任感,促进有益于个人、集体和社会的健康行为。

(一)提高健康知识水平

提高大学生健康知识水平是大学健康教育的首要目的。实践研究表明,大学生中某些不良的生活方式和卫生习惯,往往是缺乏必要的健康知识所致。如当前学生近视眼的发病率很高,这与学生不注意用眼卫生有关。如果及时强化有关近视发病原因和预防方法的教育,并在平时注意视力监测工作,近视的发病率就可能下降。又如在目前大学校园内掀起的减肥热潮中,就有不少学生盲目行事,存在认识和行为的误区,结果在体重下降的同时,还将忍受身体垮掉的痛苦。如果掌握了健康知识,这一类现象就可能不会发生。

(二)增强自我保健能力和对社会健康的责任感

大学教育是高等教育,应该肯定当今大学生在专业素质和能力方面有很大提高,然而他们当中确有相当一部分人,缺乏自我保健能力和对社会健康的责任感。据有关资料报道,近几年大学生中慢性传染性疾病的发病率有所回升,如乙型肝炎、肺结核等疾病;运动导致猝死现象也时有发生。另外,个别学生由于心理承受能力较差,还出现自杀、自残等极端行为。而如果多点自我保健能力和对社会健康的责任感,加强安全防护,有些疾病是可以预防的,那些极端的行为也是完全可以避免的。

(三)改善对待个人和公共卫生的态度

一个人对待个人和公共卫生的态度如何,是促使其将健康知识转化为行为和习惯的动力,是健康教育取得良好效果的前提。所谓态度是个体对人、对事所采取的一种具有持久性而又一致性的行为倾向,它能对个体的行为起直接干预作用。大学生对待卫生问题的正确态度,是通过在校期间对健康知识的学习和受周围环境的影响而逐渐形成的。因此,必须抓住学校教育的良好时机,加强健康教育,以改善学生对待个人和公共卫生的态度。

(四)形成有益于个人、集体和社会的健康行为和生活习惯

一个人的行为和生活习惯的形成取决于他的知识水平和周围环境对他的影响,大学健康教育的目的之一就是要促进大学生形成有益于个人、集体和社会的健康行为和生活习惯。在今天的大学里,部分学生在拜金主义和享乐主义的影响下,追求不健康的刺激和嗜好,如看黄色录像、书籍,赌博等。有的学生为了摆脱某些精神上的困扰,常常酗酒、吸烟,甚至采取更危险的手段——吸毒。健康教育通过教育和行政干预,能使学生认识到偏激行为和不良习惯对个人和社会健康的危害性,从而自觉加以克服和抵制。

(五)预防心理疾病,促进心理健康

当今社会的高速发展和社会对人才需求的改变,使当代大学生在面临从未有过的挑战和机遇的同时,也承受着前所未有的心理压力。由于主观理想、愿望和需要与现实发生偏差而不能实现,引起其心理紧张,甚至产生心理障碍,发生心理疾病的事情也时有发生。消除大学生的心理障碍,促进其心理健康,已成为当前大学健康教育的突出问题。

(六)降低常见病的发病率

大学是居住人口相对稠密的区域,加上近些年来学校生活和教学设施的更新远滞后于教育规模的发展,办学条件和校园环境诸方面多有不尽如人意之处。这一切都可能使常见疾病的感染率和发病率上升。有些疾病最初可能对正常的生活和学习影响不大,症状也比较轻,很容易忽略,然而,一旦病情加重,治疗就变得很困难。另外,近年来,由于学生学业负担过重,体育活动不足,在高年级学生中心血管疾病、神经衰弱的发病人数在增加,已成为大学疾病防治中的新课题。大学健康教育的目的在于:一方面传授学生以科学卫生知识,使学生了解疾病发生的原因,增强自我保健意识;另一方面通过完善学校卫生保健服务网,加强对学生定期的体检或健康测定,尽早发现各类疾病,及时进行治疗,防患于未然,有效降低常见病的发病率。

四、大学生健康教育实施的意义

大学生健康教育通过教育这一最广泛、最生动、最为学生所熟悉的方式,不仅能有计划、有目的、有组织地增进学生的自我健康意识,培养学生各种有益于自身、社会的健康行为和生活方式,促进学生身心健康和对环境适应能力的全面发展,而且还有利于培养学生良好的思想品德和正确的道德观念,促进学校物质和精神文明的建设。当代大学生素质的全面提高,事关我们民族千秋万代的繁荣与昌盛,开展大学生健康教育具有极其深远的意义。

（一）大学生健康教育可以促进高校的社会主义精神文明建设

社会主义精神文明建设的重要任务之一，就是要提高全民族的科学文化水平，提倡文明、健康、科学的生活方式，克服社会风俗习惯中存在的愚昧与落后。健康教育宣传科学卫生知识，倡导健康生活方式和行为习惯，增进学生的身心健康，净化校园环境，这些将大大推动学校的社会主义精神文明建设。

（二）实施健康教育能强化大学生的思想品德和道德观念

健康教育对大学生的思想品德和观念意识也有重要影响。例如，先人后己、顾全大局是社会极力推崇的道德观，但是这样一种社会美德在一些教育活动中却不易体现，而健康教育利用简单生动的健康生存知识就能透彻地阐明这个道理。诸如"请不要随地吐痰"，因为痰污染环境、传染疾病，为了他人和社会的健康，最终也为了自己的健康，每个人都不应随地吐痰；同样，为了他人和自己的健康，患病者不应到公共澡堂和游泳池去。

这些有关健康教育的文字、语言和活动，蕴涵着朴素哲理的道德观，非常深入人心。健康教育不是空洞的说教，它具有实质性内容和说服力。在一个健康、稳定发展的社会，良好的道德观和行为总是伴随着人的健康生活发展的，通过健康教育无疑将会极大地影响和引导人们道德观念的改变。

（三）实施健康教育有助于大学生树立"大卫生"观念

健康教育是学校健康教育的组成部分，而学校健康教育是社会健康教育的基础。在校大学生现在是受教育者，对他们进行教育，不仅使他们意识到健康教育人人受益、人人有责的道理，而且树立"人人为健康，健康为人人"的"大卫生"观念，当他们走向社会时，将成为各条战线健康教育的传播者，必将推动社会健康教育的发展。

第三节　大学生健康教育的意义及重要性

一、大学生健康教育的意义

健康教育是提高人群对健康的认识，使他们懂得一些基础的卫生保健知识（基本的内容和实施方法），养成科学、文明、健康的生活习惯。

大学生是一个知识层次高、知识面广、易接受健康教育的群体，他们学习健康教育对自己、对社会都是大有裨益的，将来走上工作岗位后，可以再将学到的健康知识传播给社会大众，以引导公众关心健康事业，增强个人对健康的责任感，提高个体或群体对健康的全面认识，最终达到提高全民健康水平的目的。

二、大学生健康教育的重要性

健康教育是近年来随着心理行为科学的发展而采取对人类健康保护的积极性措施,是根据新的医学模式、社会环境、生活方式、心理因素对健康和疾病的影响而提出来的。健康教育不仅涉及生物因素,而且涉及心理因素和社会因素,大学生健康教育的目的是使青年学生能自觉地参与改变不利于身心健康的现实因素,使他们心情开朗,机体强壮,愉快地学习科学知识和技术才能。

大学生是人类知识结构层次较高的特殊群体之一,具有较强的理解力、吸收力和自学能力,是国家现代化建设的生力军、后备军。如何保持和增进大学生的身心健康是高校保健工作者、教育工作者的重要研究课题。近年来国内外高校的心理卫生工作发展较快,在心理卫生理论与实践的结合上进行了较深入的探讨和研究。尤其是国内高校的心理卫生工作虽然起步较晚,但现已引起广泛重视。

大学生是十分宝贵的人才资源,是民族的希望,是祖国的未来。但大学生社会阅历少,社会适应能力低,有少数学生自我强化意识十分明显,遇到心理障碍不能自我解脱,还有一些学生因学习负担过重,专业思想不稳定,对社会问题、人生问题忧虑过多,有的学生心胸狭窄,人际关系处理欠妥,缺乏克服困难和适应环境的能力。这些学生一旦遇到不称心的事情不会自我调节时,就会发生常见的心理障碍或精神性疾患。资料表明,神经精神性疾病已严重威胁着大学生的正常学习和生活。因而,重视大学生的心理障碍,开展健康教育和心理咨询已刻不容缓。

目前,我国社会正处于一个改革开放的大变革时期,各种各样的问题和矛盾,都会对大学生的心理产生巨大的影响。指导他们在各种应激情况下,如何正确处理切身利害关系和严重生活事件所引起的情绪状态(例如亲友的死生离别、意外事故、严重疾病、考试失败、失恋受辱等)特别重要。特别是从农村入学的新生,从未接受过较全面的健康知识教育,以致进入大学后,由于经济的拮据,服饰较"土",再加上社会知识比城市来的新生相对少,容易产生严重的自卑感。他们在人际交往方面缺少优势,表现出不同程度的孤独感。因此,在患病的比例上远远超过城市学生,尤其是结核病和精神性疾病。对心理失去平衡并已发生心理障碍的学生,应及时开展心理咨询服务。通过心理咨询,使他们能合理地发泄情感,调节情绪,调节心理平衡状态,同时采取保护性措施进行正确指导,从而减少和消除影响他们心理健康的因素,克服各种心理障碍,减少精神疾病和躯体疾病的发生。

第四节　健康促进

一、健康促进的概念

健康促进的概念较多,关于健康促进的定义目前国际上比较公认的有两个。其一是

1986年在加拿大渥太华召开的第一届国际健康促进大会发表的《渥太华宪章》中指出的："健康促进是促使人们提高、维护和改善他们自身健康的过程,是协调人类与他们环境之间的战略,规定个人与社会对健康各自所负的责任。"另一定义是劳伦斯·格林教授等于1991年提出的："健康促进是指一切能促使行为和生活条件向有益于健康改变的、教育与生态学支持的综合体。"我国学者结合国内的实践经验和文化背景,把健康促进定义为:健康促进是充分利用行政手段,广泛动员和协调个人、家庭、社区及社会各相关部门履行各自对健康的责任,以教育、组织、法律和经济等手段干预那些对健康有害的生活方式、行为和环境,共同维护和促进健康等一系列的相关活动,其目的在于努力改变人群不健康的行为,建立预防性服务机制,创造良好的社会与自然环境。

健康促进的概念包含以下基本内容:一是健康不再是个人的事情,也不再仅仅由个人负责,还应该由社会来负责。因此,政府和各部门应该制定支持健康的公共卫生政策,以强有力的措施来促进个人与社会健康。二是健康促进不再仅仅是针对疾病危险因素,也包括个体、群体与社会生活的各个方面,这就要求最大限度地动员人群强化健康意识、提高保健知识水平、消除不健康的行为方式、自觉参与维护健康的活动。三是环境因素在人类健康促进过程中占有极其重要的地位,无论个人、集体还是社会,要想获得健康,都要积极参加对环境的改善和对良好环境的维护,使环境成为人类维护健康的支持因素。这里的环境既指自然环境,也包括社会环境。

二、健康促进的五大行动领域

《渥太华宪章》明确地指出了健康促进的五大行动领域。

第一,制定健康的公共政策。健康促进的政策由各方面相关政策综合而成。制定并实施相应的政策,实行广泛的部门合作,创造有利于健康的社会环境,是各级政府部门的责任。

第二,创造支持性环境。人类与其生存的环境是密不可分的,健康促进策略重视保护自然,重视为人类创造良好的生存环境,同时也为实现人们的行为改变创造环境和物质方面的支持条件。

第三,强化社区行动。社会动员和社区行动是健康促进的基础策略。

第四,发展个人技能。通过提供健康信息,开展认知教育和保健技能培训来改变不健康的行为,同时帮助人们学习保健技术,提高自我保健能力。

第五,调整卫生服务方向。要求个人、社区、卫生服务机构和社会来共同承担卫生服务中的责任。

也有一些专家将健康促进总结为"三点成一面"的理论模式,三点是政策、教育和服务,一面是健康促进。他们将三个点称为健康促进的三个支点,有了这三个支点,健康促进这个面就能保持稳定和平衡,缺少任何一个支点,健康促进这个面就会倒下。这一理论说明健康促进最主要的功能是促使政府制定有利于健康的政策、促进调整卫生服务方向和通过教育促进提高个人和群体的保健知识和技能水平,同时它也准确地抓住了健康促进最主要的三大工作领域。

第四章 心理素质与健康

教学目标

（1）了解大学生心理素质与心理健康基础知识。
（2）了解青年期生理和心理特点。
（3）了解常见的大学生心理问题，懂得哪些状态可以通过自我调整或心理咨询解决，哪些心理疾病需要专业医疗机构诊治。
（4）了解大学生心理咨询与治疗的理论与方法，建立正确的心理咨询观念以及自助求助的意识。

大学生是国家未来的建设者，高校承担着大学生素质培养和健康教育的重要使命。其中，心理素质与心理健康是大学生素质的重要组成部分，也是高校素质教育的关键。构建完整、系统的心理素质培养模式，提高大学生的心理健康，使其适应社会发展的需要是高校素质教育的根本任务。

第一节 心理素质与心理健康

一、心理素质

（一）心理素质的概念

"素质"一词最早见于生物学，指的是人的神经系统、脑、感觉器官上的先天特点，是人获取知识、技能的物质基础。随着社会的发展，"素质"广泛用于说明人和组织的状态，内涵逐步扩大。人的品德、学识、才能、情操、风度、心理都可以用这个词概括。人的素质是人在先天禀赋的基础上通过学习、培养和实践锻炼而形成的在其工作中经常起作用的各种内在因素。人的素质包括文化素质、身心素质、思想道德素质和业务素质。

（二）大学生应具备的心理素质

在大学生心理素质培养中，应形成一个优良心理素质目标，使人自觉地向这个目标前进,产生优化自身心理素质的激情和动力。自信、坚毅、进取、责任和勇敢是大学生心理素质培养的重点。

1. 自信

自信就是自我肯定,拥有自信的个体通常对自己持一种积极肯定的态度。自信是成功的第一秘诀。凡有成就、有影响力的人物身上,都表现出强烈的自信。自信心是心理素质中最基础、最核心的东西。一个人成功的关键在于相信自己、规划自己、塑造自己、发展自己。

真正的自信心不仅仅表现在成功时,实际上在失败时,自信心才是最宝贵的、真实的。稳定的自信心是在成功和失败中培养和形成的。军人心理行为训练以其独有的形式,使训练者互相鼓励、相互影响,从而使训练者的思维方法和行为模式在潜移默化之中受到影响,使他们建立起在从事任何事时都始终充满自信的坚定信念。

2. 坚毅

世上凡有成就的人必定是强者,一切成就与懦夫无缘。在学习和事业面前,只有那些性格坚强、一往无前、不怕挫折、不怕牺牲的人,才有希望达到成功的彼岸。一个人成功与否,坚毅的品质起了非常重要的作用,它能够帮助你充满热情地追逐目标,战胜一切艰难困阻,提高自己分析解决问题和做决策的能力。

3. 进取

拥有进取心是成功人生必备的心理素质。进取心不仅仅是主动去做应该做的事,更是一种"不满足"之心。进取心与"贪婪"是不同的。贪婪是一种对个人利益的追求,进取心则是一种对事业和人生成功的不断追求。一篇报道中有这么一句话:"拥有同样的阳光、空气和水,未必都能长成参天大树,但若没有破土而出的渴望和勇气,将永远是一颗深埋泥土中的种子。"进取心是一种激励我们前进的、最有趣而又最神秘的力量,它存在于我们每个人的生命中,就像我们自我保护的本能一样。正是进取心——这种永不停息的自我推动力,激励着人们向自己的目标前进。这种内在的推动力从不允许我们"休息",它总是激励我们为了更好的明天而奋斗。可以说,进取心这种伟大的激励力量,会使我们的人生更加美好、更加崇高。

作为大学生,首先,要有"永不满足感"。人生就像爬山一样,你必须有达到山顶的雄心壮志,否则,永远过不了"十八盘",爬到顶端。如果你感到"不满足",总有探索的欲望,就可能发现许多潜在机会。这些可能性起初似乎是一些模糊的"梦想",但这些"梦想"恰恰是由"不满足"而来。可见,"不满足"→"梦想"→"目标"→"行动"→"坚持"这一连续过程造就了人类伟大的成功。"不满足"的激情产生改变现状的"进取心",并激励我们追求完美。这既是人们争取成功动力的最终源泉,也是人类进步的奥秘。"进取"能激励人们从弱者变成强者,从失败走向成功,从苦难走向幸福,从贫穷走向富裕。

4. 责任

责任心是指个人对自己、他人、家庭、集体、国家和社会所负责任的认识、情感和信念,以及与之相应的承担责任和履行义务的自觉态度。责任心与义务不同,责任心是非强制性的,是主体内部持有的一种自觉的主动态度。责任心是做好一切的前提,更是大学生成才的根基。大学生的责任心可分为国家责任心、社会责任心、学校责任心、家庭责任心和自我责任心五个部分,也可粗分为自我责任心、他人责任心和社会责任心三个部分。

第一,自我责任心是基础,它主宰、支撑着整个生命的成长过程,是获取幸福人生的决定性因素,倘若有所缺失,人的其他部分的成长和发展就会受到影响和限制。责任感意味着有条理、有上进心、可依赖、爱思考、追求成功、能够自律。

第二,他人责任感是一种入世态度,是一个人在心理和感觉上对其他人的伦理关怀和义务。没有人可以在没有交流的情况下独自一人生活。所以,我们一定要有对其他人负责的责任感,这样才能使社会变得更加美好,人与人之间变得更加和谐。他人责任感的核心是富有同情心,关心他人并关注他人的困难。

第三,社会责任感是责任感的最高的境界,是人在社会化过程中表现出来的。社会责任感是指个人为了建立美好社会而承担相应责任、履行各种义务的自律意识和人格素质,是个人通过对社会观点同化、内化而形成的对价值观、良知、信仰等的认同,是个人价值观、态度和信念的表现。

强化大学生的社会责任感,就应该使大学生懂得承担社会责任是其实现自我价值的必由之路。只有全面正确地对待个人与集体、个人前途和社会发展的关系,大学生的自我价值的实现与社会整体利益的实现才不至于对立起来。其实,社会整体利益是个人利益的"源",个人利益是社会整体利益的"流"。个人价值要实现,唯一的途径在于推动社会整体利益的发展,在于每个人主动地承担起社会责任。

5. 勇敢

勇敢既是一种精神,也是一种心理品质。从一般意义上来说,勇敢就是有胆量、无所畏惧,在危险、困难面前不退缩。上升到理论高度,勇敢就是为了人类正义和进步事业,无所畏惧、不怕牺牲、愿意付出一切的奋斗精神和高尚品质。

勇敢是社会和时代的产物,不同阶级对勇敢有不同的评价和解释,也有不同的鼓励和培养方式。我们所说的勇敢,来源于对祖国和人民的强烈责任感,来源于对自身崇高理想的伟大追求,这是一种自觉自愿为人类正义事业不懈奋斗、英勇献身的高贵品质。

二、心理健康

(一)心理健康的含义

对于心理健康,专家和学者进行过各方面的探讨。有人认为,它是一种心理状态,即人对内部环境具有安定感,对外部环境能以社会上认可的形式进行适应。也有人认为,它是一种积极丰富的心理状况,在这种状况下能对环境作出良好适应,并能充分发挥身心潜能。本书认为,心理健康的含义包括两个方面:一是指预防和治疗心理疾病,二是指促进和提高人们的心理健康水平。

对大学生这个特殊群体来说,心理健康主要体现在以下两个方面:一是大学生如何积极主动地调整自己的心态,适应大学这个特殊的环境;二是在这个环境下如何创造性地发展心理潜能,完善个人生活,取得事业的成功。

一方面,人的身心发展与环境的协调是一个动态过程。一个大学生如果能够很好地适应大学的要求和环境,就意味着这种动态关系是平衡与协调的,而不良的适应则是对平衡与协调的破坏。一个高中生从进入大学的那一刻起,从心理上就要与周围环境保持着和谐的关系。这种和谐的关系主要指对大学中现存和发展的环境、大学所有的规章制度及对大学生的特殊要求、大学中的人际交往方式及各种生活事件能够理解、接受并且积极投入其中。

大量事实表明,一个刚刚迈入大学的大学生,其过去建立的行为规范、道德标准、价值判断以至生活习惯等都与大学这个特定团体的标准有相当大的距离。从高中生转变成一个合格的大学生,人对环境的适应是一条漫长而又充满坎坷的道路。适者生存,只有主动积极地适应环境,保持心理与环境的和谐,才能在"环境"这个大舞台上有所作为。

另一方面,作为一名大学生,不能只被动地适应环境,而应在积极接纳并理解环境的基础上,找出人生价值和生活的意义,积极发展自我、丰富自我,提高自己的水平。大学生首先要解决的是自我发展的问题,而在自我发展的过程中,发展方向是第一位的问题。我们常常看到,有的人自我观念明确,追寻方向肯定,奋斗目标积极,在大学这个大熔炉中把自己炼成了一块好钢;而有的人生活缺乏目标,时感彷徨迷茫,以至于发展受阻。因此,确立正确的、合乎自己实际的人生目标并为之坚持不懈地努力是十分重要的。只有这样,人生才是有意义的,个人生活质量才是高水平的,心理健康才是高标准的。

(二)心理健康的标准

心理健康是指人们对于环境及其相互间具有最高效率及快乐和谐的适应情况。在这种情况下,人能愉快地接受生活的规范,保持镇静的情绪、较高的智能,具有适应于环境的行为。那么我们怎样判断自己或别人处于心理健康状况呢?一般认为,心理健康主要包括以下几个特征:

1. 良好的情绪

情绪稳定和心情愉快是良好情绪的主要标志。稳定说明人的心理活动协调,愉快表示人的身心活动的满意与和谐,表示人的身心处于积极的健康状态。在这种状态下,人具有下列明显的特点:①情绪安定,没有不必要的紧张感和莫须有的不安感。②容易把自卑与气馁等不良情绪转向具有创造与建设的方面。③具有喜欢别人和受别人喜欢的能力,容易与别人的情绪发生共鸣。④能表现出与发展阶段相应的情绪。作为青年人来说,既不显得老气横秋,又不过于天真幼稚。⑤在需要得不到满足时能适度忍耐,在需要得到满足时也不会得意忘形,有正常的喜怒哀乐情绪。⑥善于生活,有较高的个人生活质量。

2. 协调的行为

心理健康的人,思想与行动是统一的、协调的;行为举止是适度得体、有条不紊的;做起事来是按部就班、有头有尾的;行为反应是适度正常的。特别需要提及的是,反应适度是心理健康的一个重要标志。人的反应存在着个体差异,但这种差异是有一定限度的,不会出现过分的迟钝或不正常的敏感。

3. 正常的智力

智力是人的认识与行动所能达到的水平,主要由观察力、记忆力、思维能力、想象力与实践活动能力所组成。它是人生活、学习、工作的最重要的心理基础,是人与环境取得动态平衡的心理保障。人的智力发展水平是有差异的,但大多数人具有一般智力发展水平,智力超常和智力低下是少数的。智力超常与智力一般属健康范畴。一个观察力、记忆力、思维能力与实践活动能力都与周围人群相差无几的人应该属于智力正常。

4. 健全的人格

人格一词在语义上有两种解释:一是伦理学的解释,指人品、品格;二是心理学的解释,指人的个性,主要包括性格和气质两部分。这里我们从心理学的角度探讨人格。人格是多维的、多层面的。我们不可能十分明确地勾画出人格的全部,但健全的人格应具以下几个特征:①具有积极进取的生活态度和科学正确的人生观。②具有朝着目标前进的坚忍不拔的意志力。③具有从经验中学习、不断完善自己的能力。④具有乐观热情、少嫉妒心、无过分占有欲的性格。

5. 较好的环境适应能力

具有较好环境适应能力的人能不断调整自己对现实的态度,以便更好地适应环境。当人们不能改变现实,理智的办法就是改变自己对现实的态度。要学会与人相处,使别人了解你,你也能够了解别人;尽量使自己被他人悦纳,被集体欢迎,不被看作"多余"或"有害",要在集体中有自己的知心朋友。

6. 正确的自我评价

正确的自我评价要求对自己的认识比较接近现实,比较有自知之明,能比较恰当地评价自己,给自己确定切合实际的生活目标和理想;对自己充满信心,努力发展自己的潜能,对自己无法弥补的缺陷也能安然处之。

青年时期是人一生中极为重要的一个时期。由于社会的发展、独生子女的增多等原因,现代青年身体早熟而心理晚熟,形成身心发展失衡,其心智能力有时无法控制身体早熟而衍生的冲动,这是当前青年异常行为问题增多的原因。作为处于青年期的大学生应该明确心理健康的标准,了解心理健康的特征,主动地积极地提高自己的心理健康水平。

(三)影响心理健康的因素

心理健康是一个极其复杂的动态过程,它受到诸多因素的影响。影响大学生心理健康的因素如下:

1. 生理和遗传因素

一般来说,人的心理活动不是遗传的,而主要是在后天的社会环境影响和社会实践活动过程中形成和发展起来的,但人的体型、气质、能力、性格和神经系统的活动特点明显受到遗传因素的影响。

2. 心理和社会因素

（1）家庭环境与早期教育。家庭对个体早期的发展影响极大，这也是影响个体心理健康的重要因素。个体的自信心、人际交往能力、安全感等方面的心理障碍多与家庭和早期教育密切相关。

（2）生活事件与环境变迁。升学、考试等重大的事件需要个体付出很大的精力去调整和适应事件所带来的生活变化，从而产生心理压力（应激）。生活事件造成的心理压力越强烈、越持久，对心理健康的影响也越大、越深远。

（3）心理冲突与不良的个人习惯。心理冲突往往发生于难于抉择的处境。冲突长期得不到解决将会影响心理健康。每个人都具有独特的个性类型特征，这也是影响心理健康的重要因素。个性是自我的外延，是种有别于他人的稳定的素质，给人的行为以一定的倾向性。

第二节　青年期生理和心理特点

一、青年期的生理特点

（一）人类生命阶段的划分

世界卫生组织将10～20岁定为青春期。青春期又分为青春前期（10～14岁）和青春后期（15～20岁）。青春前期为发育迅猛阶段，青春后期将进入生理成熟期，是生长发育逐渐缓慢阶段。我国一般把人的一生分为胎儿期（受孕～分娩）、乳儿期或婴儿期（0～1岁）、幼儿期（1～6岁）、童年期（6～10岁）、少年期（10～14岁）、青年初期（14～18岁）、青年中期（18～23岁）、青年晚期（23～28岁）、成年期（28～60岁），60岁以后进入老年期。

目前中国大学生一般在20～23岁，已步入青年中期阶段。大学生形态发育经过人生青春期生长发育的第二期后，无论是人体的外形或内脏器官，都发生了重大的变化。身体迅速发育增长，体力与活动能力急剧上升，出现了成年人的标记，形成了青春期形态发育的特点，这是一个相当复杂的变化过程。

（二）青年期的基本特点

青春期是生理发展的时期，生理急剧发展是青年期不同于其他人生阶段的最重要特征，个体的身高、体重、骨骼、内脏、性器官等生理发育十分显著。就女生而言，开始有月经；就男生而言，开始有射精现象。女生的卵子与男生的精子日渐成熟。

由少年到成年之间的过程，是一个连续的、有高峰的、不断发展的过程，同时又是人生发展过程中的蜕变、转折和转型期。

青年是人生发展的自我辨认与认定的重要时期，尤其是性别角色学习与分化的关键时期。此期不顺利者,将阻碍人生的进程。

青年期有一定的范围特点,见表4-1。

表4-1 青年期的范围特点

发展层面	青年初期	青年末期
生理	发育增长期	生理与性达到成熟状态,如具有生理能力
情绪认知与就业	开始减少对父母的信赖,独立自主	达到自我修正的个人认定状态,并且情绪自主
认知与就业	开始作逻辑思考、掌握解决问题及作决定的技能	能够逻辑思考与自主地作决定
人际	由父母转至同伴	增加对同代成人的亲密度
社会	开始进入个人、家庭与工作角色中	拥有成人的权利与责任
教育	进入中学	中学或大学毕业
宗教	受洗或接受成人礼	在宗教社区中,获得成人地位
法律	到达青少年法定年龄	到达成人法定年龄
文化	开始接受仪式与庆典的训练或作相关准备	完成仪式与庆典

(三)青年期的生长发育

从生物学上说,人体发展可分为三个阶段:生长发育阶段、相对稳定阶段和衰老退化阶段。从人体产生到成熟,大约20多年,称为生长发育阶段。生长是指人体细胞和细胞间质的数量和大小的增加,是一个量变的过程。发育是指在量变基础上导致的人、体器官和组织的分化、结构的完善和机能的成熟,又称为质变过程。生长和发育这两个过程是相互联系、相互促进的过程,生长导致发育,发育进一步促使生长,并由此形成个体生长发育的两个大高峰。第一高峰处于婴幼儿期,第二个高峰便是在青春期。青年的生长发育,集中体现在以下几个方面的变化上:

1. 身体形态和功能的变化

身体形态和功能主要包括身高、体重、体形(宽度和围度)、心肺功能等方面的变化。

(1)女性在9~10岁时身高、体重、肩宽、骨盆宽的发育水平超过同龄男性,15岁左右男性各项发育水平超过同龄女性,18岁左右男性的上述四项指标绝对值超过女性,形成男子身材较高,肩部较宽,而女子身体丰满,髋部较宽的身体特征。

(2)女性骨骼比男性轻20%,肌肉重量约为男性的60%,女性承受力和耐力比男性差。中国青年(18~25岁)的平均体重分别为男性61kg,女性53.5kg。

(3)心脏迅速增大,心肌变厚,心、肺功能提高。在青春期心脏重量、容积增高约1.5倍,心排血量增加约1.5倍,血压、心率更加稳定。

2. 脑形态与功能变化特点

(1)从兴奋过程强于抑制过程,发展到兴奋与抑制达到平衡。

（2）从第一信号系统占优势,发展到成年期第二信号系统占优势。
（3）脑的体积和重量接近成人,脑发育基本成熟。
（4）脑功能产生很大变化,记忆力、理解力、思维能力都有大幅度提高,求知欲旺盛。

3. 内分泌系统的变化

人体内分泌活动既受中枢神经的调节,又受各内分泌腺之间的相互作用,形成三个层次,见表4-2。

表4-2 内分泌系统的变化

激素名称	英文缩写	分泌腺体	对人体的作用
促性腺激素	Gn	脑垂体（前叶）	①女性卵巢泡的生长；②促女性排卵；③卵巢黄体形成
促卵泡激素	FSH	脑垂体	
黄体生成激素	LH	脑垂体	
生长激素	GH	脑垂体	①蛋白质合成；②骨骼的发育；③减少脂肪
肾上腺皮质	ACH	肾上腺	①调节三大代谢；②促进肌肉生长
睾丸酮（雄激素）	T	睾丸 肾上腺（DNH）	①雄性器官的发育；②精子的生成与成熟；③第二性征（男）；④延长寿命；⑤蛋白质合成和造血；⑥性欲
雌激素	E	卵巢肾上腺（DNH）	①雄性器官的发育；②卵子的生长；③第二性征（女）；④性欲
孕激素	P	卵巢	①子宫内膜的增长；②乳腺的生长；③抑制子宫的运动；④抑制排卵
甲状腺素	T	甲状腺	①促进新陈代谢；②维持神经稳定性；③促进性腺的发育

第一层次：下丘脑（中枢神经部分）分泌各种促内分泌腺释放因子作用于脑垂体。

第二层次：脑垂体分泌各种相应的促内分泌腺激素作用于其他各种内分泌腺（肾上腺、甲状腺、性腺）。

第三层次：由各种内分泌腺分泌相应激素进入血液（淋巴）作用于人体各部分。内分泌系统变化的特点如下。

（1）卵巢和睾丸都能产生雄激素和雌激素,男性以雄性激素为主,也有少量雌激素；女性以雌性激素为主,也有少量雄激素。女性血液中睾丸酮约为男性的1/6。

（2）除了性腺、睾丸,卵巢分泌雄、雌激素外,肾上腺也能分泌雄性激素和雌性激素。男女的体毛是靠雄激素来维持的。调节失衡,会出现多毛或无毛现象。

（3）青春期前身高只由生长激素和甲状腺素来维持,身高的突增是由睾丸酮增加引起的。女性身高还与肾上腺雄性激素有关。

（4）还有其他激素参与协同或拮抗作用。

4. 生殖系统形态及功能的变化

这是人体最后发育的一个系统,重点是性发育及性心理的变化。

（1）男性性成熟的器官是睾丸，其发展顺序是：激素平衡改变→骨骼开始生长→生殖器增大→长出直的阴毛→声音变化→出现遗精→阴毛卷曲→生长达到高峰→生出胸毛、腋毛→声音低沉→长出胡须。

（2）女性青春期的第一信息就是乳房发育，卵巢是女性最主要的性器官。女性性成熟的发展顺序是：激素平衡改变→骨骼开始快速增长→乳房发育→长出直的阴毛→身体生长达到高峰→阴毛卷曲→初潮→腋毛出现。

（四）青年期生理发展障碍

1. 生理发展常见问题

（1）身高过高或过矮。原因有种族、遗传、营养、经济水平、体育锻炼、疾病、社会经济、战争、发育的早晚等。一般来说，世界文化中，都期望男性愈高愈好，身材不高的男生通常面临很多困扰。女性身体被社会容纳领域较大，但成年女性身高超过男性也会带来压力。各种文化中的男性通常不太喜欢与比自己高的女性交往，但特殊行业例外，如时装模特。

（2）身体过胖或过瘦。同等情况相比，女性比男性更注意自己的体重。由于女性发育较男性早，再加上脂肪沉积，青春期女性身材轻度发胖属正常生理现象。产生肥胖症的青少年常常伴随许多心理问题。同样，体重过轻也会形成烦恼，大多有自卑心理，男性怕别人说自己没有男子汉气，女性怕说自己胸部不丰满等。同等情况，太瘦的男性比女性面临困难更多。

（3）青春痘（痤疮）的问题。易发生在16～29岁的青少年身上，大约80%的人在此期间会患痤疮。形成原因有：内分泌影响、毛囊阻塞、细菌破坏、皮肤发炎、免疫功能失调等，主要长于面、胸、背部。

（4）青年期各种病痛。有头痛、牙痛、感冒、胃肠不适、近视眼等，以头痛常见。其形成的原因有：心因性、血管性、症状性，有的是生理性，以女孩多见，如神经官能症。

2. 生理发展障碍的指导原则

（1）适当的营养改善，不要暴饮暴食，也不要过度节食，多增加蛋白、蔬菜、水果等饮食。
（2）适当的身体锻炼，既可减肥又可增胖，还可以缓解心理紧张，减轻症状。
（3）心理咨询，认知自己的心理状态，发挥身体优势，以补偿自己生理缺陷或不足。
（4）保证睡眠，有良好的休息，才能有良好的精神状态。
（5）改善人际关系，让大家更好地适应你，使你感到不孤独。
（6）较严重的生理障碍，排除器质性病变，可行手术减肥及药物治疗等。

二、青年期的心理特点

（一）青年期的心理发展特点

青年是一个处于过渡期的群体，其心理的发展正是"暴风骤雨"的时候。他们能够认识自我、体验自我,其自我意识逐步成熟;他们思维灵活、见解敏锐,具有较强的创造性和批判意识,智力水平达到高峰阶段;他们重视友谊、交往密切、注重修养,情感日益丰富多彩;他们能够自觉行动,毅力坚强,能够克服困难,意志品质不断增强;等等。这些特点集中表现在青年自我意识的形成和青年心理特征的发展变化上。

1. 青年自我意识及意义

青年对自我的认识和理解的发展,使青年的自我意识有了更深的含义。自我是指个体对自己的理想、情感与态度等的总和,即个体对自己的整体看法。具体表现为以下几个方面:

(1) 青春期自信心和独立性迅速发展。青春期是人一生中最宝贵、最富有朝气的时期,也是个性形成和发展的重要阶段,出现了成人感,向往独立自主的学习和生活。

(2) 更全面、更深刻地关心自己。青少年早期最关心自己身体的变化和形象。女孩最关心的是自己的月经,还关心自己长得漂亮不漂亮。而男孩关心自己能否长高,希望自己长得潇洒,等等。他们非常关心自己的前途,能够把自己的前途与国家的需要联系在一起。有一部分青年还非常关心自己的生活,希望能交一个理想的异性朋友作为终身伴侣。有的非常注意自己在同学当中的形象和气质,有的非常关心自己的身体健康。

(3) 自尊心增强。青春期的青年,由于学到的知识日益丰富,各种能力不断增强,并显示出自己一定的才华,在同学中的地位提高了,自尊心明显增强。如果能把自尊心作为自己奋发努力的动力,会使自己的意识不断走向健康,成熟。自尊和尊重别人应是人健康的心理,往往与品质相联系。

2. 青年的心理特点

(1) 阶段性。青年本身的特点决定青年是一个发展阶段,不是以统一的年龄为依据的,而是以个体的生理、心理和社会三方面成熟程度为标准。青年期的年龄下限,是个体性器官的成熟开始,其年龄上限,则以心理与社会发展成熟为止。因此青年心理的特点具有鲜明的时间阶段性。

(2) 连续性。青年是儿童与成人间的过渡阶段,青年的心理变化是成年人心理演变的最直接的前提条件,心理的发展是一个连续的过程,也可以说是意识流,承上启下。

(3) 矛盾性。矛盾性是青年(包括大学生)最富个体化的特征,也是青春期心理的显著标志。处于青年期的青年,其身心发展呈不平衡状态,幼稚与成熟、开放与闭锁、独立与依赖、自负与自卑,理想与现实等特点同时存在。这主要是由于青年的生理发展超前,心理发展相对滞后,而导致主我与客我的矛盾。但是矛盾是发展的结果,同时促进了青年的发展。

(4) 差异性。由于每一个青年个体发展的生物、生理、自然环境、社会环境、文化传统、教育、营养等多种因素的不同,决定了每一个体的成长也不是同步的,因此他们的生理、心理发展就会形成较大的差异,从而使青年各具特点。

(5) 情绪性。由于青年的神经机制还未完全成熟,其兴奋与抑制常常处于不稳定状态,再加上青年性心理的发育,使青年的情绪处于波动状态,有人称之为"情感风暴期"。青年爱美,喜欢新生事物,追求光明与理想,充满了正直和真诚,但同时又容易出现偏激、冲动、不满、急躁等急性情绪,使青年期心理像大海波涛,起伏不定,汹涌澎湃。

(二）青年期心理发展的指导原则

（1）为青年提供参与的机会。根据每个人的实际情况,为他们创造一些参与社会的机会,如家教、社会募捐、义务劳动、试验小组、社团活动等。

（2）承认青年内在的潜力。接纳青年,承认青年,注重他们积极、优势、独特的一面,以鼓励、引导为主。

（3）培养青年的挫折意识。让青年自己去分析自己的缺点,并尝试做一些吃亏、有压力、失败的小试验,使青年具有一定的承受挫折的能力。

（4）建立自我鼓励的奖励机制。对青年人有价值的行为给予肯定,同时让他们自己去尝试新的竞争,给自己以鼓励,让他们自己奖励自己。

（5）训练适应社会的技巧。辅导培养青年以微笑、问候、关怀、谈话、表达等去关心周围的人,从中学会一定的社会技巧。

（6）确立个体化的辅导方式。激励优秀青年,带动普通青年,关怀帮助落后青年,用不同的方法开展不同的辅导。

第三节 心理健康的积极维护

中共中央《关于进一步加强和改进学校德育工作的若干意见》中明确指出:"在科学技术迅速发展、社会主义市场经济体制逐步建立的情况下,如何指导学生在观念、知识、能力、心理素质方面尽快适应新的要求,是学校德育工作需要解决的新课题。"大学生如何形成和维护健康心理,提高心理素质,不仅关系到大学生如何学习、生活、工作,如何成才,更关系到我们民族整体素质的提高,关系到国家发展和社会的进步。因此,高校应该针对大学生的心理发展特点,把握身心发展规律,对大学生的心理健康进行系统科学的指导和帮助,优化大学生的心理素质,使他们成长为社会需要的合格人才。

由于影响大学生心理健康因素来自社会、家庭、学校及学生自身的身心状况等方面,大学生心理健康的维护也需要引起学生、家庭与社会的关注。重点是大学生要关注个体心理健康,做到心理健康的自我维护,学校要开展有效的心理健康教育,社会、家庭协调努力,共同提高大学生的心理素质。

一、加强大学生自我心理保健

为了保持良好的心理状态,学会有效地解决可能遇到的各种心理问题,除了学校加强心理健康教育外,大学生自己也必须注意心理保健问题。

第四章 心理素质与健康

（一）自觉学习心理健康知识

由于种种原因，心理学知识在我国一直缺乏必要的研究和普及，学生从小学、中学到大学缺乏系统的心理健康教育，以致大学生在心理健康方面存在许多认识上的偏差。例如，有不少大学生只注意身体健康，而忽视心理健康，或对心理健康标准片面理解，认为心理健康就是没"病"，只有患精神病的人才是有心理问题等，这对大学生的发展极其不利。

要消除这些认识上的偏差，大学生必须自觉地、主动地学习心理健康知识，了解自己心理活动的规律和特点，认识心理健康的意义和标准，掌握心理调节的方法等。学习心理健康教育知识可以通过自学，如阅读有关心理学书籍，也可以选修学校开设的应用心理学类课程，或者听相关专题讲座，参加学校心理学教育机构开展的各类培训活动。

但要注意两点：一是要明确读书的目的。读心理学的书，了解心理健康知识，只有目的明确，才会使阅读有成效。如果有人说因为内心不安，所以要读心理学的书，这种目的是很模糊的。明确的读书目的应该是：我是为战胜内心的不安，为了更好地改变自己，发展自己。只有这样，才能从书中得到好处。二是要避免盲目对号入座。虽说借助心理学的书籍来认识自己，包括认识自身可能存在的问题，是一条非常重要的途径。但在现实中，有的人读书，经常会不自觉地"对号入座"，或觉得自己像得了焦虑症，或觉得自己可能有同性恋倾向等，并常常为此恐慌不安，以致严重影响到他们的学习和生活。这样读心理学的书，不但没有获得有益于健康的知识，反而会增加心理上的负担。另外，即便自己真的有一定的心理问题，也并不是什么可怕的事情，而是可以通过多种方式来调整的。越是担心、害怕自己可能有什么心理问题，越容易在书中"对号入座"，使自己陷入困境而不能自我解脱。

（二）进行积极的自我调整

掌握一定的心理健康知识，对大学生朝着积极、健康的道路发展十分重要，但是将理论运用于实践，运用恰当的方法进行积极的自我调整，维护和保持心理健康则更为关键。作为大学生，应注意以下几个方面：

1. 认识自己，接纳自己

大学生已经开始走向成熟，自我意识已基本建立，对他们来说，最重要的教育是自我教育。心理学家发现，许多人并没有很好地了解自己，他们对自己的估计或过高，过于自信，表现为"自我感觉良好"；或对自己评估过低，过于自卑。这两方面都会对人的心理造成不良的影响。因此，大学生要学会从多方面、多途径了解自己。另外，在认识自己以后，还必须接纳自己。因为人无完人，每个人身上难免存在一些不足与不完善的地方。如果因为这些不认同自己，也会对自己的心理造成伤害。

2. 树立恰当的发展目标

有了目标，就有了发展的方向和前进的动力。一个心理健康的人，应该能对自己的能力作出客观的评价，并依此确立符合自身实际的发展目标，这对一个人的发展来说是非常重要的。因此，大学生不要对自己过分苛求，把发展目标确定在自己能力所及的范围以内，使自己通过艰苦努力,能最终实现目标。与此相反,如果不自量力,仅凭良好的愿望和热情,盲目地制订宏伟目标,结果往往是目标落空,在个人心理上受打击,产生挫折体验,不仅白白耗费了精力,也给自信心和心境造成不良影响,而且还会影响到今后的进一步发展。

3. 积极的人际交往

与人交往,是身心健康的需要。大学生应积极主动地进行人际交往,通过与人交往,可以同他人交流思想、感情,相互启发,相互联系,相互帮助,增进相互之间的理解,得到更多的社会支持,建立充分的安全感、信任感。一般来说,人际交往的时间和空间范围越大,精神生活往往就越丰富、愉快。而孤独、不合群的人,常常有比较多的烦恼和难以排解的苦闷。

在人际交往中,有两点要注意:一是要注意对他人的期望不要过高。如果在交往中对他人存在过高期望,一味要求别人如何,会使自己倍感失望,甚至抱怨别人,使自己的心理平衡受到干扰。二是不要盲目与人竞争。大学生大多心高气盛,精力充沛,才智聪明,在这样的群体中,免不了争强好胜。但处处与他人竞争,难免遭到失败,自我产生挫折感,心理上承受过大压力。因此,与人交往,心情应是平和的。

4. 学会调整自己的情绪

大学生处于青春期,许多学生情绪常处于不稳定状态,容易受外界的影响,爱感情用事,情绪常大起大落。要维护心理健康,学会对情绪的调控,首先要学会恰当的宣泄方式,如向同学、老师、朋友等倾吐自己的烦恼,这样可以减少内心压力。其次要积极培养自己的各种兴趣、爱好,参加有益的娱乐活动,消除由于长期学习造成的紧张与疲劳。最后要学会宽容,宽容自己和他人。不肯宽容别人的人既容易遭他人怨恨,也往往使自己的身心受到伤害;不肯宽容自己的人则容易使自己整天处于自责、悔恨中,难以自拔。学会宽容是保持良好情绪状态的较好方式。

(三)寻求心理咨询帮助

除了进行有效的心理健康知识的学习和自我调整,自我实践之外,保持和维护心理健康还有一项非常重要的措施,即求助心理咨询。

提起心理咨询,大学生对其理解可能存在一定的差异性。有的人认为它不过是近似朋友之间的聊天;有的可能觉得它是思想政治工作的又一种变形;有的可能认为有"病"的人才会去咨询等。其实心理咨询对大学生健康成长的作用是巨大的,随着心理咨询在高校逐步开展,它已成为大学生的学习生活中不可少的支柱。

大学生在求助心理咨询过程中,要想有所成效,必须注意以下问题:

首先,要有强烈的求询愿望。只有自己感觉有心理不适并愿意主动向咨询人员诉说和寻求帮助的人,才容易从心理咨询中获益。迫于别人的催促而被迫来咨询的人,咨询中不愿意深入谈论自己心理问题的人,被认为有心理问题约请来的人,由于处于一种被动状态,必然影响咨询效果。所以,若去心理咨询,首先自己要有强烈的求询愿望。

其次,要有接受挑战的充分心理准备。去心理咨询,很大意义上表明来询者放弃"我很好"的这个自我形象,可能要承认在某些方面"我不行""我缺了点什么""我怎么变得更好"

等。放弃原来的自我,对自我的否定,对许多大学生来讲是很痛苦的。这也无疑是一种新的挑战,因此,要去心理咨询,必须要有心理准备。有些人难以下决心去咨询或把咨询坚持下去,这也是一个很重要的原因。

再次,要明确来询者在咨询过程中不是被动的。咨询时,来询者完全可以自由和毫无顾虑地谈论自己的问题,咨询者只是提出自己的建议,最后如何行动,要尊重来询者的意愿,要经过双方的相互探讨达成一致。因此,来询者不是处于完全被动和受操纵的地位。如果抱着咨询者怎么说,我就怎么做的想法,觉得咨询无须自己思考,只想从咨询者那里得到现成的答案,得到灵丹妙药,那就难以使来询者真正成长。

最后,不要企求一次解决问题。心理咨询是一个过程,来询者的问题大多不是一两天形成的,往往经过很长时间的积累,甚至可追溯到幼年时期,特别是有些问题比较复杂、严重,不是几次咨询就能解决的。咨询者要通过各种咨询方法,帮助来询者分析自己的成长经历,寻找产生问题的原因,逐步引导来询者建立正确的认识观念、行为方式,解决自身的问题。

二、建立四级心理保健与预防网络

为完善心理健康教育机制,更好地开展大学生心理健康教育工作,使心理健康教育更加贴近实际、贴近生活、贴近学生,根据国家有关文件的规定和大学生心理健康工作的需要,我国高校构建起学校、系、班级、学生寝室四级心理保健与危机干预的网络系统。学校设立心理健康教育的专门机构,配备专职专业人员,及时对学生中的一些心理问题进行处理,并通过普查等方式,全面了解学生的心理健康状况,建立学生心理档案,有针对性地进行重点教育和预防;各系配备心理健康教育工作专(兼)职人员,注意区分思想问题与心理问题,及时发现学生心理异常现象,便于解决一些一般性的心理问题;班级设班主任和心理委员,通过心理教育方面的培养,使他们能够敏锐地洞察大学生的心理,并能合理地予以引导;寝室长必须接受心理培训,定期向班主任汇报宿舍成员的心理状况,组织本宿舍成员参加心理健康教育活动,发现问题及时汇报,给需要帮助的同学提供心理支持或推荐其去心理咨询中心。四级心理保健与危机干预网络系统的建立,完善了高校学生心理问题"筛查、干预、跟踪、控制一体化"的工作机制,有利于全面掌握大学生的心理健康状况,健全大学生心理健康教育工作的相关制度,将大学生心理健康教育工作真正落到实处。

三、形成学校、社会、学生共同关心心理健康的良好氛围

目前,高校普遍认识到了心理素质在人才培养中的重要作用,建立了相应的机构,加大了心理健康教育的力度,部分高校将心理健康教育纳入课堂教学中,使心理健康教育逐步走上科学化、规范化的轨道。同时大学生也逐步认识到心理健康的重要性,开始注重自身心理素质的培养与提高,以主动的姿态调整自身的状态,以适应社会的需要。家庭教育中也在逐步重视学生的心理健康教育。高校要充分利用社会资源,实现学校和社区资源共享,力争在大学校园中营造宽松的心理气氛,建立良好的班风、学风、校风,逐步形成积极向上的校园文化和人人重视自身心理健康的良好氛围。

第四节　大学生常见心理问题及精神障碍

大学生是国家未来的栋梁,其心理健康与否,不仅影响个人的学习和成长,而且直接关系到国家和民族的兴衰。但是,由于大学生的身心发展尚未完全成熟,自我调控能力相对较弱,因此在生活节奏越来越快,竞争越来越激烈的社会环境中,大学生心理问题频发,并且有逐年上升的趋势。

一、神经症

神经症,也称神经官能症,是一组非精神病性的功能性障碍,属于功能性心理障碍的一类。它主要包括焦虑神经症、强迫性神经症、恐惧神经症、疑病神经症、神经衰弱和抑郁性神经症。

神经症是由精神因素造成的常见病,其病态表现比较复杂,且患者大多还能应付必须面对的现实问题。所以在日常生活中,除了部分有明显躯体症状的患者外,绝大部分患者都以痛苦的主观体验为主。其共同特征包括:第一,它是一组心因性障碍,人格因素、心理社会因素是主要致病因素,但非应激障碍;第二,自知力充分(完整);第三,社会功能相对良好;第四,是一组机能性障碍;第五,具有精神和躯体两方面症状;第六,具有一定的人格特质基础但非人格障碍;第七,各亚型有其特征性的临床相;第八,神经症是可逆的,外因压力大时症状加重,反之减轻或消失。

(一)焦虑神经症

德国精神病学家葛布萨特尔说过,没有焦虑的生活和没有恐惧的生活一样,并不是我们真正需要的,所以一定程度的焦虑是有用的和可取的,因为焦虑是对生活持冷漠态度的对抗剂;焦虑是自我满足而停滞不前的预防针;焦虑能够促进个人的社会化和对文化的认同;焦虑推动着人格的发展。但是,焦虑神经症患者的焦虑与正常人的焦虑是不相同的。

1. 焦虑神经症的含义

焦虑神经症是以发作性或持续性情绪焦虑、紧张为主要特征的一组神经症,主要包括惊恐障碍(又称急性焦虑症)和广泛性焦虑障碍(又称慢性焦虑症)。

2. 焦虑神经症的特征

焦虑神经症具有如下特征:
第一,焦虑是一种情绪状态,患者的基本内心体验是害怕。
第二,焦虑情绪指向未来,它意味着某种威胁或危险即将到来或马上就要发生。
第三,焦虑情绪是一种不快的和痛苦的体验,有一种死迫在眉睫或马上就要虚脱昏倒的感觉。

第四,实际上并没有任何威胁和危险,或者用合理的标准来衡量,诱发焦虑的事件与焦虑的严重程度不相称。

第五,在焦虑的同时,会伴有躯体不适感、精神运动性不安和植物功能紊乱。

3. 大学生常见的焦虑症状

大学生以考试焦虑症状居多,主要表现为考试前紧张度提高、心烦意乱、肠胃不适,有不明原因的腹泻、多汗、尿频、头痛、失眠、记忆力减退、注意力不集中、思维迟钝、学习效率下降等症状。问题比较严重的学生,在考试过程中会感到心跳加快、呼吸急促、满脸通红、出汗、头昏、烦躁、恶心、软弱无力、记忆受阻,有的甚至出现全身发抖、两眼发黑的状况。还有个别学生产生了考试焦虑的泛化,在平时的学习中也出现了学习效率下降的情况。

(二)强迫性神经症

1. 强迫性神经症的含义

强迫性神经症是以强迫症状为中心的一组神经症,即患者主观上感到有某种不可抗拒的、不能自行克制的观念、意向、情绪和行为的存在。患者虽然意识到这些观念、意向或行为是不恰当的或毫无意义的,又或是同其人格不相容的,但难以将其排除。一些患者为了排除这些令人不快的观念或欲望,往往会导致严重的心理冲突并伴有强烈的焦虑和恐惧。

2. 强迫性神经症的病因

强迫性神经症一般在病态人格的基础上,受外界精神刺激而发病,患者的心理素质在发病中起着主要作用。

(1)心理素质因素

约2/3的强迫症患者病前即有强迫性人格或精神衰弱,其特征为拘谨、犹豫、节俭、谨慎、细心、过分注意细节、好思索、要求十全十美,但又过于刻板和缺乏灵活性等。但即使如此,患者仍有"不完善""不确定"和"不安全"的感觉,主要表现为循规蹈矩、缺少判断、犹豫不决、依赖顺从或者固执倔强、墨守成规、宁折不弯、脾气急躁等。

(2)社会心理因素

社会心理因素是强迫性神经症发生的主要诱发因素,诸如由于工作、生活环境的变迁,责任加重,处境困难,担心意外,家庭不和,性生活不和谐,或由于亲人丧亡、受到突然惊吓、遭受迫害等都可能诱发强迫性神经症的发生。

3. 强迫性神经症的临床表现

强迫症的临床表现主要分为强迫观念和强迫性动作行为两方面。其中,强迫观念主要是某种联想、观念、回忆或疑虑等顽固地反复出现,难以控制,如强迫联想、强迫回忆、强迫疑虑、强迫性穷思竭虑、强迫对立思维;强迫性动作行为主要是患者为了摆脱强迫观念引起的焦虑和烦恼,而被迫采取的一种顺从行为,如强迫洗涤、强迫检查、强迫计数、强迫仪式动作等。

（三）恐惧神经症

1. 恐惧神经症的含义

恐惧神经症是指来访者对于某些事物或特殊情境所产生的异乎寻常的恐惧和紧张,常伴有明显的自主神经症症状。患者知道这种反应是过分或不合理的,但却反复出现,难以自我控制,以至于想要极力回避引起恐惧的事物或情境,从而导致严重的情绪和行为退缩,影响其正常生活。

2. 恐惧神经症的分类

恐惧神经症主要包括场所恐惧症、社交恐惧症和特定恐惧症。

（1）场所恐惧症。场所恐惧症主要包括广场恐惧症、旷野恐惧症、幽室恐惧症等,是恐惧症中最常见的一种。在某些特定环境的恐惧,如广场、密闭的环境和拥挤的公共场所等,会出现严重的恐惧和焦虑,伴有生理症状如呼吸急促、心悸、出汗、震颤、眩晕或晕厥等。即使是事先知道将要处于这样的场所,也会引起高度的紧张和不安。严重的场所恐惧症可能因害怕任何处于人多之处的情境而将自己活动的空间局限在家中,使其社会功能严重受损。

（2）社交恐惧症。社交恐惧症又称社交焦虑障碍,是指患者在处于社交情景而可能受到他人注视时,出现明显的焦虑不安,并想方设法回避或离开这样的场合。患者在社交场所会出现明显的不自然,如面红、心跳、手足震颤、笨拙、迟钝、目光游移、回避与对方有眼神接触等。多数患者在面对陌生异性尤其是年龄相近的异性时表现最为突出,其焦虑往往达到极为强烈的程度。

（3）特定恐惧症。特定恐惧症,即患者的恐惧局限于特定的情境,如害怕接近特定的动物,害怕高处、雷鸣、黑暗、飞行、封闭空间、进食某些东西、牙科治疗、目睹流血或创伤等促发惊恐的具体情境等。患者对恐惧情境的害怕一般不波动,导致功能残缺的程度取决于患者回避恐惧情境的难易程度。

3. 恐惧神经症的病因

目前恐惧神经症的病因尚不明确。研究表明,可能与遗传因素、素质因素、生理因素、心理－社会因素等相关。

（四）疑病神经症

1. 疑病神经症的主要特征

疑病神经症主要特征是:对健康过虑;对身体过分注意;感觉过敏和疑病观念。其表现为:对自身健康状况过多关切,有各种主观症状;各种检查均不肯定有器质性疾病,未发现主观症状的躯体原因;医生的解释不能消除其疑虑。

2. 疑病神经症病因

疑病神经症患者大都经历了人际关系和工作表现的损伤,因此疑病神经症可以看成是一种变态的人际关系策略。通过这种策略,患者借一种躯体疾病掩盖逃避独立性和责任心的表达,要求得到照顾和依赖,是一种因病获益的体现。

3. 对疑病神经症治疗的指导

对疑病神经症患者要以心理治疗为主,使患者认识到清闲无事和长期休养对该病有害无益;要安排一定的学习、工作和问题活动,将注意力从关注个人的身体健康转向对外界的兴趣,对缓解症状有一定的治疗。

(五)神经衰弱

神经衰弱是以神经过程易过度兴奋和疲劳为主的神经症,常伴有情绪厌倦、低沉等心理、生理症状。神经衰弱的主要特征为:易烦恼,易激惹,入睡困难,多梦易醒。在学习中神经衰弱的主要表现为注意力不集中、头昏脑涨、疲乏无力、学习效率下降、记忆力明显减退、精神不振。

(六)抑郁性神经症

1. 抑郁性神经症的基本表现

抑郁性神经症是一种以心境低落为主要特征的神经症。其基本表现包括:

第一,持久的情绪低落。对日常生活,包括业余爱好和娱乐的兴趣明显减退,感到生活无意义,对前途悲观;自我评价下降,夸大自己的缺点;常沉思不愉快的往事,或遇事往坏处想;常唉声叹气,易伤感流泪或愁容满面。

第二,自主活动降低,懒散乏力。体重下降,失眠,精神不振,脑力迟钝,反应缓慢,对工作、学习缺乏信心。

第三,躯体方面。常有头痛、头晕、耳鸣、口干、心悸、胸闷、腹胀、便秘、多汗等症状。

第四,社交活动减少,不愿主动与别人交往,心境恶劣、烦躁,易激怒。

2. 抑郁性神经症的病因

绝大多数抑郁性神经症患者得病的起因是由一定的心理应激所引起的,常涉及以下几个因素:

第一,由于生活中的挫折引起心境的改变,如悲伤、失望、无助等强烈而持久的负性情绪,破坏了感情生活的平衡。

第二,由于自尊心受到伤害,动摇了对能力和品格的信心,有较强的自卑感、劣等感,总感到不如人。

第三,病前性格特点为依赖性、被动性强,不开朗,胆小怕事,多思虑和易倾向厌世悲观。

二、精神障碍

精神障碍是指大脑机能活动发生紊乱，导致认知、情感、行为和意志等精神活动不同程度障碍的总称，属于心理疾病的范畴。常见的精神障碍有心境障碍、心理生理障碍、性心理障碍、应激相关障碍、癔症、精神分裂症。

（一）心境障碍

心境障碍又称情感性精神障碍，是以明显而持久的心境高涨或心境低落为主要特征并伴有相应思维和行为异常的一类精神障碍。它的临床表现有躁狂发作、抑郁发作、混合发作3种类型。

1. 躁狂发作

躁狂发作主要症状有三高：情绪高涨、思维奔逸、精神运动性兴奋。患有躁狂发作的人主要表现为：思维奔逸，即病人的思维联想明显加快，思维内容丰富，经常高谈阔论，滔滔不绝，夸大观念，有时感到语言跟不上思维。同时，躁狂发作时精力特别旺盛，活动特别多，不停地忙碌，往往伴有面色红润、双目有神、心率加快、瞳孔轻度扩大等交感神经功能兴奋症状。严重的躁狂可呈重度兴奋状态，表现为活动紊乱、毫无目的或指向性，常伴有攻击性行为，也可表现为意识障碍、错觉和幻觉及思维不连贯等症状。

2. 抑郁发作

抑郁发作主要症状有三低：情绪低落、思维缓慢、语言动作减少和迟缓。患有抑郁发作的大学生的主要表现为：感觉学习压力大，不愿与人讲话，有失眠情况，戒备心很强，没兴趣做事，有的想退学，甚至个别出现过自杀的想法。在这些学生中，多数有过既往病史或在初、高中时期有过不幸的经历，如家庭不幸、失恋、复读等情况。

3. 混合发作

混合发作，即双相障碍。这是一种抑郁和躁狂交替出现或间隔一段正常期，分开发作的情感型精神障碍，患者既有躁狂表现，又有抑郁表现。

（二）心理生理障碍

心理生理障碍，又称心理因素相关生理障碍，是一组病因方面以心理社会因素为主要原因，临床方面以生理障碍为主要表现形式的一组疾病，包括进食障碍、睡眠障碍和性功能障碍。

1. 进食障碍

进食障碍是指以反常的摄食行为和情绪障碍为特征，伴有显著的体重改变或生理功能紊乱的一组综合征，主要包括神经性厌食和神经性贪食。

（1）神经性厌食

神经性厌食，是指个体通过节食等手段，有意造成并维持体重明显低于正常标准为特征的进食障碍,常伴有营养不良、代谢和内分泌障碍,如月经紊乱、躯体功能紊乱等。

（2）神经性贪食

神经性贪食,是指以反复发作的不可抗拒的摄食欲望,及多食或暴食行为,进食后又担心发胖而采取各种方法以减轻体重,使得体重变化并不明显的一种疾病。

2. 睡眠障碍

睡眠障碍,是指各种心理社会因素引起的非器质性睡眠与觉醒障碍,主要包括失眠症、嗜睡症和某些发作性睡眠异常等。

（1）失眠症

失眠症,是一种持续相当长时间的睡眠的质和量令人不满意的状态,常表现为入睡困难、维持睡眠困难、早醒或睡眠感缺乏等。

（2）嗜睡症

嗜睡症,是指白天睡眠过多、夜间睡眠减少,且并非由睡眠不足或药物、酒精、躯体疾病所致,也不是某种其他精神障碍的一部分。

（3）某些发作性睡眠异常

某些发作性睡眠异常主要表现为睡行症、夜惊、梦魇等。

3. 性功能障碍

性功能障碍是一组心理社会因素密切相关的性活动过程中的某些阶段发生的性生理功能障碍,常表现为性欲减退、阳痿、早泄、性高潮缺乏、阴道痉挛、性交疼痛等。

(三)性心理障碍

性心理障碍,既往称性变态,泛指以两性行为的心理和行为明显偏离正常,并以这类偏离作为性兴奋、性满足的主要或唯一方式为主要特征的一组精神障碍,主要包括性身份障碍和性偏好障碍。

1. 性身份障碍

性身份障碍,是指个人对性别身份的内在信念与其生物学性别不一致,主要包括易性症、双重异装症等。

（1）异性症

异性症,是指个体渴望像异性一样生活,被异性接受为其中一员,通常伴有对自己的解剖性别的苦恼感及不相称感,希望通过激素治疗和外科手术以使自己的身体尽可能地与所偏爱的性别一致。异性症不包括其他精神障碍的症状,也不伴有雌雄同体、遗传或性染色体异常等情况。

（2）双重异装症

双重异装症,是指个体生活中某一时刻穿着异性服装,暂时享受作为异性成员的体验但并无永久改变性别的愿望,也不打算以外科手术改变性别。在穿着异性服装时并不伴有性兴奋,与恋物性易装症不同。

2. 性偏好障碍

性偏好障碍,是指多种形式的性偏好和性行为障碍,主要包括恋物症、异装症、露阴症、窥阴症、摩擦症、性施虐症与性受虐症等。

（1）恋物症

恋物症,是指反复出现以某种非生命性物品或异性躯体某部分作为性满足的刺激物。一般都是男性患者,此类眷恋物主要有女人的乳罩、内裤等。

（2）异装症

异装症,是指反复、强烈性渴求、性想象涉及异性装扮,并付出行动的精神障碍,至少持续半年。

（3）露阴症

露阴症,是指反复、强烈地在异性陌生人面前暴露本人性器官的性渴求和性想象,并付诸行动,一般至少持续半年,绝大多数见于男性。患者以这种露阴行为缓解性欲的紧张感和取得性满足的主要或唯一来源,对受害者没有进一步的性接触。

（4）窥阴症

窥阴症,是指反复的、强烈性渴求和唤起想象涉及的是窥视异性裸体或性交行为,并付出行动,至少持续半年。多见于男性。

（5）摩擦症

摩擦症,是指反复多次与不同意此行为者作触碰及摩擦,从而激起性幻想、性渴求或性行为的一种精神障碍。本症多见于男性,一般在拥挤的环境(如公共汽车、地铁或商场)中进行,其生殖器勃起,并以此接触摩擦异性的手或身体某部位,伴有手淫和射精。

（6）性施虐症与性受虐症

性施虐症,是指反复、强烈的性渴求、性想象,涉及性对象施加心理或躯体性伤害行为,以取得性兴奋、性满足,并把它付诸行动,至少持续半年时间。与之相反,性受虐症是以承受此类伤害或痛苦以获得兴奋和性满足,两者可以单独存在也可以并存。

（四）应激相关障碍

应激相关障碍,又称反应性精神障碍或心因性精神障碍,是指一组主要由心理、社会(环境)因素引起的异常心理反应而导致的精神障碍,主要包括急性应激障碍、创伤后应激障碍、适应障碍等。

1. 急性应激障碍

急性应激障碍,又称急性应激反应,是指以急剧、严重的精神打击为直接原因,在受刺激后数分钟或数小时发病,表现为有强烈恐惧体验的精神运动性兴奋,行为有一定的盲目性,或者为精神运动性抑制,甚至木僵。急性应激障碍出现与否及严重程度与个体的心理素质、应对方式、当时躯体健康状态等密切相关。

2. 创伤后应激障碍

创伤后应激障碍,是由于受到异乎寻常的威胁性、灾难性心理创伤,导致延迟出现并长期持续的精神障碍。这类创伤体验包括战争、严重事故、地震、被强暴、受酷刑等。

创伤性体验应该具备两个特点：第一，是对躯体或生命产生极大的伤害或威胁；第二，对未来的情绪体验具有创伤性影响。例如，被强奸者在未来的婚姻生活或性生活中可能反复出现类似的体验。

3. 适应障碍

适应障碍，是指在明显的生活改变或环境变化时所产生的短期（1个月内起病，病程不超过半年）和轻度的烦恼状态和情绪失调，常有一定程度的行为变化等症状，但并不会出现精神病性症状。引起适应障碍的事件包括居丧、离婚、转学、患重病、迁居、失业或变换岗位、经济危机、退休等。

（五）癔症（歇斯底里症）

1. 癔症的含义

癔症，又称歇斯底里症，是由明显的心理因素，如重大生活事件、内心冲突、情绪激动、暗示或自我暗示等作用于易病个体引起的精神障碍。该病预后一般较好，60%～80%的患者可在一年内自行缓解。

2. 癔症的临床表现

癔症的临床表现包括癔症性躯体功能障碍和癔症性精神障碍两方面。

（1）癔症性躯体功能障碍

癔症性躯体功能障碍，又称转换症状，主要表现为痉挛发作、肢体震颤、肌阵挛、抽搐、瘫痪、起立不能和步行不能、不言症、失语症、多种感觉障碍和特殊感官障碍、自主神经机能障碍。

（2）癔症性精神障碍

癔症性精神障碍，又称分离症状，主要表现为情感爆发、意识朦胧状态、昏睡状态、遗忘症、交替人格、童样痴呆等。

（六）精神分裂症

1. 精神分裂症的表现特征

精神分裂症是一种病因未明的常见精神疾病，具有感知、思维、情感、意志和行为等多方面的障碍，以精神活动的不协调或脱离现实为主要特征。患者通常意识清晰、智能完好，可出现某些认知功能损害。多起病于青壮年，常缓慢起病、病程迁延、部分患者可发展为精神活动的衰退。

2. 精神分裂症的分类

精神分裂症根据占主导地位的临床表现分为：青春型分裂症、偏执型分裂症、紧张型分裂症、单纯型分裂症等。

（1）青春型分裂症

青春型分裂症，常开始于青年期，思维瓦解和破裂、妄想和幻觉片断易逝、情感变化突出（肤浅和不适切）、行为不负责任和不可预测，常有作态（即装出某种态度或表情），并有与社会隔离的倾向。

（2）偏执型分裂症

偏执型分裂症主要症状以妄想、幻觉为主，即患者的一些观念明显是错误的，但不论有多少证据能证明其错误，患者仍坚持不改变这些观念。大学生中偏执型分裂症患者的妄想主要包括被迫害妄想、夸大妄想和钟情妄想等。

（3）紧张型分裂症

紧张型分裂症的主要症状为精神运动性抑制障碍，紧张性木僵和紧张性兴奋交替出现。

（4）单纯型分裂症

单纯型分裂症的临床表现为思维贫乏、情感淡漠，或意志减退等"阴性症状"为主。早期可表现为类似神经衰弱症状，如精神萎靡、注意力涣散、头昏、失眠等，然后逐渐出现孤僻、懒散、兴致缺失、情感淡漠和行为古怪，以至于无法适应社会需要，但没有妄想幻觉等明显的"阳性症状"。单纯型分裂症起病缓慢，多在青少年期发病，预后较差。

第五节　心理咨询与心理治疗

一、大学生心理咨询概述

（一）心理咨询的定义

"心理咨询"这一概念有广义和狭义之分。作为"广义概念"，它涵盖了临床干预的各种方法或手段；"狭义的心理咨询"，主要是指非标准化的临床干预措施，是各类非标准化干预手段或方法的统称。也就是说，广义的"心理咨询"包括"狭义的心理咨询"和"心理治疗"这两类临床技术手段。

狭义的心理咨询与心理治疗，在很大程度上相通、互相重叠。一般而言，其区别主要在于：心理咨询主要针对正常人的心理适应与心理成长、发展问题，如情感折、环境适应、人际交往、求学择业等，是非病理性的问题；提供心理咨询帮助者，往往接受心理学的专业训练，多为教育和社会工作者；心理咨询强调来访者自身潜能和资源的发掘利用，助人自己解决问题。而心理治疗主要针对具有心理障碍或疾病的病患者，如神经症、变态行为等；心理治疗提供者常是接受医学训练或临床心理学训练的医务工作者；心理治疗重视病态行为的矫治和人格的重建，重视症状的清除及治病。

概言之，心理咨询就是心理咨询师协助来访者解决心理问题的过程，即心理咨询师是运用心理学及相关知识，遵循心理学原则，通过心理咨询的技术与方法，帮助求助者解除心理问题的过程。

(二)大学生心理咨询的任务与作用

1. 心理咨询的任务

（1）心理咨询的总体任务

心理咨询的总体任务是提高个人心理素质,使人健康、愉快、有意义地生活下去,简单来说就是助人自助。其具体包括:认识自己的内、外世界,纠正不合理的欲望和错误观念,学会面对现实和应对现实,使求助者学会理解他人,使求助者增强自知之明,协助求助者构建合理的行为模式。

（2）对大学生开展心理咨询的任务

第一,帮助来访者处理现有的问题,改变其不良的情绪和行为。

第二,帮助来访者增进社会适应的能力。

第三,和来访者探讨自我的方向,以发展未来的前程。

2. 大学生心理咨询的作用

第一,心理咨询能为心理健康的大学生提供人格发展的条件,促进人格的全面发展。

第二,心理咨询能帮助心理正常但又存在某种心理负担的大学生解决其在学习、工作、生活等方面的心理不适;减轻他们内心矛盾,增强抗挫力,在知情意行方面有所变化,挖掘潜能,去更好地适应环境,完善自我。

(三)大学生心理咨询的原则

1. 坚持以学生为主体的原则

心理咨询是咨询师帮助来访者自立自强的过程。在心理咨询工作中,大学生是咨询过程的主体,一切咨询的方法、结果等都要在大学生身上落实和体现,所以心理咨询工作必须充分调动他们的主动性,帮助他们学会自我心理调适,最终达到自我超越。

2. 坚持防治与发展并重的原则

一些大学生遇到心理冲突和心理障碍后,由于多方面的原因不会选择主动求助。因此,心理咨询工作人员在进行心理健康教育时,要及时发现存在心理问题的学生,主动提供帮助,防患于未然。同时,心理咨询工作人员要注意积累经验,因材施教,促进大学生个性发展。

3. 为来访者保密的原则

保密原则是心理咨询工作开展的前提条件。保守秘密既是职业道德的要求,也是咨询能有效进行的基本前提。心理咨询师具体应做到以下5点:第一,来访者的资料绝不能当成闲谈的话题;第二,应避免用个案举例来炫耀自己的能力和经验;第三,应小心保管个案记录,不宜将其带离工作场所;第四,所作的记录不能任人随便查阅,即使需要查阅,事前也必须经当事人同意;第五,由于教学或研究需要公开咨询内容时,要隐去当事人的真实信息。

4. 价值中立原则

价值中立原则是指在咨询过程中,咨询人员要尊重来访者的价值准则,不以任何方式向来访者强行灌输某一价值准则或强迫来访者接受自己的观点、态度。当遇到来访者的价值观与自己的价值观相冲突的时候,咨询人员要暂时放下自己的价值观体系,认真倾听,了解来访者的态度、观点。在准确了解的基础上,予以接纳和理解,然后再进行分析、比较,引导来访者自己去判断是与否,最终由自己做出正确的选择。

当然,价值中立原则不是不要价值准则,更不是要咨询人员去赞同和迎合来访者的价值观念。相反,咨询人员必须有非常明确的价值观念,并且对此心中有数。只有如此才能在实践中对自己的价值信念体系给来访者施加的影响有足够的预见性,并在来访者自愿的前提下,有意识地利用自己的价值观影响来访者。

5. 助人自助原则

心理咨询不是直接替来访者解决具体问题,而是帮助他们分析问题的成因及认清问题的实质,并由他们自己选择解决的办法,咨询师在整个过程中只起建议和指导的作用。

(四)大学生心理咨询的求助对象与分类

1. 大学生心理咨询的求助对象

心理咨询的主要对象是那些精神正常,但心理健康水平较低,产生心理障碍导致无法正常学习、工作、生活并请求帮助的人群,而不是"病态人群"。

2. 大学生心理咨询分类

(1)按求助对象分类

大学生心理咨询求助对象可分为3大类:一是精神正常,但遇到了与心理有关的现实问题并请求帮助的大学生;二是精神正常,但心理健康出现问题并请求帮助的大学生;三是特殊对象,即临床治愈的精神疾病患者。

(2)按性质分类

大学生心理咨询工作按性质分为两类:一是发展心理咨询,通常是为了适应新环境,让自己更完善或者有更好的发展状态,此时需要咨询师为来访者做出相应的指导性建议,例如恋爱问题、人际关系、就业压力等;二是健康心理咨询,大学生因为心理情绪或挫折引起行为问题、适应问题、心理健康遭到破坏。尽管他们的精神仍然是正常的,但心理健康水平下降了许多,出现了不同程度的、严重的心理问题,甚至达到"可疑神经症"的状态,需要咨询师的专业咨询技能与经验为来访者解决抑郁、焦虑等情绪问题,修复认知或重塑人格。常见的咨询内容包括抑郁性神经症、焦虑神经症、强迫性神经症等。

另外,按咨询的规模可分为个体心理咨询、团体心理咨询;按咨询时程可分为1~3周的短程心理咨询、1~3月的中程心理咨询、3个月以上长期心理咨询;按咨询形式可分为心理咨询室(或门诊)心理咨询、电话心理咨询、互联网心理咨询等。

第四章　心理素质与健康

（五）心理咨询的目标

关于心理咨询的目标，不同的心理学派对其有不同的规定。

1. 人本主义学派

人本主义学派把自我实现作为心理咨询的目标。马斯洛认为咨询的终极目标是协助来访者发展成为一个健康、成熟而能自我实现的人。罗杰斯提出，咨询应使来访者变得可以自主，不过分苛求，而整个人可以有较好的组织和整合。

2. 行为主义学派

行为主义学派认为心理咨询的目标是消除不良行为。行为主义学派期望帮助来访者学习建设性的行为以改变、消除适应不良的行为。行为主义学派的咨询师确定咨询目标通常是很具体的。

3. 精神分析学派

精神分析学派认为心理咨询的目标为将潜意识意识化，使潜意识冲突表面化，从而帮助来访者重新认识或重建人格，克服其潜意识冲突。

4. 完形学派

完形学派认为心理咨询的目标是帮助来访者觉察此时此刻的经验，激励他们承担责任，以内在的支持来对抗对外在支持的依赖。

5. 理性情绪学派

理性情绪学派认为心理咨询的目标在于消除求助者对人生的自我失败观，帮助他们更能容忍与更能过有理性的生活。

（六）大学生心理咨询的基本程序

1. 建立咨询关系

心理咨询的核心内容是建立良好的咨询关系。对确立咨询关系起关键作用的因素是第一印象。良好的咨询关系是开展心理咨询的前提条件，也是咨询达到理想效果的先决条件。

2. 商定咨询目标

在这一程序中，咨询师的准备工作应包括：

第一，全面掌握来访者的有关资料，列出来访者的全部问题。

第二，判断来访者心理问题的类型和严重程度。

第三，选择优先解决的问题。

第四，向来访者说明有效咨询目标的基本要素，目标具体、可行、积极、双方可以接受、属于心理学性质、可以评估、多层次统一。

第五，近期目标和远期目标的整合。

3. 制订咨询方案

咨询方案包括咨询目标；双方各自的特定责任、权利与义务；咨询的次数与时间安排；咨询的具体方法、过程和原理；咨询的效果及评价手段；咨询的费用；其他问题及有关说明。

4. 实施咨询方案

在实施咨询方案时，心理咨询师要调动来访者的积极性，对来访者进行启发、引导、支持、鼓励等。

5. 咨询效果的评估

心理咨询效果评定并不一定到结束才做，在咨询的过程中就应该不断地总结咨询效果，并根据实际情况及时进行调整。但结束前的评定是对整个咨询过程成效的评价，更全面、更重要。咨询效果的评价内容应围绕咨询目标展开，只有实现咨询目标，才是咨询效果的直接体现。评估应是多维度的，主要包括对咨询效果的自我评估、来访者社会生活适应状况改变的客观现实及周围人士特别是家人、朋友和同事对来访者改善状况的评定、咨询前后心理测量结果的比较、咨询师的评定、求助者某些症状的改善程度等。

6. 咨询关系的结束

确定咨询结束的时间，全面回顾和总结。其中，咨询关系结束最重要的一点就是帮助来访者学会运用所学的方法和经验。

二、心理咨询与心理治疗的常见误区

以下各种现象或错误认识往往会妨碍心理咨询与心理治疗的效果，需要认真对待。

1. 有心理障碍就是自己生活中犯了错

事实上心理障碍往往是生理、社会、心理等因素共同作用的结果，与个人日常生活中的应对方式、情绪管理水平与心理调节意识等有关，而与个人的道德品质无关。有时候心理障碍还是个人无意识的自我保护，是对生活压力的一种适应，只不是一种不健康的适应方式而已。一旦有了心理障碍无须自怨自艾，开展自我调节、学习健康的应对方式，必要时寻求专业的帮助，增强心理健康水平才是积极的作为。心理咨询从不认为是当事人犯了错，也不对当事人进行批评教育，更不做道德上的评判。

2. 求助于心理咨询很丢人

认为心理咨询很丢人不体面，往往是因为缺乏心理健康知识，缺乏对心理咨询的正确认识，缺乏正确的求助意识。有人以为只有严重的精神疾病才求助于心理咨询，事实上重性精神疾病只占心理咨询求助人数中的一小部分，而且通常他们适合药物治疗，而不适合心理咨询。心理咨询更多地面向有社会适应困难、心理调节困难的处于亚健康状态下的常人。如果生活应对问题、适应方式问题及其他心理调节问题没有及时解决，时间一长反而容易积郁成疾,演变为程度更重治疗更为困难的精神疾病。在西方国家,求助于心理医生是件光彩的事,一方面说明自己有一定的经济实力,另一方面说明自己有较高的生活追求,希望提高自己的生活质量而受人称赞。

3. 家人不支持自己去心理咨询

当事人自己有心理问题时,家人非但不能理解支持他求助,有时甚至会埋怨说是没事找事,无事生非,或者说是为了偷懒或逃避现实,这的确是很遗憾的事,使当事人更受伤害。这往往是因为家人不具备心理卫生知识、缺乏心理健康意识所致,也可能是因为家庭内部往往形成了稳定的互动模式,导致了当事人出现问题,而当事人的求助和改变往往会打破家庭已经习惯化了的互动模式,而遭到家人的阻挠。无论哪一种情况都需要耐心沟通,直面问题并解决问题才是当务之急。

4. 心理咨询会透漏个人的隐私

事实上心理咨询不可避免地会讨论个人的经历、感受,这些都是隐私话题,也可能正是问题所在。因此,就心理问题求助于心理咨询医生并不意味着有什么不正常或有见不得人的隐私,相反,这表明了个人具有较高的生活目标,希望通过心理咨询更好地自我完善,而不是回避和否认问题。专业的心理咨询往往具有安全的氛围,当事人可以卸下生活中沉重的面具,坦诚地面对自己的内心,这本身就是咨询和治疗的一部分。在求助过程中,个人把自己包裹得越严实,从中的收益也越少。一方面,专业的咨询师会与当事人共同构建安全氛围,更会为当事人的言行保密;另一方面,寻求帮助的当事人自己可以掌控讨论的节奏和进度,如果你觉得没有准备好,或者觉得与目前无关,你可以拒绝讨论相关话题,没有人可以强迫你。

5. 求助于心理咨询的都是弱者

现实生活中自我感觉良好或者说自我效能感越强的人,遇到心理问题时较少选择向他人求助。但是我们更认同这样的理念:能够意识到自己的局限、积极向外界学习的人,才更能适应现代社会的竞争。一方面,前来求助的人并非是弱者,恰恰相反,他们是意识到自己的局限,愿意借另外一面镜子照自己,希望用求助的方式提高自己的生活质量;另一方面,即使是强者,如果遭遇了心理问题,也需要向外求助解决问题。强者应该是善于利用各种资源包括可以求助的资源,帮助自己成功,而不是自大自欺,故步自封,否则当自己真的需要时,反而因为自己一向不求助,觉得没有人可以帮得了自己,而产生较强的无助感、无望感。

6. 心理咨询就是聊天

心理咨询主要是言语交流的过程,但和一般的聊天,以及常见的声讯台信息台、电台的谈心节目不同。虽然聊天和电台一样能给人以帮助,但它们的性质与方法皆不同。心理咨询是运用心理学的方法,还有社会学、医学等方面的知识,有严格科学的理论体系和操作规程,从而达到解决心理问题的目的,促进人格的发展。这完全不同于普通朋友的聊天、亲友带有立场的劝解、安慰以及其他说服、劝导、励志、教育工作。

7.心理咨询应该立竿见影

很多人希望心理咨询能够做到药到病除,立竿见影,一次咨询就能解除自己的心理障碍。事实上这种情况不是不可能发生,只不过取决于太多太多的因素,比如当事人问题的性质和程度,对咨询的期望,自己的领悟能力以及咨询师的水平,等等。有时不是因为咨询师做了什么,而是在特定的环境下,当事人从咨询师这面镜子里,突然领悟到什么,直接导致了问题的解决。通常情况下,咨询需要一个较长的过程。即使是短程的心理治疗也需要数次。这是由心理咨询与治疗的方法和性质决定的。

8.心理咨询师应该帮我做出决定

这可能是对心理咨询最大最多的误解。虽然当事人有时强烈地希望咨询师帮助自己或者代替自己做出生活中的各种决定,事实上这恰恰是专业的心理咨询所应该避免的,因为生活方式的自主选择权只属于当事人自己,咨询师不可以剥夺侵害这种权力,哪怕是当事人授意的。心理咨询是帮助当事人发现自己身上的潜力,自主应对生活压力,自己做出决定;专业的咨询师可能会视情况的不同提供支持性或者生活指导性的建议,但不会提供生活选择性的、个人倾向性的建议,更不会替你做出决定。通常情况下,当事人也不需要这样的决定。

9.我想去但找不到合适的咨询师

就个人而言,找到一个适合自己的心理咨询师真的不是一件很简单的事。如果觉得咨询师不适合自己,可以当作一个问题与他进行讨论,有时候是我们自己对咨询的认识存在局限,导致对心理咨询的期望过高不切实际,超出心理咨询的范畴。如果是咨询师本身的局限,可以提出中止或转介。如果自己遭遇心理障碍,只要不放弃努力,就一定能够找到适合自己的办法,以及能够帮助自己的人。

10.心理障碍的药物治疗容易形成依赖或产生副作用

心理障碍的药物治疗由精神专科医院或综合性医院精神科医生进行。不同病症适合不同的药物,药物维持治疗的时间长短不同;不同时段药物剂量不同;更由于个人体质差异,药物在不同人身上的作用和效果也不同。因此,药物治疗通常是一个过程。个别人可能对药物敏感,出现不同程度的肠胃反应或嗜睡现象,均属正常,一般情况下身体会较快适应。由此担心药物的副作用,担心形成药物依赖,其实没有必要。与控制病情的发展、保护我们的生命安全相比,药物的副作用更显得微不足道。因此在心理障碍需要药物治疗的时候应该坚持就医,遵医嘱服药,切不可擅自停药。特别是重度抑郁症、躁郁症、精神分裂症等的治疗,药物治疗是主要的,而且发现得越早,治疗的效果越好。如果当事人对药物治疗有不理解和抵触情绪,常常使精神疾病得不到有效的治疗。

11.心理疾病不需要住院治疗

由于我国在心理卫生知识方面的普及程度远远不够,社会大众对精神卫生知识特别是精神疾病的防治存在各种错误的认识,不少人对精神心理疾病的住院治疗缺乏理解和了解,常以疯人院称呼精神病院。俗称的疯子是指丧失自知能力的处在发作期的重症精神病患者,这种称呼本身是对他们的歧视,事实上这样的患者只占精神病院住院病人的一小部分;大部分都是具有良好自知力及生活自理能力的患者。一般情况下,大多数心理障碍的治疗并不需要住院,单纯的心理咨询与治疗或者配合一定的门诊药物治疗即可有较好效果。但是,如果当事人发生以下三种情况,入院治疗则是必需的:当事人最近采取过自杀行为;当事人有周密的自杀计划和准备,有高度的自杀危险;当事人患有一种或多种有自杀危险的精神疾病,且处在症状发作期。在国外,以上三种情况一般需要采取强制入院措施,以保证当事人的生命安全,同时可以保证充分有效及时的药物治疗,挽救当事人的生命。

三、心理治疗的方法

（一）精神分析理论与方法

精神分析又名心理分析,是医学心理学发展史上最早诞生的心理治疗方法。在西方国家,精神分析独占心理治疗领域数十年,一度成为心理治疗的代名词。该学派的创始人即为著名心理学家弗洛伊德。

1. 精神分析的基本理论

（1）无意识理论

一般人可能不熟悉无意识心理活动,因为无意识的基本特点就是不易被人们觉察。发现无意识心理现象是弗洛伊德的一个主要贡献,同时无意识理论也是精神分析的基础。弗洛伊德把人的整个心理活动区分为意识、前意识和无意识三个部分。

意识是个体能够知觉的心理活动,正常成人的思维和行为属于意识系统。前意识指虽然此时此刻意识不到,但可在集中注意力、努力思索后回忆起来的那部分经验。无意识是个体不能知觉的心理活动,它由原始冲动、本能及出生之后的多种欲望构成。这些冲动、本能、欲望,与社会风俗、习惯、道德、法律不相容而被压抑或被排挤到到意识阈之下(所谓意识阈,是指能否意识到的分界线),但是,它们并没有被消灭,仍然在不自觉地积极地活动着,追求满足。由于弗洛伊德定义的无意识具有这样的性质,所以人们把他的无意识称为"潜意识"。无意识的冲动和欲望与意识中的强烈抗拒构成了矛盾冲突。冲突的结果可能导致神经病、精神病症或以梦的形式表现出来。

（2）人格结构理论

弗洛伊德提出,人格由本我、自我和超我三部分组成。本我是最原始的、与生俱来的、无意识的结构部分,代表生物本能和欲望,按照"快乐原则"行事,追求直接的、绝对的和立即的满足,不顾及后果。自我是在与环境接触过程中由本我发展而来的,奉行"现实原则",在采取社会所容许的方式下,满足本我的需要,管制不被超我所容许的冲动,指导自己的行为,以调节本我和超我的冲突。超我是人在社会化的过程中,将道德规范、社会要求内化为自身的良心、理性,对个体的动机、欲望和行为进行管制,诱导自我使之符合社会规范,使个体向理想努力,以形成完善的人格。它遵循的是"理想原则",凡不符合超我要求的活动将引起良心的不安、内疚甚至罪恶感。弗洛伊德认为,一个人要保持心理健康,则必须依赖人格三种力量的均衡协调,一旦出现不平衡,就会引起心理失调。

(3)人格发展学说

根据弗洛伊德的人格发展学说,儿童期的性欲在人格发展中扮演了重要角色,所以其人格发展理论又常被称作心理-性欲发展理论。

弗洛伊德认为,追求快感是一切生物的天性,而一切快感都直接或间接地与性有联系。所以性欲不像传统认为的只在青春期以后才产生,而是人类与生俱来的。但在弗洛伊德的心中,性欲并不单纯指与生殖活动有联系的欲望,而是指来自身体的任何部位所产生的快感,只是这种快感在性质上带有性的色彩。因此,在婴幼儿期,儿童的性欲主要表现为追求身体器官的快感。儿童身上能产生快感的区域开始较为弥散,而后逐渐集中到一些特定部位和器官。但在儿童生命期的不同时段,有不同的能产生最大快感的区域,因而在一定时期儿童以追求该区域的快感为最大的愿望。在这一时期内,最大快感部位的活动又与外界刺激和父母的教养活动有直接关系。例如,在口唇期,儿童口唇部位的活动就跟母亲的哺乳有直接联系。因此,儿童追求快感的欲望与父母满足这些欲望的情况的相互作用就对儿童人格的发展产生了决定性影响。

弗洛伊德认为,随着成长的时间顺序,儿童身体上最集中产生快感的部位发生着有规律的转换。弗洛伊德据此把儿童心理性欲的发展分为几个阶段:①口唇期(0~1.5岁),婴儿通过唇、口的吮吸、咬、吸等口部动作获得快感;②肛门期(1.5~3岁),幼儿喜欢通过延迟或延长排便时间来获得快感;③生殖器期(3~6岁),儿童开始把性爱转向外界,产生了对异性父母的爱恋,即俄狄浦斯情结;④潜伏期(6~12岁),儿童通过丰富多彩的活动来宣泄、升华性能量;⑤生殖期(12岁~成人),即通过正常的性行为得到满足。弗洛伊德认为,性心理发展过程中在某一阶段发生停滞或倒退,就可能导致心理异常。

2. 精神分析治疗的方法与过程

(1)精神分析的治疗原理

弗洛伊德的精神分析理论认为,心理疾病患者的异常行为表现及病人所意识到的内心体验只是表面现象,其真正原因是病人潜意识中的矛盾冲突。精神分析治疗的原理就是把病人潜意识的心理过程转变为意识的心理过程,破除压抑作用,揭去心理防御机制的伪装,使病人领悟到症状的真正病因。病人领悟后,症状即可消失。

(2)精神分析的治疗方法

①自由联想。自由联想是弗洛伊德1895年创造出来的。他让病人很舒适地躺着或坐好,把自己想到的(进入头脑中的)一切都讲出来,不论其如何微不足道、荒诞不经、有伤大雅,都需如实报告出来。心理分析的工作就在于对对方报告的材料加以分析和解释,直到从中找出病人潜意识里的矛盾冲突,即发病的起因为止。

②释梦。弗洛伊德1900年出版了《梦的解析》一书。他认为梦是有意义的心理现象,梦是人愿望的迂回的满足。在梦中所出现的几乎所有物体都具有象征性,成为性器官和性行为的象征。梦境是通过凝缩、置换、抽象化和润饰的方式把原来杂乱无章的潜意识加工整合而成的,但梦境只是梦者能回忆起来的显梦。显梦的背后是隐梦,隐梦的思想含义梦者是不知道的,要经过心理分析家的分析和解释才能了解。

③移情。由于做心理分析治疗所用的时间很长,病人会把对自己父母、亲人的感情转移到治疗者身上,即把早期对别人的感情转移到治疗者身上,把他当成自己的父母、亲人等。这种移情有的是正性的、友爱的,有的是负性的、敌对的。但移情并非是对治疗者产生的爱慕,也不是有意识的恐吓,而是病人无意识阻抗的一种特殊形式。移情表示病人的力比多(泛指一切身体器官的快感)离开原来的症状而向外投射给治疗者,此时移情既是治疗的障碍,也是治疗的对象。治疗者通过移情可以了解病人对其亲人或他人的情绪反应,引导他讲出痛苦的经历,最后揭示移情的意义,使移情成为治疗的推动力。由于心理分析治疗认为病人在分析过程中都会对治疗者产生移情,因此对移情的处理成为病人对症状领悟的重要途径。

④解释。解释是揭示症状背后的无意识动机,消除阻抗和移情的干扰,使病人领悟其症状的真正含义的过程,在治疗中必不可少。解释的目的是让病人正视他所回避的东西或尚未意识到的东西,使无意识之中的内容变成意识的内容。解释要在病人有接受的思想准备时进行,单独的解释往往不可能明显奏效。较有效的方法是在一段时间内渐渐地接近问题,从对问题的澄清逐步过渡到解释。通过解释,治疗者可以在一段时间内,不断向病人指出其行为、思想或情感背后潜藏着的本质意义。

3. 精神分析治疗的过程

(1)治疗对象的选择和治疗规则

心理分析治疗的适宜对象是癔症、强迫症和恐惧症病人。治疗中要求病人必须遵守治疗的规则,如在进行自由联想过程中,必须把浮现在头脑中的任何想法随时报告出来,不应有所隐瞒。这是因为病人所想隐去不报的内容,可能正是无意识之中与症状有关的使其自身感到羞愧、内疚的潜隐动机。

(2)治疗实施过程

心理分析治疗通常是每周会谈3~5次,每次平均1h。其治疗疗程少则半年至1年,多则2~4年。在正式开始治疗前,还需要先经过两周的实验性分析阶段,以排除在初次会谈确定的治疗对象中仍不适合做心理分析治疗的对象。

实验性分析过程之后,进入正式治疗的第一阶段。此阶段的目的在于建立治疗的同盟关系。第二阶段是移情的出现及其解释。随着移情的发展,治疗者要及时进行解释,使病人对他将过去经历、体验投射到治疗者身上的情况有充分认识。在对移情的分析和理解过程中,治疗进入第三阶段,这一阶段是治疗的扩展阶段。这一阶段要帮助病人对移情有更深刻的认识,并着力克服治疗中遇到的各种阻力,使病人对治疗者的解释,即其症状的隐意有更为清晰的认识。治疗的第四阶段是结束阶段,主要解决病人对治疗者的依赖问题和拒绝治疗结束的企图。同时,要彻底解决病人对治疗者产生的移情。

(二)行为治疗的理论与方法

行为治疗也称行为矫正法。它以行为主义理论为基础,并运用行为主义方法来咨询。在研究人的本性时,行为主义着重于人的外在行为。这个方法主要由生理学家把动物的实验研究成果用于人类临床,以矫正人的某些适应不良行为。"行为治疗"一词最早是由斯金纳等人于1954年提出的。现在,行为疗法已形成了自己完整的理论体系,被人们认为是继精神分析之后,心理治疗发展史上的第二个里程碑,成为当今世界重要的心理治疗方法之一。

1. 行为治疗的基本理论

行为治疗的基本理论来自行为主义的学习原理,它包括经典条件反射、操作性条件反射和模仿学习三个部分。

（1）经典条件反射原理

巴甫洛夫在实验室研究狗的消化过程时,无意中发现了应答性条件反射,即经典条件反射。他注意到,狗不仅仅是在食物出现时流唾液,而且在与食物一起出现有关的任何其他刺激物单独出现时也流唾液。为了证实这一点,巴甫洛夫进行了一系列实验。他通过条件反射原理将狗训练成每见到椭圆形时就流唾液,看到圆形则不流唾液。然后把椭圆形逐渐变成圆形,当狗再也不能辨别椭圆形和圆形时,就会出现神经症的反应：精神错乱、狂叫、哀吠、破坏仪器等。

（2）操作性条件反射原理

美国心理学家桑代克采用"尝试错误"学习法使猫学会打开笼子以得到所喜欢的食物。然后,开始在猫打开笼子吃食物时给予电击。几次后,饥饿的猫在笼子面前犹豫起来,趋避冲突（指个体面对同一目标时同时具有趋近和逃避的心态）的结果使猫产生了类似于人类焦虑状态的反应。

美国著名心理学家、行为主义理论的创始人华生也做过一个模拟恐怖实验。他在原来很喜欢动物的幼儿伸手去玩弄可爱的小白鼠时,在幼儿背后敲击锣发出巨响,以引起恐惧反应。反复数次后,在小白鼠和巨响之间发建立了条件反射。于是一旦动物出现,幼儿就表现得恐惧、哭闹、不安。他进一步发现,儿童的这种反应还发生了泛化,只要一接近别的白色的有毛动物,或类似的刺激物时,都会变得恐惧。华生认为,人的行为都是后天学习的结果,环境决定了一个人的行为模式。当然,我们学习的任何东西,也可以通过学习而设法摆脱掉。

斯金纳是对行为主义和学习理论有重要贡献的心理学家。他提出了操作性条件反射原理。在实验中,他把饿鼠关在笼中,并不出示食物,饿鼠无意中碰到了一根木棍,食物出现,饿鼠得以进食。于是这个碰木棍的动作随即得到强化,这就增加了白鼠以后碰木棍动作出现的概率,多次强化后,饿鼠入笼后即碰木棍。斯金纳称此为操作性条件反射,即行为本身即是获得强化刺激的手段。他认为人的行为主要是由操作性条件反射所构成的,人们已经牢固建立的行为模式是以某种方式积极获得的结果,无论是适应良好的行为还是适应不良的行为,包括心理疾病,都可以看作是环境强化作用的直接后果。心理咨询和治疗就是要以改变对来诊者起作用的强化物的方式来改变其行为。

早期行为主义者只强调强化因素的决定作用,片面强调人的被动反应,而忽视了人的目的性和主动性。后期的行为主义心理学家开始重视认知和心理因素,修正和发展了行为主义,他们的学说被称为新行为主义。新行为主义比较重视人的欲望、动机、情感和其他的内在心理因素对人的行为的影响,强调刺激与反应之间的中介变量的意义。心理咨询中相应重视人的认知因素对改变不良行为的影响。

（3）模仿学习原理

这种理论认为，学习的产生是通过模仿过程而获得的，即一个人通过观察另一个人的行为反应而学习某种特殊的反应方式。这种理论的代表人物是美国心理学家班杜拉。他认为，人们的大量行为都是通过模仿而习得的。人的不良行为也常常是通过这一模式形成的。例如，儿童看到成人或电视中的攻击行为后，便会变得富有攻击性；患有疑病症的儿童多来自特别关注疾病的家庭等。模仿学习有助于儿童学会很多重要的技能，但也可能导致其习得变态行为。

2. 行为治疗的过程和方法

（1）行为主义治疗观

行为主义认为，只有通过观察一个人的外显行为才能决定他是正常还是异常。如果某人行为不正常，则这个人就是异常的。所有的行为都是学习获得的，并由于强化而得以巩固，异常行为也是习得性行为，习得的方式跟正常行为一样。与正常行为的区别在于它是非适应性的。一般来说，当某一行为的结果已不再具有社会适应性时，该行为就会减弱、消退。而精神异常行为在丧失了社会适应性后仍不消退，这就需要行为治疗家通过行为技术来帮助患者改变这些行为。

既然正常与不正常行为都是学习的结果，行为由个人的强化历史所决定，那么，行为治疗就可以通过对个体再训练的方法和在某些方面改变他的环境，把不正常的行为变为正常的行为。

（2）行为治疗的基本过程

①了解来访者适应不良和异常行为或心理疾病产生的原因，为有效咨询奠定基础。

②确定来访者心理行为问题的主要表现，将其作为咨询的具体目标。只有清楚其原因和表现，才能制定有针对性的咨询方案。

③向来访者说明行为治疗的目的、意义和方法，使其有所了解，从而树立信心并主动配合。

④治疗者运用专门的心理咨询技术，实施咨询方案。行为疗法的每种技术都有一定的适应证，这就要求治疗者根据来访者的情况及各种方法的适应证选取合适的技术。

⑤根据行为治疗技术的性质及来访者行为改变的情况，分别给予正向强化以促进良好行为，或给予某种惩罚，以抑制不良行为的发生。

⑥根据来访者行为变化调整咨询方案，巩固咨询效果并扩展到日常生活中去。

（3）行为治疗的常用技术

①放松训练

放松训练对于应付紧张、焦虑、不安、气愤的情绪非常有用，它可以帮助人们振作精神、恢复体力、消除疲劳、稳定情绪。进行放松训练时，首先要做好准备工作：治疗者帮助来访者找到一个舒服的姿势，使来访者完全放松，可以靠在沙发上或躺在床上；在安静的环境中进行训练，光线不要太亮，尽量减少无关的刺激，以保证放松训练的顺利进行。

肌肉放松一般有五个阶段：集中注意—肌肉紧张—保持紧张—解除紧张—肌肉松弛。

如让手臂部放松时,治疗者可以这样发出指示:伸出你的右手,握紧拳头,使劲儿握,就好像把什么东西握碎一样,注意手臂紧张的感觉(集中注意和肌肉紧张)……坚持一下,……再坚持一下(保持紧张)……好,放松……现在感到手臂很放松了……(解除紧张和肌肉松弛)。放松的顺序一般是:手臂部—头部—躯干部—腿部。当各部分肌肉放松都做完之后,治疗者还可以继续给出指示语:现在你感到很安静、很放松……非常非常安静、非常放松……全身都放松了……然后,来访者默读1~50后睁开眼睛,或由治疗者掌握时间并提示来访者睁开眼睛。

在进行肌肉放松的同时,也可采用深呼吸放松法和想象放松法。深呼吸放松法适用于面临某些特殊场合易感紧张的来访者。具体做法是让对方站定,双肩下垂,闭上双眼,然后慢慢地做深呼吸,治疗者可配合对方的呼吸节奏给予如下指示语:"一吸……一呼……一吸"或者"深深地吸进来,慢慢地呼出去……"想象性放松要求来访者放松地坐好,闭上双眼,然后先由治疗者给予言语性指导,进而由来访者自行想象。

②角色扮演

角色扮演多用于改变来访者的不良行为和进行社会技能训练。角色扮演在个别治疗和小组治疗中比较常见。角色扮演可以说是对现实生活的一种重复,又是一种预演。在角色扮演过程中,来访者可学习改变自己旧有的行为或学习新的行为,并进而改变自己对某一事物的看法。角色扮演的操作方法如下:首先,治疗者要帮来访者找出一个典型事例;然后来访者本人,带着自己的问题真实地扮演主角,配角由治疗者扮演。配角尽可能按主角所说的真实事件的情境去反映,想象自己是对方时,可能会做出什么行为。扮演结束后治疗者要给来访者以必要的信息反馈。

角色扮演可以进行第二遍,让来访者采纳治疗者或其他人的意见练习新的行为。治疗者中间可叫暂停,示范新的行为,再让来访者进行主动模仿。角色扮演也可结合角色替换进行。在进行过一遍角色扮演之后,由治疗者或小组其他成员扮演有问题的主角,而由原来扮演自己的来访者扮演事件中的另一个人。由其他人扮演的主角可以先模仿有问题的来访者原先的行为方式,以使对方更深切地感受到自己行为的不适宜之处;再做一遍角色替换练习,由治疗者示范新的适宜的行为方式;最后可再进行一次角色扮演,以使有问题的来访者有机会主动模仿学习新的行为方式。

③系统脱敏法

系统脱敏法又称交互抑制法或对抗条件法,其机理是应用经典性条件反射原理,逐步地使正常反应加强,不正常反应消失,从而达到行为矫正的目的。此法主要用于神经症,如恐惧症、焦虑症等。神经症往往是在焦虑的处境中,由于错误的或不良的条件作用而产生的泛化性不适应行为。这类行为有不自觉的或自主神经学习的成分,使用系统脱敏法能有效缓解这种不自觉的倾向,最终达到治疗的效果。系统脱敏法的具体步骤将引起来访者焦虑、恐惧、烟雾的刺激分成轻重不同的层次等级,然后让来访者学会松弛反应,由刺激反应程度轻的逐渐过渡到反应程度重的,其间当来访者出现恐惧、焦虑时就让其放松,形成交互抑制或对抗情境,直到各等级的刺激与焦虑反应的联结消除为止,最终逐渐习惯而除去敏感。

④厌恶疗法

厌恶疗法又称处罚消除法,也是根据巴甫洛夫的经典条件反射原理而发展而来的。该疗法的基本理论认为,学习的负强化作用可以消除原有条件反应,通过惩罚手段可以阻止或消除来访者原来的不良行为。治疗者需要帮助来访者将要消除的症状同某种使之厌恶的或惩罚性刺激结合起来,通过厌恶条件作用,从而达到消除或减少不良行为的目的。此法常用于戒烟、戒酒,以及矫正变态、强迫症和某些不良行为。

⑤条件强化法

条件强化法又称奖励强化法,是根据斯金纳的操作性条件反射原理设计出来的,目的是通过奖励强化而形成某种期望出现的良好行为,即当来访者出现某种预期的良好行为表现时,马上给予奖励,从而使该行为得到强化。

3. 行为疗法的缺点

行为疗法具有操作简单灵活的特点,受到了广大咨询工作者的欢迎,目前已广泛应用于咨询实践中,是心理咨询和治疗的主要方法。然而,行为疗法也有自身的缺点:

(1)那些极端的行为主义者只重视"刺激—反应"之间的关系,而完全忽视了人的理性、认知等因素的作用。有人认为这是把人降低为低等动物,完全否认了人的自由、自主、独立性,贬低了人的尊严和价值,按这种观点进行心理咨询,不易被来访者所接受。

(2)行为疗法所带来的改变很可能是表面的,只治标不治本。最终由于内在原因没有消除,症状有可能会发生转移。

(3)行为疗法不太重视咨询关系的建立。在咨询中,来访者基本上处于被操纵的角色之中,而且由于只关注表面症状,易忽视来访者之间的个别差异。

(4)行为疗法主要用于矫正不良行为,不适宜咨询人生较高层次的问题,如人生的意义、人的价值、生命质量、自我潜能开发等。

(三)人本主义治疗理论与方法

人本主义是20世纪50~60年代在美国兴起的一个新的心理学学派,相对于精神分析学派和行为主义学派,它被称为心理学的"第三思潮"。

人本主义心理学是在批判精神分析学派和行为主义学派的基础上建立起来的。人本心理学家认为,精神分析学对人的研究建立在精神疾病患者的研究上,忽视了健康人积极的心理品质和特征;而行为主义则建立在动物行为的研究上,只注意人的外部行为倾向,忽视了人的内部心理作用。人本心理学家指出,对畸形的、发育不全的、不成熟的和不健康的人进行研究,只能产生"残缺的心理学"。人本主义心理学研究应关心人的价值和尊严,应以研究个性积极的心理健康方面代替研究个性消极的心理疾病方面,使心理学从本质上成为健康个性的心理学。

1. 人本主义的心理健康观

(1)对人的基本理解

人本主义认为,一个人仅仅免于神经症或精神病,还不能证明他是合格的健康者,而只能说具备了心理健康的最低条件。从整个人类看,严重的心理疾病者和真正的心理健康者都是极少数,大部分人处于平均程度的心理健康水平。这些人对日常生活各部分感到比较满意,情感相对稳定,行为比较正常,但仍避免不了遭受厌烦、孤独、失望和无聊的折磨,他们好像永远也体验不到如巨大的欢乐、高度的热情,以及强烈的献身感和义务感等令人震撼的情感,生活远未达到最理想最完美的程度,也就是说,他们的潜能没有得到充分地开发和应用。人本心理学家的任务就是要帮助人们实现这些潜能,进而使之达到心理健康。

马斯洛是人本主义心理学的代表人物。他认为人有一种"似本能"的基本需要,这是一种内在的潜能和趋势。他把人的基本需要发展模式从低到高分成五个层次,即生理需要、安全需要、归属与爱的需要、尊重需要及自我实现需要。心理健康者就是这些"自我实现者",即这些人获得了最大限度的发展和能力的充分利用,以及潜力的全部释放。

(2)罗杰斯关于自我的理论

以人为中心治疗的倡导者罗杰斯也认为自我实现是人类最基本的动机。他认为每个人心中都有两个自我:自我概念和理想自我。前者是个人看待自己的结果,后者是个人自以为"应当是"或"必须是"的自我。对于大多数人,后一种自我实际上就是自己的行为动机,如果它过于崇高而无法实现,就往往会使人陷入痛苦,导致个人心理异常。在罗杰斯看来,自我概念和理想自我的重合状况直接决定了人们的心理健康状况,两者间差距过大,就难免会有心理失常感。心理健康者所表现的是他们真正的自我,他们不会以非自我的形象出现。在他看来,愈来愈多的人寻求心理咨询机构帮助,恰恰意味着社会正由阴冷的灰色返青,人类正从长眠中苏醒,正在放下生锈的盾牌,无畏地露出自己的原型。

2. 人本主义的治疗思想

人本主义确信,人需要发展并运用他们所具有的天赋、潜力达到自我实现——这就是心理健康的目的。在人的发展过程中,人的基本需要如果遭到挫折,他的自我意识就会发生扭曲,内在的潜能也就不能发挥出来,从而造成心理失调,严重者可能导致心理疾病。而基本需要得到满足,人就会顺利发展并最终达到自我实现,无论从心理上还是生理上,都会使人变得健康。因此,人本主义的心理治疗观强调人的价值、意义、独立自主的人格,强调人所具有的现实潜在能力,旨在帮助来访者认识到自身的价值,发现真正的自我,对自己的成长负责,使他们向着自我实现的目标前进。人本主义心理学试图借助心理治疗实践来改善人类的品质,以达到使人类更加文明化的目的。

3. 来访者中心疗法

来访者中心疗法是由美国心理学家卡尔·罗杰斯于20世纪40年代首创的一种心理咨询与治疗的方法,目前已经成为心理治疗领域中的主要理论流派之一,也是人本主义心理疗法中的主要代表。所谓来访者中心疗法,就是心理治疗者"以平等伙伴的身份去理解就诊者的问题与情绪,为就诊者提供一种可以无所顾忌地自由表达和宣泄的机会,并帮助就诊者体验其自我价值,实现其人格成长"的心理治疗方法。

(1)个人中心治疗的条件

个人中心治疗认为心理障碍的实质或原因,在于当事人疏远了自己的经验,不再理会经验告诉自己的东西。因此个人中心治疗的核心工作就是改造自我,使之能够接纳经验的原貌,去除、更正某些价值条件,消除那些导致自我抵制经验的原因。因为价值条件是个体不能准确了解自己、不能善待自己的根本性障碍,一旦"依循且信赖自己的真实感觉与经验的历程"被激活后,我们就开始重新检视长久以来根深蒂固的价值观。假如你对经验更加开放,更能弹性调整自己的价值观,对自己的真实体验更为信任,就越能自我导向、自动自发、对他人需求更敏感、更重视亲密关系并放弃面具式的隐藏与虚假、不再致力于讨好他人等,长期持续下去必然慢慢引导自我产生改变。

此外,罗杰斯认为人有理解自己、不断趋向成熟的巨大潜力,而个人中心治疗的目标就在于启发和鼓励这种潜能的发挥,促进其成熟、发展。个人中心治疗帮助当事人更独立、更自信,不仅帮助其解决问题,更协助当事人成长,促进其人格健康成长。

罗杰斯认为促进来访者健康成长应具备以下充分必要条件:

①当事人与治疗者两个人心理上的接触。
②当事人处在一种无助、焦虑与混乱状态中。
③治疗者在治疗关系中是一位完整的人,处在真挚、和谐协调的状态中。
④治疗者对当事人无条件地积极关注,接纳、关怀、尊重当事人。
⑤治疗者对当事人产生共情,不单从自己的观念和立场出发看待对方。
⑥当事人能够体会、感受到治疗者对自己的同理心和无条件的正向关怀。

罗杰斯深信,如果这六种条件存在一段时间,建设性的人格改变就会发生。这六种条件不会因为当事人的类型不同而改变,他们是所有心理咨询和治疗必要的、充分的条件,并且适用于所有的人际关系。

(2)治疗过程

罗杰斯曾就治疗过程提出了12个步骤:

①来访者前来求助。
②治疗者向来访者说明咨询或治疗的方法。
③鼓励来访者情感的自由表现。
④治疗者要能够接受、认识、澄清对方的消极情感。
⑤来访者成长的萌动。
⑥治疗者对来访者的积极情感要加以接受和认可。
⑦来访者开始接受真实的自我。
⑧帮助来访者澄清可能的决定及应采取的行动。
⑨疗效的产生。
⑩进一步扩大疗效。
⑪来访者的全面成长。
⑫治疗结束。

来访者中心疗法对心理咨询领域产生了强烈的冲击,它从理论到方法都有一种全新的面貌,尤其是该理论十分强调咨询关系的建立,强调治疗者本身的人格特质在咨询中的重要意义,强调充分地信任人的自由、价值、个性、潜能。当前,这些思想已成为咨询工作的指导思想,成为咨询工作者的基本信念。

(四)森田疗法理论与方法

森田疗法由日本慈惠医科大学森田正马教授于1920年创立,是一种顺其自然、为所当为的心理治疗方法,也是一种基于东方文化背景的、独特的、自成体系的心理治疗理论与方法。森田正马教授生前把他独创的心理疗法称为神经质症的"非凡疗法"。1938年森田博士病逝后,他的弟子们将这种疗法命名为"森田疗法"。森田疗法自创立以来,以其对神经质症治疗所取得的满意的临床疗效,引起了学术界广泛的关注和重视,获得了高度的评价。该疗法的代表人物有森田正马及其得意门生高良武久、大原健士郎。

1. 森田疗法的适应证

森田疗法适合用来治疗下列疾病:

(1)普遍神经质,即平常所说的神经衰弱,包括失眠症、头痛、头昏、头脑不清、感觉异常、易兴奋、易疲惫、脑力减退、忧虑症、性功能障碍、头晕耳鸣、颓废、记忆减退、注意力不集中等。

(2)强烈观念症,主要包括赤面恐惧、视线恐惧、循环恐惧、学校恐惧、外出恐惧、罪恶恐惧、不详恐惧、高处恐惧等。

(3)发作性神经症,如呼吸困难发作、焦虑发作等。

2. 森田疗法的治疗原则

(1)"顺应自然"原则

森田把顺应自然看作是佛教和禅宗中的"顿悟"状态,就是让神经质症患者熟悉并体验自己在自然界的位置,明白对超越自己控制能力的自然现实存在的反抗是无用的,以具备一种与自然事物相协调的生活态度。对其症状而言,就是要老老实实地接受症状,真正认识到对它抵制、反抗(或回避)、压制都是徒劳的,不要把症状当作自己心身的异物,对其不加排斥和反抗,带着症状学习和工作。

"顺应自然"是森田疗法中最基本的治疗原则,这条基本原则包含下述多层含义。

①顺应自然地熟悉情感活动的规律.接受不安等令人厌恶的情感

A. 要顺应情感的自然发生,听任情感的自然发展。情感过程一般构成山形曲线,一升一降最后得以消失。

B. 假如情感冲动得到满足,挫折感可迅速平静、消失。

C. 情感随着对同一感觉的惯性,逐渐变得迟钝,直到无所感受。

D. 情感在某种刺激继续存在及对此集中注意时,就会逐渐强化。

E. 情感是通过新的经验、经过多次反复、在逐步加深对它的体验中渐渐培养的。

按照森田的看法,情感活动有其自身的规律,是不以人的意志为转移的。假如反其道而行之,总是对自身出现的惧怕、不安或苦恼等这些人人都会有的情感极其反感,并总想压抑、回避或消除这类情感,结果反而会使自己陷入神经质症的漩涡。改变这种状况就需使患者熟悉情感活动的规律,接受自己的情感,不去压抑和排斥它,让其自生自灭,并通过自己的不断努力,培养起积极的情感体验。

②顺应自然地熟悉精神活动规律,接受自身可能出现的各种想法和观念

神经质症患者经常主观地认为自己对某事物只能有某种想法而不能有另一种想法,有了就是不正常或者是不道德的,这种极端的完美心态造成了强烈的劣等感。其结果如同高良武久所说:"假如有人无论如何要祛除一切邪念,就可能产生不少恐怖的强迫观念。"神经质症患者对这种心理采取抗拒的态度,他们一定要保持自己心理的绝对清净,结果必然出现心理冲突。要改变这一点,就应接受人非圣贤这一事实,接受我们每个人都有可能存在邪念、嫉妒、狭隘之心的事实。不好的想法在头脑中闪现,是精神活动中必然会出现的事情,是一个人靠理智和意志不能改变和决定的,但是否去做,却是一个人完全可以决定的。因此不必去对抗自己的想法而需注意自己所采取的行动。

此外,熟悉精神活动的规律,还需熟悉精神拮抗作用,认识到人有对生的欲望和对死亡的恐惧这样两种相互对立的心理现象。接受这种心理现象,而不必为出现死亡的恐惧而惧怕不安,以至拼命排除这些令人惧怕的念头,使自己陷入激烈的精神内部冲突之中。例如,站在高处时,想到可能摔下去,这本是任何人都会有的想法。神经质症患者却认为这是异常现象而与之对抗,越对抗则越感到有可能摔下去。要改变这种症状,只有认清精神拮抗作用,从心理上放弃对对立观念的抗拒,才可能减轻以至消除精神内部冲突。

③顺应自然地认清症状形成和发展的规律,接受症状

神经质症患者原本无任何心身异常,只是因为他们存在疑病素质,倾向将某种原本正常的感觉看成是异常的,总想排斥和控制这种感觉,使注意固着在这种感觉上,造成注意和感觉相互加强的作用,即形成精神交互作用。这是一种继发性恶性循环,是形成症状并使之继续的主要原因。

认清这一点,对自己的症状采取接受态度,一方面会减弱对症状的主观感觉,另一方面因为不再排斥这种感觉而逐渐使自己的注意不再固着在症状之上。以这样的方式打破精神交互作用而使症状得以减轻以至消除。例如,对人恐惧患者见人脸红,越怕脸红就越注意自己的表现,越注意越紧张,反而使自己脸红的感觉持续下去了。相反,接受脸红的症状,带着"脸红就脸红吧"的态度去与人交往,反而使自己不再注意这种感觉,从而使脸红的反应慢慢消退。熟悉症状的规律还包括认识到症状的改变是一个过程、需要一定的时间。熟悉这一点才能坚持对症状视若平常,不把其当作自己心身的异物加以排斥,才可能真正消除精神交互作用的影响。

④顺应自然地认清主观与客观之间的关系,接受事物的客观规律

按照森田疗法的观点,人之所以患神经质症,疑病素质是症状形成的基础,精神交互作用是症状形成的原因,而其根源在于人的思想矛盾。这一思想矛盾的特征就是以主观想象代替客观现实,以"理应如此"限定自身的思想、情感与行为。森田曾指出:"人究竟应如何破除思想矛盾呢?一言以蔽之,应该放弃徒劳的人为拙策,服从自然。"所以人必须承认事实,认清自己的精神实质,就是自觉;如实地确认外界,就是真理(实事求是)。

因此,顺应自然,就应注意不以自己的主观想法臆想客观事物,认清任何客观事物都有其自身的活动规律,包括每个人的感觉、情感、精神活动以及神经质症状的形成与改变都有一定规律,这是不以人的主观意志为转移的。只有使主观思想符合客观事物的规律,才能跳出思想矛盾的怪圈。

(2)"为所当为"原则

森田疗法把与人相关的事物划分为可控制的事物和不可控制的事物。所谓可控制的事物就是个人通过自己的主观意志可以调控和改变的事物;而不可控制的事物是个人主观意志不能决定的事物。

森田疗法要求神经质症患者通过治疗,学习以顺应自然的态度不去控制不可控制之事,如人的情感;但还要注意为所当为,即控制那些可以控制之事,如人的行动。高良武久曾作过这样的说明:"顺应自然的态度并不是说对自己的一切活动都放任自流、无所作为,而是要患者一方面对自己的症状和不良情绪听之任之;另一方面要靠自己本来固有的上进心,努力去做应该做的事情。"应该说,为所当为是对顺应自然的治疗原则的充实和补充。

①忍受痛苦,为所当为

症状通常不会即刻消失,在症状仍存在的情况下,尽管痛苦也要接受。把注意力及能量投向自己生活中有确定意义且能够见成效的事情。努力做应做之事,把注意力集中在行动上,任凭症状起伏,有助于打破精神交互作用,逐步建立起从症状中解脱出来的信心。

神经质症患者本来具有强烈的生的欲望,但为死的恐惧所束缚,原有的精神能量均投入在对症状的关注上,而影响了其正常的生活、工作与学习。这时,患者应按照生的欲望所表现出的上进心去做自己认为应该做的事情:第一,努力把一直指向内心的精神能量引向外部世界;第二,因为注意不再固着在症状上而使症状得到改善;第三,虽然带着症状去行动仍有痛苦,但行动本身会带来两种收获,其一是该做什么就可以做什么而不必等症状消除,其二是做了就能在工作、学习或生活上有所收获。

②面对现实,陶冶性格

高良武久指出:"行动会造就性格"这一点才是神经质性格得以陶冶的根本理由。

神经质症患者的精神冲突往往停留在患者的主观世界之中。他们对引起自己惧怕不安的事物想了又想、斗了又斗,但在实际生活中对引起其痛苦的事物却采取了一种逃避或敷衍的态度。例如,因怕自己脸红而产生对人恐惧的患者,一方面拼命想抑制自己的脸红,另一方面却总想避开众人。事实上,单凭个人主观意志的努力,是无法摆脱神经质症状的苦恼的,只有通过实际行动才会使思维变得更加实际和深刻。实际行动才是提高对现实生活的适应能力的最直接的催化剂。因此,要想见人不再感到惧怕,只有坚持与人接触,在实际接触中采用顺应自然的态度,使惧怕心下降,从而逐步获得自信。

为所当为有助于使症状得到改善,其中很重要的一点,是在实际活动中将精神能量引向外部世界。这是因为要做事情,就要将注意由主观世界移向外部,就要注意所做的事情,这就减少了指向自己心身内部的精神能量。而与外部世界的实际接触又有助于患者了解自身症状的主观虚构性。这一过程实际上是使内向型性格产生某种改变的过程。

第五章 生活方式与健康

教学目标

（1）了解食物营养的基本知识,饮食、吸烟、饮酒、睡眠等与健康的关系。
（2）掌握健康行为的内容,危害健康行为的成因及预防。
（3）使大学生养成良好生活习惯,远离危害健康的行为。

一般来讲,影响健康的因素有四大类:生物遗传学因素、环境因素、生活方式因素和卫生服务因素。其中以生活方式因素对健康的影响最为突出。生活方式是指人们在日常生活中习以为常的生活行为和习惯,这些人们自身的饮食行为和生活习惯会给个人、群体乃至社会的健康状况带来直接或间接的有益或者有害的影响。除了遗传因素外,专家们发现不良行为和生活方式给个人、群体乃至社会的健康带来的危害具有潜伏性、累积性和广泛影响性的特点。

第一节 饮食与健康

随着社会的发展和人民生活水平的提高,居民的膳食结构也发生了很大的变化,由单一营养逐渐向多元化营养转变。因此,怎样才能吃的健康已成为居民关心的问题之一。

健康饮食是指全面平衡的膳食。人们通过饮食获得所需要的营养和能量,维持自身健康。合理的饮食、充足的营养,能提高人们的健康水平,预防多种疾病的发生发展,延长寿命。不合理的饮食、营养过度或不足,都会给健康带来不同程度的危害。

健康饮食应包括两个前提:首先,人体所需要的营养必须主要通过饮食来完成;其次,必须在不超过所需热量的前提下保证充足的营养,即饮食中含有的营养素必须种类齐全,数量充足,比例适当。在满足人体生理状况、劳动条件和生活环境需要的同时,又不会导致热量的过多摄入。满足这两个条件的饮食统称为健康饮食(或称平衡膳食、均衡膳食、合理膳食)。

健康饮食在内容上包括四个方面:健康饮食结构、健康饮食制度、健康食物加工方式和食品安全。健康饮食结构是指一日各餐中各种食物种类和数量的科学组成关系。健康饮食制度是指按营养学的原则,将人每天所需要的饮食营养进行定质、定量、定时分配安排的一种制度。人体对食物的消化吸收和利用有一定的生理规律,因此,在制定健康饮食制度时应考虑到人体消化系统的生理特点,注意安排好早餐,各餐食物的分配比例,并根据个人的生活和工作规律调整饮食制度。

在食物加工制作过程中,我们要以健康的食物加工方式进行,做到对食物进行消毒,提高人体对食物的消化吸收率和食欲,尽量减少食物中营养素的损失和避免有害物质的形成。最主要的食品安全问题是由微生物引起的食源性疾病。因此,要做到食品安全,基本的饮食要求是保证食物的干净卫生和新鲜。

合理营养既是健康饮食产生的结果,又是人体健康的物质基础。因此,大学生要通过健康饮食达到合理营养的目标,促进身体健康,提升机体免疫力,减少各种疾病,改善生命质量,提高劳动、工作、学习效率。

一、膳食营养与疾病的关系

(一)营养缺乏与疾病

在营养不良的人群中,常会使传染病的发病率升高、病程延长、病情加重,并发症与死亡率也增加。这是由于营养的缺乏损害了机体的免疫机能,降低了机体对疾病的防御能力,增加了人群对疾病的感染性所致。而感染的同时又能致使机体的营养机能进一步下降,亦使免疫机能进一步损害。因此,营养状态、传染病和免疫能力三者是互为因果与相互作用的。

(二)膳食结构与疾病

现代流行病学已经证实,某些严重危害人类健康的疾病与不良饮食习惯有密切的关系。膳食结构与某些疾病的详述如下。

高血脂症是导致动脉粥样硬化性心脑血管疾病的重要危险因素。血脂包括甘油三酯、磷脂、胆固醇、游离胆固醇和游离脂肪酸,在致病因素上有重要意义的是胆固醇和甘油三酯。

无机盐、微量元素、维生素和纤维素等的摄取量平衡与否,对心脑血管疾病的发生、发展也有影响作用。

1. 脂肪摄取与血胆固醇的关系

脂肪摄取总量尤其是饱和脂肪酸的摄取量,与血胆固醇的水平密切相关,而且胆固醇的水平和冠心病的发病率之间又密切相关,膳食脂肪主要促进胆固醇的吸收,因而可使血胆固醇浓度增加。

膳食脂肪的"质"比"量"对血胆固醇浓度的影响大。一般认为,饱和脂肪酸可增高血胆固醇,不饱和脂肪酸可降低血胆固醇,因可促进胆固醇氧化而排出体外,或使血胆固醇转移到组织中去。所以要注意避免摄取高脂肪及过多的饱和脂肪酸,而要增加不饱和脂肪酸。食用油中许多植物油、家禽油、鱼油中含不饱和脂肪酸较为丰富,应增加摄取的比例。

2. 胆固醇的摄取与血胆固醇的关系

人群调查观察到膳食胆固醇摄入量与动脉粥样硬化发病率呈正相关。但膳食中胆固醇含量对血胆固醇水平的影响小于膳食脂肪的作用。正常人每 kg 体重含胆固醇 2g，每日更新 1~2g。血液中的胆固醇一部分来自肝脏内源合成，一部分来自食物。

大量摄取胆固醇后，虽然由于反馈作用使肝合成的胆固醇有所减少，但血及血管外的胆固醇仍然有所增加，并受同时摄入的其他物质的影响，如摄入胆固醇又同时摄入甘油三酯时，则可促进胆固醇吸收。为了防治高血脂症，应控制膳食胆固醇和甘油三酯的摄入量，现在一般主张每日膳食胆固醇摄入量不应超过 500mg。

在蛋黄，动物的脑、肝、肾，牡蛎，鱼子酱和奶油中含有较多的胆固醇。蛋类和动物内脏是通常膳食中胆固醇的主要来源。植物固醇特别是谷固醇结构与胆固醇相似，不仅不易被吸收，且有竞争性抑制血胆固醇吸收的作用。每天给予大剂量的谷固醇 3~6g，每日三次，可使血胆固醇明显降低。

3. 糖类摄取与甘油三酯的关系

很多研究证明，糖类的摄入量、种类与冠心病的发病率有关，并提示蔗糖的果糖成分对甘油三酯的水平有明显作用。蔗糖比其他糖类更易于引起冠状动脉血栓形成。因为肝脏能利用食物中的糖类与脂肪组织供给的脂肪酸形成甘油三酯输入血流，从而增加肝的脂质生成作用而升高内源性甘油三酯。

4. 蛋白质摄取与血脂的关系

一般讲蛋白质的摄取不影响血脂，但由于动物性食品中胆固醇含量较高，故最好采用优质植物蛋白质来代替动物蛋白质。从预防心血管疾病角度，保持适当的蛋白质供给量和适合人体需要的氨基酸构成比例。蛋白质中含硫氨基酸不足时，可引起动物血清胆固醇过多，并造成动脉粥样硬化的发生。

5. 维生素摄取与血脂的关系

（1）尼克酸。是强解脂药物，要服用大剂量方有效，每日约需 2~6g，但此剂量可引起胃炎、情绪不安和皮炎等反应。

（2）维生素 C。参与胆固醇代谢，一般认为有降血胆固醇水平，减缓动脉粥样硬化的作用。在人体中观察到大剂量维生素 C 可降低高血胆固醇患者的血清胆固醇水平。

（3）维生素 E。与脂类代谢关系密切，临床上用维生素 E 治疗动脉硬化症有较好疗效。

6. 无机盐与微量元素摄取对心血管疾病的影响

高热量低镁膳食容易引起动脉粥样硬化。镁缺乏引起冠状动脉凝血和动脉粥样硬化。用镁治疗冠心病后，胆固醇/卵磷脂比值下降或血清胆固醇下降，故镁可能有影响血脂代谢和抗血栓形成，即促进纤维蛋白溶解，防止血小板凝集，抑制凝血或对血小板起稳定等作用。

由于高血压是冠心病的重要危险因素之一，而氯化钠对高血压又有直接影响，因此应控制食盐的摄取量。如作为治疗膳食，钠不应大于 150mg，氯不应大于 200mg。

(三)膳食与肿瘤

近年来大量的研究资料表明,营养不足与营养过量均与肿瘤的发生有一定的关系。

1. 膳食脂肪与肿瘤的关系

高脂肪膳食与肠癌及乳腺癌的高发有关,已得到了公认,也有研究指出高脂膳食与前列腺癌、睾丸癌及卵巢癌的发生有关。

高脂肪膳食影响大肠癌发病的机制,目前比较一致的看法是:高脂肪膳食使肝脏胆汁分泌增多,胆汁中初级胆汁酸增多,在肠道厌氧细菌的作用下,转变为石胆酸,成为致癌物质。

高脂肪膳食促进乳腺癌发生的机制,激素是主要因素。雌激素中雌酮和雌二醇有致癌作用。高脂肪和高糖膳食使人肥胖,人体脂肪组织能将肾上腺皮质激素中的雄甾烯二酮芳香转化为雌酮,促进绝经期后乳腺癌的发生。

2. 维生素与肿瘤的关系

(1)维生素A。维生素A对上皮细胞分化起重要作用,能抑制DNA过度合成和基底细胞增生,从而阻止、延缓癌变或使癌前病变恢复。维生素A对肿瘤的抑制作用主要是防止上皮组织癌变。

(2)维生素C。维生素C在体内外试验均能阻断N-硝基化合物合成,因而对化学致癌可起阻断或预防的作用。又因为维生素C能增强机体结缔组织功能和免疫功能,故能增强机体对肿瘤的抵抗力。

(3)维生素E。维生素E也能阻断N-硝基化合物合成,故也有防癌作用。动物试验证明,其还有抑制一些其他化学致癌物的作用。

此外,B族维生素及抗脂肪肝物质(胆碱、叶酸、维生素C等)也有防癌作用。

3. 热量、蛋白质及碳水化合物与肿瘤的关系

(1)蛋白质。许多流行病学和动物实验结果证明,膳食中蛋白质较低,可促使人或动物肿瘤的发生,若提高蛋白质含量或补充某些氨基酸,则可抑制动物肿瘤发生。

(2)热量。限制膳食热量,可减少肿瘤发生,体重超重的人比体重正常或较轻的人更易患癌症。应该提醒注意:虽然限制热量可以抑制人或动物肿瘤发生,但不能考虑用限制热量的方法作为控制人类肿瘤的实际措施。因为限制膳食必然要减少机体的营养供给,造成机体衰弱,抵抗力下降,肿瘤却仍能发展。

(3)碳水化合物。高碳水化合物或高血糖浓度有抑制化学致癌物对动物的致癌作用。纤维素是不能利用的多糖,在体内不能消化吸收,但能促进肠道蠕动,有利于粪便排出,因而缩短了潜在致癌物在肠道的停留时间,可降低大肠癌的发病率。

二、大学生的营养膳食

大学生是社会的特殊群体,突出特点是正处于青春发育期,代谢旺盛、活泼好动运动量大,同时学习任务繁重,营养需求量较大,合理的膳食结构对他们身体生长、发育及学业有着巨大的推动作用。

大学生的营养膳食,是经过科学组合各类食物中的营养素构成营养均衡的平衡膳食。简单地说,平衡膳食是由多种食物构成的膳食。这种膳食不但要提供给用餐者足够数量的热量和所需的各种营养素,以满足人体正常的生理需要,而且要保持各种营养素之间的合理比例和多样化的食物来源,以提高各种营养素的吸收和利用,达到合理营养的目的。

（一）饮食中应包括人体所需要的各种营养素

即蛋白质、脂肪、糖类、矿物质、维生素和水等六大营养素,以维持人体的正常生理功能的需要。自然界中没有任何一种食物能够满足人体所需的各种营养素,所以就必须充分利用自然界的各种食物,组成营养素种类齐全、比例合适、数量充足的完全饮食。

（二）各种营养素之间应有适当的比例关系

《中国居民膳食指南》将自然界中各种食物根据其营养特点分为五类：

第一类为谷类、薯类、杂豆类,主要提供糖类、蛋白质、B族维生素,此类食物是我国饮食结构中的主要成分。

第二类为动物性食品,包括肉、禽、蛋、鱼、奶等,主要提供蛋白质、脂肪、矿物质、维生素A和B族维生素。

第三类为大豆及豆制品,主要提供蛋白质、脂肪、膳食纤维、矿物质和B族维生素。

第四类为蔬菜、水果,主要提供矿物质、维生素C、胡萝卜素和膳食纤维。

第五类为纯热能食物,包括动、植物油脂,各种食用糖和酒类,主要提供热能。

这五大类食物均应适量摄取,合理搭配,动物性食物和纯热能食物均不能摄入过多,应保持生热营养素的比例平衡、维生素之间平衡、可消化的糖类和食物纤维之间平衡、酸碱性食品平衡等。

（三）食物应多样化

自然界中各种食物的营养成分与生理功能不尽相同,五大类食物各有各的特点,同一类不同种食物之间也各有差异,任何一种食物均不能代替其他食物。例如,肉类不能代替鱼类,绿叶蔬菜不能代替白色蔬菜,尽管绿叶蔬菜含有丰富的维生素、矿物质,但白色蔬菜如萝卜、花菜等在抗癌、抗突变方面有其独特的作用。世界上也没有任何一种食物能够满足人体所需的各种营养素,所以就必须充分利用自然界的各种食物,合理搭配,不能长期单吃一类或一种食品。

每天的饮食中应包括所有五大类食物,并且每类食物也要经常变换花样。我国目前谷类食物仍为青少年的主要食物。作为主食的植物性食物,虽含有一定数量的蛋白质,但质量较差,构成蛋白质的氨基酸也不全面,利用率不高。所以,在制作时,应把几种不同的含蛋白食物按比例混合在一起,取长补短,起互补作用,提高蛋白质的利用率。如谷类中蛋白质的赖氨酸、色氨酸不足,如与豆类食品混合制作或与动物蛋白质同吃,就可增加谷类蛋白质的利用率。平时食用的大米,蛋白质的利用率为55%,如果在2/3的米中加入1/3的黄玉米,利用率可提高到70%。

(四)合理的饮食制度

我国多数地区居民习惯于一天吃三餐。三餐食物量的分配及间隔时间应与作息时间和工作状况相匹配,通常一日三餐制的热能摄入比例是:早、午、晚餐所含热量分别为30%、40%、30%。特殊情况可适当调整。通常上午的工作学习都比较紧张,营养不足会影响工作学习效率,所以早餐应该认真地进食。早餐除主食外,至少应包括奶、豆、蛋、肉中的一种,并搭配适量蔬菜或水果。午餐可吃些热量高、花样较多的食品。晚餐要提供十余小时的热量与营养素,所以应提供一些高热量高营养的、制作精细、脂肪量稍高的食品。

三、养成良好的饮食习惯

大学生这一特殊群体,年龄大都在18～25岁之间,正处于青春期后期的关键阶段,是一生中生长发育最为旺盛的时期。大学时代,青年人的生理和心理变化较为复杂,又面临着艰巨的学习任务,脑力和体力活动频繁,思维能力活跃而敏捷,记忆力较强,是长身体和长知识的重要时期。他们的营养状况将直接关系到其进入社会后的工作能力。他们是建设国家的栋梁之材,健康的身体和良好的体质是他们为国家做贡献的前提和保证。因此,引导大学生养成良好的饮食习惯,注重营养早餐,制定科学、合理的食谱至关重要。

(一)不吃零食

有的学生养成了糖果、糕点、冷饮等不离口的不良习惯,没有正常的饮食规律,消化系统没有建立定时进食的条件反射,使胃肠得不到充分的休息,可引起食欲减退,影响正常进食。巧克力是青年人常吃的零食,它以可可豆为主要原料,加油脂、牛奶、奶酪、糖等,香甜可口,然而巧克力不是青年人的营养佳品,因巧克力中含糖55%,脂肪40%,而蛋白质仅5%,为高糖、高脂肪、低蛋白营养品,对正在生长发育的青年人来说是不恰当的;巧克力含有可可豆碱、咖啡碱等,多吃巧克力会使大脑皮质处于过度兴奋状态,易产生失眠、烦躁,同时对脑血管和心脏也有一定影响;此外,巧克力产生热能较多,餐前吃巧克力会使人饥饿感减少、食欲不振。

(二)不偏食

长期不吃肉食,则优质蛋白质摄入减少;偏食荤菜者,又会导致热能过剩及维生素、矿物质缺乏,易发生动脉粥样硬化。青少年每天食物中蔬菜要占一半,才有足够的植物纤维及维生素,而洋快餐中蔬菜较少,是以后成人阶段发生冠心病、动脉硬化的诱发因素之一。

应充分认识到偏食对生长发育和身体健康是十分不利的,要从主观上努力纠正不良习惯。另外,进食要多样化,要有意识地在喜欢吃的食物中加些不喜欢吃的,或设法改变这种食物的烹调方法。总之,大学生应摄入平衡饮食,即蛋白质、脂肪、糖类、矿物质和微量元素、维生素、食物纤维等,比例要合适,也就是说米、面、蔬菜、肉、蛋、禽、豆制品都应该吃,不能偏食。

(三)不过分节食

不少青年人过分追求体形美,节食减肥,怕吃富含蛋白质、脂肪的食物,而且也控制正常三餐的进食量,久而久之,各种营养素的摄入明显不足,随之出现一系列后遗症,机体的免疫功能、神经体液调节功能均受到影响。女生由于得不到身体生长必需的热能及微量元素、维生素而影响初潮时间,严重营养不良的可造成闭经。如体内蛋白质缺乏可使血浆蛋白质降低,肢体出现不同程度的水肿,而且易疲劳、乏力、抵抗力低下;碘缺乏可促使垂体分泌大量促甲状腺素,引起甲状腺肿大,出现咳嗽、气急,甚至吞咽困难;铁缺乏可引起缺铁性贫血,出现头晕眼花、软弱无力,精神萎靡症状。

(四)不暴饮暴食

对进食缺乏节制、暴饮暴食,不但可引起胃肠功能紊乱,还可诱发某些疾病,如急性胃扩张、胃下垂等。油腻食物可使胆汁和胰液大量分泌,有可能发生胆管疾病或胰腺炎。

(五)不要快食

进餐时不细嚼慢咽不仅会加重胃的负担,发生胃炎、溃疡病等,还会导致食物消化吸收不全,从而造成各种营养素的丢失。

(六)不要热食

有的学生认为热食可口,但在吞食过热的食物时容易烫伤舌头、口腔黏膜和食管。过热食物对牙齿的正常生长发育也会造成损伤。食管受到热食伤害残留下的瘢痕和炎症会影响营养素的吸收。

(七)限制食盐摄入

每天食盐量超过正常限量时,可使液体在体内潴留,血液循环量增加,而使心、肾负担过重,这是诱发高血压病的病因之一。

第二节 吸烟与健康

众所周知吸烟有百害而无一益,世界卫生组织也明确指出,任何形式的烟草制品对人类健康都是有害的。我国是全球最大的烟草生产和消费国。吸烟已经成为影响人们健康最为主要的不良行为。尽管如此,相当一部分人包括大学生还在吸烟。

一、烟草及烟雾中的有害成分

烟草中含碳水化合物、含氮化合物、有机酸、脂类等,这些物质经燃烧变成有害物质,随烟雾被吸入体内或释放入空气中。据报道,烟气中有400多种有毒化学物质,主要包括:

(1)焦油。烟气中焦油是威胁人体健康的罪魁祸首,烟焦油中的多环芳烃是致癌物质。烟焦油中的酚类及其衍生物则是一种促癌物质。

(2)放射性物质。烟草中的放射性物质也是导致吸烟者肺癌发病率增加的因素之一。

(3)尼古丁。尼古丁作用于肾上腺,使分泌的肾上腺素增加;导致心率加快,血压上升,心脏负担加重;使平滑肌收缩而引起相应疾病;具有成瘾性。

(4)一氧化碳。一氧化碳进入肺内,经肺泡弥散入血,与血液中的血红蛋白迅速结合,形成碳氧血红蛋白,减少了血红蛋白与氧的结合,使血液携氧能力相对降低,机体出现缺氧表现。

(5)醛类。醛类抑制气管纤毛摆动,影响分泌物从肺内排出,从而引起慢性支气管炎和肺气肿。

二、吸烟对人体健康的危害

1. 对神经系统的影响

烟雾中一氧化碳进入人体后,与血液中的血红蛋白结合成碳氧血红蛋白,使血红蛋白不能正常地与氧结合成氧合血红蛋白,因而失去携氧的功能。由于人的大脑对氧的需要量大,对缺氧十分敏感,因此烟吸多了就会感到精力不集中,甚至出现头痛、头昏现象。久而久之,大脑就要受到损害,思维变得迟钝。这样,必然会影响学习和工作,使学生的学习成绩下降。

2. 对呼吸系统的影响

当烟雾带着有害的烟尘微粒和有害物质进入呼吸道时,毒物可以损害呼吸道黏膜上的纤毛,使纤毛运动能力减弱,不利于外来异物及分泌物的排除;同时毒物损害肺的吞噬能力,导致慢性支气管炎、肺气肿、肺心病甚至肺癌。

3. 对心血管系统的影响

吸烟是导致心血管病的因素之一。吸烟者患病率为不吸烟者的2～3倍。因为在烟草燃烧的烟雾中,一氧化碳含量可高达3%～5%,如果一氧化碳进入血液产生大量的一氧化碳血红蛋白,可高达4.5%(正常0.5%～0.7%)。由于一氧化碳同血红蛋白的结合力比氧大260倍,因此就减少了氧同血红蛋白的结合,从而减少了各组织的供氧量,人就会因缺氧而出现头昏脑涨、恶心不适,产生煤气中毒的症状。特别是心肌的氧供应不足,导致心肌缺氧、功能降低、更加重全身缺血缺氧。一氧化碳所造成的缺氧,可损伤动脉内皮使血管的渗透性增加,使血小板聚集和脂质沉着,促进动脉粥样硬化病的发生。

吸烟时烟雾中的尼古丁进入肺泡和血液循环，能使血中儿茶酚胺升高，心率加快，血压升高，并可损伤动脉内皮，使血液黏稠度增高，血液循环受阻，从而诱发心肌梗死及中风等症。

4. 对消化系统的影响

吸烟可使唾液、胃液分泌增加，促进消化道运动加速，并削弱黏膜的抵抗力，烟草中的尼古丁还能使幽门括约肌松弛。所以长期吸烟者可助长胆汁返流。胰液中的磷脂酸A与胆汁中的卵磷脂相互作用形成的溶血卵磷脂，具有极强的黏膜损伤作用，时间长了可引发胃炎，逐渐发展形成溃疡。

5. 对生殖系统的影响

生殖医学专家调研发现，吸烟可导致男性性功能减退，女性吸烟妇女可引起痛经、月经紊乱、雌激素低下、骨质疏松以及更年期提前、不易受孕、流产、早产、胎儿畸形。

6. 致癌作用

吸烟除可引起肺癌外，还可降低自然杀伤细胞的活性，从而削弱机体对肿瘤细胞生长的监视、杀伤和清除功能，可见吸烟是多种癌症发生的高危因素。吸烟者喉癌发病率较不吸烟者高十几倍。膀胱癌发病率增加3倍，这可能与烟雾中的β-萘胺有关。此外，吸烟与唇癌、舌癌、口腔癌、食道癌、胃癌、结肠癌、胰腺癌、肾癌和子宫颈癌的发生都有一定关系。临床研究和动物实验表明，烟雾中的致癌物质还能通过胎盘影响胎儿，致使其子代的癌症发病率显著增高。

7. 对青少年的危害

吸烟对青少年危害更大。青少年正处在生长发育时期，各生理系统、器官都尚未成熟，其对外界环境的有害因素的抵抗力较成人弱，易于吸收毒物，损害身体的正常生长，还可导致弱视。吸烟导致的青少年弱视称为"烟草中毒性弱视"，表现在四个方面：一是视物不清，戴眼镜也难以矫正；二是视野改变，早期视野中间出现一团哑铃形或圆形黑影，后期视野缩小，视物时四周模糊不清；三是色觉异常，尤其是辨不清红、绿颜色；四是畏光，在强光下视物反而不清楚。烟草中毒性弱视病情发展比较缓慢，很容易被人们忽视，晚期严重时可能造成失明。

8. 被动吸烟的危害

吸烟对人身体有害已众所周知，而不吸烟者，如在受烟雾污染的环境里同样受其危害。不吸烟的人暴露在烟雾中，最常见的是眼部刺激症状，此外有头晕、头疼、鼻刺激及咳嗽等，一些哮喘病人可因对香烟过敏而导致哮喘发作。患有心肺疾病的人受害更大，有时可诱发心绞痛或呼吸困难加重。

总之，吸烟对人体各器官系统都有不同程度损害。如何减小损害，最重要的就是戒烟。戒烟后，其毒性作用将渐渐减少，大多数病变都可有不同程度的逆转，并有助于降低肺气肿、冠心病和癌症的发病率及死亡率。卫生宣教应加强吸烟有害健康的宣传教育，禁止在公共场所吸烟，限制为烟草商刊登广告，并在香烟盒上印刷"吸烟有害健康"的标志。戒烟方法很多,诸如针灸戒烟、戒烟糖和戒烟茶等,但主要是心理取胜,吸烟者只有真正认识到吸烟的危害性,才能下定决心及早戒除。

三、预防及控制

(一)做好控烟宣传

学生对吸烟有害健康的认识程度低,识别力差。而烟草滥用作为个人行为,常起始于青少年时期,其具有的成瘾性可使吸烟行为贻害终身。尽管大学生烟草成瘾率低于社会青年,但较高的尝试性吸烟率可转化为成人期高瘾者和疾病率。因此高校的控烟,对保护高校学生的健康,发展生产力均显示出重要性和迫切性。

大学生应具有与文化水平相当的卫生保健素养。在了解吸烟对人们的诸多危害后,提高对烟草的心理免疫力,在面对他人宣传香烟如何提神解乏,如何显示精于世故的"善意",劝你吸烟时,能坚定地说"不"!

大学生应积极参与控烟活动,将吸烟有害健康的知识转播到家庭、社会,做到自己不吸烟和劝说他人戒烟,从而减少无辜人群被动吸烟,使我们周围的空气更洁净,身体更健康。

(二)戒烟

人们所说的烟瘾只是一种嗜好和习惯。如有的人饭后写文章或闲聊时总爱吸烟,这是一种精神心理反应,实际上是条件反射。所以想戒烟并不难,主要需要的是决心和毅力,只要充分认识到吸烟的害处和戒烟的好处是完全能够戒掉的。

1. 努力做到 3D

3D 即烟瘾上来时尽量推迟(delay),不管你手头是否有烟,上瘾时往往就那么几分钟,过去就好了;做深呼吸(deep breath),这个动作类似于吸烟,可以使人松弛;多喝水(drinking lots of water),这样可以使上瘾物质尼古丁加速排出体外,吸烟者对它的渴望就会消失得更快。

2. 寻求帮助

找家里人、朋友或同事寻求帮助,如对你的行为进行监督,多给你鼓励。

3. 避开吸烟环境

尽可能多去禁烟场合,如电影院、博物馆、图书馆、百货商店等。未戒断前最好不要与过去的烟民朋友常待在一起。

4. 吃低热饮食

可以多吃新鲜水果,多吃蔬菜或常嚼口香糖,因咖啡和酒类饮料会诱发烟瘾,均应避之。

5. 加强锻炼

选择任何体育活动均可,即使如饭后散步这样强度不大的活动也会帮助你消除紧张感,把思想从吸烟上转移并集中到其他事情上。

第三节 饮酒与健康

依据摄入酒精的程度,饮酒分为适量饮酒与过量饮酒两种,后者又称酗酒。酗酒是诱发疾病的主要因素之一,对人的身心健康、行为甚至生命危害极大,同时会给家庭和社会造成严重的不良影响。

酒的化学名叫乙醇。它在体内可直接被胃肠黏膜吸收而进入血液,饮酒后 1～1.5h 血液中的酒精浓度达到最高峰。酒精绝大部分(90% 左右)在肝脏内氧化分解变成乙酸,最后在各组织细胞内进一步氧化分解为二氧化碳和水,10% 经过尿液、呼吸和汗腺分泌排出。而肝脏处理酒精的速度是有限的,每小时大约能处理 6～7g。

一、酒对人体的危害

(一)损害中枢神经

酒精最主要的作用是抑制大脑的最高级功能。酒精并不是一种中枢神经系统的兴奋剂,它的作用同安眠药、全身麻醉药一样,只不过其麻醉前期很长。酒精首先抑制中枢神经系统的理智部分,故饮酒者表现得粗鲁、直率、易感情用事,说话滔滔不绝,这是饮酒过量的第一期即兴奋期;酒精进一步抑制大脑的功能就会使动作笨拙,举步不稳,语无伦次,哭笑无常,这饮酒过量的第二期即共济失调期;进入体内的酒精如再增加,就会使饮酒者进入昏睡期,大脑皮层进一步被抑制甚至皮层下的中枢也受到抑制,便会出现全身麻痹。长期饮酒,首先可致大脑的损害,引起精神神经改变,智力下降,记忆力减退,判断和理解能力降低,有的还出现手、舌的震颤,甚至有精神症状。

(二)对消化系统的影响

(1)急性胃炎:一次大量饮酒或饮烈性酒可直接引起胃黏膜上皮细胞损伤和破坏,导致黏膜水肿、糜烂和出血。

(2)酒精性肝病:饮酒后乙醇通过小肠吸收入血,90% 需经过肝代谢。如长期饮酒,代谢过程中,通过乙醇本身和它的衍生物乙醛可使肝细胞反复发生脂肪变性、坏死和再生,而导致酒精性肝病,包括酒精性脂肪肝、酒精性肝炎、肝纤维化和肝硬化。

(3)酒精性胰腺炎:乙醇及其代谢产物对胰腺腺泡细胞和胰腺小管上皮细胞的毒性作用,可引起胰管阻塞,胰管内压力增加,从而损伤胰腺细胞,使胰酶成分在胰腺内被激活,引起自体消化而发作胰腺炎。

(三)危害心血管系统

饮酒可引起心血管系统一系列疾病,因为它能麻痹血管中枢,使血管扩张,体表循环旺盛,从而增加心脏负担,甚至引起高血压、充血性心力衰竭、心律失常等疾病。

(1)酒精性心肌病:长期大量饮酒,酒精对心肌细胞的直接毒性作用,可造成心肌细胞膜完整性受损,细胞器功能失常,心肌弹性及收缩力减弱,影响心肌功能。

(2)对脑血管的影响:过量饮酒可增加中风的危险。据统计,长期酗酒可使人中风的危险系数倍增;经常大量饮酒的人,平均寿命和工作年数都大大缩短。

(四)损害肝脏功能

酒对肝脏的损害最为明显。酒内含有乙醇,乙醇进入人体首先经胃肠吸收进入血液,然后在肝脏氧化并解毒,将其转化成无毒的乙酸再排出体外。过多饮酒会加重肝脏的负担,长此下去可诱发肝硬化、肝癌。尤其患有各种肝病者更不宜饮酒。

(五)致癌

酒可使机体防御能力普遍降低,可以致肝癌、结肠癌。因长期大量饮啤酒会导致铅在体内集聚,血中铅的浓度增高。另外,啤酒在酿制过程中可产生亚硝酸盐等物质,使致癌物质在体内增多,患癌症发病率增高。

(六)营养不良

因长期饮酒,胃部充血抑制消化功能,并且酒精能降低小肠对维生素 B_1、B_6 和叶酸的吸收,从而引起营养不良。

(七)危害青少年

有不少同学误认为饮酒与吸烟一样是现代文明的时髦行为,是一种风度,其实错了,青少年饮酒与吸烟的危害比成人更大。对青少年来讲,最大的损害在于酒精会损害脑细胞。长期饮酒可使智力下降,记忆力减退,理解力降低,严重影响学习成绩。青少年正处于生长发育的黄金时期,酒精可致内分泌代谢紊乱,影响器官发育,可导致多种疾病。另外,饮酒还易导致意外事故(车祸等)、冒险行为、暴力犯罪行为、意外性行为增加等。所以,青少年切勿沾染嗜酒的恶习。

(八)对用药的影响

在服用有些药物期间,如果饮酒,会产生严重后果。如服用水合氯醛者再饮酒,可使药物作用加强而危及生命;酒后服用巴比妥类药物可引起昏迷,甚至死亡;酒后服用降压药,则加强了降压作用,会出现严重低血压。由此可见,在服药期间,必须禁止饮用含有乙醇的饮料。

综上所述,长期过量饮酒或一次大量饮酒对身体是非常有害的。尤其是处于生长发育阶段的青少年,对酒精的危害更为敏感。同时他们也容易冲动,易造成酒后闹事。每年高校学生毕业时都有因饮酒出现急性胃炎或打架斗殴事件,还有同学因饮酒后步态不稳,摔倒后引发脑出血。

二、预防及控制

适量饮酒可促进血液循环、增加食欲、帮助睡眠。但长期、过量饮酒则为酗酒,危害严重,应有理智的自控力,从根本上抵制酒的诱惑。

如饮酒对身体造成了危害,需要戒酒。戒酒的方法很多,如药物戒酒,条件反射方法戒酒,喝茶、喝饮料逐步戒酒,但最根本的方法还是靠毅力和决心。戒酒者只要认识到长期酗酒对身心带来的极大危害,就能树立坚定的戒酒意志,就能克服戒酒带来的系列"戒断症状"(如周身无力、饮食乏味、睡眠不佳、精神萎靡、涕泪交流等)。当然,不是所有戒酒者都出现这些症状,有的人较轻,有的人则根本不发生任何症状。为增加戒酒的成功率,还应同时加强身体锻炼,多进行运动等。

第四节　睡眠、网络成瘾与健康

一、睡眠与健康

充足的睡眠,均衡的饮食和适当的运动是健康生活的三个基本前提。而一般的健康理念中,人们往往注重饮食和运动,却忽略睡眠这个重要因素。充足良好的睡眠能够使大学生在白天的学习中保持头脑清醒,精力旺盛。

关于睡眠,目前尚缺乏一个科学的定义。长期以来,人们一直认为睡眠是大脑休息的过程,是一种被动的、平静的和简单的状态。适当的睡眠对保持警觉、巩固记忆、修复心理及生理机能有重要作用,睡眠不足可出现警觉状态及工作状态下降,明显焦虑和情绪异常。

(一)睡眠的重要性

睡眠是一种几乎涉及整个大脑皮层和某些皮层下中枢的保护性抑制,经过睡眠后神经系统的机能可能得到最大限度的恢复。所以,睡眠是机体一种极其重要的、缺一不可的生理活动。

睡眠是工作和学习的根本保障。这是因为,人体在白昼进行效率活动时,全身的细胞能量在消耗。尤其是脑细胞活动,需要大量的氧化能量消耗。在能量消耗的同时,又产生大量的氧化副产品——自由基。氧自由基是细胞的杀手,是必须被清除的。机体只有在熟睡状态下,才能高效率地进行大脑休整,器官的复原,清除自由基。

长期睡眠不足会使人体免疫力下降,抗病和康复的能力低下,容易感冒,并加重其他疾病或诱发原有疾病的发作,如心血管、脑血管、高血压等疾病。

(二)睡眠的功能

通过测定人的脑电波动发现,人在睡眠阶段的脑活动并非处于静止状态,而是表现出一系列主动调节的周期性变化,此时机体的各种生理功能也随着睡眠深度的变化在不同程度上进行着规律的活动。睡眠可分为两种不同的时相,即 NREM 睡眠(非快动眠)睡眠相和 REM 睡眠(快动眠)睡眠相,前者在脑电图上表现为慢波,后者表现为快波。NREM 睡眠和 REM 睡眠是两个互相转换的时相。在脑发展成熟后,梦主要出现在 REM 睡眠期。夜间睡眠多数时间处于 NREM 睡眠,此时人体心率减慢、血压下降、呼吸频率减少、体温略有下降、基础代谢率低,由此可见 NREM 睡眠有助于生长发育和倦意的消退。

1. 促进脑功能的发育和发展

脑功能的发育和发展主要与 REM 睡眠有关。对大学生而言,REM 睡眠占全夜睡眠的比例在 25% 以上,这说明,睡眠对脑功能的发展有着重要作用。根据一些实验结果推测,脑功能发展依赖于活跃的神经功能,而一些脑的某一部位的活动,还可影响到其他部位的发育发展,功能活跃的 REM 睡眠,正是提供了这样一种内部环境和条件。REM 睡眠的数量,是脑发育程度的一项指标。

2. 保存脑的能量

脑的能量保存主要与 NREM 睡眠有关。NREM 睡眠时脑部处于相对安静的一个阶段。该阶段副交感神经活动占优势,脉搏减慢(每分钟下降 10~30 次),收缩压降低(1030mmHg),呼吸变慢,基础代谢下降(10%~15%),脑血流量降低(25%),脑部核酸和蛋白质的含量增加,因此,睡眠也有保存脑的能量并使整个机体功能获得恢复的作用。

3. 巩固记忆

REM 与 NREM 两种睡眠的时相在正常睡眠中互相转换,既保证了机体及大脑得到充分的休息及功能恢复,储备了能量,又使大脑功能得到了保持和发展,以备在觉醒时发挥最好的作用。此外,REM 睡眠可将再现的记忆信息重新处理,形成新的神经联系,并对觉醒期产生影响,提高觉醒期处理记忆信息的有效性。

4. 促进机体生长、延缓衰老

睡眠与生长激素之间的关系被认为是在睡眠与激素分泌关系方面研究得最为详尽的一个课题。生长激素的分泌呈明显节律性,人类生长激素的分泌主要与 NREM 睡眠有关。睡眠中产生生长激素的减少可能对机体的衰老过程起重要作用。

5. 增加机体免疫机制

无论是细胞免疫还是体液免疫均与睡眠有关。目前,发现与睡眠有关的细胞因子包括白细胞介素、肿瘤坏死因子、干扰素等,都具有免疫应答调节功能。它们不仅在免疫反应中意义重大,在生理状态下还能调节睡眠、食欲、大脑的发育、胃肠道功能及内分泌,而且通过对免疫—神经内分泌—体温调节与脑功能活动之间相互协调一致作用,对睡眠的发生和作用产生影响。

大学生要保证充足的睡眠时间,原因在于睡眠时,头部位置较低,全身肌肉完全放松,可改善脑部及全身组织器官的血供状态,促使体力恢复,头脑清醒,能以充沛的精力投入次日的学习、工作等各项有益的活动中去。睡眠时间不足的学生常出现精神萎靡不振、脾气暴躁、食欲降低等症状,且学习效率不佳。

(三)保证健康睡眠的措施

睡眠可分为普通睡眠、科学睡眠和健康睡眠三种。普通睡眠能满足人类基本生理需求;科学睡眠则较好地解决了有效提高人们睡眠质量及睡眠时人体不会受到伤害两个问题;而健康睡眠是睡眠的最高形式,除了满足科学睡眠的条件外,还可以在睡眠中促进多种慢性疾病的康复。因此,健康睡眠的准确定义为:迅速消除人体疲劳、有效提高睡眠质量,睡眠科学、合理、不会诱发疾病,在睡眠中能康复多种慢性疾病。要保证健康睡眠应做到如下几个方面:

1. 有规律的生活节奏

有规律的作息制度有助于大脑皮层在生活当中建立起来各种条件反射。即上床入睡快,起床后头脑清醒,减少睡眠到觉醒的过程,从而使各种脑力和体力活动进行得更容易,更熟练,更能适应环境。

2. 良好的睡眠环境

睡前,卧室要开窗,通风换气,尤其是冬天。夏天要尽量打开卧室的窗户睡眠。睡眠时,四周环境要安静,尽可能消除噪声,光线宜暗,最好熄灯睡眠;枕头高度要适当,以10cm左右为宜,因为过高会压迫局部血管、神经,影响正常呼吸;过低会使头部血液回流少,处于充血状态,不利于睡眠。卧具要保持清洁、干燥、蓬松、舒适,以利于保温。

3. 正确的睡眠姿势

睡姿以向右侧卧、四肢微屈为好。这样,可以使全身肌肉松弛,不压迫心脏,胃能正常活动,不影响消化,使肝脏的血流量增多,有利于新陈代谢的进行。同时,睡觉时不要蒙头,因为人需要氧气,蒙头会使被褥内的二氧化碳含量增加,氧气含量相应减少,使大脑及身体各组织器官的供氧不足,醒后常感到头昏脑胀、精力不佳。因此,睡眠时一定要把口鼻露在被褥外。

4. 必要的午睡

在炎热的夏季,夜短昼长,夜里睡眠时间少,所以每天应另有一定的睡眠时间来补充,而人体主要借汗液蒸发散热,血液多聚集在皮肤,从而导致体内各器官供血量相对减少,大脑供血也受到一定的影响,使人精神不佳。所以,午睡能让人精力充沛,有利于投入到下午和晚上的学习。

（四）改善睡眠的保健方法

1. 养成良好的生活习惯和卫生习惯

定时就寝,理想时间段为晚上 10 时至 12 时。设法营造一个舒适的睡眠空间,睡前泡个澡,睡前 3 小时不要进餐,避免过度刺激,如晚上不要看惊险、凶杀的影片,还要注意不要把工作的烦恼带回家。

2. 戒掉不良嗜好

戒烟、限酒、严格控制咖啡因的摄入,睡前不喝咖啡或茶水而饮一些牛奶。

3. 适量运动法

以轻松的散步、舒适的瑜伽促进新陈代谢、调节情绪。

4. 注意饮食

用食疗方法改善睡眠。身体酸性失眠,可食莲子、菠菜、胡萝卜、海参等；睡眠易惊醒者,可多食梨、葡萄、木耳等；情绪急躁、难以安眠者,可食芹菜、番茄等；难以熟睡者,可食冬瓜、海苔等。

对于长期依赖药物入睡的人来说,应及时求助于医生,改变这一习惯。另外,有的减肥药由于作用于神经,所以也严重影响了睡眠的质量,建议不要服用。

二、网络成瘾与健康

互联网是人类 20 世纪最重要的一项发明,正极大地改变着人类的生产、生活和学习方式。随着网络时代的来临,中国网民数量迅猛增长。

（一）网络成瘾

网络虽不是毒品,但却能麻醉身心。网络使人暂时忘却现实的烦恼和痛苦,获得短暂的安宁与超脱。一旦离开网络,抑郁、焦虑、孤独就将轮番袭来。网络成瘾(Internet Addiction/Online Addiction)是指个体由于对互联网的过度依赖而显现的心理异常症状以及伴随的生理受损的现象,是在无成瘾物质作用下的上网冲动失控,这种强迫行为类似于病态赌博。

网络成瘾是从过度使用网络开始的,起初上网可以满足个体的适应功能,可以改变个体的情绪和心理状态,逐步改变个人的意识、知觉和思维,产生特殊的精神体验。个体为了追求精神上的快感与刺激,或者为了逃避现实而沉溺于网络,最后形成强烈的依赖心理和行为。期间会由信息刺激、环境改变或个体认知、行为的变化,使"依赖"过程逐渐强化或弱化,从而导致最后的"成瘾"或"非成瘾"的结果。

网上活动数不胜数,不同网络成瘾者参与不同的网络活动,其满足的需要也是不一样的。因此,把所有的网络成瘾者看成一个特征一致的群体是不恰当的。根据不同的网上活

动及其满足的需要,网络成瘾可以分为五大类:

1. 网络交际成瘾

网络交际成瘾是指沉迷于通过网上聊天、交友等,过度卷入网络人际关系中,以虚拟空间的网络聊天室或以网络社区的人际关系取代了现实生活中的亲朋好友,当然也包括网络恋情。上网者每天花费大量的时间,利用各种聊天软件进行人际交流,网上交友、恋爱对心理的影响超过现实生活中的朋友和家人,甚至诱发网络黑交易、发表反动或愚昧言论、网络欺诈等危害行为和犯罪行为。

2. 网络色情成瘾

网络色情成瘾是指对成人聊天室和网上色情作品上瘾,表现为沉迷于浏览黄色网站,下载色情音乐、图片、影像,在线进行色情交易,以满足那些日常生活中无法满足的性需要或变态的意念等不能自拔。

3. 网络娱乐成瘾

网络娱乐成瘾包括网络游戏成瘾、网络歌曲成瘾、网络电影成瘾,也包括离线的单机游戏等,其中最为典型的是过分迷恋计算机游戏,不可抑制地长时间玩游戏,这在大、中、小学生中是较为普遍的现象。在网络游戏这样一个虚拟的空间里,似乎一切随心所欲,可以抛开现实生活中的种种束缚。网络游戏中一般都以虚拟的网上奖励作为强化手段,如色情照片或让他们获得赌资等。玩游戏成瘾的大学生在现实生活中大都不太如意,虚拟的网络游戏则为其提供了一个堂而皇之的宣泄渠道,使其暂时忘却生活中的"角色规则"。

4. 信息超载

信息超载是指强迫性的网上冲浪或资料搜索,花大量的时间浏览、搜集网上数据和信息。这种行为有明显的强迫性,是因惧怕所拥有的信息不足而不停地上网漫游或搜寻信息,强迫性地从网上搜集无用的、无关紧要的或者不迫切需要的信息。网络信息种类繁多、数量巨大、质量良莠不齐,让许多人感觉到面对浩瀚如海的信息时常常手足无措,只能被动地接收。对于强迫信息收集成瘾者来说,互联网带给他们的不再是快捷方便,而是心理上的困惑、痛苦。

5. 其他网络强迫行为

网络强迫行为是指一种难以抵抗的冲动,着迷于在线赌博、购物、交易等活动,还包括不能自拔地沉溺于计算机程序的编写和网页的制作。

目前,大学生中多数网络成瘾者属于前三类。

(二)网络成瘾的危害

网络成瘾与染上吸毒、酗酒或赌博等恶习很相似,后果都是消极的,而且它的危害程度并不亚于酗酒或吸毒。网络成瘾的危害表现在身体、心理和社会适应等方面。常见的网络成瘾对心理的负面影响有以下几点:

1. 社会功能减退

网络成瘾者一有时间就去上网,参加社会性活动大大减少,真实的人与人交流时间过短,逐渐缺乏对社会的了解和认同,导致社会经验缺乏,适应能力减退。

2. 人格特质改变

网络成瘾者关注并满足于虚幻的网络世界,对现实环境的感受能力逐渐减弱,视力、推理能力和支配能力也降低,情绪低落,精神不振,无愉快感或兴趣丧失,形成寡言少语、多疑、恐惧、过度防范、焦虑不安和缺乏责任感等心理现象,甚至形成冷漠无情、自私内向、破坏性和攻击性倾向的人格。

3. "自我"迷失

网络成瘾者的"自我"系统中有两个"自我",即真实自我和虚拟自我,这两者有时相互冲突,上网时精神兴奋,离开网络就精力不足、思维迟缓、自我评价降低。网上网下两种截然不同的状态有可能导致多重人格问题的出现。

4. 道德规范的迷失

网络中的个体活动几乎不受制约与监督,这为不正当、不道德行为的滋生提供了空间,从而造成网络世界虚假信息的泛滥及不道德现象的发生,如粗言恶语、人身攻击、多角恋、虚拟性爱、色情影视、恶意攻击网络运行(即黑客行为)等。

5. 伴随或诱发心理障碍

长期迷恋网络会产生网络性心理障碍,一旦停止上网便会产生上网的强烈渴求,难以控制上网的需要。这种冲动使其学习注意力不集中不持久,记忆力减退、情绪低落、没有愉快感、学习和生活兴趣减少;精力不足、精神运动性迟缓和激动、自我评价降低、思想迟缓、社交面狭窄、人际关系冷漠。他们整天沉浸在虚拟世界里,面对现实人际交往的复杂性则产生厌恶、逃避、恐惧等心理。久而久之,就会变得更加孤僻,缺乏与人沟通的能力,造成社会适应的严重不良。

由于青年学生闭锁的心理特点,试图在网上寻求精神寄托。特别是学业不佳的学生,自信心丧失,但是精彩的网络世界却使他们享受了现实中没有的激情和满足,网络成为他们能舒缓紧张,忘却烦恼,逃避现实的避风港。这种行为只能使其更加不敢面对现实生活,心理更加闭锁,情绪更加悲观、消极。

(三)网络成瘾的原因

1. 人际交往的需要

青少年正处于社会化的关键时期,他们有与人交往的强烈愿望。但是一部分学生由于性格内向、自卑或缺乏交流技巧,使得他们在现实中很难与人正常交流。在网络世界里,有广阔的人际交往空间,在线游戏具有强大的互动性,是迄今最大的游戏场和人际交往空间,而互联网开放而隐蔽的聊天室,方便快捷的QQ、微信也为学生的交往开辟了一块新天地。

他们把聊天室当成了交友室,把网友当作安全的交往对象,在这里他们可以尽情宣泄自己的情绪和情感,从而得到了满足和平衡。

2. 自我实现的需要

随着年龄的增长,青年学生自我意识增强,他们渴望成功。在网络游戏中他们体验到了胜利的喜悦和成功的快乐。为摆脱因学习成绩不如意,人际关系缺乏的困扰,网络是他们的最大选择,在网游中得到满足,找到归属感。

3. 新体验的需要

青年人追求时尚,认为现实网络游戏是当代青年的必修课,为了不断寻求新鲜体验和刺激,而尝试新事物。网络是一个虚拟的世界,在这里没有现实道德和规范的约束,加之现实生活的单调乏味,这都是他们迷恋网络的因素之一。

(四)网络成瘾治疗

网络成瘾是一种阶段性的行为,其治疗大致要经历3个阶段:
第一阶段,网络新手被互联网迷住,或者有经验的网络用户被新的应用信息资源迷住;
第二阶段,用户开始避开导致自己上瘾的网络活动;
第三阶段,用户的网络活动和其他活动达成了平衡。

所有网络使用者最后都会达到第三阶段,但不同的个体需要花费的时间不同。网络成瘾者是在第一阶段被困住,需要及时的帮助、正确的引导或者合理的治疗才能很快地跨越这一难关。这要在心理老师的辅导、家人和社会的关爱下,靠自身的毅力逐步克服。

一旦成为"网络成瘾"患者,很难通过自身努力摆脱其困扰,简单的限制、惩罚、劝说和教育效果甚微,而且网络成瘾者形成的原因各不相同,所以干预措施不能千篇一律。要针对不同个体,从生物、心理、社会三方面着手,采取不同层面的系统干预措施,治疗处理网络成瘾及其合并症。

1. 个体心理调适

与其他类型的成瘾一样,网络成瘾者需要个体心理调适,这是进行心理干预的第一步,而且要贯穿于网络成瘾治疗的整个过程。青少年预先有了一定的防范意识,陷入"网潭"不能自拔的现象就会少得多。对于网络成瘾的治疗,首先就是要认识到问题的根源。评估网络成瘾综合征的潜在诱因,学会用"自我管理"的方法来增强自控能力,增强行为自律能力,在生活、学习实践中不断矫正自己的行为偏差,为其他治疗措施的实施打下良好的心理基础。

(1)自我反省,寻找自己网络成瘾的原因。认真审核自己,找出是哪些原因使得自己想逃避日常生活之后,针对问题提出建议并制订行动的方案而不是逃避问题。如果学生在生活中经历了重大事件,如失去亲人、父母离异、考试失败等,就会倾向于将网络作为从现实问题中解脱的一种手段。然而,通过上网逃避问题或忽视问题并不能解决问题,相反往往会使问题恶化。

（2）客观认识到自身状况，产生纠正和调适的主动需求。想象自己上网成瘾后的种种极端后果，如成绩下降、被大家看不起、被别人羞辱、对不起亲人等，想象自己长时间上网萎靡不振的颓废样子，再与以前精神状况很好时对比，对自己过度上网的行为产生厌恶，增强自我效能感。还可以将上网的好处和坏处分别列在一张对称的纸上，每天做思想斗争10～20次，每次3～5min，尤其是在网瘾发作时；也可以将上网的好处和坏处的提示卡分别贴在显眼的地方，如电脑上、卧室里、门上，每天多时段默念或大声对自己说出上网的坏处，战胜自己不合理的上网概念，增强自己的"戒网"动机。

（3）自我暗示，抑制上网的欲望。要认识到如何管理自己的时间及当前使用网络的习惯，如每周的哪几天经常上网？什么时间段开始上网？通常在什么地方使用电脑？使用哪些特定的网络功能类型？在出现上网的念头时反复进行自我暗示，如"不行，现在应该学习，等周末再说""我一定能行""我一定能戒除"，自我暗示既可通过自言自语，也可将提示语写在日记本上，或制成提示卡贴在墙壁上、床头上，以便经常看到、想到，鞭策自己专心去做。每当自己抵制住了诱惑，认真学习，度过了充实的一天后，就进行自我鼓励，如"今天我又赢得了一次胜利，继续坚持，加油"。这样不断强化，就会形成良性刺激，增强自我的意识，使上网的欲望得到抑制。

（4）不把上网作为逃避现实生活或者发泄消极情绪的手段。每次上网之前自己先定目标，限定时间，不要在网上闲逛，到时间就毫不犹豫地下网。改变原来坚定而又顽固的信念，如"游戏真棒""再没有比上网更刺激的事了""何以解忧，唯有上网"等；端正上网的动机，改变对网络的态度，不从感情上厌恶和排斥它，采取"导"而非"堵"的中肯态度，充分认识到成瘾后的严重影响（网瘾发作时使用提示卡）。

2. 系统治疗

网络传播的虚拟性、符号性、交互性使参与主体更容易处于心理非正常状态。因而为保持大学生群体中网络用户的心理平衡，促使网络传播和社会的正常发展，系统正规的药物治疗、心理咨询和治疗就变得尤为重要。药物治疗的作用只是调节神经内分泌系统，要防止网络成瘾严重化及其合并症，需要建立长期的治疗系统，配合及时、有效的心理治疗。

个体需要坚定摆脱网络成瘾的信心，坚持配合治疗，在医生、老师、家长的关心和帮助下，找出网络成瘾的现实原因，提高自信心，制订行动计划，构建合理高效的认知模式，培养良好的生活规律，扩展积极向上的兴趣爱好，使得生活方式逐渐走上正常健康的轨道，从而摆脱网络成瘾的困扰。

3. 家庭辅助治疗

许多家长往往在看到孩子沉溺于网络后，严厉地打骂孩子，不给零用钱，禁止去网吧等，但这样的强制性行为并不能达到预期的效果。很多孩子迫于父母的压力，偷偷地去上网，甚至养成了欺骗父母、偷钱、逃课等坏习惯。

家庭干预和治疗必须集中在以下领域：

第一，教育家庭（成员）认识到网络成瘾严重性的事实。

第二，变堵为疏，减少对成瘾行为的责怪。

第三，对家庭中的不健康问题进行公开交流，以避免通过网络寻找情感需求的心理满足的发生。

第四,通过新的嗜好、度长假、倾听患者的感受等方式鼓励家庭帮助成瘾者恢复正常。

第五节 吸毒与健康

吸毒是全世界第一大公害,它对个人、家庭和社会带来的危害极大,已引起国际社会的高度重视。

我国目前流行最广、危害最严重的毒品是海洛因,海洛因属于阿片类药物。在正常人脑内和体内的一些器官,存在着内源性阿片肽和阿片受体。在正常情况下,内源性阿片肽作用于阿片受体,调节着人的情绪和行为。人在吸食海洛因后,抑制了内源性阿片肽的生成,逐渐形成在海洛因作用下的平衡状态,一旦停用就会出现不安、焦虑、忽冷忽热、起鸡皮疙瘩、流泪、流涕、出汗、恶心、呕吐、腹痛、腹泻等。这种戒断反应的痛苦,反过来又促使吸毒者为避免这种痛苦而千方百计地维持吸毒状态。

一、毒品

毒品一般是指使人形成瘾癖的药物,这里的药物一词是个广义的概念,主要指吸毒者滥用的鸦片、海洛因、冰毒等,还包括具有依赖性的天然植物、烟、酒和溶剂等,与医疗用药物是不同的概念。

制毒物品是指用于制造麻醉药品和精神药品的物品。有些毒品是可以天然获得的,如鸦片就是通过切割未成熟的罂粟果而直接提取的一种天然制品,但绝大部分毒品只能通过化学合成的方法取得。这些加工毒品必不可少的医药或化工生产用的原料就是我们所说的制毒物品,因此,制毒物品既是医药或化工原料,又是制造毒品的配剂。

二、毒品对人体的危害性

(一)毒品对人体的一般性危害

1. 毒性作用

毒性作用是指用药剂量过大或用药时间过长对身体产生的一种有害作用,通常伴有机体的功能失调和组织病理变化。不同的毒品摄入机体内,都有各自的毒副反应并产生戒断症状,对健康形成直接而严重的损害,甚至因吸毒过量而死亡。此外,由于毒品对消化系统、呼吸系统、心血管系统、免疫系统的影响,滥用毒品可导致多种并发症的发生,如急慢性肝炎、肺炎、败血症、心内膜炎、肾衰竭、心律失常、血栓性静脉炎、动脉炎、支气管炎、肺气肿、各种皮肤病、慢性器质性脑损害、中毒性精神病、性病及艾滋病。中毒的主要特征有:嗜睡、感觉迟钝、运动失调、幻觉、妄想、定向障碍等。

2. 戒断反应

这是长期吸毒造成的一种严重和具有潜在致命危险的身心损害,通常在突然终止用药或减少用药剂量后发生。许多吸毒者在没有经济来源购毒、吸毒的情况下,或死于严重的身体戒断反应引起的各种并发症,或由于痛苦难忍而自杀身亡。戒断反应也是吸毒者戒断难的重要原因。

3. 精神障碍与变态

毒品不仅对躯体造成巨大的损害,而且由于毒品的生理依赖性与心理依赖性,使得吸毒者成为毒品的奴隶,他们生活的唯一目标就是设法获得毒品,为此失去工作、生活的兴趣与能力。长期吸毒者精神萎靡,形销骨立。吸毒所致最突出的精神障碍是幻觉和思维障碍。他们的行为围绕毒品转,甚至为吸毒而丧失人性。

4. 感染性疾病

静脉注射毒品给滥用者带来感染性合并症,最常见的有化脓性感染、乙型和丙型肝炎及令人担忧的艾滋病。此外,还损害神经系统、免疫系统、易感染各种疾病。

5. 身体依赖性

反复用药会造成一种强烈的依赖性。生理依赖性亦称身体依赖性或躯体依赖性,这是指中枢神经系统对长期使用依赖性药物所产生的一种身体适应状态,形成在药物作用下的新的平衡状态。例如吸毒者成瘾后,吸毒者必须在足量的毒品维持下,才能保持生理的正常状态。一旦断药,生理功能就会发生紊乱,出现一系列严重生理反应,医学上称之为戒断症状,使人感到非常痛苦。用药者为了避免戒断反应,就必须定时用药,并且不断加大剂量,使吸毒者终日离不开毒品。吸毒者戒断症状的出现即是其生理依赖性的外在反应。

6. 心理依赖性

心理依赖性亦称精神依赖性。使用毒品后,使人产生愉快满足的欣快感觉,这种心理上的欣快感觉,导致吸毒者形成对所吸食毒品的强烈渴求和连续不断吸食毒品的强烈欲望,继而引发强迫用药行为,以获得不断满足。

心理依赖性使吸毒者产生一种渴求用药的强烈欲望,驱使吸毒者不顾一切地寻求和使用毒品。一旦出现精神依赖后,即使经过脱毒治疗,在急性期戒断反应基本控制后,要完全恢复原有生理机能往往还需要数月甚至数年的时间;更严重的是,对毒品的心理依赖性难以消除。吸毒者成瘾后的"终生想毒"和戒毒后又复吸,就是其心理依赖性的内在反应。

(二)毒品对呼吸系统的危害

吸毒可通过三种主要途径对呼吸系统造成严重破坏:经呼吸道滥用毒品对呼吸道有直接刺激;通过不同途径进入体内的毒品对呼吸道的特异性毒性作用;由吸毒引起的营养不良和感染也可能波及呼吸系统。

1. 对呼吸系统发生直接影响

把毒品夹在香烟中以吸烟方式吸毒或把毒品放在锡纸上以烫吸法(俗称追龙)吸毒者会吸食大量香烟,吸毒量越大则吸烟量也越大,海洛因成瘾后每日可吸 2~3 包香烟。吸烟对呼吸系统的影响非常严重。香烟烟雾中的化学物质可对气管和肺脏产生局部刺激和损伤。正常情况下,人体呼吸系统自身的保护机制能够保护呼吸道免受外来有害因素的影响。气管壁细胞表面有纤毛,它能分泌黏液,把人体从空气中吸入的灰尘和细菌包裹起来,并通过纤毛的运动将包裹起来的细菌送至咽喉部位;气管里还生存着清除人体垃圾的白细胞,它们的共同作用使肺脏保持健康。吸烟对纤毛和白细胞的功能均有抑制作用,其后果是使吸毒者出现咳嗽、支气管炎和其他严重感染。此外,吸烟还引起细支气管的过度收缩而增加哮喘和肺气肿的发病率。

2. 造成特异性呼吸系统损害

有些毒品如海洛因过量或中毒时可发生海洛因性肺水肿。此病起病较急,一般于海洛因过量后立即出现,如抢救不及时往往引起死亡。患者常表现为昏迷、呼吸抑制、瞳孔缩小、口唇紫绀,肺部听诊可闻及水泡音、哮鸣音,有些患者有房颤表现。

可卡因可引起剧烈胸痛和呼吸困难,其原因可能是降低了肺脏的二氧化碳扩散能力。胸痛也是可卡因滥用者求治的原因之一。此外,可卡因吸入还可引起肺炎、肺水肿、咳嗽、咳痰、发热、咯血、哮喘、肺间隔积气、气胸、气心包和肺泡出血,还可以通过抑制脑干延髓引起病人突然呼吸抑制而死亡。

3. 呼吸道感染和呼吸衰竭

由于吸毒者普遍体质较弱,易并发呼吸道感染,严重者可引起呼吸衰竭。口吸者大多合并有支气管炎、咽炎,表现为咳嗽、咳痰、呼吸困难。肺部感染也可继发于败血症和心内膜炎。肺结核在海洛因吸毒人群中有较高的发生率。

(三)毒品对消化系统的危害

绝大多数毒品均有抑制食欲的作用,部分吸毒成瘾者就是误认为毒品可以用来减肥而开始吸毒的。毒品的抑制食欲作用不仅可引起身体消瘦,还可引起某些人体必需的维生素和矿物质缺乏,从而引起一系列营养不良综合征。B 族维生素缺乏会损伤中枢神经系统,引起记忆力、注意力、学习能力显著下降,甚至引起意识障碍。B 族维生素缺乏还会引起末梢神经炎和各种皮炎。铁元素缺乏可引起缺铁性贫血,故而吸毒者中缺铁性贫血非常常见。

吸毒常引起胃肠蠕动减慢进而引起便秘。这种便秘非常顽固,成为长期令吸毒者苦恼的痼疾。鸦片类毒品成瘾者在突然停用毒品后会出现胃肠道蠕动异常加快,表现为严重腹痛和腹泻。腹泻严重者可出现脱水现象。可卡因对全身血管均有强烈的收缩作用,对肠道血管的持续高度收缩可引起肠缺血和坏死,治疗需行手术切除。

(四)毒品对心血管系统的危害

很多毒品可以对心血管系统产生直接毒性。静脉注射毒品引起的感染也可对循环系统发生不良影响,吸毒常引起各种心律失常和缺血性改变。其表现与不同毒品的药理作用有关。

海洛因成瘾者在吸毒后24h内,55%有异常心电图表现,常见有传导阻滞、去极化及复极化异常、心动过缓、心律不齐、电轴偏移、低电压、高电压、严重者可引起心跳停止。

可卡因引起心律失常更为常见。如注射可卡因短期内即出现心动过速,还可出现心动过缓、室性期前收缩、室性心动过速和室颤及心肌收缩不全。临床资料提示,有些可卡因中毒病人左心室明显扩大,左心室肥厚与心律失常,高血压、猝死和脑血管意外有关。可卡因还可引起血管痉挛,冠状动脉痉挛可引起心肌梗死。此外,可卡因还可引起冠状动脉粥样硬化,可能是由于可卡因促使血小板聚集引起小血管内血栓形成进而引起栓死。

(五)毒品对神经系统的危害

吸食伴有掺杂物的海洛因后,会引起一系列的神经系统病变,如惊厥、震颤麻痹、周围神经炎、弱视、远离注射部位的肌功能障碍。长期吸毒可引起智力减退和个性改变。

另外,静脉注射伴有掺杂物的毒品,也可直接引起脑栓塞。

可卡因是一种致惊厥剂,单剂量即可诱发癫痫发作,重复使用可引起癫痫慢性化。可卡因的致癫痫作用被称为"促燃作用",停用可卡因后这种促燃作用仍可存在,这可能是诱发复吸的潜在原因之一。

此外,可卡因滥用还可引起颅内出血、抽搐、持续性或机械性重复动作、共济失调和步态异常。以上异常会在停用可卡因后逐渐消失。

(六)孕妇吸毒对胎儿的危害

孕妇吸毒可通过胎盘血输给胎儿,即出现"胎儿吸毒"。孕妇定时吸毒,胎儿也得到定时供给,在胎儿出生前,不会出现任何症状,但当出生后,随着脐血管的结扎,中断了毒品的供给,一段时间后即出现戒断症状。近有研究报道,孕妇吸毒时,可在其羊水、脐带血浆及乳汁中检出毒品的代谢产物;在吸海洛因的产妇产生的新生儿尿中也检出吗啡或奎宁,从而佐证了新生儿戒断综合征的发病机制。

新生儿出生后1~2d逐渐出现戒断症状,使用美沙酮者需3~4d才出现。新生儿戒断症状表现为激动不安、呼吸快、高声哭叫、睡眠障碍、拼命把小手往嘴里塞、鼻塞、打哈欠、打喷嚏、发热、四肢出现粗大震颤或扑翼样震颤、呕吐、腹泻等。这类患儿多半体重不足,甚至可导致婴儿的严重残疾。

三、毒品对家庭及社会的危害

人一旦吸毒成瘾,就会人格丧失,道德沦落,为购买毒品耗尽正当收入后,就会变卖家产,四处举债,倾家荡产,六亲不认。

(一)对家庭的危害

吸毒导致大量的家庭悲剧,一旦家庭中出现吸毒者,就意味着贫困和矛盾围绕着这个家庭,最后的结局往往是倾家荡产,妻离子散,家破人亡。首先,吸毒耗费大量钱财,到了一定程度必然要靠变卖家中财产换取毒品,致使家徒四壁。一些丧尽天良者甚至卖儿卖女,逼妻卖淫。其次,吸毒会导致婚姻死亡,家庭破裂。因为一个人一旦染上毒瘾,就会失去义务或责任观念,做丈夫的不能尽丈夫的责任,做妻子的不能尽妻子的义务,最终必然导致家破人亡。再者,吸毒危及下一代。怀孕妇女吸毒将严重影响胎儿的正常发育,有的致使新生儿先天畸形或染上毒瘾。

(二)诱发不良事件和犯罪

大量事实证明,吸毒已成为诱发犯罪、危害社会治安的根源之一。毒品严重危害国家的社会治安和稳定,严重危害国家的社会发展与进步,危害国家的前途与命运。

1. 扰乱社会治安

吸毒与犯罪是一对孪生兄弟,吸毒者在耗尽个人和家庭钱财后,为了维持吸毒,往往会铤而走险,走上违法犯罪的道路,比如从事以贩养吸、贪污、诈骗、盗窃、抢劫、凶杀等犯罪活动。所以毒品活动会诱发各种违法犯罪活动,扰乱社会治安,给社会安定带来巨大威胁。

2. 诱发财产型违法犯罪

财产型违法犯罪是指以强烈的物质占有欲为动机,以获取非法经济利益为目的,用非法手段破坏社会主义经济秩序,将公私财物据为己有的违法犯罪行为,如走私、抢劫、盗窃、贪污、诈骗等。吸毒者常和刑事案件联系在一起,其主要原因便是为了支付昂贵的毒品费用。

3. 引诱、教唆他人吸毒

所有的吸毒者都希望发展新的吸毒者,因为这样,就可以把自己高价买来的毒品用更高的价格卖给新的吸毒者,用赚来的黑钱买更多的毒品。这种做法,在吸毒者队伍中普遍称为"以贩养吸",由此,不仅导致了更多的人陷入毒窟,还导致引诱、教唆、欺骗他人吸毒及强迫、容留他人吸毒的犯罪现象的蔓延。

(三)危害社会发展与进步

毒品的非法生产、贩卖和吸食导致了一系列的社会问题。犯罪率上升,性病和艾滋病蔓延,吸毒者丧失工作能力,各种医疗费用,缉毒、戒毒力量的投入,药物滥用防治工作的开展,这些都给社会经济带来严重的损失。如今,吸毒成为社会痼疾,在全世界有蔓延趋势,严重地威胁着众多国家和地区的社会稳定和经济发展,给人类社会的发展和民族的进步带来了巨大的潜在性的危害,这种现象已经引起了世界各国的重视。

1. 破坏社会生产力

吸毒首先导致身体疾病,影响生产,其次是造成社会财富的巨大损失和浪费,影响经济发展,导致贫困。同时毒品活动还造成环境恶化,缩小了人类的生存空间。一些毒品问题严重的地方,很多人不思生产,体能下降,骨瘦如柴,丧失劳动能力,农田荒芜,疾病横行,对社会生产力造成巨大破坏,严重影响了经济发展。

2. 危害青少年

当今世界滥用毒品的人中,有近2/3是青年。青少年一代肩负着国家强盛、民族兴旺、社会进步的重任,是一个国家的未来和民族的希望。但是,毒品大量泛滥,使许多青少年在毒品的烟雾中沉沦、堕落,直接危害着青少年的健康成长。这是关系到民族兴衰成败、国家前途和命运的大问题。

3. 诱发刑事犯罪

一个吸毒者在拖垮了自己的家庭之后,若仍不能自拔,那他就要开始对社会犯罪了。吸毒者最常见的犯罪形式有贪污、盗窃、纵火、抢劫、杀人,败坏社会风气,破坏经济发展,导致贫困,危及国家安全。

四、青少年吸毒的主要原因

新型毒品的出现使青年学生吸毒人群的数量大大增加。根据调查统计,青少年学生吸食毒品的原因有以下几种:

1. 好奇心驱使

在对吸毒青年的调查中,占第一位的原因就是"体会感觉""尝新鲜"。这种青少年特有的好奇心,"试一试"的念头往往是走上吸毒不归路的开端。

2. 寻求刺激,追求享受

一些青少年认为吸毒是时髦、气派、富有的标志,盲目追求时髦、气派。

3. 逆反心理

有的青年看到周围有人吸毒难戒,想为其作戒毒榜样,过分自信,导致吸毒后戒不掉。

4. 被欺骗,引诱而吸毒

一些毒贩为扩大贩毒网,经常利用青少年的无知引诱其吸毒。不少青少年吸毒者是在毫不知情的情况下被人欺骗吸毒的。

5. 受环境的影响

有的青少年吸毒者的父母、亲戚、朋友中有吸毒者,自己也逐渐染上毒品。

6. 负面生活因素的影响

一些感情脆弱、意志薄弱的青少年因在生活中遭遇了失恋、父母离异、学业受挫、失业待业等原因引起的苦闷,情绪低落,以致染上毒品。

防止青少年吸毒,一定要做好以下几个方面:(1)抓好禁毒宣传教育,广泛地开展针对性的禁毒宣传教育活动,增强全民禁毒意识;(2)利用多种形式,在高校、中小学尤其加强预防毒品危害的健康教育;(3)加强对大学生心理卫生的教育与咨询,使他们在面对挫折和压力时有正确的途径得到缓解,减少吸毒的诱因。此外,还帮助青年学生树立拒绝毒品的正确态度和信念。

毒品犹如一个深崖,一旦跌进去就不可能再回到过去,因此,要想拥有美好的人生,就必须远离毒品,千万不要抱着好奇的心理去尝试任何毒品,要为自己的身体健康着想,也要为辛苦养育自己的父母着想,不要做出既伤害别人,又伤害自己的事。以往有许许多多这样的例子,他们自食其果时的那种伤心、后悔,应作为一座警钟,在每个人的心里敲响,不要再犯与他们同样的错。面对毒品,我们必须杜绝。

第六章　体育运动与健康

> **教学目标**
>
> （1）了解体育运动与健康的关系。
> （2）掌握体育运动的基本原则。
> （3）学会制订合理的运动处方。

当今，随着经济与科技的快速发展，电气化、机械化、自动化逐渐代替了人体的大部分动作，使人体的运动逐渐减少。而随着人们生活水平的提高，人体内吸收的高脂、高糖、高蛋白又因运动的逐渐减少而积聚增多，从而使人体的正常新陈代谢功能下降，肥胖症、糖尿病、高血压、脑中风、心脏病等的发病率逐渐提高。

体育运动是提高人体免疫功能、抵抗疾病入侵、延长寿命的积极手段。研究资料表明，经常运动的人无论细胞免疫功能还是体液免疫功能都优于一般人。

第一节　体育运动与健康的关系

一、体育运动对个体生理健康的影响

生理健康就是指躯体健康，通过体育运动可以增强体质，改善生理健康。下面侧重从体育运动对运动系统、呼吸系统、心血管系统、消化系统和神经系统功能的影响，来谈谈体育运动是怎样增强体质的。

（一）体育运动对运动系统的影响

运动系统包括骨骼、肌肉和关节等。研究表明，在长期运动训练或锻炼影响下，人体运动系统可产生一系列积极性适应。

经常参加体育运动，可促进骨骼的生长发育。例如，经过系统锻炼，能使骨的长度增加，比同龄平均高 1～7cm，还能促使骨的直径增大，骨密质增厚，从而使骨组织具有更大的机械稳定性，使之适应于肌肉的拉力与压力作用，承受更大的负荷。体育运动还可使骨组织中

的有机物相对增加,从而使骨弹性提高而脆性相对减小。如果停止运动一段时间,骨的质量和体积都将下降。

经常进行体育运动,可使肌肉发生明显变化。一是肌肉在量上的发展,即肌纤维增粗。二是肌肉质的改变,表现为:产生收缩的收缩蛋白和储存氧气的肌红蛋白增加;作为能量物质的肌糖原增加;有氧氧化的场所——线粒体数量增多,体积增大;具有支持加固作用的结缔组织增厚;物质交换的场所——毛细血管网增生等。这就使运动员的肌肉比一般人有更多的物质储备,保证运动的需要。经过锻炼,还可使肌肉纤维和肌腱的联结,以及肌腱和骨骼的联结也变得较一般人结实。同时,系统的体育运动,还可提高神经系统对肌肉的调节功能。例如,动员更多的肌纤维参与运动,提高神经活动过程的强度及协调性等。因此,在完成任何复杂或高难度的动作中,经过系统训练者能做到有条不紊、能耗减少但又能发挥出最大的运动效能。这就是我们通常所说的节省化的表现,也是经常参加体育运动的人在力量、速度、耐力及灵敏度等诸方面都超过常人的原因之一。

另外,经常锻炼可增加关节囊及韧带的机械强度,提高最大抗张力,从而承受更大的拉力。还能加大关节的运动幅度,增加关节的灵活性。

因此,经常科学地锻炼身体不仅可使骨细胞增加,还可增加血液供应,使骨组织得到更多的营养,并对骨和关节有良好的刺激作用,使钙化加速,骨质坚实;能促进骨骼的生长,使骨骼能承受更大压力;运动还可使肌肉的重量增加10%～15%,同时使肌纤维增粗,肌肉收缩力增强,肌纤维贮存能量物质增加,肌腱和韧带体积增大,机能增强,从而提高肌肉的牵张力。但应注意在运动时一定要适度、安全,防止肌肉和韧带的拉伤和骨折。

(二)体育运动对心血管系统的影响

心血管系统由心脏、动脉、静脉和毛细血管组成。血液由心脏射出,在神经系统调节下,心脏有节律地收缩,推动血液不断地经动脉、毛细血管和静脉返回心脏,周而复始循环不止。

经常从事体育运动,对心血管的形态结构和功能都会产生不同程度的良好影响。体育运动时,由于肌肉的紧张活动,加速了全身的血液循环,从而提高了人体的有氧工作能力,使心脏的工作量增加,心肌的血液供应和新陈代谢加强。为适应运动的需要,心脏可增大,即通常所说的功能性增大或称为"运动员心脏"。这是由于心肌纤维增粗,心壁增厚,使心脏具有更大的收缩力。

通过良好的体育运动,不仅可使心脏收缩力量增大,而且还能增加心脏的容量。心脏在收缩前,由于心脏容量增加,充血量多,心肌纤维伸展较长,心肌收缩有力,从而使心脏的每搏输出量和每分输出量增加。心脏强表现为在安静时脉搏频率低,一般活动时脉搏频率升高少,而紧张活动时脉搏频率升高很多,活动结束后,脉搏频率能较快恢复到安静状态等。这些反应都充分显示出心脏的良好储备力量。

坚持体育运动还能影响血管壁的结构,改变血管在器官内的分布,有利于器官的供血机能的提高。

(三)体育运动对呼吸系统的影响

长期从事体育运动后,呼吸器官的构造和功能都会发生良好的变化。长期从事锻炼的人,骨性胸廓和呼吸肌得到良好发展,呼吸肌的机能得到提高,因此,胸围加大,呼吸深度加深,安静时的呼吸频率降低。由于膈肌的收缩和放松能力提高,肺活量也增大。随着锻炼水平的提高,肺通气量也相应增大。经常锻炼的人,肺通气量成年男子为100~110L,女子约为80L,最大吸氧量可达6L左右,而未接受锻炼的人只有2~3L,这说明组织对氧的利用提高了。

经常锻炼的人呼吸与运动的协调配合很好。在定量工作时,呼吸肌功能就表现出节省化现象,能够较长时间保持工作能力不下降,并且具有很大的机能储备力,能够适应和满足较强的运动对呼吸系统的要求。

(四)体育运动对消化系统的影响

经常参加体育运动,由于肌肉活动的需要,胃肠就势必得加强消化机能。在这种情况下,消化腺分泌的消化液就更多,消化管道的蠕动就更加强,胃肠的血液循环就更加得到改善。一方面,由于发生了这些改变,就使食物的消化和营养物质的吸收进行得更加充分和顺利;另一方面,由于运动时呼吸加深,膈肌大幅度地上下移动和腹肌大量活动,这对胃肠能产生一种按摩作用,对增强胃肠的消化功能有良好的影响,使人的食欲增进,消化能力提高,有利于增强体质。

但是,如果体育运动与进餐时间安排不当,在刚进餐后就马上进行激烈运动,或是在激烈运动后马上进餐,都对消化系统有不良的影响。这是因为剧烈运动时交感神经高度兴奋引起腹腔内器官的血管收缩;肌肉中的血管舒张,血液进行重新分配,大量血液流入肌肉,保证剧烈运动时肌肉工作的需要;腹腔器官的血管收缩供给消化器官的血液减少,因而消化腺的分泌减少,同时,副交感神经的活动受到抑制,兴奋性降低,胃肠运动也受到抑制,消化能力下降。为了解决运动与消化的矛盾,在运动和进餐之间要有一定的时间间隔。运动结束后,应进行休息,使心、肺的活动基本上平静下来,胃肠做了适当的准备后再进餐。反之,在饱餐后,胃中充满食物,胃肠需要血液量多,若马上运动,不但对消化不利,甚至还会引起腹痛和呕吐。因此,饭后不应立即从事剧烈运动。

(五)体育运动对神经系统的影响

体育运动对神经系统影响很大。体育运动能促进中枢神经系统及其主导部分大脑皮层的兴奋性增强,从而改善神经系统的均衡性和灵活性,提高大脑皮层的分析综合能力,以保证肌体对外界不断变化的环境有更大的适应能力。经常参加体育活动,可使全身的骨骼、肌肉在神经系统的指挥下,动作灵活、准确,反应快。

坚持体育运动,能提高中枢神经细胞的兴奋性,表现在工作和学习上精力充沛、心情愉快、记忆力增强、注意力集中;坚持体育运动,还能使大脑皮层细胞的抑制过程增强,入睡快且深,不易失眠;经常参加体育活动,可明显地提高内脏植物神经功能活动,使新陈代谢旺盛、食欲增强等。由于经常坚持体育活动,影响和作用于神经系统,因而提高了神经系统活动的调节功能,使机体不因气候的异常变化而诱发各种疾病。

二、体育运动对心理健康的影响

心理健康的基本含义是指心理的各个方面及活动过程处于一种良好或正常的状态。心理健康的理想状态是保持性格完美、智力正常、认知正确、情感适当、意志合理、态度积极、行为恰当、适应良好的状态。与心理健康相对应的是心理亚健康以及心理病态。心理健康从不同的角度有不同的含义,衡量标准也有所不同。

(一)体育运动有助于智力的发展和提高

正常的智力是正确认识世界的前提,是心理健康的基础,是心理健康的第一标准。体育运动对人体智力的发展和提高具有促进作用。

一方面,经常参加体育运动,可以促进大脑的开发,增强神经系统功能。现代医学研究表明,人的右脑的信息容量、记忆容量和形象思维能力都大大超过左脑,体育运动可以使右脑得到充分锻炼,提高人的记忆力和抽象思维能力。另一方面,体育运动可以使神经系统的兴奋和抑制过程更加集中,对外刺激的反应更加迅速、准确,还可以提高人的视觉、听觉、感觉、神经传导速度、神经过程的均衡性和灵活性,促进神经系统功能的增强。由此可知,科学的体育运动可使锻炼者的注意力、判断力、反应力、思维力、想象力和记忆力得到进一步提高,整体能力进一步加强。体育运动又是一种展示人的身体运动能力、追求操纵躯体达到极限水平的最重要的方式。它显示了灵与肉的永恒冲突,凝聚了人类的竞争、创新、奋发向上的卓越品质。体育运动还可调节人的心情、稳定人的情绪、缓解人的疲劳,这些因素对智力发展有积极的促进作用。

(二)体育运动有助于调节情绪

情感与情绪是人对客观现实态度的体验,也是心理健康标准的一个方面。随着整个生活节奏的加快,工作压力和忧愁的加大,社会环境的复杂,神经高度紧张的人们,经常会产生忧郁、紧张等情绪反应。

体育运动不但可以转移不愉快的意识、情绪和行为,使人从烦恼和痛苦中摆脱出来,而且也可以使不良情绪得到及时的宣泄。人的情绪是对客观事物是否符合自己的需要而产生的反应。符合自己的需要就会产生愉快情绪,反之就会产生烦恼和忧郁等情绪。人在参加体育运动时专注身体的运动,而把烦恼抛在脑后,起到转移注意力的作用,有益于大脑活动的调节。持续、稳定地保持乐观和愉快的心境及自信心,就能使自己的生活充满活力,情感世界美好而丰富,并且能依靠自己的勤奋与智慧取得成功。此外,人还能从学习、锻炼中获得乐趣,不断激励自己向更高的目标攀登。所以,我们要充分利用体育运动的调节作用,来降低或摆脱一些不愉快的精神状态,使我们的生活多一些欢乐,少一些忧愁。

(三)体育运动有助于坚强意志品质的培养和形成

意志是人类的一种复杂、高级形式的意向,是人们在社会实践活动中为了满足追求、需要,根据对事物的认识确定某种明确的目标,并力求实现的心理过程。目的性是意志的心理特征。意志行为是人类特有的自觉确定的目的行为。它是有意识、有目的、有计划、有规范的自觉行为。我国女排曾荣获世界排坛五连冠,举世瞩目,这是她们以坚韧不拔的意志、刻苦训练的品质和顽强拼搏的精神而取得的硕果。意志存在着个体差异,它主要体现在意志品质上。良好的意志品质是克服困难,完成各项实践活动的重要条件。长期参加体育活动是增强意志品质、加强克服困难意识的重要途径之一,主要表现为提高"四性",即自觉性、果断性、自制性及坚持性。

(四)体育运动有助于减轻疲劳,消除心理障碍

疲劳是一种综合性症状,与人的生理和心理因素等有关。激烈的社会竞争和生活压力超出个人能力时,人可能产生悲观失望的情绪,在生理和心理上就会产生疲劳感,从而导致忧郁、孤独等心理障碍的产生,对事物产生逆反心理。此时通过自己喜欢的运动项目的锻炼,可以使自身的心理功能、身体素质得到改善,身心得到一种舒适的感受,减轻疲劳,产生积极的成就感,从而增强自信心,摆脱压抑、悲观等消极情绪,消除心理障碍。当今,体育运动已被公认为是一种有效的心理治疗方法。

(五)体育运动有助于自我正确观念的树立和人际关系的改善

自我认识是对自己正确的评价,是通过各种环境对自己的认识。体育运动需要在一定的空间和环境中进行,因此,总是与他人发生着交往和联系。当体育运动使他们相聚在运动场上时,彼此通过平等、友好、和谐的练习和比赛,相互之间会产生亲近感。无须用语言,只需一个手势,一个眼神,就可以直接或间接地沟通信息,交流心声,产生一种默契,尤其是集体项目。因此,这个过程有利于每位参与者和间接参与者对自己形成一个较为客观的自我认识,通过体育运动结识更多的朋友,使每个人都融入集体中,为自己成为集体中的一员而心情舒畅,精神振奋。所以,我们应在轻松的体育运动中使心情变得更加开朗,身体表象更加完美,通过体育运动促进正确自我观念的树立和人际关系的改善。

(六)体育运动促进大学生心理健康

不同运动项目可以调节不良情绪和治疗不同的心理疾病,不同的体育运动项目可以锻炼和改善不同的心理机能从而缓解和治疗心理疾病。选择恰当的体育运动项目,积极参加并持之以恒,可以收到很好的效果。

1. 对焦虑症的治疗

治疗焦虑症时可选择一种趣味性较强或患者感兴趣的活动项目作为治疗活动项目,如

羽毛球、乒乓球、排球、篮球、游泳、爬山等,并采用强度大、速度快、幅度适中的动作练习。大强度活动时心率应达到160次/min,活动后要做足够的放松练习让全身得到充分放松。放松可采用小步慢跑,深呼吸走,敲、拍、抖全身肌肉等。

2. 对抑郁症的治疗

治疗抑郁症时可选择一项技巧性的集体项目作为治疗活动项目,如足球、排球、篮球、乒乓球等,同时,采用强度强弱、速度快慢、幅度大小相结合,内容变化多样的动作练习。活动持续时间应稍长,一般在40~50min,若身体状态较好可更长一些。大强度活动时,心率应达到160次/min。有意识地安排患者与他人合作完成活动任务,让患者体验合作后取得成功的喜悦,提高兴奋性。

3. 对神经衰弱的治疗

治疗神经衰弱时可选择一项患者感兴趣或者重意念的治疗项目,如长跑、自行车、游泳、太极拳、气功等,并采用强度适中、幅度大、速度和节奏缓慢的动作练习。活动时心率应控制在120次/min内。通过活动使情绪的兴奋性下降,把兴奋性控制在适中的水平。

第二节 体育运动基本原则

体育运动的原则主要是体育运动客观规律的反映,是体育练习者从事体育运动实践,达到理想效果所必须遵循的基本原则。成功的实践需要科学的理论做指导,健康的体魄是各项活动的基石。在体育运动的过程中,只有正确地理解和运用体育运动的原理,才能使体育运动获得最佳效果。对于参加体育健身锻炼的人来说,要想达到健康的目的,取得良好的锻炼效果,在体育健身锻炼中,必须遵循以下基本原则。

一、科学性原则

体育运动要讲究科学性,参加体育运动以前,必须进行健康测量与评价,以了解身体的发育和健康状况,尤其是心血管系统和呼吸系统的机能状况,并根据健康评价结果、个人的兴趣爱好合理地选择运动内容,合理地安排运动负荷、运动持续时间和运动频率。应选择全面锻炼、强度容易控制的、以提高心肺机能为主的有氧运动项目,选择能够对人体各部位、各器官系统的机能,各种素质和基本活动能力进行全面、系统锻炼的项目,以促进人体的全面发展。同时要注意体育运动与卫生相结合,注意均衡的饮食和营养,保证充足的睡眠,保持积极乐观的情绪及平和的心态,从而达到增强体质和提高健康水平的目的。

二、积极性原则

参加体育运动必须有一个明确的目的才能调动起积极性和自觉性。要提高促进体育运动的积极性,首先要提高对体育的认识,树立终身体育思想,把体育看作是每个人高质量生活的一部分,使体育运动成为健身、健美和延年益寿的重要手段。其次要明确锻炼的目的,一个人的动机决定一个人行动的质量。比如,有人是为了更健全的生长发育,有人是为了某些运动技能与成绩的提高,有人是为了调节紧张的学习生活,有人是为了更健美结实,还有人则是为了锻炼意志、防治疾病。

自觉性是指参加体育健身锻炼者对行为目标的追求所采取的一种自觉、主动的行动。大学阶段是人生的黄金时期,在获取知识、心理成熟、身体生长发育等方面都有量变到质变的突破过程,只有真正认识到体育健身锻炼的长远意义和现实作用,才会培养练习和探索的兴趣,从而探索出适合自己的锻炼项目和锻炼方法。

自觉进行体育运动应做到以下几方面:

(1) 明确生命在于运动的科学原理,认识体育运动的价值,正确使用科学方法进行锻炼,以取得最佳的锻炼效果。

(2) 锻炼过程中意念专一,注意运用心理调整等方法,把精神、身体智慧和心理融为一体。

三、针对性原则

针对性原则是指锻炼身体应从个人的实际情况和外界环境条件的实际出发,确定锻炼的目的,选择适宜的运动项目,合理地安排运动时间和运动负荷。这是增强身体素质及提高运动水平必须遵守的原则。偏离实际情况,体育健身锻炼就不一定有科学性。因此大学生进行体育健身锻炼应从实际出发,首先应考虑个人的实际情况。掌握这些情况是科学进行体育健身锻炼的先决条件。大学生在进行课外体育运动时,也要考虑自身的具体情况,合理安排体育运动。此外,进行其他体育运动时还要考虑外界环境的实际情况,如场地器材和服装是否安全卫生,气候是否有利于锻炼。实践证明,在气候条件较差的情况下锻炼身体,会由于人体不适应而对健康产生不良影响,甚至引起疾病。器材不安全也容易酿成重大事故。

其次,从自身的实际出发。由于性别、年龄、体质和健康状况的差异,锻炼要从自己的实际情况出发,有目的地选择和确定运动项目、练习方法。合理地安排锻炼的时间和运动负荷。在每次锻炼前要评估自己当时的健康状况,使运动的难度和强度不超过自己身体承受能力。违反人体发展这一基本规律,只能损害身体健康。

再次,从外界环境出发。参加体育运动时,要从季节、气候、场地、器材等外界条件的实际情况出发,按照科学锻炼的方法,选择运动项目、练习时间、运动负荷,才能收到良好的锻炼效果。例如,在冬季应着重发展耐力和力量素质,在春秋两季重点进行技术性项目,在炎热的夏天游泳是比较理想的运动项目。但在运动时不要在阳光下运动时间过长;在力量训练前要仔细检查器械,避免事故的发生。

具体来讲,遵循实事求是的原则应做到以下几点:

(1) 锻炼时量力而行,遵循客观标准和注意自我感觉。要做到这一点,必须把自我感觉和生理测定结合起来,使体育运动更具有针对性。

（2）要根据年龄特征、气候情况、劳动强度、睡眠、营养、兴趣等因素统筹安排运动量和合理的运动间歇。

（3）按个人锻炼计划或运动处方进行锻炼时，计划或处方应当严谨，执行应当严格，并注意阶段性调整。

（4）体育运动的形式以个人为佳。由于人们一般具有不甘落后和取胜的心态，因此集体进行体育运动必然会出现竞赛的因素，进而导致忽略了个人的实际，达不到锻炼的效果。组织集体锻炼，参加集体性活动项目是完全必要的，但必须注意从实际出发，区别对待。

（5）参加体育运动应自觉主动，但要防止单纯竞技表演，以及片面求快、求高、求远的做法，要以在原有基础上不断提高健康水平为宗旨。

四、循序渐进性原则

循序渐进原则是指体育锻炼的内容、方法和运动负荷等，必须根据人对事物的认识规律、动作技能形成规律和生理机能的负荷规律，由小到大、由易到难、由简到繁、由低级到高级逐步进行。在体育运动中，要遵循人体生理机能活动规律，最忌急于求成，这样只能事与愿违，甚至还会造成伤害事故或给身体带来某些生理损伤。

人的身体机能水平随着年龄的增长有个自然增长的过程，并且在不同的年龄，身体素质增长的速度也是不同的。因此在练习时，应循序渐进地安排各类项目。要把体育锻炼纳入日常作息制度中，使之成为必不可少的生活内容。即使因故中断练习，间隔时间也不要太长，否则锻炼效果就会消退，从而降低体质水平。因此，进行体育运动时，学习动作要由易到难，运动量由小到大，运动强度（刺激强度）应由弱到强。同时，还应根据年龄、性别、身体素质水平，因人而异地安排练习的内容，这样才能收到良好的效果。

具体来讲，在进行循序渐进的体育健身时应注意以下几个方面：

（1）力戒急于求成，运动负荷必须建立在符合自己实际情况的基础上，锻炼后有适度的疲劳感受，同时要正确处理运动负荷和强度的关系。对体质较弱和体育基础一般的人群而言，更应严格遵守这一原则。

（2）体育运动并非一劳永逸，如果锻炼间隔的时间过长，锻炼的效果就不明显，因此，每次锻炼的安排间隔要合理。为此，要有长期计划、短期安排，计划安排要根据身体适应运动负荷。

（3）要有恒心，持久锻炼，日积月累，健身益心之效显著，兴趣逐渐产生，达到身心愉快，从而养成经常锻炼的习惯。

（4）应遵守人体生理机能活动能力变化的规律。每次锻炼时，必须做好准备活动，锻炼结束前，也不能忽视做放松练习，尤其是在晨间和严寒的情况下，更应认真地充分地做好准备活动和放松活动，防止运动创伤和产生不舒服的感觉。

五、经常性原则

经常性原则又叫坚持性原则，是指身体锻炼必须持之以恒，使之成为日常生活中的重要内容,即要求参加体育运动者有合理的锻炼制度,常练不息,持之以恒,以达到良好的锻炼目的。运动技术的形成和提高,人体各组织系统机能的改善,是肌肉活动反复多次强化的结果。如果锻炼不经常,后一次锻炼时,前次锻炼的痕迹已经消失,会失去累积性的影响作用,因此效果也就很小,甚至不起作用。同时,运动技能的形成,人体结构、机能的改善,身体素质提高,都受着生物界用进废退规律的制约。不经常锻炼,已取得的效果也会逐渐消退。

在体育运动中,一个动作从掌握到熟练,必须通过多次重复锻炼、历经泛化、分化、巩固、自动化等生理过程才能实现。当动作掌握已经非常熟练时,大脑皮层中已建立了巩固的运动条件反射,许多复杂的动作在皮层运动区形成了运动动力定型。例如,一个熟练的太极拳选手,在打太极拳时,动作非常娴熟,完全可在无意识的情况下完成。如果不经常锻炼,三天打鱼,两天晒网,这种复杂的运动条件反射是建立不起来的。即使已经掌握了如不经常复习(强化)也会消退。同时,体育运动对机体生理功能的影响并不是短时间内能见效的。锻炼使心肺功能增进,使神经系统功能提高,使运动系统适应性加强等,并非是一朝一夕之事,而是天长日久的锻炼而逐渐获得积累的结果。另外,由于天气寒冷或夜生活过久,或因考试情绪挫折及兴趣转移等而中断体育锻炼,那么已经增强的肌肉会退化,心肺功能和其他全身功能也会逐渐降到锻炼前水平。如果中断锻炼时间过久,就会前功尽弃,第二次锻炼又须从头开始。

六、安全性原则

安全性原则,要求在锻炼过程中注意保护自己,做到安全第一。每次锻炼前,做好充分的准备活动,克服内脏器官的生理惰性,预防发生运动损伤。锻炼时,要适当交替运动和休息,掌握运动密度,使运动负荷适宜,避免发生过度疲劳。根据自己身体状况、年龄及过去的运动史,有区别地选择项目进行锻炼,不要强求一致。饭后或饥饿、疲劳时暂停锻炼,生病刚愈不宜进行较大强度的锻炼。不要在雾中锻炼,因雾中含有许多有毒物质。对于不熟悉的水域,不要随便入水游泳或潜水,以免发生意外。慢性疾病患者的锻炼,一定要在医生指导下进行。每次锻炼后,要注重整理放松,防止血液滞留四肢特别是下肢,促进静脉回流,以免发生"重力休克"。在较寒冷环境中锻炼要注意保暖,防止感冒或其他疾病的发生。剧烈运动后,不宜立刻洗冷水澡。

以上基本原则是有机的统一体,不可分割,它们相互联系,相互制约。不遵循任何一种原则而进行体育锻炼,对健康都是有害无益的。只有全面贯彻每一个原则,才能完全实现体育健身的科学化。

第三节 运动健身的误区

大家都在锻炼身体,但能正确地理解锻炼身体也不是轻而易举的事情。不但是刚开始进行锻炼的人,就是已经锻炼了许多年的人,对于怎样锻炼才有效、怎么才能练好等问题,也存在着许多误解。要修正这些错误观念,就必须尊重科学、注意学习,才能走出误区。在此仅举几个锻炼误区的实例,供同学们引以为戒。

一、误区一:只要每天坚持做仰卧起坐,腹部脂肪就会减少

其实青少年小腹部肥胖突出的原因有两种:一是小腹局部脂肪堆积,二是小腹肌肉薄弱无力,腹腔内脏器官的重力作用于肌肉张力不足的腹壁所致。仰卧起坐对于腹部肌肉锻炼是有效的,但它不能把脂肪融化得无影无踪。还有,只想局部减肥是不现实的,因为当你消耗脂肪时,这些脂肪来源于全身的脂肪成分。因此,要想获得理想的体形,只有坚持经常性的全面锻炼,如长距离慢跑、游泳、骑自行车或爬山等,才能消耗掉腹部的多余脂肪。

二、误区二:体育运动一旦停止,肌肉就会转化成脂肪

这种认识是错误的。肌肉主要是由蛋白质构成。所以,肌肉不会变成脂肪,就像脂肪绝不可能变成肌肉一样。许多人锻炼停止后发胖的原因,是他们的肌肉因缺乏锻炼而逐渐萎缩。同时,由于他们的胃肠习惯,仍然多饮多食,活动量减少,能量消耗亦少,多余的能量转化为脂肪存在于体内,人体就发胖了。

三、误区三:觉得某项锻炼有效,就天天都做,多多益善

这也是不对的。因为正是锻炼后的身体恢复期间,肌纤维在进行着我们所期望的增长。一周练3次可能很有效果,但一周练6次的效果却不是练3次的两倍,相反可能还会受到伤害。体育保健学家认为,过度的激烈运动,往往容易破坏人体内外运动的平衡功能,加速体内某些器官的严重"磨损"和一些生理的失调,甚至导致生命进程缩短。因此,要根据自己的实际情况,合理地安排锻炼与休息,并非锻炼有益就过度运动。

四、误区四:雾天锻炼,一样有益于健康

浓雾是由高密度的细小水滴悬浮在空气中形成的,细小水滴中溶解了大气中的一些酸、碱、盐、苯、酚,以及尘埃、病原微生物等有害物质。在雾天环境中的锻炼,极易造成有害物质对呼吸系统的侵害,致使机体需氧量与供氧量之间的矛盾增大,产生呼吸困难、胸闷、心悸等不良症状,病原体也会乘虚而入,危害人体健康。所以雾天不宜在室外锻炼。锻炼一般应该选择在没有污染、空气新鲜、氧气充足、林木茂盛、有水有树的地方进行,如公园、河边、树林周围、郊外等地。因为在体育锻炼时人的呼吸次数和深度增加,吸入的空气数量大大增多,如果在空气新鲜、氧气充足、空气中阴离子多的地方锻炼,就能吸入更多的空气中的阴离子,这对心肺功能的改善有利,还可以延缓大脑皮层神经细胞的老化,健身的效果会较好。

五、误区五：只要多运动就能减肥

不少身体过重的朋友都有过这样的经历，为了减肥每天都练得大汗淋漓、上气不接下气，但体重不仅没有减轻反而比以前更重了，因此便对运动减肥的作用产生了怀疑，认为运动减肥只对某些人有用。这种认识是否正确呢？

我们需要知道，人体的能量消耗主要有三个方面：维持基础代谢所需的能量，即维持呼吸、心跳、排泄、机体分泌等生命活动所需的能量；食物的特殊动力作用，即进食后机体向外散热比进食前增加所消耗的热能，这与各种热源物质在体内进行同化、异化、利用、转变等过程有关；机体活动，尤其是体力活动，它是人体热能消耗的主要因素，在激烈运动时机体的能量消耗可比安静时提高 10～20 倍。因此就能量消耗而言，运动减肥对所有的人都有效，这是毋庸置疑的。但为什么有些人参加锻炼，体重不仅没减反而增加了呢？众所周知，减肥最基本的原理是能量的负平衡，即热能的消耗要大于热能的摄入。锻炼后体重不减反增，不外乎两种情况：一是运动中消耗的热能不足，二是运动后摄入的热源物质过多。

有些人认为只要参加了锻炼就能减肥，便不管能量消耗多少，运动后便大吃大喝，补充的热能远远超出了消耗掉的能量，这岂能不胖？由此可见，既坚持体育锻炼，又适当节食，才是正确的减肥之道。

六、误区六：运动强度越大减肥效果越好

不少肥胖朋友认为，减肥就是要受累，锻炼时强度越大越好，只要运动时大汗淋漓、气喘吁吁，就能达到减肥目的，由此而导致谈运动色变，望而生畏。

1. 这种认识错在哪里

运动中机体供能的方式可分两类：

一是无氧供能，即在无氧或氧供应不足的情况下，主要靠 ATP、CP 分解和糖原无氧酵解供能（即糖原无氧的情况下分解成为乳酸同时供给机体能量），这类运动只能持续很短的时间（约 1～3min）。800m 以下的全力跑、短距离冲刺都属于无氧供能的运动。

二是有氧供能，即运动时能量主要来自糖原、脂肪的有氧氧化。由于运动中供氧充分，糖原或脂肪可以完全分解，释放大量能量，因而能持续较长的时间。如 5000m 以上的跑步、1500m 以上的游泳、慢跑、散步、跳迪斯科、跳交谊舞、骑自行车、练太极拳等都属于这类运动。

由此我们可以得到一个简单的启示：高强度的运动不可能持续很长时间，总的能量消耗较少，因而不是理想的减肥运动方式；而强度较低的运动由于供氧充分，持续时间长，总的能量消耗多，更有利于减肥。另外，实验证明，低强度、长时间运动时体内脂肪的氧化会增加。减肥的最终目的是消耗体内过多的脂肪，而不是减少水分或其他成分，因此不能单纯片面地强调运动强度的大小或出汗的多少。

2. 怎样锻炼才能取得最佳的减肥效果

（1）锻炼应选择中等强度的运动，即在运动中将心率维持在最高心率的60%～70%（最高心率=220-年龄）。运动强度过大时能量消耗以糖为主，肌肉氧化脂肪的能力较低；而运动负荷过小，机体热能消耗不足、也达不到减肥的目的。

（2）以中等强度进行锻炼时，锻炼的时间要足够长，一般每次锻炼不应少于30min，以中等强度进行运动时，开始阶段机体并不立即动用脂肪供能。因为脂肪从脂库中释放出来并运送到肌肉需要一定时间，至少要20min。运动的方式可根据自己的条件、爱好、兴趣而定，如走路、慢跑、跳迪斯科、跳交谊舞、游泳等都是适宜的运动方式。

（3）脂肪的储备和动用是一种动态平衡，因此要经常参加运动，切不可贪图一劳永逸。减肥运动应每日进行，不要间断。

由此可见，进行减肥锻炼时，运动强度不宜过大，身体肥胖的朋友也不用谈及运动色变，止步不前，而是应该更自信、更从容地去从事运动减肥。

七、误区七：锻炼过程中不应该喝水

体育爱好者甚至一些职业教练员都有这样一种观点：在运动过程中不宜补水，喝水会影响锻炼效果。他们认为，在运动或训练过程中喝水会增加心脏和胃肠道负担，易造成运动中腹痛，影响运动成绩，因而应在运动结束后再补水。

在正常情况下，体内水分的出入量是平衡的，体内不存多余的水，但也不能缺水。多余的水排出体外后，若不及时补充，就会影响机体机能的正常发挥。当剧烈运动时，特别是在炎热或是湿度很大的天气里进行运动时，因大量出汗必然使身体失去大量的水分和无机盐，丧失的水分和无机盐若得不到及时补充，将导致机体出现不同程度的脱水。在补充水和无机盐之间，补充水更为重要。

失水造成生理机能障碍的主要机制是血容量减少，不能满足机体的需要。机体在运动时需要充分的血容量，一方面是要加强对肌肉组织的血液供应，以保证其物质代谢的进行；另一方面是运动时机体产生大量的热量，需要血液将多余的热量带到体表散发，以维持正常体温。当血容量减少时，就不能同时满足上述两方面的要求，从而导致人体机能下降，其主要体征是心率加快、体温升高。

在长时间运动中，特别是在夏天，及时补充水分是十分重要的。补充水的方法最好是少量多次，运动中每15～20min饮水150～300mL，这样既可及时保持体内水的平衡，又不增加心脏和胃的负担。一次大量饮水对身体不好，因为大量水分骤然进入体内，可使血液稀释和血量增加，这会增加心脏的负担。此外，大量的水进入胃中，由于不能及时被机体吸收（人体吸收水的速度最高为800mL/h），就会造成水在胃中稀释胃液，影响消化。若大量饮水后继续运动，水在胃中晃动，会使人不舒服，并可引起呕吐。为了防止运动中脱水，可以在运动前适当补水，方法是在运动前1h饮水300～500mL，或在运动前15～20min饮水150mL左右，以增加体内的临时储备，对维持运动时的生理机能有良好作用。运动后饮水也应采用少量多次的方法。

利用饮料补水时含糖量不宜过高,因为糖的浓度越高,饮料在胃中停留的时间越长,这就妨碍了水分及时进入体内。夏天饮料的糖浓度不宜超过5%,最好是2.5%。在寒冷环境时,糖浓度可增加到5%~15%,这可使饮料轻缓地通过胃,较稳定地供给机体水分和糖,有利于维持血糖水平。总的来说,在持续时间超过60min的运动中,饮料对于防止生理机能下降和延缓疲劳有显著作用,所以要学会使用饮料,习惯于运动中补水。水或饮料的温度以8℃~14℃为宜,因为这种温度的饮料通过胃的时间较短。

八、误区八:运动后大量饮水

进行体育运动时,人体会大量出汗,这时机体对水的需要量也会相应地增加。当人脱水时,其身体机能会受到明显的影响,因为水是机体进行物质运输和代谢的主要载体,脱水会导致血量减少和血液循环障碍;导致出汗减少,不能有效地散发热量,造成热量在体内的储积;导致尿量减少,不能将代谢废物排泄出体外。所以,运动后要注意补充水分。但是,需要补充水分不等于要大量饮水,因为机体对水的需要量是依据消耗来决定的。正常情况下机体的摄入与排泄处于一种动态的平衡,摄入小于排泄时,会导致缺水;但是如果摄入大于排泄,会导致水在体内储积,当超过一定限度时,甚至会发生水中毒。所以,运动后应该大量饮水这个观点是错误的。

人体在运动中,随着出汗的增加就会出现缺水,这时应该及时进行补充,而不是等到运动结束后才进行补充。有人错误地认为运动中不能饮水,因为饮水会影响运动能力的发挥,这也是错误的观点。

九、误区九:空腹运动无碍健康

有人认为,体内能量储备丰富,足够运动时所需,因而空腹运动无碍健康。但是,体内能量只有转变成血糖才能被人体利用。若运动前饥饿,肝糖原储备不足,或长时间运动时,血糖大量消耗,血糖如得不到及时补给,则血糖浓度会迅速降低。而脑部储糖量很少,且神经组织又几乎全靠氧化糖来供能,所以当血糖降低时,首先出现脑和交感神经功能受影响的症状,如头晕、眼黑、心慌等。

为预防低血糖症的发生,运动前可饮适量的浓糖水或吃点易消化、含糖多的食物。但是否在空腹运动前吃点东西,取决于个人感受。因为每个人的饮食习惯、运动方式和运动时间都不相同,这些差异只有自己去体会、去感觉,重要的是找出适合自己的方法。空腹运动(如晨练)前补充食物以正常食物量的1/3~1/2为宜。此外,还要注意避免饱腹后运动,运动应该安排在饭后1.5~2h,运动结束后过30~45min后再进餐。运动时血液从消化系统大量地流到运动器官,如果饱腹后运动,势必会使消化道的食物消化吸收减慢,久之,则可造成胃炎、消化不良等症状。而且饱腹运动容易造成运动中腹痛,使运动不能持续。所以,既不宜空腹运动,也不能饱腹运动。

第四节 运动处方及其要素

当前,我国学生形态发育水平继续提高,身高、体重等形态指标继续呈增长趋势,但学生体质健康状况还存在许多不容忽视的问题,特别是耐力、速度、爆发力、力量素质呈进一步下降趋势,学生超重与肥胖检出率不断增加、视力不良检出率居高不下等问题令人担忧,而造成这一问题的首要原因是学生缺乏体育运动。如何进行科学合理的健身锻炼就成为大家关注和思考的问题。目前以运动处方为形式的健身方案是实施科学合理锻炼的有效途径。"运动处方"的概念最早是美国生理学家卡波维奇在20世纪50年代提出的。1969年世界卫生组织(WHO)开始使用"运动处方"术语,从而在国际上得到认可。应用健身运动处方组织大学生进行课外体育运动是一种受学生欢迎、科学的、行之有效的锻炼方法。

一、运动处方的概念

世界卫生组织对"运动处方"的概括:对从事体育活动的锻炼者,根据医学检查资料,包括运动试验及体力测试,按其健康、体力及心血管功能状况,结合生活环境条件和运动爱好等个体特点,运用处方的形式规定适当的运动项目、时间及频率,并指出运动中的注意事项,以便有计划地经常性锻炼,达到健身或治病的目的。简单地说,运动处方即用处方的形式规定体疗患者或健身运动参加者的锻炼内容、运动量和运动强度,它是指导人们有目的、有计划、科学锻炼的一种形式。一般运动处方多指以提高心肺功能为主要目的的运动处方,但实际上,进行肢体功能锻炼、矫正体操锻炼等也应以处方形式规定锻炼内容及运动量。

一个系统的、个体化运动处方的基本成分包括适当的运动方式、运动强度、每次运动持续时间、运动频率和注意事项。2000年后,健身专家在运动处方的要素中又增加了"能量消耗",因此对不同年龄、不同身体状态的人群来说,无论有无疾病或危险因素的存在,这六大要素都是构成运动处方的基本成分。按照运动处方有计划地进行健身锻炼,能够明显减少运动伤病的发生率,有效提高身体机能,达到预防和治疗某些慢性疾病的目的。一个理想的运动处方,应当包括健身锻炼的目标和健身锻炼的内容。

健身锻炼的目标是多种多样的,制定运动处方时,基于个人的兴趣和健身的需要,其目标应有所侧重,对每个特殊的个体都应有特殊而明确的目标。预防慢性病(运动不足性疾病)的发生、改善慢性病患者的健康状况,是全民健身的最基本目标。

运动处方的基本目标:促进生长发育,防治某些疾病,保持健康,延缓衰老,增强体质,提高工作效率,丰富文化娱乐生活,调节心理状态,提高生活质量,学习掌握运动技能和方法,提高竞技水平。在制定运动处方之前,首先应该明确健身锻炼的目标。

耐力运动处方的主要目标是提高心肺适能、减肥、调节血脂、防治动脉粥样硬化、控制和降低血压、降低血糖或减缓胰岛素抵抗等。

力量和柔韧性运动处方的目标是增强某块肌肉或某一肌群的力量、增加某一部位的肌肉体积、增加某些关节的活动范围、增加胰岛素的敏感性、防治骨质疏松和关节疾病等。

在康复锻炼运动处方中,首先要考虑康复锻炼的最终目标,如达到可使用辅助器具行走、恢复正常步态、恢复正常生活能力和劳动能力、恢复参加训练和比赛的能力等。在近期目标中,应规定当前康复锻炼的具体目标,如增加某个或某些关节活动范围至多少、增加某块或某一肌群的肌肉力量、增加步行的距离等。

二、运动处方的要素

运动处方的内容一般包括:①锻炼的目的;②运动种类;③运动强度;④运动持续时间;⑤运动频率;⑥运动进度;⑦注意事项及微调整等。其中,②~⑤被称为运动处方的四要素。

(一)运动处方的运动种类

运动处方的运动种类有耐力性(有氧)运动、力量性运动及伸展运动和健身操。

1. 耐力性(有氧)运动

耐力性(有氧)运动是运动处方最主要和最基本的运动手段。在治疗性运动处方和预防性运动处方中,主要用于心血管、呼吸、内分泌等系统的慢性疾病的康复和预防,以改善和提高心血管、呼吸、内分泌等系统的功能。在健身、健美运动处方中,耐力性(有氧)运动是保持全面身心健康、保持理想体重的有效运动方式。

有氧运动的项目有:步行、慢跑、走跑交替、上下楼梯、游泳、自行车、功率自行车、步行车、跑步、跳绳、划船、滑水、滑雪、球类运动等。

2. 力量性运动

力量性运动在运动处方中,主要用于运动系统、神经系统等肌肉、神经麻痹或关节功能障碍的患者,以恢复肌肉力量和肢体活动功能为主。在矫正畸形和预防肌力平衡被破坏所致的慢性疾患的康复中,通过有选择地增强肌肉力量,调整肌力平衡,从而改善躯干和肢体的形态和功能。

力量性运动根据其特点可分为:电刺激疗法、被动运动、助力运动、免负荷运动、主动运动、抗阻运动等。抗阻运动包括等张练习、等长练习、等动练习和短促最大练习等。

3. 伸展运动和健身操

伸展运动和健身操较广泛地应用在治疗、预防和健身、健美各类运动处方中,主要的作用有放松精神,消除疲劳,改善体型,防治高血压、神经衰弱等疾病。

伸展运动和健身操的项目主要有太极拳、保健气功、五禽戏、广播体操、医疗体操、矫正体操等。

(二)运动处方的运动强度

1. 耐力性(有氧)运动的运动强度

运动强度是运动处方的核心及设计运动处方中最困难的部分,需要有适当的监测来确定运动强度是否适宜。运动强度是指单位时间内的运动量,即运动强度=运动量/运动时间。而运动量是运动强度和运动时间的乘积,即运动量=运动强度×运动时间。运动强度可根据最大吸氧量的百分数、代谢当量、心率、自觉疲劳程度等来确定。

(1)最大心率的百分数。在运动处方中常用最大心率的百分数来表示运动强度,通常提高有氧适能的运动强度宜采用70%~85%HR_{max},这一运动强度的范围通常是55%~70%VO_{2max}。

(2)代谢当量。代谢当量是指运动时代谢率对安静时代谢率的倍数。1MET是指每千克体重,从事1min活动消耗3.5mL的氧,其活动强度称为1MET[MET=3.5mL/(kg·min)]。1MET的活动强度相当于健康成人座位安静代谢的水平。任何人从事任何强度的活动时,都可测出其吸氧量,从而计算出MET数,用于表示其运动强度。在制定运动处方时,如已测出某人的适宜运动强度相当于多少MET,即可找出相同MET的活动项目写入运动处方。

(3)心率。除去环境、心理刺激、疾病等因素,心率与运动强度之间存在着线性关系。在运动处方实践中,一般来说,达最大运动强度时的心率称为最大心率,达最大功能的60%~70%时的心率称为"靶心率"或称为"运动中的适宜心率"。为精确地确定各个病人的适宜心率须做运动负荷试验,测定运动中可以达到的最大心率或做症状限制性运动试验以确定最大心率,该心率的70%~85%为运动的适宜心率。

(4)自感用力度。自感用力度是根据运动者自我感觉疲劳程度来衡量相对运动强度的指标,是持续强度运动中体力水平可靠的指标,可用来评定运动强度;在修订运动处方时,可用来调节运动强度。自感用力度分级运动反应与心肺代谢的指标密切相关,如吸氧量、心率、通气量、血乳酸等。

2. 力量性运动的运动强度和运动量

(1)决定力量练习的运动量的因素。其一,参加运动的肌群的大小。大肌肉群运动的运动量大,小肌肉群运动的运动量小。如肢体远端小关节、单个关节运动的运动量较小,肢体近端大关节、多关节联合运动、躯干运动的运动量较大。其二,运动的用力程度。负重、抗阻力运动的运动量较大,不负重运动的运动量较小。其三,运动节奏。自然轻松的运动节奏其运动量较小,过快或过慢的运动节奏其运动量较大。其四,运动的重复次数。重复次数多的运动量大;其五,运动的姿势、位置。不同的运动姿势、位置对维持姿势和克服重力的要求不同,运动量也不同。

(2)力量练习的运动强度和运动量。力量练习的运动强度以局部肌肉反应为准,而不是以心率等指标为准。在等张练习或等动练习中,运动量由所抗阻力的大小和运动次数来决定。在等长练习中,运动量由所抗阻力和持续时间来决定。在增强肌肉力量时,宜逐步增加阻力,而不是增加重复次数或持续时间(大负荷、少重复次数的练习);在增强肌肉耐力时,宜逐步增加运动次数或持续时间(中等负荷、多次重复的练习)。在康复体育中一般较重视发展肌肉力量,而肌肉耐力可在日常生活活动中得到恢复。

3. 伸展运动和健身操的运动强度和运动量

(1)有固定套路的伸展运动和健身操的运动量。有固定套路的伸展运动和健身操,如太极拳、广播操等,其运动量相对固定。如太极拳的运动强度一般在 4～5MET 或相当于 40%～50% 的最大吸氧量,运动量较小。增加运动量可通过增加套路的重复次数或动作的幅度、架子的高低等来完成。

(2)一般的伸展运动和健身操的运动量。一般的伸展运动和健身操的运动量可分为大、中、小三种。小运动量是指做四肢个别关节的简单运动、轻松的腹背肌运动等,运动间隙较多,一般为 8～12 节;中等运动量可做数个关节或肢体的联合动作,一般为 14～20 节;大运动量是以四肢及躯干大肌肉群的联合动作为主,可加负荷,有适当的间歇,一般在 20 节以上。

(三)运动处方的持续时间

运动持续时间是指每次运动持续多长时间,即运动处方要求运动强度的持续时间。运动持续时间的长短要根据个人资料、医学检查、运动频度的大小等具体条件而定。运动持续时间的长短对锻炼效果有很大影响

1. 耐力性(有氧)运动的运动时间

每次运动的持续时间为 15～60min,一般须持续 20～40min,其中达到适宜心率的时间须在 15min 以上。在计算间歇性运动的持续时间时,应扣除间歇时间。间歇运动的运动密度应视体力而定,体力差者运动密度应低;体力好者运动密度可较高。

运动量由运动强度和运动时间决定(运动量 = 运动强度 × 运动时间),在总运动量确定时,运动强度较小则运动时间较长。前者适宜于年轻及体力较好者,后者适宜于年老及体力较弱者。年轻及体力较好者可由较高的运动强度开始锻炼,年老及体力较弱者由低的运动强度开始锻炼。运动量由小到大,增加运动量时,先延长运动时间,再提高运动强度。

2. 力量性运动的运动时间

力量性运动的运动时间主要是指每个练习动作的持续时间,如等长练习中肌肉收缩的维持时间一般认为 6s 以上较好。股四头肌的短促最大练习是负重伸膝后再维持 5～10s。在动力性练习中,完成一次练习所用时间实际上代表动作的速度。

3. 伸展运动和健身操的运动时间

成套的伸展运动和健身操的运动时间一般较固定,而不成套的伸展运动和健身操的运动时间有较大差异。伸展运动或健身操的总运动时间由一套或一段伸展运动或健身操的运动时间、伸展运动或健身操的套数或节数来决定。

（四）运动处方的运动频率

在运动处方中，运动频率一般由每周锻炼的次数来表示。运动频率的确定取决于运动强度和每次运动的持续时间。一般认为：每周锻炼 3～4 次，即隔一天锻炼一次，这种运动频度的锻炼效率最高。最低的运动频度为每周锻炼 2 次。运动频度更高时，锻炼的效率增加并不多，且有增加运动损伤的倾向。

（五）运动处方的运动进度

一般根据运动处方进行适量运动的人，经过一段时间的运动练习后（大概 6～8 星期），心肺功能应有所改善。这时，无论在运动强度和运动时间方面均应逐渐加强，所以运动处方应根据个人的进度而修改。在一般情况下，运动训练造成体能上的进展可分为三个阶段：初级阶段、进展阶段和保持阶段。

1. 初级阶段

指刚刚开始实行定时及有规律的运动的时候。在这个阶段并不适宜进行长时间、多次数和程度大的运动，因为肌肉在未适应运动就接受高度训练很容易造成受伤。所以，以大部分人来说，最适宜采取强度较低、时间较短和次数较少的运动处方。

2. 进展阶段

指运动员经过初级阶段的运动练习后，心肺功能已有明显的改善，而改善的进度则因人而异。在这个阶段，一般人的运动强度都可以达到最大摄氧量的 40%～85%，运动时间亦可每 2～3 周便加长一些。这个阶段是运动员体适能改善的明显期，一般长达 4～5 个月时间。

3. 保持阶段

在训练计划大约进行了 6 个月之后出现。在这个阶段，运动员的心肺功能已达到满意的水平，而他们亦不愿意再增加运动量。运动员只要保持这个阶段的训练，就可以确保体魄强健。这时，运动员亦可以考虑将较为刻板沉闷的运动训练改为一些较高趣味的运动，以避免因沉闷放弃继续运动。

第五节　运动处方的制定、实施与示例

为了保证运动处方在实际运用中的科学性、有效性和实操性能够最大限度地发挥，在制定运动处方时，一定要掌握好一定的制定步骤和科学原则。

一、制定运动处方的理论依据

运动处方有着严格的对内容和规范的格式要求,因此在研究制定运动处方时,应当根据以下知识和背景,进行全面考察、分析和设计。

(一)目标对象的特点及目的

目标对象是研究制定运动处方的出发点和归宿。目标人群现实的身体健康状况及过往病史、运动史等因素,对处方的制定有直接的影响,关系到处方制定的成败。因此,在研究设计运动处方之前,必须对目标对象进行全面的考察、测试和分析。

目标对象的目的要求也是一个重要依据。也就是说,处方对象想要达到什么样的目的,或者说,根据目标对象的特点,其能够达到什么样的目的。因此,运动处方设计者要围绕这一目的,选择、设计具有针对性的运动处方。

(二)相关的医学科学知识

从运动处方的分类可以看出,处方涉及众多的学科知识,其中医学知识是基本知识。只有熟悉和掌握了足够的卫生、医学保健等常识,我们才能够科学分析特殊患者的基本情况,从而选择有效的处方方案,如对于高血压患者,就要禁止采用一些靠憋气来完成的练习动作;对于经期的妇女,也要禁止采用增加腹腔压力的练习动作。在实际的运动练习中,掌握丰富的医疗、卫生常识,还有利于预防一些意外事故的发生。

(三)运动人体科学知识

运动人体科学是体育学的一个二级学科,其中运动生理、运动营养等学科知识是制定运动处方的重要基础之一。如运动负荷的设计、营养膳食的搭配等都离不开以上学科知识的指导。对运动生理研究的实验表明,机体对运动的适应具有双向性,良好的刺激可产生积极的影响,反之则会产生消极影响甚至裂变影响,而轻微的刺激对机体的影响不大。因此,从这个层面上看,运动负荷的设计直接关系到练习的效果。

(四)体育教育训练学知识

体育运动的基础理论和基本技能可以为我们选择练习方案提供丰富的素材和科学指导。各种练习内容的制定及技术指导都离不开相关的体育知识,如采用游泳运动来练习,就必须先学会相应的游泳动作技术,打太极拳也要学会套路等。体育还是教育的重要组成部分,具有教育的属性,在实施运动处方的过程中,还起到教育的功能。

另外,心理科学知识也是不容忽视的,尤其是对有心理障碍的目标对象来说。因此,掌握心理科学知识对研究设计运动处方具有积极作用。

第六章 体育运动与健康

二、运动处方制定的步骤

制定运动处方的具体步骤为：第一，健康调查与评价；第二，临床检查和功能检查；第三，运动试验；第四，体力测试。在制定各个步骤的具体内容时一定要考虑清楚，要结合自身的实际情况。

（一）健康调查与评价

健康调查与评价的主要目的就是了解锻炼者的基本健康状况和运动情况。一般调查应包括询问病史及健康状况、了解运动史、了解健身或康复的目的和了解社会环境条件等。

（1）询问病史及健康状况。询问病史及健康状况应包括既往病史、现有疾病、家族史、身高、体重、目前的健康状况、疾病的诊断和治疗情况，女性还须询问月经史和生育史。

（2）了解运动史。在一般调查中应了解参加锻炼者和病人的运动经历、运动爱好和特长、目前的运动情况（是否经常参加锻炼、运动项目、运动量、运动时间、运动中后期的身体反应等）、在运动中是否发生过运动损伤等。

（3）了解健身或康复的目的。应了解参加锻炼者或病人的健身或康复的明确目的及对通过运动来改善健康状况的期望等。

（4）了解社会环境条件。应了解参加锻炼者或病人的生活条件、工作环境、基本的经济状况、可利用的运动设施和条件、有无健身和康复指导等。

（二）临床检查和功能检查

运动处方的临床检查主要包括运动系统的检查、心血管系统的检查、呼吸系统的检查、神经系统的检查等。

1. 运动系统的检查

（1）肌肉力量的检查和评定。

①肌肉力量的检查和评定。主要方法有手法肌力试验、器械测试和围度测试等。

②肌肉力量耐力的测试。该测试可通过肌肉重复某动作次数或持续的时间来间接表示肌肉的力量耐力。

③肌肉力量检查的注意事项。测试前须做简单准备活动，测试的姿势和位置要正确，测试动作要标准化，避免在运动后以及疲劳时或饱餐后进行肌肉的测试。

④肌肉力量检查的禁忌证。一是有高血压或心脏病的患者，慎用肌力测试；有较严重心血管系统疾病的患者，禁用肌力测试；二是运动时有肢体疼痛、运动系统慢性损伤等，进行肌力测试时应小心，有严重疼痛、积液、急性运动损伤等，禁用肌力测试；三是关节活动度受限时，只做等长或短弧等速的测试。

（2）关节活动度的检查。关节活动度是评定肢体运动功能的基本指标和评定关节柔韧性的指标。

一是主动 ROM 和被动 ROM 的检查。主动 ROM 检查是指患者主动活动关节时 ROM 的大小,被动 ROM 检查是指在步态下进行正确的诊断。

二是摄影分析。用摄像机将步态拍摄下来,选择其中的关键画面进行分析。用此方法可保存步态的资料,便于进行前后对比。

三是步态分析室分析。由三维测力仪、调整摄像机、录像机、解析仪、肌电图仪、计算机、气体分析仪等设备组成的步态分析室,可对步态进行综合的分析评定。

2. 心血管系统的检查

心血管系统的检查主要分为动态检查和静态检查两种。通过检测心血管系统的健康状态,来评定被测者的心脏功能并以此为依据制定出科学实用的运动处方。常用的心血管系统的指标有心率、心音、心界、血压、心电图等。心血管系统的功能检查一般采用定量负荷试验,常用的有台阶试验、一次负荷试验、联台机能试验、PWC170 等。

3. 呼吸系统的检查

呼吸系统的功能检查包括肺容量测定、通气功能检查、呼出气气体分析、屏气试验、日常生活能力评定等方面。常用的指标有以下几个方面:

(1)肺活量。肺活量是测定肺容量最常用的指标,是指深吸气后,做最大呼气的气量。正常值为:男性 3470mL,女性 2440mL。

(2)5 次肺活量试验。让受试者连续测量 5 次肺活量,每次间隔 15s(呼吸时间在内),记录每次肺活量的结果。5 次肺活量值基本相同或有增加者为机能良好,逐渐下降者为机能不良。

(3)肺活量运动负荷试验。先测安静时的肺活量,然后进行定量负荷运动,运动后即刻测量肺活量,共测 5 次,每 1min 测 1 次,记录测量结果。评定方法与 5 次肺活量试验相同。

(4)时间肺活量。时间肺活量也称用力呼气量,是指一次深吸气后,快速用力将气体呼入肺内计量,记录其呼气曲线并计算出呼气总量以及时间肺活量。正常第一秒时间肺活量低于 70%,老年人低于 80%,表示有气道阻塞。

(5)最大通气量。是指单位时间内所能呼吸的最大气量,反映通气功能的潜力。测定时让受试者快速深呼吸 15s,测定其通气量,乘以 4 为每分钟的最大通气量。正常值男性为 104L,女性为 82L。

(6)闭气试验。闭气试验是让受试者安静、处于座位,分别测量深吸气后的闭气时间和深呼气后的闭气时间,记录结果。正常时,吸气后的闭气时间,男性为 40s 左右,女性为 25s 左右;呼气后的闭气时间,男性为 30s 左右,女性为 20s 左右。

(7)呼吸气体测定。使用呼吸气体分析仪,测定通气量、吸氧量、二氧化碳排出量等各项气体代谢指标。

4. 神经系统的检查

(1)植物性神经系统的功能检查。

一是卧倒-直立试验。让受试者卧床休息 3min 后,测 1min 的心率,然后站立,再测 1min 的心率,比较前后两次的心率。正常时心率数每分钟增加 12～18 次,若超过正常值,表示交感神经兴奋性增强;若增加次数在6次以下,表示交感神经兴奋性减弱。

二是直立-卧倒试验。测受试者安静时1min的心率,然后让受试者缓慢躺下,15s后再测1min的心率,比较前后两次的心率。正常时心率数每分钟减少6~10次。若超过正常值,表示迷走神经兴奋性增强。

(2)视、听、味觉及体表感觉神经功能检查。

一是视神经检查。视神经检查包括视力检查(远视力和近视力检查)、视野检查、眼底检查等。

二是听觉神经检查。听觉神经检查包括一般听觉神经检查、空气传导检查、骨传导检查、骨传导检查等。

三是神经检查。神经检查可采用"双指(臂)试验""指鼻试验""转椅试验"等。

四是味觉检查。味觉检查包括对酸、甜、苦、咸等味觉的检查。

五是皮肤感觉检查。皮肤感觉检查包括对皮肤的痛觉、触觉、温度觉等浅感觉的检查。

(3)反射。

一是浅层反射。浅层反射是刺激皮肤或黏膜而引起的反射,常用的有角膜反射、腹壁反射、足趾反射等。

二是深层反射。常用的深层反射有二头肌腱反射、三头肌腱反射、桡骨骨膜反射、膝腱反射、跟腱反射等。

(4)神经肌肉功能检查。神经肌肉功能检查在康复医学中有重要的意义,包括坐位平衡、移动平衡、站立平衡、日常生活技巧、步行检查等。

此外,还有肾功能检查、肝功能检查、代谢功能检查等。

(三)运动试验

随着社会的不断进步,运动试验的应用范围越来越大。目前进行的运动试验一般采取逐渐增加运动负荷的方式,运动试验主要根据被测验者的具体情况和测验的目的而定。

1. 运动试验的应用范围

一是为制定运动处方提供依据。运动试验能为制定运动处方提供可靠的依据。进行运动试验,能提高在运动处方实施中的安全性。二是冠心病的早期诊断。运动试验(用心电图监测)是目前最常用的诊断冠心病的非创伤性检查方法之一,其敏感性可高达60%~80%。三是评定冠心病的严重程度及心瓣膜疾病的功能。运动试验(用心电图监测)可作为半定量指标用于评定冠心病的严重程度。运动试验可用来评定心瓣膜疾病的功能。四是评定心脏的功能状况。运动试验是评定心脏功能状况的有效方法。五是评定体力活动能力。运动试验可用于评定体力活动的能力。六是发现运动的诱发的潜在的心律失常。运动试验可用于发现运动诱发的心律失常,其检出率比安静时的检查高16倍。七是评定治疗效果。运动试验的重复性较好,可用来作为康复治疗效果的评定指标。八是其他运动试验。可用在观察运动的科研中,用于筛选特殊职业的人员等。

2. 运动试验的方法

运动试验常用的方法有活动平板(跑台)和功率自行车。

(1)活动平板运动试验。

活动平板是一种改变坡度和速度的步行器。活动平板运动试验最常用的是 Bruce 方案,即让受试者在活动平板上行走,每 3min 增加一级负荷(包括速度和坡度),共分七级,运动中不休息,运动中连续用心电图监护。

活动平板运动试验的优点是：运动方式自然,较接近日常活动的生理特点；为全身运动,容易测得最大运动强度；诊断的敏感性和特异性较高；运动强度固定,可直接测得 MET 值；可供儿童测试；在实验中连续用心电图监测,提高了实验的安全性。

活动平板运动试验的主要缺点有：噪声大、价格较贵、占地面积较大、运动强度较大时不易测定生理指标、在运动中要加强保护等。

(2)功率自行车运动试验。

功率自行车运动试验是让受试者连续蹬功率自行车,逐步增加蹬车的阻力而增加运动负荷,共有七级运动负荷,每级运动 3min。在测定的过程中,连续用心电图监测,并定时测量血压。功率自行车运动试验的优点是：噪声小、价格较低、占地面积较小、运动时上身相对固定；测量心电图、血压等生理指标较容易、受试者的心理负担较小。运动较安全,适合年龄大、体力较弱的受试者的使用等。

功率自行车的主要缺点有：对体力较好的人(如经过系统训练的运动员),常达不到最大的心脏负荷；对体力较差尤其是两侧下肢肌肉力量不足者,常不能达到运动试验的目的；由于局部疲劳,因此所测得的结果低于活动平板运动试验等。

3. 运动试验的禁忌证

一是严重的心脏病,如心力衰竭、严重心律失常、不稳定的心绞痛和肌肉梗死、急性心肌炎、严重的心瓣膜病等；二是严重的高血压；三是严重的呼吸系统、肝、肾疾病,贫血及内分泌病等,如严重的糖尿病、甲亢等；四是急性炎症、传染病等；五是下肢功能障碍、骨关节病等；六是精神疾病发作。

4. 运动试验的中止指标

在运动试验中出现以下症状应立即中止运动：

(1)运动负荷增加,而收缩压降低。

(2)运动负荷增加,而心率不增加或下降。

(3)出现胸痛、心绞痛等。

(4)出现严重的运动诱发的心律失常。

(5)出现头晕、面色苍白、出冷汗、呼吸急促、下肢无力、动作不协调等。

(6)病人要求停止运动。

5. 运动试验的注意事项

(1)避免空腹、饱餐后即刻进行运动试验。

(2)运动试验前两小时禁止吸烟、饮酒。

（3）试验前停止使用影响试验结果的药物，如因病情需要不能停药的，在分析试验结果时应充分考虑药物的影响因素。

（4）运动试验前一天内不进行剧烈的运动。

（5）运动试验前休息0.5h左右。

（四）体力测验

体力测验必须是运动负荷运动无异常的人才能进行。体力测验包括运动能力（肌力、柔韧性等）测验和全身耐力测验。全身耐力测验的运动方式是采用有氧运动，包括走、跑、游泳三种方式。目前，较多采用的有定运动时间的耐力跑（如12min跑测验），广泛的12min跑测验。

（1）参加12min跑测验的人的条件：35岁以下，身体健康者；有半年以上运动经历者；按库珀介绍的锻炼计划进行6周以上锻炼者。

（2）12min跑测验的方法：为了保证12min跑测验的安全性和准确性，在进行12min跑测验前，应先进行6周的准备练习。

12min跑测验的准备练习可安排6周的准备练习时间，每周练习的次数为1~3次，练习的内容分4个阶段进行以下练习：一是12min以快走为主，中间穿插慢跑；二是12min步行与慢跑交替；三是12min慢跑；四是12min按测验要求尽力跑。普通人在进行一个阶段的锻炼后，应不感到没有信心或非常疲劳，才能从上一阶段进入到下一阶段的练习；经常进行耐力练习的人，可以直接从第二阶段、第三阶段或第四阶段开始；经过系统训练的人，最少也应在正式测验前进行一次测验跑。

12min跑测验的方法：最好用400m的田径跑道，每隔20m或50m用标志表示；测验前应做充分的准备活动；测验中出现不适或异常症状，应减慢速度或停止运动；完成12min跑后，应进行放松整理活动，不要即刻停止运动；记录受试者在12min内所跑的距离。

三、运动处方制定的原则

制定运动处方时除了要依据可行的健康标准，还要在满足运动者实际需求的基础上遵循一定的运动原则，制定出实效、合理、针对性强、可以全面提高运动者身体素质的运动处方。

（一）意识性原则

人们的活动，除了有机体的自律活动和反射活动外，所有的活动方式都伴随着一定的意识。健身处方锻炼的意识与竞技训练的意识有着本质的不同。前者的意识指向是健身、增寿，而后者的意识指向则是为提高运动技艺。两者的意识指向不可替换或混同。

健身目标一经确定，剩下就是为实现这一目标而进行有意识的健身参与活动，提高健身锻炼的积极性，并有意识地观察其效果。随着现代体育科学的发展与完善，增强体质的规律和方法已被揭示。也就是说，健身锻炼的中心不在于运动技能的学习和创新，而在于异化过程占优势的健身锻炼过程和同化作用占优势的健身恢复过程。

所以,在贯彻意识性原则中,要注意健身的时效性和方法的简捷性,有意识地选择健身的手段和方法,并且有意识地体会锻炼的强度、时间和频度并观察其效果。同时,还根据效果的反馈不断地调节锻炼的强度、时间和频度。在锻炼恢复过程中,结合健身目标有意识地选择营养物质的种类,以适合健身运动后身体对健身目标的需要。

在贯彻意识性原则的同时,要对健身运动的效果实施评价。因为评价健身运动的效果是评价健身目标的主要依据,并且可以通过它提高健身者实施健身锻炼的意识。

(二)针对性原则

由于每名运动者的具体情况都是不同的,不同年龄、不同体质的人进行同一种锻炼,结果也会不同,甚至还会出现运动损伤。因此,制定运动处方时,必须要因人而异,要有一定的针对性。老年人和年轻人如果用同一种运动处方,老年人很可能完成不了,而年轻人则可能达不到应有的锻炼效果,这对双方来说都是不利的。况且,每个人的身体状况都是在不断变化的,任何人不可能永远都按照同一个运动处方进行锻炼。所以,在制定运动处方时,必须要根据每个人的具体情况量身定制,区别对待。这就是运动处方的针对性原则。

(三)渐进性原则

健身锻炼处方的渐进性原则是根据逐步增强体质的规律,应用处方的内容和方法来锻炼身体所确定的法则。它按照循序渐进的性质、遵循超量恢复的法则来逐步提高运动负荷量。如果仅用一个健身锻炼处方的内容和方法,数月或长年不变地进行健身运动,就不可能逐步提高健身水平和增强体质,而只能起到维持健康的作用。如果突然进行一次大强度、长时间和多次重复的锻炼,则违背了逐渐性的宗旨,也不符合身体发展的规律,甚至可能导致身体机能失调,破坏同化优势的法则,使身体受到伤害。

健身锻炼处方的逐渐性原则是根据体质增强的规律确定的,在实施过程中要求针对个人体质状况由小到大逐步增加锻炼的难度和负荷量。每次渐进的量应按照负荷与有效价值阈所规定的时间合理确定渐进的指标,并且按照每个指标安排渐进的幅度和阶段时间。

值得一提的是逐渐性和阶段性的关系问题。客观存在的一切事物都是按照由量变到质变的规律发展的,所以应该按此规律去认识渐进性。但是,在增强体质的健身锻炼中,虽然不能天天平均加量,但应该依照人体运动的适应性和科学性以及超量负荷的要求,有阶段性地逐步增加锻炼的负荷量。在对人体施加一定的运动负荷和一定的时间、次数之后,身体的机能才能产生一定的变化,体质才能加强,所以增强体质的过程是有阶段性的。在实施健身锻炼处方的逐渐性原则过程中,应按照体质的适应变化阶段去掌握渐进的步骤。

(四)全面锻炼原则

全面性原则是指运用健身锻炼处方来完善身体和身心全面发展的重要的健身准则。人体是大脑皮层统一调节下的有机体,人体各系统的功能是互相联系和互相促进的。同时各系统又有各自的功能,它们之间不可互相替代。因此,必须全面地发展和完善身体。那么,如何才能贯彻全面性原则呢？我们认为,在选配健身锻炼处方时,要考虑处方内容、方法和对健身处方的内容与方法,从而获得身心的全面发展。在锻炼的恢复过程中,要结合健身目标选配饮食结构,以保证营养物质与健身目标有机地结合,促使机体与健身目标协同发展。

（五）可操作性原则

在制定运动处方时需要充分考虑到锻炼者所处的环境与实际的锻炼条件,充分利用体育资源,制定可操作性强的运动处方,保证运动锻炼的科学性和有效性。制定出的运动处方必须要有一定的可操作性,否则运动者就无法按照运动处方开展运动锻炼活动,就更谈不上达到运动锻炼的效果了。

四、运动处方的实施

不同效果的运动处方经过测量制定后,紧接着就要具体检测处方的实施效果,在实施运动处方的过程中,运动者要切合自身的实际情况及时地调整运动处方的实施方案,始终保持运动处方的科学性、有效性和可行性,最大限度地保障运动促进健康的效果。

运动处方在实施的过程中一般会分为三个部分进行,不同的实施阶段会安排不同的锻炼内容、达到不同的运动效果。大学生在按照运动处方进行锻炼时,一定注意坚持实行处方在每个运动阶段的计划。

（一）运动前准备活动阶段

运动者运动锻炼前的准备活动尤为重要,正如很多大赛前都会有专门的人员为运动员进行热身运动一样,这是一种科学的锻炼方法,也是必须进行的运动过程。准备活动可以帮助运动者的身体从安静状态转换到运动状态,避免因为突然运动而引起肌肉拉伤、韧带撕裂、关节脱臼以及心血管系统和呼吸系统等因为剧烈运动出现超负荷意外,科学、适宜的准备活动可以有效地促进运动效果,使运动效果更加明显。

（二）运动中基本活动阶段

准备活动结束后,运动者紧接着要进入处方的第二阶段——运动中的基本活动阶段,这个阶段的安排主要是为了帮助运动者实现强身健体或顺利康复的目标。运动者在进行运动锻炼时,一定要完全按照设计好的运动处方来决定运动内容、运动强度以及运动时间。

（三）运动后整理活动阶段

运动处方的第三阶段即运动后的整理活动阶段,也是整个运动处方的重要阶段之一。它的主要目的是防止运动者剧烈运动后突然停止运动而引起身体不适,像头晕眼花、恶心、运动损伤等。因此,运动者在运动结束后,不可以立即停止运动、进入休息状态,而是应该先进行一些减缓运动,经过一小段时间的整理运动后逐步结束运动,这样才能更好地帮助机体实现疲劳恢复,促进健康。

五、运动处方示例

(一)改善心肺功能的运动处方

运动锻炼目的:提高心肺功能,发展有氧耐力素质。

1. 运动项目

任何使用身体大肌肉群,可以长时间持续进行,且具有节律性与有氧形态的身体活动。如跑步、步行、游泳、溜冰、骑脚踏车、划船、越野滑雪、跳绳及多种耐力型的运动。

2. 运动强度

以脉搏数作为指标,运动时的每分钟脉搏数应达到最大脉搏数(可以用220减去个人的年龄作为预测)的70%～90%的范围,视为合适的运动强度。如一位40岁的正常人,他的最大脉搏预测值为180次/min,而他合适的运动强度应是运动脉搏数介于在每分钟126次/min(180次×70%)与160次/min(180次×90%)之间。超出这个范围即表示运动强度不足或太强了。

3. 运动持续时间

以前述的运动强度持续进行20～60min。通常,持续时间需与运动强度配合,如果运动强度较弱,则持续时间就偏长些;相反,运动强度若偏强,则运动持续时间就可以短些。但是,调整的范围仍然必须介于在指定的上下限之间。

4. 运动频数

原则上,每两天进行一次有氧运动。如以周为作息单位,则至少实施三次,譬如每周的一、三、五或二、四、六按规律实施。最多则是每天进行一次,但这不是绝对必要的,尤其必须慎防休息不足所引发的过度疲劳,或增加运动伤害的危险。

5. 注意事项

每个人的适应水平和能承受的运动强度不同,锻炼持续的时间也应根据自身情况有所区别,对于一般适应水平低的锻炼者来说,20～30min就可提高心肺适应水平;而适应水平较高的锻炼者则需要40～60min。所以,运动者可根据自身的运动水平和运动基础来调整运动的频率和强度。一般来讲,每周进行两次锻炼可以达到有效增强心肺适应能力的功能,三至五次的运动锻炼可以使运动损伤的概率降到最低、心肺功能的适应水平达到最高。

(二)发展肌肉力量的运动处方

运动锻炼目的:提高肌肉力量和爆发力。

1. 运动项目

哑铃或杠铃。

2. 运动强度

选择 8～12 个主要肌肉群练习,以 8～12 最高重复次数的重量或阻力做 8～12 次/组,共做 1～2 组,组间休息时间约 1～3min。

3. 运动时间和频率

每次总练习时间 20min 为最佳,每周 1～2 次。

4. 注意事项

每周进行 4 次锻炼是能坚持长期肌肉力量锻炼的最大频率限度。一般来说,运动者进行运动的频率为每周 1～2 次最佳,这样既能保证不产生运动损伤,还能有效增加肌肉力量,运动成果也可最大限度地体现出来。力量锻炼的间隔时间,一般会以肌肉能彻底恢复的时间为参考,正常情况下,肌肉在停止锻炼后 5s 能恢复 50%,2min 左右可以完全恢复,所以,为了保证运动效果,每次运动锻炼的间隔时间要控制在 2min 以内,每次练习总时间以 20min 最为适宜。

当运用杠铃练习时,须有同伴帮助,以便在需要时得到保护。

(三)发展柔韧素质的运动处方

运动锻炼目的:提高柔韧性。

1. 运动项目

被动静力性伸展法或本体感受神经肌肉伸展法。

2. 运动强度

每组肌肉伸展至拉紧或有少许酸痛感觉为止。

3. 运动时间和频率

每组肌肉伸展约 10～30s,大肌肉群可伸展 30s。但是每个姿势的持续时间和次数应逐渐增加,一般从 10s 逐渐增加到 30s。可每天练习或在运动后练习。

4. 注意事项

进行柔韧性练习时,动作的幅度要逐渐增大,用力要柔和,以避免受伤。

静力性练习一般保持 8～10s,重复 8～10 次可收到良好的效果;动力性练习一般保持在 15～25 次。还要针对身体进行全方位的运动锻炼,不管是运动前的准备活动、运动后的伸展运动还是进行关节柔韧度的练习,都要兼顾其他及全身关节柔韧性的锻炼。

(四)步行运动处方

走路是人们日常最基本的活动之一,还是人们强身健体、延年益寿的最佳途径,也是每一个健全的人每天必须做的事情之一。它不限时间、不限地点、不易受伤、不挑剔运动者年龄和性别,年老体弱、身体肥胖和患有慢性病的人都特别适合用这项运动来进行健身。

1. 步行健身的运动效果

健身运动中的步行总共可分为四种方式,即普通步行、负重行走、医疗步行和竞技步行。

(1) 散步是人们茶余饭后的一种积极健康的运动方式,研究证明,轻快的步行可以有效地缓解神经肌肉的紧张状态。著名的美国心脏病专家怀特曾经说过：心情愉快的步行和其他提高体质的运动一样,不仅能有效健身,而且是治疗情绪紧张的最佳镇静剂。每天坚持步行60min,可作为保持心脏健康的理想手段。

(2) 长期、规律的步行锻炼可促进体内糖类代谢的正常化,人们饭前饭后进行散步运动是防治糖尿病的有效措施。

(3) 步行运动具有良好的减肥效果。对于因为多食少动而肥胖的人们来说,长时间的疾走可以有效地消耗体内的热量,促使体内机能更高效地消耗多余的脂肪;如果能每天坚持步行运动,再适当地控制饮食量,就可以有效地控制身体发胖。

(4) 步行运动锻炼有助于关节疾病的防治。步行是需要承受体重的运动锻炼,坚持规律的运动可以有效预防骨质疏松症、延缓退行性关节的变化和消除风湿性关节炎等。

(5) 步行是增强心脏功能的有效手段之一。大步疾走时,下肢大肌肉群的收缩,可使心脏跳动加快,心跳脉搏量增加,血流加速,以适应运动的需要;步行还可在一定程度上改善冠状动脉的血液循环,这对心脏是一种很好的锻炼。

2. 步行运动处方

步行锻炼应以下列五点为基准。

(1) 速度：以 100m/min 为限。

(2) 运动量：行走距离为 1000×2=2000m（往返）。

(3) 运动频率：每日或隔日 1 次,每次 20min。

(4) 动作要求：步行的姿势上半身略前倾,大步流星地走。

(5) 注意事项：为防止对头部的震荡,鞋后跟最好是橡胶底的。

(五) 慢跑的运动处方

运动处方中,慢跑是"有氧代谢之王"。优点是安全省时、见效快、易控制、随时进行。慢跑运动量由强度、时间决定。年轻、体力好的人可以强度大、时间短些;年老、体力弱者宜强度小、时间略长些。时间和强度要慢慢增加,由于下肢承受力大,易引起膝痛。坚持慢跑健身,可以调动体内抗氧化酶的积极性,起到抗衰老的作用。此外,还能增强血液循环,改善心脏功能与大脑供血功能,保证脑细胞的氧供应,防止脑动脉硬化。选择跑步最好每周3次,每次 10~20min。若长跑训练,每次 15~20min,跑 2000~3000m 为宜,可根据自身的体能调整速度。

慢跑之前,先原地站立或缓慢行走,放松形体,调匀呼吸,集中注意力,然后再迈开两腿,缓慢小跑。呼吸自然、均匀,全身放松,保持愉悦心情,意守丹田,排除一切杂念,只想跑步,这是强身健体的有效方法。慢跑过程中,步子可迈得大一些,但每一步都要踏得稳,两臂前后摆动,尽量用前脚掌着地,以增强锻炼效果。体弱者宜采用全脚落地,这样有利于步子踏稳、踏实。跑步时间的长短视身体情况而定,以全身微微出汗为准,待身体耐力增加后再延长时间。

初练慢跑,宜短距离,以后逐渐加长。体弱多病者,常常稍跑几步就气喘出汗,这说明身体耐力已丧失,故仍需设法锻炼。可用慢跑—快步—慢跑的办法,随体力的增加,再逐渐减少步行量,增加慢跑运动量。慢跑结束后,要继续行走一段距离,做深呼吸和伸展、扩胸运动,使全身彻底放松。

1. **慢跑的运动量、运动强度和运动时间**

慢跑运动中,运动量的大小主要由所进行运动的运动强度和运动时间来决定,它们两者之间是以运动强度为主,以运动时间为辅;运动者应该根据自身的运动条件,选择合适的运动强度和运动距离来加以锻炼。

（1）常规健身跑。常规健身跑是指人们按照自身运动状况而选择的千米慢跑运动,最初先以每次1000m进行锻炼,等身体负荷完全适应运动状态后,再每周或者每两周按照定性规律每次增加1000m进行锻炼,跑速控制在每1000m 8min以内,最终跑步距离增至5000m即可。运动者根据自身的体质可选择每日锻炼或隔日进行锻炼。

（2）短程健身跑。运动者从最初的50m跑起步,逐步增到400m跑,跑速不要太快,速度一般控制在100m 40s以内,平均每周测量两次。当运动距离增至1000m后,短时间内不要再次增加运动距离,开始逐渐增加跑步速度,以提高运动的强度;刚开始增加运动速度时,为巩固运动强度,可增加锻炼频率,每日一次或两日一次。

（3）间歇健身跑。年龄偏大或体弱的运动者更倾向于采取间歇健身跑的方式进行运动锻炼,它是一种采用行走和慢跑相结合的练习方式。初练者一般会从快走60s、慢跑30s开始,反复交替进行练习来提高心脏负荷力。练习时间共计达到30min,以后再根据体力状况逐步增加运动量。

2. **慢跑的技术要领**

慢跑的正确姿势是上体正直并稍前倾5°左右,使头与上体成一直线,不左右摇晃,双眼平视,面部和颈部的肌肉放松。两臂摆动时,肩部要放松,上臂自然下垂,肘关节的曲度稍小于直角,两手自然半握拳,前摆时手稍向内,后摆时肘稍向外,做到"前摆不露肘,后摆不露手"。

3. **慢跑注意事项**

（1）冬季跑步锻炼,不仅能增强体质、增强机体的耐寒能力,还能培养坚强的意志。但由于冬季气温较低,体表的血管遇冷收缩,血液流动缓慢,肌肉的黏滞性增高,慢跑爱好者们在锻炼时,应当注意做好准备活动。

（2）清晨跑步前,最好先喝一杯温开水,以补充水分,增加血流速度。出门前,要排空大小便,搓揉双手及头、面部,以增加这些部位的血液循环,并将四肢、胸、背、腹、腰、踝等部位充分活动开,可以做操或小步慢跑。还要根据气温变化增减衣服,并选择松软舒适的跑鞋。

在马路上跑步要注意交通安全,动作不要过猛,要保持肢体活动协调平稳,用前脚掌或前脚掌外侧着地,然后过渡到全脚掌着地。这样既能减少膝关节损伤,又可以节省体力,提高速度。

(3)口鼻并用。用鼻子呼吸虽然有利于保证空气的温度和清洁度,但在呼吸又深又急的情况下,只用鼻子呼吸就不能满足机体需要了。这时需要用嘴协助呼吸,但嘴不要张得太大,可以半张,并让舌尖接近上颚,以免咽部过干,同时可减少因冷空气大量吸入而引发咽痛、胸痛或腹痛等问题。

(4)运动要适度。当出现疲乏、食欲不振、对锻炼有厌倦感觉时,除了某些特殊情况,很有可能是运动量过大引起的,此时应减少运动时间,可以进行一些其他形式的锻炼,以达到持续锻炼的效果。尤其遇雨雪天气,可改在室内锻炼,比如进行原地跑或支撑高抬腿跑等,以防发生外伤。

(六)高血压运动处方

实践证明,人们长期进行规律的有氧运动对身体具有很多益处:首先,骨骼肌可以得到有效锻炼,可以在很大程度上增强末梢神经血管的适应性,对作用于大脑皮层和皮质下的血管运动中枢有很好的降压作用;其次,人体经过有氧锻炼可以降低血管平滑肌对于运动的反应性,改善血液的动力学反应,提高身体的活动能力;最后,规律、合理的运动锻炼对于改善情绪,提高交际能力,增加社会活动的适应性,降低情绪波动的频率,改善不良的性格都有积极的作用。

高血压病运动处方,如表6-1所示。

表6-1 高血压病运动处方

运动种类	①快走与慢跑速度:120步/min(约7km/h=2m/s) ②缓慢上下自家楼梯或蹬功率车
强度时间	最大摄氧能力的50%、心率为120次/分钟或最大体力的50% 每次60min,约消耗1255kJ
频度运动总量	每周3次,持续20周 累计运动时间达到1000min以上
锻炼方法	隔日1次,每次60min,周计为180min 每日1次,每次30min(星期日休息),周计180min 隔日1次,每次30或60min交替,周计180min

第七章　运动损伤的预防及处理

教学目标

（1）了解运动损伤的概念及分类，熟悉一些常见的运动损伤。
（2）认识运动损伤的发生原因和预防措施。
（3）掌握运动损伤的预防方法和处理原则。
（4）掌握运动损伤的常用处理方法和药物。
（5）对各类损伤的具体处理方法有一个清晰的认识。

在体育运动过程中，难免发生运动损伤。运动损伤的发生与运动项目、训练安排、运动环境、运动者的自身条件以及技术动作有密切的关系。运动损伤对运动者所造成的影响是严重的，不仅影响正常的训练、比赛，妨碍运动成绩的提高，减少运动寿命，严重的还可能引起残疾，甚至死亡。对体育健身参加者来说，也将影响其健康、学习和工作，对体育健身者造成不良的心理影响，妨碍体育健身的正常开展。由此，在体育健身中，我们对运动损伤的预防应有充分的认识，需要很好地掌握运动损伤的发生规律，切实做好预防工作，使之最大限度地减少或避免运动损伤。同时，还应了解和掌握一些体育健身运动中常见的运动损伤的产生原因、预防与处理方法，从而使体育健身健康安全而富有成效。

第一节　运动与运动损伤

一、运动损伤的概念及分类

运动损伤是指人们在运动过程中对身体组织或器官造成的伤害。轻则妨碍日常工作和生活，严重者可使人残疾甚至危及人的生命，给人们带来极坏的心理、生理影响。大学生要认识到运动损伤造成的危害，加强预防意识，在参加课外体育锻炼时要采取相应的预防措施，避免出现运动损伤。

运动损伤的分类如下：

(一)按受伤的组织结构分类

按受伤的组织结构分类,运动损伤可分为肌肉与肌腱损伤、皮肤损伤、关节损伤、骨损伤、滑囊损伤、神经损伤、内脏损伤和血管损伤等。

(二)按病情的轻重分类

(1)受伤后仍能继续工作劳动的为轻伤。
(2)受伤后停止运动或丧失工作劳动能力24h以上,并需要治疗的为中伤。
(3)受伤后需要住院治疗而不能参加工作劳动的为重伤。

(三)按发病的缓急分类

按发病的缓急分类,运动损伤可以分为急性损伤和慢性损伤。瞬间遭受直接或间接暴力而造成的称为急性损伤;因急性损伤迁延成的慢性损伤和由于局部长期负担过度积累而成的称为慢性损伤。

(四)按受伤部位的皮肤或黏膜完整与否分类

按受伤部位的皮肤或黏膜完整与否分类,运动损伤可分为开放性损伤(外伤)与闭合性损伤(内伤)。开放性损伤即受伤处皮肤或黏膜的完整性受到破坏,有明显外伤,容易出血或感染,如刺伤、擦伤、撕裂伤等。闭合性损伤即受伤处皮肤或黏膜无破损,损伤无裂口与外界相通,如挫伤、肌肉筋膜拉伤、关节囊和韧带扭伤、肌腱腱鞘和滑囊损伤等。

二、引起运动损伤的原因及应对策略

引起运动损伤的因素是多方面的,不仅与体育锻炼参与者的身体素质、认识水平、技能水平息息相关,与所选择的运动项目的特点、技术难度有关,也与所选择的运动环境、气候环境等因素有关。

所有的健身锻炼和体育运动都是为了增强体质,减少疾病,延年益寿,使人们过上高质量的生活。但在锻炼时如果对运动损伤的预防工作重视程度不够,就有可能发生各式各样的运动损伤,一旦受伤,将会给人们的学习、工作和生活带来不利影响,严重者甚至危及生命安全。因此,积极预防运动损伤对开展正常的体育运动、提高运动水平都具有重要作用。

(一)思想认识方面

运动性损伤的发生,常与思想麻痹、情绪急躁、急于求成有关。大学生年龄阶段的人往往年轻气盛,活泼好动,爱表现自己,却又缺乏运动性损伤的防范意识,忽视各种预防措施,运动中常不能遵循循序渐进和量力而行的原则,在进行一些运动时,使发生损伤的危险性很大。

对此,要在思想上重视运动损伤的预防,认识到运动损伤的危害性,不能麻痹大意,要有严格的防范措施,锻炼前做好器械的检查工作。体育运动时严格遵循各运动项目的运动规律,循序渐进地提高运动量。加强身体各方面的锻炼,提高整体身体素质。

(二)准备活动方面

准备活动可以提高中枢神经系统的兴奋度,增强各器官系统的功能,提高关节肌肉的黏滞性,可以使人快速进入紧张的活动状态。不做准备活动、准备活动不充分、准备活动量过大、准备活动时间与正常运动时间的间隔过大等因素都有可能造成运动损伤的发生。

对此,运动前要做好有针对性的准备活动,使人体器官、关节肌肉迅速达到运动状态。

(1)运动前应做好充分的准备活动。准备活动不但能使体温升高,提高软组织的柔韧度和弹性,增加关节液分泌,扩大关节的活动范围,还可以促进骨骼代谢,增加血流量,增强氧的运输能力和骨骼肌的收缩反应速度,缓解锻炼前的紧张情绪。

(2)运动后应注意放松活动。运动后要做好充分的放松活动。放松活动是指在运动后通过肌肉韧带拉伸、呼吸调节等放松方法,使体温、心率、呼吸、肌肉、韧带的应激反应恢复到锻炼前的正常水平,使血液较快地恢复到安静时的分布状态。放松活动有利于促进因运动锻炼而增加的乳酸循环,尽快消除运动疲劳,有助于机体的恢复。

(三)运动方法方面

身体处于疲劳状态或者运动情绪低落,以及伤病刚刚痊愈时,人体生理机能和运动能力都会下降,身体的协调性和动作的准确性不高,反应迟钝,注意力减退。在这种情况下参加剧烈的运动,引发运动损伤的概率会大大增加。因此,运动前应及时调整身体状态,调节情绪,遵循循序渐进的原则参加体育活动。

进行身体锻炼时,缺乏必要的动作示范和耐心的讲解,理解动作结构不透彻,违反人体结构功能的特点及运动时的力学原理,缺乏保护和自我保护,或者动作粗野,违反比赛规则,以及运动量和运动负荷过大,超过了锻炼者的生理负荷,都容易引起损伤。因此,在锻炼时要理解动作结构,采用正确的保护措施,运动量和运动负荷适中,循序渐进地进行体育练习。

要采取科学的运动方法进行运动健身,以体育理论知识指导运动实践,全面锻炼身体而非根据个人喜好单纯针对某一特定动作、特定锻炼部位进行练习;注意控制运动量,循序渐进逐步增大运动负荷,根据自身情况选择合适的运动强度和锻炼时间,防止机体一时不能适应而导致损伤。

(四)运动场地和项目方面

运动场地地面不平整或者太滑、器械安装不牢固,存在严重安全隐患,场地周边缺乏安全设施,运动参与者缺乏必要的防护用具,运动时佩戴戒指、耳环等首饰,服装不符合运动要求等都会引起运动损伤。所以运动时要注意场地、器械的安全性,佩戴必要的用具,按照运动的要求穿戴服饰。

不同的运动项目有着不同的技术特点,对运动参与者的要求不同,锻炼时身体各部位所承担的负荷也不同。在进行运动时,承受力量较大的部位容易引起损伤,如排球运动员的肩部容易受伤、网球运动员的肘部容易受伤、乒乓球运动员的腕部容易受伤等。所以运动时要加强容易受伤部位的保护,尽量避免损伤的发生。

对此,要注意加强运动时的保护与帮助,提高自我保护意识和能力。选择安全的运动环境和运动场所,避免在公路、山崖、危墙等高危险的地方锻炼。进行攀岩、登山、野外生存、轮滑等危险系数高的运动项目时,要根据要求佩戴好运动用具和防护装备,并学习不同环境下的运动知识和技能。

(五)人体解剖生理方面

从解剖和生物学的角度来看,人体的部分组织在结构上较为薄弱,或在某个角度时比较脆弱,存在着不适宜运动的关节,这些关节在运动时非常容易发生损伤,如肩关节、肘关节在承受巨大的力量时容易产生脱臼。

对此,要注意强化身体易伤部位和相对较薄弱部位的训练,提高薄弱部位周围的肌肉力量,增加韧带的柔韧度和弹性,做好自我保护,避免突然用力。这些都是预防运动损伤的一种积极手段。根据不同的身体部位制订相应的训练方法,降低运动损伤的发生概率。例如,为了预防手腕关节的损伤,应采用卷腕等腕部的力量练习方法,主要加强腕部周围的肌肉群力量,提高腕部韧带的弹性,增加腕部对抗时的承受能力。

(六)环境气候方面

在气温过高或过低,以及在空气污浊、光线不足、噪声分贝过大的环境下进行体育锻炼时都容易引起运动损伤。气温过高容易引发机体疲劳和中暑,气温过低容易冻伤或拉伤,空气污浊易引发呼吸道疾病,光线不足影响视力,造成反应迟钝、兴奋度降低而受伤。

对此,应选择在光线充足、空气清新、环境宜人的地方进行体育锻炼,避免在高温和低温环境下长时间运动,要做好必要的防范措施。应避免在炎热、严寒、大雾、雷雨、大雪、雾霾等恶劣天气下进行户外运动,可以变通运动环境,选择适宜的室内运动项目。

第二节 运动损伤的预防

一、运动损伤的预防原则

(1)思想上重视损伤的预防。从思想上重视对运动性损伤的预防,学习并掌握有关预防运动性损伤的知识和方法。锻炼时遵循体育锻炼的一般原则,加强身体的全面锻炼、易伤部位锻炼及肌肉力量的锻炼。

（2）做好准备活动。准备活动的内容要与训练内容相结合；准备活动的量,要根据身体特点、气象条件和训练而定。准备活动一般以身体感到发热,微微出汗为宜。准备活动结束与正式运动之间的时间不要过长,一般为 3min。

（3）加强自我保护意识。掌握运动中可能发生意外时的自我保护方法,防范运动技术伤的发生。学会运动后肌肉酸痛、关节不适等常见症状的处理方法。对运动性损伤要做到及时发现,及时处理。

（4）注意科学锻炼。科学锻炼包括五个方面,即全面性、渐进性、个别性、经常性、意识性。前三个方面对预防损伤极其的重要,是不能够忽略的。

（5）合理安排运动。要根据自身的健康状况和运动技术水平,合理安排运动量；运用各种形式的身体练习方法,全面提高身体素质,防止局部肌肉的过度疲劳。

（6）要针对性别进行训练。性别的不同,人体的自身条件也不同。不同的身体条件适应各自的训练方式。如果选择不合适,要么锻炼不到位,要么就会给身体带来一定的损伤。

（7）选择喜爱的运动项目。可以根据自己的锻炼目的进行选择,如肌肉力量训练、关节韧带柔韧性训练等。有些人因肥胖、睡眠不良、体力下降、便秘等异常可以选择医疗体育。

（8）创造良好环境。体育器具、设备、场地等在运动前都应进行严格的安全检查。女性的项链、耳环等锐利物品在运动时应暂时摘去。

二、预防运动损伤的方法

从医学的角度考虑,主动预防运动损伤与损伤后及时、正确的处理是非常重要的。那么,如何有效预防呢？主要有以下几个方面：

（一）加强体育运动安全教育

建议在体育教学计划中把每学期第一堂课列为体育运动安全课,由体育教师与校医共同授课,目的是让学生树立安全体育运动的理念,理解体育运动强身健体、磨炼意志的本质意义,避免体育运动的纯竞技化。熟练掌握常见运动损伤的预防和急救要领,最大限度减小运动损伤造成的危害。平时还可利用运动场地附近的黑板报、宣传栏及校园广播向学生定期或不定期地宣传运动损伤的危害及预防。通过多管齐下的宣传教育让大学生学会自我保护,降低运动损伤的发生率。

（二）合理安排教学、训练和比赛

教师要认真钻研教材、认真备课,充分了解教学训练内容中哪些技术动作不容易掌握,哪些技术动作不易容易发生损伤,做到心中有数,事先做好预防准备；要加强基本技术的教学训练,使学生确实掌握正确技术动作；要加强全面身体训练,注意提高各方面的身体素质水平,要合理安排运动量,尤其要注意运动器官的局部负担量和伤后训练问题。

（三）准备活动要充分

在实际工作中，我们发现不少运动损伤是由于准备活动不足造成的。因此，在训练前做好准备活动十分必要。准备活动可以提高中枢神经系统的兴奋性，克服机体机能活动的生理惰性，为正式练习做好准备。准备活动能增加肌肉中毛细血管开放的数量，提高肌肉的力量、弹性和灵活性；同时可以提高关节韧带的机能，增强韧带的弹性，使关节腔内的滑液增多，防止肌肉和韧带的损伤。在进行准备活动时，既要把躯干、肢体的大肌肉群和关节充分活动开，同时也要注意各个小关节的活动。准备活动还应增加一些专项素质的内容。

（四）训练方法要合理

要掌握正确的训练方法和运动技术，科学地增加运动量。对于不同性别、年龄、水平及健康状况的人，训练时在运动量的安排上应因人而异、循序渐进。例如，年龄小的在训练内容上，应把全面身体训练和专项身体训练结合起来，并以全面身体训练为主。在运动量的安排上应考虑到他们的生理特点，与成年人比较起来训练时间要短些，强度、密度要小些。

（五）防止局部负担过重

训练中运动量过分集中，会造成机体局部负担过重而引起运动伤。例如，膝关节半蹲起跳动作过多，易引起髌骨损伤；过多地练习鸭步可引起膝内侧副韧带及半月板的损伤。因此，在训练中应避免单调片面的训练方法，防止局部负担量过重。

（六）加强易伤部位肌肉力量练习

据统计，在运动实践中，肌肉、韧带等软组织的运动伤最为多见。因此，加强易伤部位的肌肉练习，对于防止损伤的发生具有十分重要的意义。例如，加强股四头肌力量的练习可以防止膝关节损伤，而防止肩关节伤则应加强三角肌、肩胛肌、胸大肌和肱二头肌的练习。

（七）注意间隔放松

在训练中，每组练习之后为了更快地消除肌肉疲劳，防止由于局部负担过重而出现的运动损伤，组与组之间的间隔放松非常重要。在间隔时间内，一些运动员对这一问题重视不够，他们在每组练习后往往站在一旁不动或千篇一律地做些放松跑，这样并不能加快机体疲劳的消除，再进行下组练习时还是容易出现损伤。由于各个项目的练习内容不同，间隔放松的形式也应有所区别。例如，着重于上肢练习的项目，在间隔可做些放松慢跑；着重于下肢的项目结束后，可以在垫子或草地上仰卧，将两腿举起抖动或做倒立。这样一方面可以促进血液的回流，改善血液的供给，另外也能使活动肢体中已疲劳的神经细胞加深抑制，得到休息，这对于消除疲劳及防止运动伤有着积极意义。

(八)加强保护和自我保护

加强保护在进行体操锻炼时非常重要,因为体操锻炼是一项比较复杂的运动项目,容易出现错误或跌倒受伤。特别是对于初学者或学习难、新动作时,更应有懂得保护知识的人在旁边保护。此外,练习者也应学会自我保护的方法,如摔倒时立即屈肘、低头、团身,以肩背着地顺势翻滚,而不要直臂撑地;从高处跳下时,以前脚掌着地,以增加缓冲作用,而不要全脚掌或脚后跟着地等。

(九)加强医务监督并注意设备的安全卫生

经常参加体育运动的人要定期进行体格检查。伤病初愈的人参加体育锻炼时应根据医生的意见进行。在进行体育运动的过程中要做好自我监督,随时注意自己的身体有无疲劳征象,如头晕、疲乏感等。特别要注意运动器官的局部反应,如局部肌肉有无酸痛、僵硬、关节有无疼痛等。当有不良反应时就不宜加大运动量,也不宜练习难度较高的动作。要加强对运动场地设备和个人防护用具的安全卫生检查,不应在不合要求的场地上或穿着不合适的运动装备进行运动。要注意不能佩戴小刀、钥匙、笔等物品进行运动,特别是进行对抗性强、有身体接触的项目时,严禁佩戴这些物品包括手表、尖硬的头饰等。

第三节 运动损伤的处理原则

运动损伤范围广、类型多、轻重缓急各不相同,但它们都严重地影响了体育运动参加者的正常训练和体育锻炼。由于运动创伤发生的人群不同,产生创伤的原因特殊,使得对运动创伤的处理有一系列较为特殊的原则,即一边参加有选择的训练一边进行治疗。

一、开放性软组织损伤的处理原则

开放性软组织损伤后,皮肤或黏膜失去完整性,损伤部位与外界相通,如擦伤、刺伤、切割伤等。

对于开放性软组织的损伤,其处理原则是止血、清创及保护伤口、预防感染。对于机体表面的擦伤,其出血问题并不严重,伤口仅是少量的毛细血管渗血;而较深的裂伤及切割伤,则止血就相当迫切,尤其当伤及动脉时,迅速有效的止血关系到伤员的生命。清创是指在创伤范围大、污染严重、坏死组织广泛的情况下,由医务人员对伤口做清创术,清除污物、异物及坏死组织。如在田径场上,在煤渣或岩土跑道上不慎摔倒造成大面积擦伤,清创就成为非常重要的处理原则。对于一般的开放性伤口而言,通常以无菌敷料包扎;对于伤口较深,伤口部张力较高的情况,可缝合伤口再包扎。预防感染仅单纯处理伤口及外用抗菌药物有时就不够,对于伤口小面深和污染较重者,应注射破伤风抗毒血清1500~3000IU,还可预防性地口服适量的抗生素。对于严重的切伤、刺伤的情况应注意仔细检查，以免伤及深部血管、神经、肌腱而被误诊。

二、急性闭合性软组织损伤的处理原则

急性闭合性软组织损伤是由于某一刻的受力或非生理性运用而使局部软组织损伤，但皮肤及黏膜仍保持完好，伤处与外界没有相通。根据损伤的病理，急性闭合性软组织损伤可分成三个病理阶段，治疗的基本原则是针对这三个病理分期相应地划分为早期、中期及后期三个阶段进行处理。

（一）早期阶段处理原则

早期在损伤后24～48h范围内，局部组织出血，急性无菌性炎症反应剧烈，大量组织液渗出水肿。这一时期的处理原则主要是制动、止血、防肿、镇痛及缓解炎症反应。损伤发生时应立即采取制动、冷敷、加压包扎、抬高患肢等一系列处理措施。在24～48h之内，严禁在伤处按摩，尽可能不在伤处进行热疗。

（二）中期阶段处理原则

中期指伤后24～48h，出血已停止，急性炎症逐渐消退，但伤部仍有瘀血，肉芽组织正在形成，组织正在修复。其处理原则主要是改善局部血液循环，促进组织的新陈代谢，加速瘀血渗出的吸收，加速肉芽组织的形成及局部正常组织的再生。通常这一时期可持续1～2周，根据伤情而定。在治疗中可采用热疗、按摩、药物，及传统中医的方法如拔火罐、针灸等。在此期间还可以根据伤情适当安排小运动量的功能康复练习，以防止肌肉萎缩及关节活动度受限的情况的产生。在治疗末宜同时用多种方法交替进行，以增强疗效，加速恢复。

（三）后期阶段处理原则

后期损伤基本恢复，肿胀、压痛等局部征象已基本消失。但损伤部位局部的肉芽组织挛缩形成的瘢疤组织的强度及弹性均低于正常的组织，出血引起的组织粘连仍存在，再生的新组织也仍未达到正常组织的物理特性水平。因此，对于伤员而言，功能尚未完全恢复，锻炼时仍感疼痛、酸软无力，伤部关节僵硬，活动受限。此期的处理原则是增强肌肉力量，恢复关节活动度，松懈粘连。通常以功能锻炼为主，治疗可采用理疗、按摩辅以外用中药。

三、慢性软组织损伤的处理原则

慢性软组织损伤通常是由于急性闭合性软组织损伤处理治疗不当，逐渐转为慢性或由于反复长期多次的微细损伤累积而成的。慢性软组织损伤的病理变化主要是退行性病变和增生性病变。由于伤部长期代谢障碍而引起的组织形态和功能上的改变，使伤员自觉酸胀无力、疼痛、活动不便、局部发冷等。

慢性损伤的处理原则主要是改善伤部血液循环,促进组织新陈代谢,加强代偿能力,合理安排局部负担量。其治疗方法与急性闭合性软组织损伤中后期大致相同,尤其强调伤部的静力性力量练习及关节的正常活动度维持。通常以按摩、针灸理疗及局部封闭治疗的疗效较显著。

四、运动损伤的应急处置方法

应全面普及大学生体育卫生知识和常见运动伤病的防治知识,增强大学生自我保健意识,使之一旦受伤即能做出正确处理。发生损伤就会引起红、肿、热、痛、功能障碍及炎性反应等症状,为防止这些症状的加重所采取的应急手段即被称为"应急处置"。

(一)应急处置也被称为 RICE 原则

应急处置主要包括制动、敷、加压、抬高四个方面,取英文首字母可简称为 RICE。

1. 制动(rest)

制动对于骨骼肌的损伤来说是不可缺少的。制动主要是立即停止运动,让患部处于不动的状态。运动终止后的制动可以控制肿胀和炎症,可以把出血控制在最小的限度内。然后用石膏、拐杖或者支架把处置过的患部固定住,这对活动也有一定的帮助。如果过早地活动患部,不仅会出现出血等症状,还可能使其机能损伤进一步加重,使恢复时间拖得更长。

2. 冷敷(ice)

冷敷在应急处理中是效果最为明显的。因为冷敷可以减轻疼痛和痉挛,减少酶的活性因子,同时又可以减少机体组织坏疽的产生,在受伤后 4~6h 内所产生的肿胀也会得到一定程度的控制。冷敷还可以使血液的黏滞度增加、毛细血管的渗透性变小,减少、限制流向患部的出血流量。冷敷能降低局部组织温度,使血管收缩,减轻局部充血,抑制神经的感觉,具有止血、镇痛、防止或减轻肿胀的作用。冷敷常用于急性闭合性软组织损伤的早期。

3. 加压(compression)

在几乎所有的急性损伤中都采用加压包扎的方法,加压同冷敷、抬高一样都是应急处置的重要手段。加压包扎既可使患部内出血及瘀血现象减轻,还可防止浸出的体液渗入组织内部,并促进其吸收。加压包扎有很多方法,可以把浸水的弹力绷带放进冷冻室,这样可同时起到冷敷和加压包扎的作用,还可以使用毛巾及海绵橡胶做的垫子来进行加压包扎。例如,踝关节扭伤时,可用"U"字形的海绵橡胶垫子套在踝关节上,然后用胶布或者弹力绷带固定。采用以上的加压包扎可以防止和减轻踝关节周围的浮肿。冷敷是间断性的,而加压则在一天中都可以连续使用。

4. 抬高(elevation)

抬高是把病人受伤的肢体部位提到比心脏高的位置。同冷敷加压一样,抬高对减轻内出血也是非常有作用的。抬高可以减轻通向损伤部位的血液及来自体液的压力以促进静脉的回流,患部的肿胀及瘀血也可因此而得到相应的减轻。

(二)RICE的顺序

(1)停止运动保持不动,特别是不要让受伤的部位活动。
(2)掌握了解受伤的程度。
(3)在患部敷上冰袋。
(4)用弹力绷带把冰袋固定住。
(5)把患部抬到比心脏高的位置。
(6)15~20min后把冰袋拿掉。
(7)使用海绵橡胶垫子和弹力绷带做加压包扎。
(8)根据损伤的程度每1h或30min用冰袋进行冷敷直到患部的疼痛得到缓解为止。
(9)睡觉时把弹力绷带拆去。
(10)睡觉时也要把患部举到高于心脏的位置。
(11)次日清晨开始重新进行一次RICE处置。
(12)如果受伤严重,以上程序需坚持做2~3d。

第四节 运动创伤的常用处理方法及药物

运动损伤的治疗方法繁多,通常可分为手术治疗及保守治疗两大类。在运动医学中,一般的创伤尽可能采用保守治疗,以练、治结合的方式,对运动创伤进行合理治疗。随着中医中药的发掘整理,中国传统医学手段及药物在中国运动医学的创伤治疗中越来越占据着重要的地位。

一、运动创伤的常用处理方法

(一)冷疗法

冷疗的作用是用冷因子刺激组织促使温度下降,血管收缩,减少局部血流量及充血现象,降低周围神经传导速度,因此有止血、退热、镇痛、防肿的作用。

冷疗通常采用冷敷及蒸发冷冻法。冷敷是利用外敷或冰块外敷按摩来实现的。每次20~30min,持续时间以不超过10min为宜,间歇4~5min。所谓蒸发冷冻是利用一些易蒸发物质接触体表,吸收热能而使局部温度降低。常用烷类喷射剂,喷射细流与皮肤垂直,距皮肤30～40cm,喷射时间通常为5～10s,使皮肤上出现一层白霜即可。可反复喷射3～5次,间歇20～30s。

此法适用于急性闭合性软组织损伤的早期,但要注意不要冻伤组织。

(二)热疗法

运用比人体温高的物理因子刺激局部,使血管扩张,促进血液淋巴循环,提高新陈代谢,有利于消肿,促进坏死组织消除,促进再生修复的进行。

热敷的方法繁多,单纯热敷的手段有热水浸泡、蜡疗等,结合药物的有药物加水煮沸蒸熏,结合特殊物理场波的有红外线、超短波磁疗。每次热疗时间不宜超过40min,温度控制在人体可承受的范围之内。另外,使用物理波进行热疗要多种方法交替进行,每一种波的热疗一个疗程达5～7次就应替换。

此法适用于闭合性软组织损伤的中、后期和慢性损伤。在热疗中要防止烫伤,此外,红外线超短波、磁疗等治疗应尽量避开头部。对于热疗尤其是药物热疗,还应注意过敏史的情况。

(三)拔罐疗法

拔罐疗法是治疗病患的一种传统疗法,对慢性损伤、风湿病痛有较好疗效,一般每次拔罐10～20min,5～7次为一疗程。

(四)药物疗法

中药有新伤药、旧伤药、药酒、药水等,可供外用。而内服的中药可选用云南白药、跌打丸、三七片等。西药有红汞、龙胆紫、酒精、碘酒、双氧水、松节油、镇痛片等可供采用。

(五)其他

除了上述的冷疗、热疗外,还有许多其他物理治疗手段,较常见的有冷热交替疗法、负场效应疗法、针灸、按摩等。这些疗法对于运动创伤均有很好的效果。在适应证上,大多数是急性闭合性软组织损伤的中、后期及慢性软组织损伤,各自的方法及注意事项不同,一般要根据具体的情况而定。

二、常用的创伤药物

用于运动创伤的药物种类很多,中药占有相当大的比重,药物的效果有时需结合合理的运动训练或锻炼方法而得到加强。

(一)开放性软组织损伤的常用药物

(1)2%红汞溶液。俗称红药水,能抑制细菌的繁殖,对皮肤及黏膜无刺激性,常用于皮肤.黏膜的擦伤及小扭伤。红汞离子对人体有一定的毒性,因此不能用于口腔内伤口。此外,红汞与碘酒合在一起,可反应成碘化汞,对人体有害,因此红汞与碘酒不能合用。

(2)2%碘酊。其消毒作用强,但对组织刺激性大,因此不宜直接涂于伤口,常用于尚未破溃的虫咬以皮肤消毒。

(3)1%龙胆紫溶液。俗称紫药水,有一定抑菌作用,对皮肤与黏膜无刺激性,无毒,可用于黏膜损伤,口腔溃疡也可用。龙胆紫溶液收敛作用强,涂后伤口结痂较快,不宜用于关节部位和脸部。

(4)酒精。消毒用的酒精浓度为70%~75%,由于其对组织有一定的刺激性,因此通常不直接用于伤口。

(5)3%过氧化氢溶液。俗称双氧水,有抗菌和软化伤痂的作用,有利于坏死组织的剥落和清除。常用于清创并可去除痂皮。

(6)0.9%氧化钠溶液。有抑菌的作用,对组织没有刺激,常用于清洗伤口。

(二)闭合性软组织损伤的常用药物

1. 中药

(1)新伤药。

组成:黄柏40g,白芷12g,血通15g,血竭4g,羌活8g,独活8g,木香12g,延胡15g。

作用:退热,消肿,止痛,通经活血。

主治:闭合性软组织损伤早期。

用法:将药研磨成末,取适量药末加水或蜂蜜调和,摊在塑料纸或纱布上,敷于伤处,每日更换一次。在用药时,应注意皮肤过敏的情况。

(2)活血生新剂。

组成:宫桂,生川,乌生,南星,乳香,没药,木香,木通,续断,地鳖,红花,刘寄奴。

作用:逐寒,活血化瘀,消肿止痛。

主治:闭合性软组织损伤的中期,伤部红热已消退,尚有肿胀,疼痛。

用法:将药研磨成末,取适量药末加水、白酒和蜂蜜调和成稀糊状,煮沸后冷却至50℃左右,趁热敷于伤处。

(3)旧伤药。

组成:续断,土鳖,紫荆皮,白芨,儿茶,羌活,独活,木通,木香,松节,檀香,乳香,宫桂。

作用:舒筋,消肿止痛,续断生新。

主治:闭合性软组织损伤的后期(受伤后1个月以上,经常疼痛,不能着力者)及慢性损伤。

用法:同新伤药。

(4)渗透药酒。

组成:生川乌,生草乌,红花,归尾,桃仁,马钱子,自然铜,甘草,生姜。

作用:活血化瘀,逐寒止痛。

主治:慢性劳损。

用法：将药酒倒在六层叠好的纱布上，湿透为止，放在损伤部位，然后盖上塑料纸，每晚睡前敷上，次晨取清。初用时，可先敷1~2h，如皮肤无不良反应，则延长一夜。

（5）海桐熏洗药。

组成：海桐皮，透骨草，伸筋草，当归，红花，苏木，威灵仙，五加皮，羌活，独活，白芷，川椒。

作用：舒筋通络，活血化瘀，祛风湿。

主治：急性闭合性软组织损伤后期及慢性损伤。

用法：上药煎水，趁热倾药水于盆内，先熏后洗，每日1~2次，每次约30min，每服药可用2~3d。注意防止烫伤。

（6）椒盐酒。

组成：川椒，食盐。

作用：祛风湿，逐寒止痛。

主治：急性闭合性软组织损伤的中、后期及慢性损伤，作按摩药酒。

（7）内服中药。

内服用伤科中常见有云南白药、跌打丸、七厘散、三七丹、沈阳红药等，这些药有活血化瘀、消肿止痛的作用，宜用于较严重的损伤的早、中期。

2. 西药

（1）解热镇痛药。常见有尖痛静、芬必得、APC片、安乃近等，其具体用法遵医嘱。

（2）局封用药。常用1%~2%盐酸普鲁片卡因、肾上腺皮质激素（如醋酸氢化可的松、强的松龙），适用于局部软组织损伤的早、中后期及慢性损伤的部位局部注射用。可以单纯只使用1%~2%盐酸普鲁片卡因，起麻醉止痛和促进病变组织代谢的作用，用量一般为5~10mL。封闭治疗中也可将普鲁卡因与肾上腺皮质激素类药混合使用，起抗无菌性炎症，抑制结缔组织增生，减少瘢痕形成的作用。

对于含肾、腺皮质激素类药物的封闭治疗不宜在一个部位注射过多，通常每周一次，最多每周不宜超过三次。否则可使全部组织的韧度降低，甚至断裂。

第五节　其他运动创伤处置

不同运动项目各有其专项多发性损伤，与运动技能有密切关系。因此，研究运动创伤必须注意受伤动作及受伤机制，以达到预防的目的。运动创伤的种类以慢性创伤（或称微细损伤）较多，多为局部过劳所致，在治疗措施中，改进与安排训练非常重要。

一、擦伤

皮肤与粗糙的物体摩擦引起的皮肤表层损害，称为擦伤。伤后真皮并未受损。例如，滑雪时被树枝擦伤，自行车、田径及球类运动时摔倒擦伤，体操运动时被器械擦伤，拳击时被拳套擦伤等。

（一）主要症状

表皮剥脱，伤处有小出血点和组织液渗出。伤口无感染，则易干燥结痂而愈合；伤口有感染，则局部可发生化脓，有分泌物。

（二）处理方法

（1）创面处理。由于擦伤表面常常沾有一些泥灰及其他脏物，所以清洗创面是防止伤口感染的关键步骤。可用淡盐水（1000mL凉开水中加食盐9g，浓度约0.9%），边冲边用干净棉球擦洗，将泥灰等脏物洗去。

（2）消毒。可用碘酒、酒精棉球消毒伤口周围，沿伤口边缘向外擦拭，注意不要把碘酒、酒精涂入伤口内，否则会引起强烈的刺激痛。

（3）上药。可在创面上涂一点红药水（红汞），此药有防腐作用且刺激性较小。但要注意不宜与碘酊同用，因两者可生成碘化汞，对皮肤有腐蚀作用；汞过敏者忌用。新鲜伤口不宜涂紫药水（龙胆紫），此药虽杀菌力较强，但有较强的收敛作用，涂后创面易形成硬痂，而痂下组织渗出液存积，反面易引起感染。

（4）包扎。用消毒纱布包扎伤口，小伤口也可不包扎，但都要注意保持创面清洁干燥，创面结痂前尽可能不要碰水。

（5）感染创面的处理。如果创面发生感染，可用淡盐水先将伤口洗净再涂以紫药水；或将鲜紫花地丁研细，加热消毒后。加等量甘油和两倍水，调成糊状，涂敷患部，每天或隔天换药1次。对皮肤及表浅软组织早期化脓性炎症，敷药数次，即可见效。也可用大蒜捣烂取汁，取大蒜汁1份，加冷开水3~4份，冲洗化脓伤口；必要时还可将大蒜汁稀释一倍后湿敷，但蒜对皮肤有一定刺激性。

（6）皮肤擦伤慎用创可贴。许多人擦伤皮肤后，习惯贴一片创可贴了事，但擦伤的伤口不适宜用创可贴，而应该用紫药水消炎，让伤口自然暴露在空气中，以待愈合。这是因为，擦伤皮肤的创面比普通伤口大，再加上普通创可贴的吸水性和透气性不好，不利于创面分泌物及脓液的引流，反面有助于细菌的生长繁殖，容易引起伤口发炎，甚至导致溃疡。

（三）注意事项

必须注意：较深的、污染严重的伤口须在医院注射破伤风抗毒素；脸面部的擦伤要注意防止感染，及时处理，以免遗有疤痕组织。

二、撕裂伤、刺伤与切伤

在这三种创伤情况下，皮肤（包括皮下组织）都有不同程度的规则或不规则的裂口。

第七章 运动损伤的预防及处理

（一）病因与主要症状

皮肤撕裂伤是指皮肤和软组织受外力严重摩擦或碰撞所致的皮肤撕裂、出血。其伤口边缘不整齐，组织损害广泛，严重者可致组织坏死。运动中头部裂伤最多，约占整个裂伤的61%。其中又以眼部裂伤居多。如篮球运动中眉弓被对方肘部碰撞可引起眉际裂伤，足球运动中顶球时头部互撞也可导致眉际裂伤。

刺伤是因尖细物体刺入人体所致。刺伤特点是伤口较小但较深，可能伤及深部组织器官，或将异物带入伤口深处，容易引起感染。例如田径运动中头部被鞋钉或标枪刺伤，击剑时被剑刃刺伤等。

切伤是因锐器切入皮肤所致，如滑冰时被冰刀切伤。切伤伤口边缘整齐，出血较多，但周围组织创伤较轻。深的切伤可能切断大血管、神经、肌腱等组织。

撕裂伤、刺伤、切伤均有伤口和出血，撕裂伤口边缘不整齐，组织损害广泛；刺伤伤口细小，但较深；切伤边缘整齐，多呈直线，出血较多，但周围组织损伤较轻。

（二）处理方法

处理原则是止血、保护伤口、预防和减轻感染。

损伤较轻者可先用碘酒、酒精将伤口周围皮肤消毒，然后在伤口撒上消炎药，用消毒纱布覆盖，加压包扎。小的裂口，伤口消毒后可用粘膏黏合；裂口较长和污染较重者，应由医生做清创术，即先用生理盐水与肥皂水洗刷，然后剪除伤口边缘的糜烂部分或坏死组织，再止血、缝合；如疑有感染可暂用凡士林纱条填充，3d 后检查，无感染时再进行二期缝合。

伤口内如有异物，应尽量除去。切伤时常同时合并神经和肌腱损伤，应一并处理。发生在面部的撕裂伤，为了继续比赛，可用生理盐水冲洗，以肾上腺素液面球压迫止血，再用粘膏封合。

凡伤情和污染较重者，应口服或注射适当的抗菌药物，预防感染。凡被不洁物致伤且伤口小而深者，应注射破伤风抗毒素 1500～3000IU，预防破伤风。

如伤口有感染，则应使用抗感染药物，加强换药处理，及时清除伤口内的分泌物，畅流引流，促进肉芽组织健康生长，以利伤口早日愈合。

具体如下：

（1）皮肤撕裂伤处理方法：轻者，消毒后，以胶布黏合或用创可贴敷盖即可；面积较大者，则需止血缝合和包扎。必要时用破伤风抗毒素肌内注射，以免引起破伤风。

（2）刺伤处理方法：轻者先用碘酒、酒精将伤口周围消毒。然后在伤口上撒上消炎粉，用消毒纱布覆盖，再加以包扎。被不洁物刺伤的，要注射破伤风抗毒素，预防破伤风。

（3）切伤处理方法：轻者先用碘酒或酒精消毒，然后在伤口上撒上消炎粉，用消毒纱布覆盖。较重者，应彻底止血，缝合伤口。伤情和污染较重者应该注射抗菌药，预防感染。被不洁物切伤的，要注射破伤风抗毒素，预防破伤风。

三、挫伤

挫伤是钝性暴力直接击打到人体某部位引起的皮肤完好而深层组织或身体内部脏器受到破坏的损伤,属于闭合性损伤的一种。如双杠、单杠、跳马等体操练习时身体与器械的碰撞,足球、篮球等球类比赛中攻防两人的相互撞击造成的伤害等都属于挫伤,是体育运动中较常见的一种运动损伤。

（一）主要症状

与擦伤相比,挫伤的损伤程度要更深。一般性挫伤后局部会出现疼痛、肿胀,皮下组织有出血并伴随运动功能障碍等。肌肉挫伤可以分为外表层挫伤和深层挫伤两种,或两者同时发生。轻度挫伤会出现压痛,中度挫伤压痛较重并伴有肿胀,重度挫伤有严重肿胀与压痛,还可合并发生其他组织、器官的损伤,如胸部挫伤合并肋骨骨折,腹部挫伤合并肝、脾破裂,头部挫伤合并脑震荡或脑溢血等,严重者可出现休克现象,应及时送到医院确诊治疗。

以指关节扭挫伤为例。手指关节受到猛烈撞击或间接暴力而过度背伸、掌屈和扭转等均可引起指间关节侧副韧带损伤或伸指、屈指肌腱损伤等指关节扭挫伤。指关节扭挫伤可发生在各手指的远侧指间关节,也可发生于侧指间关节,而以远侧较多见。指间关节侧副韧带轻度损伤时,在手指伸直位做挫伤关节远端的侧扳会出现疼痛。如关节侧副韧带断裂,则应到医院进行手术缝合。一般在排球运动中的传球和拦网时由于手形不正确。篮球运动员接球时手指未完全打开使手指尖受到来球的猛烈撞击,即可引起关节面软骨的损伤。

（二）处理方法

以单纯性挫伤为例,可分为三个时期进行处理。

1. 早期

它是指伤后 24 ~ 48h,严重者 72h 以内。①制动。伤肢休息,减少活动或不活动,重伤者要严格制动,可把出血控制在最小范围。②冷敷。刺激血管使其被动收缩,减少血液和渗出液的形成。可采用氯乙烷、乙醚、冰块、冷水和冷气等。③加压。用适当厚度的棉花和海绵放于伤部,然后用绷带稍加压力进行包扎,使患部内出血及瘀血现象减轻。④抬高。把患部抬到比心脏高的位置,可以减轻通向损伤部位的血液及来自体液的压力以促进静脉的回流,以减轻患部肿胀及瘀血症状。

2. 中期

它是指受伤48h 或72h 后。处理原则为改善血液和淋巴液循环,促进组织代谢,使血液与渗出液迅速被吸收。加速再生修复可选用按摩、磁疗、热敷、红外线、超短波、微波等理疗方法中的一种或数种。

3. 后期

此阶段主要是增强和恢复肌肉,关节的功能,治疗方法以物理治疗、康复治疗为主,适当配以药物疗法。如果怀疑有其他组织器官休克症状,应立即进行一般休克处理并送往医院急救,肌肉断裂者应尽早进行手术治疗。

四、扭伤

扭伤是大学生在运动中常见的闭合性软组织运动损伤之一。产生的原因:过度的运动;运动前没有进行合理的热身;身体适应性太差;运动场地不平或突发情况。外力作用使关节发生超常范围的活动,从而造成关节内外侧副韧带损伤。

(一)主要症状

扭伤部位疼痛,关节活动不利或不能活动,继则出现肿胀,伤处肌肤发红或青紫。皮色发红多为皮肉受伤;皮色青色多为筋伤;皮色紫色多为瘀血留滞。轻者发生韧带部分纤维断裂,重者则韧带纤维完全断裂,并引起关节脱位或半脱位。

(二)处理方法

1. 急性期

首先要区分伤势轻重。一般来讲,如果扭伤部位能自主活动,虽然疼痛但并不剧烈,大多是软组织损伤,可以自己医治。如果自己活动时有剧痛,产生功能性障碍,扭伤时有声响并且外部形态改变,伤后迅速肿胀等,是骨折的表现,应马上到医院诊治。踝关节扭伤后48h内,压迫患处防止进一步肿胀,同时将下肢抬高增加静脉血回流以防肿胀。此时更是冰敷的最佳时机,将冰块包上毛巾或者使用简单冰敷用具。冰敷的目的在于减少内出血。根据具体情况掌握冷敷频率,避免冻伤。在出血停止以后再热敷,可加速消散伤处周围的瘀血。一般而言,受伤 24 到 48h 后始用热敷。

2. 亚急性期

此期可开始接受物理治疗,患者患部可泡热水,平时走路最好穿上护具。可内服跌打丸。外用正红花油等药物治疗,并加强病患部位身体另一侧对应部位的运动。在敷药前可按摩伤处,用双手拇指轻轻揉动。揉动方向是从下至上,这样既能止痛又能消肿。

3. 慢性期

可开始小步慢跑,或者活动扭伤部位。最好穿护踝或贴扎再跑,更可练习跑八字,但对踝关节扭伤来说还不能跳。一般而言跳上去没事,下来时很容易再扭到。即使治疗得当,最好也要等 6 周再渐渐恢复原来运动量,在此之前锻炼小腿足外翻肌肉,是确保不再扭到的关键。

五、肌肉拉伤

肌肉拉伤,是肌肉在运动中急剧收缩或过度牵拉引起的损伤。这在田径、球类运动中容易发生。肌肉拉伤后,拉伤部位剧痛,用手可摸到肌肉紧张形成的索条状硬块,触疼明显,局部肿胀或皮下出血,活动明显受到限制。肌肉拉伤后,要立即进行冷处理——用冷水冲局部或用毛巾包裹冰块冷敷,然后用绷带适当用力包裹损伤部位,防止肿胀。在放松损伤部位肌肉并抬高伤肢的同时,可服用一些止疼、止血类药物。24h 至 48h 后拆除包扎。根据伤情,可外贴活血和消肿膏药,可适当热敷或用较轻的手法对损伤局部进行按摩。

(一)原因

肌肉主动强烈地收缩或被动过度地拉长所造成的肌肉微细损伤、肌肉部分撕裂或完全断裂,这是最常见的运动损伤之一。

在体育运动中,由于准备活动不当,某部肌肉的生理机能尚未达到适应运动所需的状态;训练水平不够,肌肉的弹性和力量较差;疲劳或过度负荷,使肌肉的机能下降,力量减弱,协调性降低;错误的技术动作或运动时注意力不集中,动作过猛或粗暴;气温过低湿度太大,场地或器械的质量不良等都可以引起肌肉拉伤。在体育运动中,大腿后群肌肉的拉伤最为常见,大腿内收肌、腰背肌、腹直肌、小腿三头肌、上臂肌等都是肌肉拉伤的易发部位。

(二)主要症状

局部疼痛、压痛;肿胀、肌肉紧张、发硬、痉挛;功能障碍。当受伤肌肉主动收缩或被动拉长时疼痛加重;疼痛加剧或有断裂的凹陷出现。有些伤员伤时有撕裂样感,肿胀明显及皮下淤血严重,如果触摸局部有凹陷或见异常隆起者,可能为肌肉断裂。

(三)处理方法

(1)冷敷。软组织受伤时,用冷水、潮冰或冰袋敷在患处表面。通过冷敷可以起到两方面的效果:其一,可以减轻疼痛,冻僵感觉神经系统,起到抗刺激的作用。冷刺激超过了创伤的疼痛,因此疼痛会得到缓解。其二,可以阻碍局部血液供应,减少损伤的组织流血,使损伤范围不再扩大。

(2)用具有弹性的绷带包扎伤处。包扎必须均匀,否则会在压缩绷带的边缘形成"袋"形的肿胀。另外,还要经常检查压缩的情况,以保证血液循环不受影响。如感到刺痛和麻木或皮肤发青等,则证明压缩太紧,应放松,待肤色正常后,再施以较松的压缩。

(3)巧用重力作用。在受伤之后,伤肢会有淤血或肿胀现象,可使伤肢提举到高于心脏的部位,利用重力作用来抵挡淤血和肿胀。

(4)休息与适量运动。损伤产生后应立即休息,并配合进行一些冷敷、压缩等处理,这是保证组织恢复健康所必需的措施。但休息时间不能过长,持久的休息对运动创伤是有害的,所以,应进行一些适量的、有控制的缓和运动。因为有控制的缓和运动可以引起体内血液再分布,加强伤部供血与代谢,引起细胞通透性增加,使肌肉摄取氨基酸量增加,为肌肉的蛋白质合成预备丰富的原料,在肌肉蛋白质合成超过平时而迅速加强时,起到修复组织的作用。当然,这里适量运动的形式、强度应以损伤的性质而定(一些严重的创伤,如骨折、肌腱断裂、脱臼等除外),最好是在有经验的教练或医疗人员指导和监督下进行。

（5）受伤后 24～48h 不能实施治疗。受伤部位的毛细血管容易破裂，如果按摩皮下出血会增多，易导致损伤范围扩大或加重。但现在有许多专家学者提出，对于较轻的软组织损伤，则通过上述处理后可以进行轻手法按摩。一般情况下，软组织损伤后，交感神经系统兴奋，末梢血管收缩，血流加快，如能在受伤处按摩，可以促进凝血过程。

六、关节脱位

关节脱位又叫关节脱臼，指直接或间接暴力作用于关节，使骨的关节面失去正常的对合关系。骨的关节面失去部分正常的对合关系，称为半脱位。发生关节脱位后，患处肿胀，关节外部变形或剧烈疼痛，严重时可伴有血管、神经损伤。在日常生活或劳动、体育运动中，外伤或用力不当可造成关节脱位，以下颌、肩、肘、髋关节较多见。

外伤性关节脱位只有关节囊、韧带和肌腱等软组织撕裂或伴有骨折时方能发生，具有一般损伤的症状和脱位的特殊性表现。

（一）主要症状

（1）疼痛明显，活动患肢时加重。脱位的疼痛只在关节局部，开始时较轻，但在关节活动加强或负重时疼痛加剧，同时还有明显的压痛。

（2）肿胀。由于周围的软组织内血管撕裂出血和软组织损伤后出现炎症反应，在关节脱位后不久即出现显著肿胀。

（3）关节活动功能丧失。由于关节正常结构被破坏，失去了枢纽作用，关节周围软组织的严重损伤、疼痛和肌肉痉挛等使受伤关节失去了正常的活动功能。

特殊表现：

（1）关节畸形。关节脱位后，骨端关节面脱离了正常的位置，关节骨性标志的正常关系发生改变，破坏了肢体原来的轴线，与健侧对比不对称，出现畸形。

（2）弹性固定。关节脱位后，未撕裂的肌肉和韧带可将脱位的肢体保持在特殊的位置，被动活动时有一种抵抗和弹性的感觉。

（3）关节盂空虚。最初的关节盂空虚较易被触知，但肿胀严重时则难以触知。

（二）处理方法

关节脱位的紧急处理与骨折的紧急处理基本相同，关键要注意正确地固定，即将伤肢固定于脱位所形成的位置，并尽快把伤员送至医院，争取及早复位。关节脱位的治疗以手法复位为主，时间越早越易复位，效果越好。手法复位的原则是使脱位的关节端按原来脱位的途径退回原位。对脱位患者应避免粗暴动作和反复复位，以免加重损伤；如果对解剖结构不熟悉，不可随意复位，以免引起血管或神经的更大损伤，可局部冷敷以减轻疼痛。复位不成功或无条件复位者，应将脱位的关节用绷带和夹板等固定于脱位所形成的位置，及时送医院处理。复位成功的标志是关节被动活动恢复正常，骨性标志复原，X线检查显示已复位。复位后将关节固定在稳定的位置上，固定期间要加强功能锻炼。

七、骨折

由于外力或病理因素使骨的完整性或连续性遭到破坏,称为骨折。骨折在体育训练中偶有发生,是指由于外伤使骨骼的骨质部分完全断裂的一种疾病。

骨折类型:因外力作用而发生骨折者,称为外伤性骨折;骨骼本身已有病变(如骨髓炎、骨结核、骨肿瘤等),经轻微外力作用而产生骨折者,称病理性骨折。绝大多数骨折是由外伤(或外力)造成的,但运动中骨折的发生率不是很高,约占整个运动损伤的1.5%。

骨折附近的皮肤和黏膜破裂,骨折处与外界相通,耻骨骨折引起的膀胱或尿道破裂,尾骨骨折引起的直肠破裂,均为开放性骨折。因与外界相通,此类骨折伤口及骨折断端受到污染。闭合性骨折的骨折处皮肤或黏膜完整,不与外界相通,此类骨折没有污染。

(一)主要症状

(1)疼痛。发生骨折时,一般疼痛较轻,但随后因骨折断端刺激临近的肌肉、骨膜、神经等组织,疼痛加重。

(2)肿胀及皮下淤血。骨折后局部及其附近软组织的血管破裂,发生局部出血和肿胀;若骨折处出血较多,血液通过撕裂的肌膜和深筋膜渗入皮下,形成青紫淤斑;肿胀较重时,还可出现张力性水泡,儿童皮肤娇嫩,尤为多见。

(3)功能障碍。骨折后伤肢骨骼失去杠杆和支架作用,疼痛较重,肌肉痉挛,软组织破坏,致使伤肢功能障碍或功能丧失。

(4)畸形。完全骨折时,暴力作用和肌肉痉挛常使骨折断端移位,出现成角、侧方、旋转、分离和缩短等移位畸形。

(5)异常活动。骨骼发生完全骨折后,在移动伤肢或摇动伤肢远端时,骨折处可出现异常活动和形态改变,如弯曲、扭转等。异常活动越明显,骨折端的移位程度越大,稳定性越差。

(6)骨擦音。骨折时由于两骨折端相互摩擦而产生的响声,可以听到或感觉到,是完全骨折的特有征象。

(7)压痛和叩痛。骨折部有明显的压痛,或在骨折肢体的末端叩击时在骨折处发生疼痛。

(8)X线片。骨折的确诊需借助X线片。通过X线片,可进一步了解骨折的情况。

(二)处理方法

1. 骨折的急救原则

(1)防治休克。严重骨折或有其他合并症状的伤员易发生休克,急救时要注意预防休克,早期发现休克要及时处理。

(2)早期临时固定。骨折临时固定非常重要,有止痛和减少骨折周围组织的损伤、预防因疼痛而引起晕厥的作用。疑有骨折的病人,应按骨折处理,尽量避免触动伤肢。如肿胀较重,可剪开衣裤,立即给予固定。固定材料可就地取材,夹板、木板、木棍、竹竿、扁担均可选用。如无合适的固定物,若为下肢骨折,可将伤肢和健肢绑缠在一起,以健肢支撑固定伤肢;若为上肢骨折,可将伤肢绑缠在躯干上。未经临时固定的伤员,不可任意移动,在没有把握或条件不充分的情况下,应禁止做任何试图复位的动作,以免伤员发生休克和增加伤员的痛苦。

(3)先止血再包扎固定。伴有出血的伤员应先采用适当的止血方法进行止血,并按常规处理伤口后,再进行包扎固定。

(4)夹板不可直接接触皮肤。在夹板的两端、骨突处及空隙处要用棉花或软布填上,避免产生压迫性损伤。

2. 处理步骤

(1)一般处理。凡有骨折可疑的病人,均应按骨折处理。首先抢救生命,保持其呼吸顺畅,防止大量出血。闭合性骨折有穿破皮肤,损伤血管、神经的危险时,应尽量消除显著的移位,然后用夹板固定,迅速送往医院。

(2)创口包扎。若骨折端已戳出创口,并已污染,但未压迫血管神经时,不应立即复位,以免将污物带进创口深处。若在包扎创口时骨折端已自行滑回创口内,须向负责医师说明,促其注意。

(3)要善固定。骨折急救处理时最重要的一项就是固定。急救固定的目的有三:一是避免骨折端在搬运时移动而更多地损伤软组织、血管、神经或内脏;二是骨折固定后即可止痛,有利于防止休克;三是便于运输。

(4)迅速运输。经以上现场救护后,应将伤员迅速、安全地转运到医院救治。转运途中要注意动作轻稳,防止震动和碰触伤肢。以减少伤员的疼痛。注意保暖。

第八章　常见疾病及预防

教学目标

（1）掌握一些常见疾病的症状及其预防的方法。
（2）掌握一些常见传染病的症状及其预防的方法。
（3）掌握一些常见职业病的致病原因及其预防的方法。
（4）掌握一些常见运动性疾病的预防及处理方法。

疾病是相对健康而言，两者是生命活动现象的对立统一。人类对疾病的认识过程，也随着社会的发展、科学技术的进步而不断被深化。认识常见的一些疾病并掌握预防的方法，对于人体健康具有重要意义。

第一节　常见病的预防

一、头痛

额、顶、颞、枕等部位发生疼痛都属于头痛的范畴。

（一）病因

引起头痛的因素既有病理性因素，也有非病理性因素，病因相对比较复杂，如过度疲劳、精神紧张、颅内外疾病等都可能引起头痛。人体颅内外组织中的痛觉神经受到某些因素的刺激，这种刺激通过某个通路传入大脑而被感知，则引起头痛。大部分情况下头痛是可以得到良好治疗的，但如果头痛症状持续而剧烈或经常发作，则要给予高度重视，考虑是否发生了器质性疾病。

（二）治疗

治疗头痛，首先要弄清楚是什么原因引起的头痛，从而进行针对性治疗。主要有以下几种情况：

1. 感冒引起的头痛

服用布洛芬等解热镇痛药。

2. 思想问题引起的头痛

主动向亲人、老师和同学倾诉，在这些人的疏导下尽快摆脱思想负担。

3. 精神因素引起的头痛

自己调整情绪，放松身心，或向专业人士寻求帮助。

4. 紧张性头痛

多休息，自己选择一些能够缓解压力的事去做，或按摩头部，舒缓神经。

5. 偏头痛

刚开始出现症状就及时服用扑热息痛等药物；若头痛剧烈，可直接使用曲普坦类和麦角类药物；若头痛频繁发作，可遵循医嘱而提前服药，预防症状加重。

6. 急性剧烈头痛

若伴有高热、呕吐、意识模糊等症状，需立即就医。

(三) 预防

偏头痛或紧张性头痛在大学生群体中比较常见，脑力活动持续时间长、精神刺激等精神方面的因素会直接引发这些头痛并使症状加剧。对此可从以下几方面来预防头痛：

（1）不要长时间埋头读书，要适当参加一些娱乐活动，劳逸结合。
（2）养成良好的作息习惯，睡眠时间规律而充足。
（3）保持愉快的心情，克服焦虑、紧张、暴躁等不良情绪。
（4）学会调节紧张心理与缓解压力，放松自我。
（5）戒烟酒、不吃垃圾食品。

二、发热

正常人的体温是相对恒定的。正常生理状态下人的口腔温度和腋窝温度的正常值分别在36.3℃~37.2℃、36℃~37℃。一天中，体温最低的时候是凌晨，最高的时候是下午。体温在饮食后和剧烈运动后都会升高，但最大也只是升高1℃。对女性而言，排卵期体温稍低于正常范围，月经前期和妊娠早期体温都比非月经期和非妊娠期稍高一点。

(一) 病因

发热还有感染性发热和非感染性发热之分，这是根据引起发热的原因而划分的。常见的发热是感染性发热，即由细菌感染、真菌感染、支原体感染、病毒感染等引起发热。内出血、手术、大面积烧伤、结缔组织病等引起的发热即为非感染性发热。

（二）治疗和护理

发热的治疗与护理方法如下：

1. 及早治疗

初步判断病因，及时就医以确诊，对症治疗，使体温逐渐恢复正常值。

2. 降温

发热实际上是人体的一种保护性反应，能增加抗体，提升白细胞的吞噬力，强化肝脏的解毒功能，对消灭病原体是非常有利的。所以低热时不要着急服用退热药。

高热时先用物理降温法来降温，如将冰袋放在腋窝、腹股沟等部位；75%酒精兑等量温水擦拭颈部、背部和四肢；或用湿毛巾冷敷额部。若这些方法没有效果，再就医或服用退热药。要注意避免滥用退热药，否则会因大量出汗而使身体虚脱，这不仅对改善病情没有帮助，反而会威胁生命安全。

3. 饮食与卫生

多吃清淡、易消化的食物和新鲜蔬果，注意个人卫生。

4. 补液

高热时身体排汗量大，容易引起体内水电解质紊乱，所以及时补液很重要，如喝果蔬汁、淡盐水等。

三、上呼吸道感染

（一）急性咽炎

1. 病因

咽部是吞咽、呼吸、预防保护、调节中耳气压等功能的重要场所，同时也附着不少病毒和细菌，当机体抵抗力降低时，这些病毒和细菌即引起感染，导致急性咽炎。

2. 临床表现

起病急、咽部痒、疼、灼热感，严重时可出现耳痛，痰液增多。查体见咽部黏膜弥漫性充血、水肿，以悬雍垂、腭弓明显，两侧颌下淋巴结肿大。

3. 防治

注意休息，多饮水。适当口服一些解热止痛剂、抗病毒、抗细菌的药物。局部可含服润喉片等。

（二）急性喉炎

1. 病因

喉是以软骨为支架，由肌肉、韧带、纤维组织、黏膜构成的管状气管，当吸入过多的粉尘或有毒气体、声带过度劳累、外伤等情况时，病毒和细菌就会乘虚而入，引起急性喉炎。

2. 临床表现

起病急、声音嘶哑，夜间有犬吠样咳嗽，可出现吸入性痰鸣音和吸气性呼吸困难。严重时可有缺氧的表现，如面色苍白，出冷汗，口唇发紫，烦躁，最后昏迷或并发心衰死亡。查体可见喉头黏膜弥漫性水肿，喉腔变窄，可有分泌物阻塞，且能闻及痰鸣音。

3. 防治

（1）快速给予足量的抗菌素或激素，静脉点滴；
（2）呼吸困难时及时吸氧；
（3）必要时可将气管切开；
（4）保持喉腔的湿度和温度；
（5）注意呼吸道通畅，随时吸痰；
（6）对烦躁的患者给予适量的镇静剂；
（7）及时输液，纠正电解质紊乱，纠正心衰。

总之，对急性喉炎患者，应尽早送医院，由专业医生诊疗。积极治疗喉炎是预防慢性喉炎的有力措施。

（三）急性扁桃体炎

1. 病因

扁桃体位于咽峡部，在悬雍垂和腭弓之间，具有抗感染和免疫功能。扁桃体炎由溶血性链球菌感染引起。多发生在冬春季节，以青少年多见。

2. 临床表现

发病急，常有头痛、发热、全身不适、咽痛等。查体见急性病容，咽部黏膜充血，扁桃体充血肿大且附有白色脓性分泌物。如急性感染治疗不及时、不彻底，可转为慢性。本病可合并急性下颌淋巴结炎、急性中耳炎、鼻炎、喉炎、风湿病、肾炎、风湿性关节炎。故对该病应及时认真地诊疗。

3. 防治

治疗要及时，如有高热应卧床休息，多饮开水，进流质饮食。局部可用淡盐水漱口，保持鼻腔通畅，以预防中耳炎、鼻炎、鼻窦炎的发生。根据病情适当应用大量的有效抗生素或磺胺药。治疗后应积极参加锻炼，增强身体素质，提高自身的抗病能力，预防该病的发生。

四、腹泻

（一）临床表现

一天排便一两次、粪便呈黄褐色、不干硬、不含异常成分，此为排便正常。腹泻指的是一天排便多次，粪质稀薄且带有消化的食物或黏液脓血。腹泻有慢性腹泻与急性腹泻之分，急性腹泻的病程超过两个月，慢性腹泻的病程在两个月以内。

（二）治疗

1. 轻微腹泻的治疗

轻微腹泻者主要采用非药物疗法，如饮食调理等，而不宜使用止泻剂，以免在体内留下有害物质。

2. 严重腹泻的治疗

腹泻严重者需及时就医治疗，患者所用的衣物、餐具等都要进行消毒，并用生石灰等对排泄物进行处理。

3. 急性腹泻的治疗

（1）口服或静脉补液。

（2）遵循医嘱而暂时禁食，或以流食为主，切忌饮食要清淡。

（3）因腹部受凉而引起的急性腹泻可口服藿香正气水或藿香正气胶囊；因细菌感染引起的急性腹泻可采用抗生素治疗。

（三）预防

（1）饮食习惯良好，不吃过期食品和不干净的水果，夏季饮食尤其要注意卫生。

（2）不喝生水和刚从冰箱里拿出的饮料。

（3）了解自己对哪些食物过敏，坚决不吃此类食物。

五、急性支气管炎

（一）病因

支气管炎是由病毒、细菌感染或物理、化学因素刺激所致的气管和支气管急性炎症。当体弱、受凉、过度劳累时可诱发该病。一年四季均可发病，以冬春季多发。

（二）临床表现

起病急，开始有鼻塞、流涕、咽喉痛，全身酸痛等症状。咳嗽早期，咯出的痰为白色黏液样痰,1~2d后变为黄色黏稠脓痰,早晚咳嗽较剧烈。常伴有低或中等度发热。发展到后期查体肺部可变为黄色黏稠脓痰,早晚咳嗽较剧烈。常伴有低到中等度发热。查体肺部可闻及干啰音,偶尔可听到哮鸣音。

(三)防治

卧床休息,进食易消化的食物。适当地给予解热镇痛药和抗生素等抗感染药物。剧烈咳嗽时,可用止咳痰药。

预防重于治疗,平时要经常参加适当的体育锻炼,以增强抵抗力。避免过劳、受凉,防止有害气体、烟雾和粉尘等的吸入。不吸烟,不饮酒。积极治疗慢性咽炎、喉炎和扁桃体炎等慢性病灶。

六、急性胃肠炎

(一)病因

急性胃肠炎的病因很多,但多数为进食不当,如暴饮暴食或进食生冷、粗糙不易消化的食物,细菌或细菌毒素或某些毒物如砷、汞等刺激胃肠道均可引起发病。另有少数人因进食某些食物如虾、蟹等过敏而致发病。偶尔可见肉毒杆菌毒素致病。

(二)临床表现

起病急、症状轻重不一。开始上腹部不适或疼痛,继而出现恶心、呕吐、腹泻。呕吐物最初为胃内的食物残渣、继之吐出黄绿色胆汁。大便呈水样,深黄或深绿色,含有不消化的食物,腹泻严重时可有发热、脱水或出现休克,肠鸣音亢进。因细菌及其毒素致病者,可有头晕、乏力、头痛等全身症状。

根据有饮食不当的病史,起病急,有呕吐、腹痛、腹泻的临床表现,查体见腹部无固定的压痛点,大便稀水样,检查大便有少许白细胞或红细胞,一般即可诊断。本病应与急性菌痢、霍乱、副霍乱相鉴别。对可疑污染的食物进行细菌培养和大便培养,即可确诊。

(三)防治

急性胃肠炎患者,应卧床休息,注意保暖。呕吐、腹泻严重时,应禁食,给予静脉补液,并选用适当的抗菌素或磺胺类药物。症状较轻者可进食流质或半流质食物,并多饮水及对症治疗。

预防主要是注意饮食卫生,避免暴饮暴食,不吃可疑被污染的食物,不吃腐败变质的食物,或超过保存期的食物或饮料。不吃不熟的臭虾或各种肉类。平时要注意食具的卫生消毒,养成良好的卫生习惯,如饭前便后要洗手。搞好环境卫生,消灭苍蝇、蟑螂等害虫。炊事人员如有肠道传染病应及时隔离治疗。防止生、熟食在操作过程中发生交叉污染。海产品或腌制品,吃前应洗净充分加热。

七、急性阑尾炎

(一)病因

阑尾腔狭小,一端和盲肠相通,另一端为盲端。当有异物粪石、寄生虫进入阑尾腔时,都容易造成阑尾腔的梗阻。细菌可以从肠腔直接侵入,也可以通过血液循环达到阑尾而致阑尾发炎。可发生在任何年龄,但40%的病人发生在25～30岁,成为年轻人的多发疾病。

(二)临床表现

阑尾炎发病时往往先以上腹部或脐周疼痛开始,经数小时至10小时后疼痛转移而固定于右下腹部。患者常伴有右下腹麦氏点压痛和反跳痛,化验量白细胞增多。根据病理变化的特点,阑尾炎分为化脓性阑尾炎、单纯性阑尾炎、坏疽性阑尾炎。化脓性和坏疽性阑尾炎可发生阑尾穿孔,形成阑尾周围脓肿和腹膜炎。

(三)防治

急性阑尾炎应尽早治疗,以免病情加重,导致严重并发症如引起腹膜炎等。一般以手术切除阑尾为主。但也可以酌情采用中西医结合的保守治疗。平时要注意预防本病,加强锻炼,饭后不要马上做剧烈活动。对慢性阑尾炎应适时手术治疗。

第二节 传染病的预防

一、传染病的概念、特征及预防

(一)传染病的概念

传染病是由细菌、病毒、寄生虫等病原体引起的,能在人与人、动物与动物以及人与动物之间相互传染的疾病。

(二)传染病的特征

传染病具有以下特征:

1. 有病原体

所有的传染病都有自身的病原体,即引发疾病的微生物、寄生虫或其他媒介等。

2. 传染性

病原体由宿主排出体外后会重新进入另一个易感染者体内,这就是传染病的传染性特征。传染病的传染强度既与人的免疫力有关,又与病原体的数量、类型、毒力等有关。

3. 呈现出流行病学特征

传染病的流行病学特征具体表现为季节性、地方性和流行性。

（1）季节性。季节性指的是某个季节是某种传染病的高发季节,这个季节发病率高,这与季节的气候变化有直接关系。

（2）地方性。地方性指的是某些传染病经常发生于某一地域内,这与该地域的自然条件如地理条件、气候条件等有关系。

（3）流行性。流行性指的是某种传染病在某一时期内频繁发生在某一地区的人群中,发病率超过了本地区其他时期或其他地区的同一时期。流行性包括暴发流行和大流行两种情况。

第一,暴发流行指的是某一地区短期内突然有很多人患同一种疾病。

第二,大流行指的是某种传染病在短时期内迅速传播,广泛蔓延,流行强度超过一般流行水平。

4. 免疫性

人患有传染病且痊愈后,其对这种传染病的病原体往往会产生免疫力。痊愈后人体免疫状态与传染病的类型有关,有的传染病人们患病一次后终身都对该病的病原体免疫,有的传染病人们患病一次后还会再感染。常见的感染现象有以下几种。

（1）再感染。患有某种传染病的人痊愈后,经过一定时间被同一种病原体感染。

（2）重复感染。患病过程中再次被同一种病原体感染,最常见的是疟疾、血吸虫病、丝虫病等。

（3）复发。在疾病恢复期或快要痊愈时,被再度出现的病原体感染,导致症状复发,重新进入治疗期。

（4）再燃。临床症状基本缓解,但体温还没有恢复正常,反复升高,以伤寒最为常见。

（三）传染病流行过程的三个基本环节

传染源、传播途径和易感人群是传染病流行过程必须具备的三个条件,它们相互联系、同时存在,被称为流行过程的三个基本环节。只有当三个环节同时存在时,才会出现传染病的传播及蔓延。

1. 传染源

传染源是指病原体已在体内生长、繁殖并能将其排出体外的人和动物。传染源包括患者、隐性感染者、病原携带者和受感染的动物。

（1）病人。病人是重要的传染源,不同疾病的病人,其传染性的大小不同,传染期的长短各不一致。

（2）隐性感染者。在某些传染病（如脊髓灰质炎）中，隐性感染者是重要传染源。

（3）病原携带者。病原携带者指外表无症状，但能排出病原体的人。可分为四类：

①潜伏期携带者：指在传染病潜伏期末期排出病原体者。

②恢复期携带者：指临床症状消失后仍能排出病原体者。

③慢性携带者：指病后携带病原体超过三个月以上者。

④健康携带者：指携带病原体而无临床症状者。

2. 传播途径

传播途径是指病原体离开传染源后，到达另一个易感者的途径。传播途径由外界环境中各种因素所组成，从最简单的一个因素到包括许多因素的复杂传播途径都可发生。

（1）经空气、飞沫传播。病原体借病人呼吸、谈话、咳嗽、喷嚏时排出体外，散布到空气中，易感者通过呼吸将病原体吸入体内。呼吸道传染病如流行性感冒、麻疹、肺结核等，都是通过空气、飞沫传播的。

（2）经水传播。水源受到病原体污染，未经消毒饮用后造成传染病的流行。如霍乱、伤寒、痢疾等肠道传染病都可以经水传播。有些传染病通过与疫水接触而传播，如钩端螺旋体病、血吸虫病等。

（3）经食物传播。被病原体污染的食物或有病动物的肉、乳、蛋、毛蚶等都携带病原体，当人们食用这些食品时没有进行适当的消毒，即造成肠道传染病的流行。

（4）接触传播。

直接接触传播：是指在没有外界因素的参与下，传染源直接与易感者接触的一个途径。如性接触传播性病和艾滋病，狗咬人传播狂犬病。

间接接触传播：是指接触被传染源的排泄物或分泌物污染的生活用品和生产工具所造成的传播。尤其是手在传播中起到重要的作用。许多肠道传染病、人畜共患的疾病、性病、表皮传染病等，都可由这种途径传染。在大学生中，手、钱、饭票、浴池、面盆、毛巾、餐具等在传播疾病中起着重要作用。另外，使用污染的消毒不严的医疗器械，注射器是传播乙型病毒性肝炎、艾滋病等的一个途径。

（5）经血液、血制品和胎盘传播。输注带病毒的血液、血制品可传播乙型病毒性肝炎、丙型病毒性肝炎及艾滋病等。另外，妊娠期间患有肝炎、艾滋病等，病原体可经胎盘及血液传给胎儿，形成母婴传播，又称垂直传播。

（6）土壤传播。经土壤传播的疾病很多，有些传染病的病原体必须在土壤中发育到一定阶段才具有感染性，如破伤风杆菌、炭疽杆菌、钩虫卵等都需在土壤中发育到芽胞期或蚴虫期，再通过人的伤口或皮肤而感染，引起破伤风、炭疽及钩虫病。

（7）虫媒传播。媒介昆虫作为传播因素的作用分为叮咬传播和机械性携带传播。叮咬传播指的是某些传染病的病原体需在特定的媒介昆虫体内生长、发育，经叮咬吸血而传播，如蚊子传播疟疾、流行性乙型脑炎等，虱传播斑疹伤寒；机械性携带传播，如苍蝇可携带病原体污染食物，传播肠道传染病。

3. 易感人群

对某一传染病缺乏特异性免疫力称为易感者，易感者在某一特定人群中的比例决定该人群的易感性。

(四)传染病的预防

预防传染病,要对传染病的特征及传播过程予以考虑,从而有针对性地采取一些预防措施。常见的预防措施有以下几种:

1. 将传染源控制好

首先,及早发现传染病患者,及时将患者隔离并对其进行治疗,这是对传染源进行控制的关键。

其次,必须严格遵守传染病报告制度,按照《中华人民共和国传染病防治法》,甲类传染病和乙类的艾滋病及肺炭疽为强制管理传染病,应立即隔离,各地分别在规定时间内补报当地疾控中心。其余乙类传染病及丙类传染病分别为严格管理和监测管理的传染病,在规定时间内上报。

最后,要密切观察传染病的病原携带者和接触者,通过预防接种或药物预防等措施来加强预防。

2. 将传播途径切断

将传播途径切断的关键在于做好卫生处理和消毒工作,化学消毒法和物理消毒法是两种常见的消毒方法。

(1)化学消毒。用75%乙醇、84消毒液等化学消毒剂来消灭病原体。

(2)物理消毒。对病原体采取洗、刷、擦等手段将其消除。

3. 对易感人群加以保护

保护易感人群,主要是做好疫苗接种工作。通过接种疫苗,提高机体的抵抗力,从而对细菌、病毒等病原体产生免疫力,防止染上传染病。

二、常见传染病及防治

(一)流感

1. 基本知识

流感就是流行性感冒,属于急性呼吸道传染病,流感的发生与以下三种流感病毒有直接的关系。

(1)甲型流感病毒。传播范围广,不仅在人群中流行,也能在动物中流行,危害动物生命。

(2)乙型流感病毒。局部传播,流行程度比甲型流感病毒弱。

(3)丙型流感病毒。主要在婴幼儿群体中传播,一般不会在其他年龄的群体中流行。

被流感病毒侵袭后,有 1~3d 的潜伏期,发病后呼吸道症状不是很明显,但全身症状比较严重,如急性高热,全身乏力酸痛,尤其是四肢与背部。

2. 传播途径

流感的主要传染源是流感病人及隐性感染者。患流感后一周内均有传染性,传染性最强阶段是发病早期。流感的传播途径主要有以下两种。

(1)通过空气飞沫传播是流感最主要的传播途径。流感病人打喷嚏、咳嗽时将呼吸道分泌物中的病毒排到空气中,易感者吸入后感染病毒,易得流感。

(2)近距离接触传播也是流感的一个主要传播路径,人群密集度、气候、环境条件等因素都会影响流感的传播速度。

3. 临床表现

潜伏期 1~3d(数小时至 4d)。

(1)典型流感。急起畏寒高热,乏力、头痛、身痛,轻度咽干痛,胸骨下烧灼感,多无鼻塞流涕。急性热病容,面颊潮红,结膜充血,咽充血轻,肺部可闻干鸣音。发热多于 1~2d 内达高峰,3~4d 内热退,但乏力可持续 2 周以上。

(2)肺炎型流感。肺炎型流感主要发生于老年、幼儿或原有较重的基础疾病及采用免疫抑制剂治疗者。初起如典型流感,1~2d 后病情迅速加重,出现高热、衰竭、剧咳、血性痰,继之呼吸急促,发绀,双肺满布湿鸣音,X 线检查双肺弥漫性结节性阴影,以近肺门处较多。抗生素治疗无效。病程可长达 3~4 周,病死率很高,可超过 50%。

(3)胃肠型流感。患者多为儿童,以恶心、呕吐、腹泻、腹痛为主要症状,一般 2~3d 即可恢复。

4. 治疗

服用抗病毒药物,加强支持性治疗和对症治疗,对并发症加以预防。

(1)一般治疗。患者必须进行呼吸道隔离一周或至主要症状消失,宜卧床休息,多饮水,给予易消化的流质或半流质饮食,保持鼻咽及口腔清洁,补充维生素 C、B_1 等。

(2)对症治疗。对发热、头痛者应予对症治疗;但不宜使用含有阿司匹林的退热药,尤其是 16 岁以下患者。

(3)抗病毒治疗。金刚烷胺和金刚乙胺对甲型流感病毒有效,但对乙型、丙型流感无效,剂量为每日 200mg,口服 5d,老年人剂量减半。可在 1~2d 内减轻发热,缓解全身症状及呼吸道症状。

(4)继发细菌感染的治疗。根据送检标本细菌培养和药敏试验结果,选择有效的抗菌药物。

5. 预防

(1)教室、宿舍、食堂、图书馆等要经常通风换气,尤其是春季与冬季,从而使细菌、病毒的密度降低,这样传染的机会就会减少。

(2)学生要养成良好的卫生习惯,如日常卫生、饮食卫生、运动卫生、着装卫生等。勤洗手,用干净毛巾擦手,打喷嚏或咳嗽时用手或纸掩住口鼻,双手接触呼吸道分泌物后立即洗手;饮食要健康、均衡;加强体育锻炼,提高抵抗力;换季随气温变化而增减衣服,但要避免突然穿很厚的衣服或突然减去很多衣服,增减衣服要有个过程。

(3)流感季节来临前接种流感疫苗。

(4)流感期间少参加聚会,避免去人流量大、空间密集、环境差的场所,出门养成戴口罩的习惯。

(二)病毒性肝炎

1. 基本知识

由多种不同肝炎病毒引起的损害肝脏的传染病就是病毒性肝炎。全身疲力、食欲不振、肝脏肿大、肝功能弱化等是这一传染病的主要症状。

甲型肝炎、乙型肝炎、丙型肝炎、丁型肝炎、戊型肝炎是到现在为止已确定的五种病毒性肝炎,下面简要分析前三种病毒性肝炎。

(1)甲型肝炎。甲型病毒性肝炎简称"甲肝",通过粪便污染的食物或水经口传播。该病的发生往往比较突然,且有发热、恶心、腹泻、食欲减退、全身乏力等症状。

(2)乙型肝炎。乙型病毒性肝炎简称"乙肝",这种传染病具有全球性,而且是危害最严重的肝炎,其在慢性肝炎中占很大的比例,达到80%~90%。乙肝的主要特点如下。

第一,起病较慢,潜伏期长。

第二,症状主要表现为恶心、腹泻、发热等,这些症状发生在急性期,但发生率比甲肝低。

第三,部分患者可变成慢性肝炎,反复发作,少数患者可演变成肝癌和肝硬化。

乙肝患者和HBsAg携带者是乙肝的主要传染源,乙肝有血液传播、母婴传播和性传播等几种传播途径。

(3)丙型肝炎。丙型病毒性肝炎的传播途径主要是血液传播,这类肝炎具有以下几个特点。

第一,患者多有输血、输血制品史。

第二,病情相对较轻,肝功能轻度异常,出现黄疸的情况少。

第三,转变成慢性肝炎的概率大,很难得到彻底治疗。

第四,少数患者会转变为肝硬化、肝癌。

2. 治疗

目前,主要采用综合疗法来治疗病毒性肝炎,强调合理补充营养和休息。药物治疗是辅助疗法,根据症状不同而用药,治疗期间要避免摄取有损肝脏的食物,尤其要戒酒。

(1)急性肝炎的治疗。如果在急性肝炎发病早期可以合理补充营养,休息好,并配合其他一般支持疗法,那么通常一个季度左右最多半年时间就可以痊愈。肝炎患者要特别注意休息,这是减轻症状、消除黄疸、保护肝功能的最佳方式。但也不能一直卧床不动,要适当活动,不要劳累。

(2)慢性肝炎的治疗。中西医结合是治疗慢性肝炎的主要方法,同时要配合一般性支持疗法。

第一,患者在发病早期要休息好,症状减轻后适当活动。

第二，饮食要合理，以富含蛋白质和维生素的食物为主，少量摄取碳水化合物和脂肪，预防脂肪肝。

第三，肝功能恢复正常3个月后，可正常生活与学习，但不能太劳累，要定期去医院复查。

3. 预防

（1）对传染源进行控制。针对不同的传染源做好控制与管理工作，主要涉及以下几方面：

第一，控制肝炎病人。

第二，控制病毒携带者。

第三，控制献血源。

（2）将传播途径切断。切断传播途径主要从以下几方面着手：

第一，大力管理血液及血液制品。

第二，加强食品卫生管理。

第三，避免日常生活感染。

第四，防止医源性传播。

第五，防止性传播，阻断吸毒等感染途径。

（三）细菌性食物中毒

1. 基本知识

细菌或其毒素污染过的食物被人摄入后，就会引起急性感染中毒疾病，这就是细菌性食物中毒。

细菌性食物中毒的潜伏期较短，一般进食后几个小时就会有症状，主要是恶心呕吐、腹痛（上腹或肚脐周围）、腹泻等胃肠道症状，腹泻有的一天多达数十次，严重者甚至会休克。部分患者还有全身症状，如头痛、发热、四肢乏力等。

食物中毒主要有以下两种类型：

（1）胃肠型食物中毒。这种类型的食物中毒比较常见，夏秋季是高发季节，潜伏期短、集体发病是这类食物中毒的主要特征，症状和急性肠胃炎症状相似，如恶心呕吐、腹痛、腹泻等。

（2）神经型食物中毒。这是由摄取含有肉毒杆菌外毒素的食物而引起的食物中毒，临床症状主要表现为眼肌、咽肌瘫痪等神经系统症状，这类食物中毒非常严重，对人的生命有很大的威胁，必须及时治疗。

2. 传播途径

患者、病菌携带者、感染的家畜家禽是细菌性食物中毒的主要传染源。主要传播途径是食物传播，即摄取被污染的食物或水，餐具被污染过等。

3. 治疗

（1）治疗方针。主要进行对症支持治疗，抗菌治疗主要针对高热者。

（2）药物治疗。有高热症状的患者可用抗菌药物，病原菌不同，选择的抗菌药物也不同。

（3）其他治疗。

第一，能进食的患者可以口服补液，不能进食者给予糖盐水静滴。

第二，有明显腹痛、呕吐症状的患者，可口服丙胺太林或皮下注射阿托品。

第三，酸中毒患者酌情补充5%碳酸氢钠注射液或11.2%乳酸钠溶液。

第四，脱水严重者应积极补液，并及时对其进行抗休克处理。

4. 预防

（1）注意个人饮食卫生，不吃不干净和过期变质的食物，吃新鲜蔬果。

（2）学校建立食堂卫生管理制度，严格执行制度，加强食堂卫生管理。

（3）食堂工作人员定期体检，若有腹泻、皮肤感染等疾患，需及时从食堂调离。

（四）细菌性痢疾

1. 基本知识

细菌性痢疾（简称菌痢）是由痢疾杆菌引起的急性肠道传染病。临床上以全身中毒症状、腹痛、腹泻、里急后重及黏液脓血便为特征。本病以儿童及青壮年为多见。传染源包括病人和带菌者。

细菌性痢疾的主要类型：

（1）急性菌痢。

①急性典型菌痢患者。由于排便次数多、排菌量大，对周围环境污染严重，故传染性很强；但易被发现，尚可早期隔离治疗，故实际的传播危险性较小。

②急性非典型菌痢患者。症状较轻，常易忽视，为重要传染源。

③急性中毒型菌痢患者。病情重，卧床不起，接触人群少，污染范围小，故其流行病学意义不大。

（2）慢性菌痢。

此型患者长期不愈，常有复发，复发时排出大量痢疾杆菌，长期隐伏在人群中，是起着经常性传播作用的传染源。

（3）带菌者。

①恢复期带菌者。约4.1%~4.6%患者病后短期内排菌。若不从事饮食或保育工作，其危害性较小。

②健康带菌者。既无菌痢病史，又无症状与肠黏膜病变，只是粪便细菌培养痢疾杆菌阳性。因其排菌期短，排菌量少，故其传染性小。

2. 传播途径

本病是痢疾杆菌随病人或带菌者粪便排出，易感者通过污染的手、生活接触、污染食物或水源，或借苍蝇传播等方式，经口感染。

（1）生活接触传播。即接触患者或带菌者的日常生活用品（被服、食具、玩具等）经手入口而受感染。此外，由于患者频繁排便，手极易被感染。在一般情况下，这种以污染手为媒介的接触传播是主要的传染方式,尤其是不注意个人卫生的儿童,手的传播作用更为重要。

(2)经食物传播。食物可通过染菌的手、水、蝇受到污染。在适宜温度下,痢疾杆菌也可在动物性食品和一些熟蔬菜、凉粉等植物性食品上繁殖。所以,食用生冷食物及不洁瓜果可引起菌痢散发;如痢疾杆菌污染集体食物而繁殖,未经加热或加热不足就被食用,可引起暴发。这是菌痢的重要传播途径。

(3)经水传播。痢疾杆菌在水中具有一定存活力,若水源保护不好,粪便处理不当,水源即可被粪便污染。而导致经水传播。凡在生产劳动、施工或其他大量人群集体活动过程中,不注意水源选择和水的消毒时,更易发生水型传播,引起暴发流行。

(4)经苍蝇传播。苍蝇生活于粪便与污染物中,蝇体带菌率可达8%~30%。在卫生条件不良的情况下,可通过苍蝇污染饮食,对散播痢疾杆菌起重要作用。

3. 人群易感性

无论男女老幼都对本病易感。儿童患病较多与卫生习惯有关,成人患病多与感染机会较多有关。任何足以降低抵抗力的因素均有利于菌痢的发生。同型菌痢病后无巩固免疫力;不同菌群与血清型的痢疾杆菌之间无交叉免疫,故易于重复感染和多次发病。

4. 流行特征

菌痢在我国全年均有发生,但有明显的季节性,以夏、秋两季为多见。发病率一般在5月份开始上升、8~9月达高峰、10月以后逐渐下降。但我国幅员广阔,南北气候不同。如广州菌痢从3月开始,5~6月达高峰,至11月才下降。北京7~9月发病占全年总数的46.5%~80%。本病季节性升高除与苍蝇媒介有关外,与气候适合痢疾杆菌在外界生存,以及热天人们好喝生水冷饮,好食凉菜和瓜果,以及胃肠道功能易于失调等因素有关。一般呈散发,但在环境卫生和个人卫生较差地区或在生产劳动、施工、野营等时,如卫生防疫措施不力,易引起发病和流行。

5. 临床表现

潜伏期为数小时至7d,多数为1~2d,通常可分为急性与慢性二期。

急性菌痢:

(1)轻型。多无全身中毒症状,一般体温正常或稍高,腹痛不显著,腹泻每日不超过3~5次,里急后重感可无或较轻,大便呈稀糊状或水样,含少量黏液,无明显脓血,病程一般较短,易误诊为肠炎或结肠炎。

(2)普通型。起病较急,有畏寒、发热(38~40℃),伴有全身不适、恶心、呕吐,继而出现阵发性腹痛、腹泻,开始为水样便带黏液,1~2d转为脓血便,类量少,一日10~30次不等,里急后重感显著,触诊时左下腹有压痛,个别严重病例由于腹泻、呕吐剧烈,不及时治疗可致脱水或酸中毒。

(3)中毒型(暴发型)。多见于2~7岁体质较好的儿童,成人少见。临床以起病急骤,高热常达39~40℃左右,以反复惊厥、昏迷、呼吸衰竭、休克为其特征。部分病人可呕吐咖啡样胃内容物,如不及时抢救,可在短时间内死亡。

慢性菌痢：

病程超过两个月以上的,或反复发作者,多因急性菌痢治疗不及时或不彻底等原因而转为慢性,表现腹痛,腹泻反复发作,大便间歇或经常带有黏液或脓血。乙状结肠区可有压痛,严重者合并营养不良,贫血或浮肿等。

6. 预防与治疗

（1）预防。发现病人要及时送医院早期隔离治疗。做好粪便消毒,保护水源工作,加强粪便无害化处理。

对饮食管理人员定期进行健康检查,发现慢性带菌者应及时治疗,并需调换工作。养成良好的卫生习惯,做到饭前便后洗手,不吃不洁和腐败变质的食物。

（2）治疗。

急性菌痢：

①一般治疗。卧床休息,床边隔离,饮食以流质或半流质为宜。恢复期中可按具体情况逐渐恢复正常饮食。

②对症治疗。高热可行物理及药物降温,失水明显或水电解质及酸碱平衡紊乱者,应及时纠正。剧烈腹痛者可酌用阿托品等解痉药等。

③病原治疗。常用复方新诺明片,成人和 12 岁以上的儿童每次 2 片,每日 2 次;吡哌酸片 0.5g,每日 3 次;痢特灵,成人 0.1g,每日 3 次;黄连素,成人 0.3～0.5g,每日 3 次。病情较重者可加用庆大霉素、卡那霉素、氨苄青霉素等。

慢性菌痢：

长期系统的治疗,除口服药物外。可根据具体情况选用药液灌肠治疗,也可配用中医中药治疗。

（五）肺结核

1. 基本知识

肺结核是由结核分枝杆菌引起的呼吸道传染病。它是严重危害人类健康的主要传染病,是全球关注的公共卫生和社会问题,也是我国重点控制的主要疾病之一。

典型的结核分枝杆菌是细长稍弯曲两端圆形的杆菌。结核分枝杆菌对干燥、冷、酸、碱等抵抗力强。在干燥的环境中可存活数月或数年,在室内阴暗潮湿处能数月不死。低温条件下,如 -40℃仍能存活数年。湿热 85℃ 5min、95℃ 1min 或煮沸 100℃ 5min 可杀死结核分枝杆菌。常用杀菌剂中,70% 酒精最佳,一般在 2min 内可杀死结核分枝杆菌。结核分枝杆菌对紫外线敏感,太阳光直射下痰中结核分枝杆菌经 2～7h 可被杀死。

2. 临床表现

早期轻型肺结核病人无任何不适。随着病情加重,逐渐出现不同的症状;咳嗽咳痰是肺结核最常见的症状,咳嗽较轻,干咳或少量黏液痰。有空洞形成时,痰量增多,若合并细菌感染,痰可呈脓性。若合并支气管结核,表现为刺激性咳嗽。约 1/3～1/2 的病人有咯血史,可见鲜红色或暗紫色血混于痰内。结核累及胸膜时可表现胸痛。发热,多为午后低热

（37.5℃～38℃），少数病人出现39℃以上的高热。盗汗，夜间睡着后，两腋及胸前出汗，醒后发现出汗很多。食欲减退、疲乏无力。育龄女性患者可出现月经不调。

3. 治疗

（1）加强护理和支持疗法。结核病患者应注意休息，适当运动，保持充分睡眠。要保持乐观开朗的情绪。饮食要富有营养、易消化，注意补充较多的蛋白质。

（2）化学药物治疗。肺结核化学治疗的原则是早期、规律、全程、适量、联合。整个治疗方案分为强化和巩固两个阶段。

早期：对所有检出和确诊患者均应给予化学治疗。早期化学治疗有利于迅速发挥早期杀菌作用，促使病变吸收和减少传染性。

规律：严格遵照医嘱要求规律用药，不漏服，不停药，以避免耐药性的产生。

全程：保证完成规定的治疗期是治愈率和减少复发率的重要措施。

适量：严格遵照适当的药物剂量用药，药物剂量过低不能达到有效的血浓度，影响疗效和易产生耐药性，剂量过大易发生药物毒副反应。

联合：联合用药是指同时采用多种抗结核药物治疗，可提高疗效，同时通过交叉杀菌作用减少或防止耐药性的产生。常用抗结核药物有异烟肼、利福平、乙胺丁醇、吡嗪酰胺和链霉素，采用全程督导化学管理，以保证患者不间断地规律用药。

4. 预防

①控制传染源。对排菌病人应进行隔离治疗，以减少对健康人群的威胁。定期普查，做到早发现、早治疗。

②切断传播途径。对病人的痰要经常化验，发现痰中有结核分枝杆菌，应加强管理，痰要烧毁。大力开展群众性结防工作，提倡湿式扫地，禁止随地吐痰。

③保护易感人群。主要是增强人体免疫力，降低对结核分枝杆菌的易感性。接种卡介苗，以产生对结核分枝杆菌的免疫力。

（六）肾综合征出血热

1. 基本知识

流行性出血热（haemorrhagie fever with renal syndrome）又称肾综合征出血热，是危害人类健康的重要传染病。它是由流行性出血热病毒（汉坦病毒）引起的，以鼠类为主要传染源的自然疫源性疾病，流行广泛，病情危急，病死率高，危害极大。世界上人类病毒性出血热共有13种。根据该病肾脏有无损害，分为有肾损及无肾损两大类。在我国主要为肾综合征出血热（HFRS）。1982年世界卫生组织统一定名为肾综合征出血热。现我国仍沿用流行性出血热的病名，是国家法定乙类传染病。

本病是由病毒引起以鼠类为主要传染源的自然疫源性疾病，是以发热、出血倾向、低血压休克及肾脏损害为主要临床特征的急性病毒性传染病。本病主要分布于欧亚大陆，但HFRS病毒的传播几乎遍及世界各大洲。在我国已有半个世纪的流行史，全国除青海、台湾省外均有疫情发生。20世纪80年代中期以来，我国本病年发病数已逾10万，已成为除病毒性肝炎外,危害最大的一种病毒性疾病。

2. 传播途径

主要传播为动物源性。病毒能通过宿主动物的血及唾液、尿、便排出,鼠向人的直接传播是人类感染的重要途径。

目前认为有以下途径可引起出血热传播:

(1)呼吸道。含出血热病毒的鼠排泄物污染尘埃后形成的气溶胶颗粒经呼吸道感染。

(2)消化道。进食含出血热病毒的鼠排泄物污染的食物、水,经口腔黏膜及胃肠黏膜感染。

(3)接触传播。被鼠咬伤及鼠类排泄物(尿、粪)、分泌物(唾液)直接与破损的皮肤、黏膜接触。

(4)垂直传播。①母婴传播:患病后孕妇可经胎盘感染胎儿;②带病毒孕鼠经胎盘传给胎鼠(黑线姬鼠、褐家鼠、大白鼠);③带病毒螨类(革螨、恙螨)经卵传播。

(5)虫媒传播。老鼠体表寄生的螨类(革螨、恙螨)叮咬人可引起本病的传播。

3. 人群易感性

不同性别、年龄、职业和种族的人群对HFRS及HV感染具有普遍的易感性,但感染病毒后仅小部分人发病,大部分人呈隐性感染状态,人群隐性感染率的差别,主要与人群活动场所、活动范围、接触传染源(或共排泄物)的概率不同有关。国内监测结果证实,家鼠型疫区人群自然隐性感染率最高,其次为混合型疫区,姬鼠型疫区最低。重流行区人群隐性感染率比轻流行区高。一般青壮年发病率高,二次感染发病罕见。病后在发热期即可检出血清特异性抗体,1~2周可达很高水平,抗体持续时间长。

4. 临床症状

潜伏期为5~46d,一般为1~2周。本病典型表现有起病急,有发热(38℃~40℃)、三痛(头痛、腰痛、眼眶痛)以及恶心、呕吐、胸闷、腹痛、腹泻、全身关节痛等症状,皮肤黏膜三红(脸、颈和上胸部发红),眼结膜充血,重者似酒醉貌。口腔黏膜、胸背、腋下出现大小不等的出血点或瘀斑,或呈条索状、抓痕样的出血点。随着病情的发展,病人退热,但症状反而加重,继而出现低血压、休克、少尿、无尿及严重出血等症状。典型的出血热一般有发热、低血压、少尿、多尿及恢复五期经过。如处理不当,病死率很高。因此,对病人应实行"四早一就",即早发现、早诊断、早休息、早治疗,就近治疗,减少搬运。

出血热早期症状主要是发热、头痛、腰痛、咽痛、咳嗽、流涕等,极易与感冒混淆,造成误诊而延误病情;不少患者由于出现发热、头痛、尿少、水肿等症状而被误诊为急性肾炎或泌尿系统感染;部分患者可有恶心、呕吐或腹泻等症状而被误诊为急性胃肠炎;少数患者有发热、畏寒、头痛、乏力症状,皮肤黏膜有出血点,或白细胞数增高,与败血症非常相似。

5. 治疗

(1)发热治疗。

①一般治疗。早期应严格卧床休息,避免搬运,以防休克,给予高营养、高维生素及易消化的饮食。

②液体疗法。发热期由于特有的血管系统损伤,血浆大量渗出及出血;高热,进食量减少,或伴有呕吐或腹泻,使大量体液丧失,血容量急剧减少及内环境严重紊乱,是发生低血压休克及肾损的主要原因。

③皮质激素疗法。中毒症状重可选用氢化司的松每日100~200mg或地塞米松5~10mg加入液体稀释后缓慢分次静滴。

④止血抗凝疗法。根据出血情况,酌情选用止血敏、安络血及白药,但早期应避免用抗纤溶药物。

⑤抗病毒疗法。包括病毒唑、特异性免疫球蛋白、免疫血清治疗。

⑥免疫疗法。

(2)低血压休克期治疗。应针对休克发生的病理生理变化,补充血容量,纠正胶体渗透压和酸碱平衡,调整血管舒缩功能,消除红细胞、血小板聚集,防止DIC形成和微循环淤滞,维护重要脏器功能等。

(3)少尿期治疗。包括移行阶段及多尿早期,治疗原则应是保持内环境平衡,促进利尿,防治尿毒症、酸中毒、高血容量、出血、肺水肿等并发症以及继发感染。

(4)多尿期治疗。治疗原则是及时补足液体及电解质,防止失水、低钾与低钠,防止继发感染。补充原则为量出为入,以口服为主,注意钠、钾的补充。

此外,恢复期治疗、并发症治疗也要注意科学、合理。

6. 防治策略与措施

出血热尚无特异性病原疗法,发病后只能对症治疗。因此,预防尤为重要。

(1)灭鼠、防鼠是预防本病关键的措施。

灭鼠以药物毒杀为主,应在鼠类繁殖季节(3~5月)与本病流行季节前进行。采用毒鼠、捕鼠、堵鼠洞等综合措施,组织几次大面积的灭鼠。

防鼠包括挖防鼠沟,野营、工地应搭高铺,不宜睡上铺;保存好粮食及食物;整顿环境,以免鼠类窝藏。

(2)灭螨、防螨。在秋季灭鼠可同时用杀虫剂进行灭螨,主要杀灭经常活动地区的游离螨与鼠洞内螨。防螨应注意:①不坐卧于稻草堆上;②保持室内清洁,暴晒与拍打铺草;③清除室内外草堆、柴堆,经常铲除周围杂草,以减少螨类叮咬机会;④亦可用5%的敌敌畏溶液喷晒衣服开口处,有效时间约半日。

(3)接种疫苗。接种双价肾综合征出血热灭活疫苗,是预防肾综合征出血热最经济、最有效的措施。HFRS疫情防制:采取以灭鼠防鼠为主的综合性措施,对高发病区的青壮年(家鼠型疫区不分年龄)及其他疫区与鼠类及野外疫源地接触机会多的职业或工种等,包括有关医疗、护理、检验及防疫人员(高危人群)接种HFRS灭活疫苗。

(4)加强个人防护。尽量避免与鼠类及其排泄物(尿、粪)或分泌物(唾液)接触,灭鼠过程中要特别注意个人防护。进入野外疫源地作业及留宿时,必须加强个人防护,防止接触感染。

（七）新型冠状病毒肺炎

1. 新型冠状病毒

新型冠状病毒是指以前从未在人类中发现的冠状病毒新毒株。2019年12月导致武汉病毒性肺炎暴发疫情的病毒即为新型冠状病毒，世界卫生组织将该病毒命名为COVID-19。

2. 传染源

目前主要是新型冠状病毒感染的患者，无症状感染者也可能成为传染源。

3. 传播途径

经呼吸道飞沫和密切接触传播是主要的传播途径，在相对封闭的环境中长时间暴露于高浓度气溶胶情况下存在经气溶胶传播的可能。

4. 新冠肺炎的症状

以发热、乏力、干咳为主要表现。少数患者伴有鼻塞、流涕、腹泻等症状。重型病例多在一周后出现呼吸困难，严重者快速进展为急性呼吸窘迫综合征、脓毒症休克、难以纠正的代谢性酸中毒和出凝血功能障碍。值得注意的是重型、危重型患者病程中可为中低热，甚至无明显发热。

部分患者仅表现为低热、轻微乏力等，无肺炎表现，多在1周后恢复。

从目前收治的病例情况看，多数患者预后良好，儿童病例症状相对较轻，少数患者病情危重。死亡病例多见于老年人和有慢性基础疾病者。

5. 新冠肺炎的预防

（1）避免去疾病正在流行的地区。

（2）减少到人员密集的公共场所活动，尤其是空气流动性差的地方，例如公共浴池、温泉、影院、网吧、KTV、商场、车站、机场、码头、展览馆等。

（3）不要接触、购买和食用野生动物（即野味），避免前往售卖活体动物（禽类、海产品、野生动物等）的市场，禽肉蛋要充分煮熟后食用。

（4）居室保持清洁，勤开窗，经常通风，每天2次，每次半小时。

（5）随时保持手卫生。减少接触公共场所的公共物品和部位；从公共场所返回、咳嗽用手捂之后、饭前便后，用洗手液或香皂等流水洗手，或者使用含酒精成分的免洗洗手液；不确定手是否清洁时，避免用手接触口鼻眼；打喷嚏或咳嗽时用手肘衣服遮住口鼻。

（6）建议外出佩戴口罩。外出前往公共场所、乘坐公共交通工具时，可佩戴一次性使用医用口罩，外出就医应佩戴医用外科口罩或N95口罩。

（7）保持良好卫生和健康习惯。家庭成员不共用毛巾，保持家居、餐具清洁，勤晒衣被。不随地吐痰，口鼻分泌物用纸巾包好，弃置于有盖垃圾箱内。注意营养，勤运动。

（8）主动做好个人及家庭成员的健康监测。建议早晚测量体温各一次。

（9）准备常用物资。家庭应常备体温计和一次性使用医用口罩、家用消毒用品等物品。

也可备有医用外科口罩或 N95 口罩供必要时外出使用。

（10）家庭成员出现可疑症状（包括发热、咳嗽、咽痛、胸闷等）时，及时就诊。

（八）人感染高致病性禽流感

1. 基本知识

由禽甲型流感病毒引起的急性传染病就是人感染高致病性禽流感。有多种禽流感病毒亚型都能直接感染人，其中感染高致病性 H5N1 亚型和 H7N9 亚型的病人病情严重、死亡率高。这类传染病的特点是潜伏期短（1~3d），传染性强，传播速度快，春季与冬季是高发季节。

人感染高致病性禽流感的临床表现有发病急、高热、咳嗽、呼吸困难等，伴有鼻塞、流涕、头痛、四肢酸痛等症状。部分病人还有消化道症状，如恶心、腹痛、腹泻等。重症患者可出现多种并发症，如重症肺炎、肾功能衰竭、急性呼吸窘迫综合征、休克等，这些都会威胁生命。

2. 传播与流行

（1）传染源。主要传染源有患禽流感或携带禽流感病毒的家禽（鸡、鸭、鹅等）。

（2）传播途径。呼吸道传播是主要传播途径。

（3）易感人群。易感人群分布广泛，密切接触传染源的人是高危人群。

3. 治疗

（1）立即住院隔离，防止传染。

（2）进行对症治疗、支持治疗，患者卧床休息，多补充水。

（3）用解热药、止咳祛痰药等。

（4）抗流感病毒药物是在发热 48h 内使用。

（5）预防并发症，对已经出现的并发症要及时治疗，否则会危害生命。

4. 预防

（1）控制传染源。封锁疫区，禁止非工作人员出入，彻底处理病禽，对污染物品彻底消毒。

（2）将传播途径切断。树立安全意识，避免接触禽类，做好消毒工作。

（3）对易感人群加以保护。第一，学校加强食品卫生管理。第二，学生养成良好的卫生习惯。第三，教室、宿舍要经常通风。

第三节 常见职业病的预防

一、颈椎病

颈椎病是一种常见病,是指颈椎间盘退行性改变、颈椎骨质增生以及颈部损伤等引起颈段脊柱内外平衡失调、刺激或压迫颈部神经、血管而产生一系列症状。主要症状是颈部和背部的功能障碍和疼痛,表现为颈部、肩部、上肢麻木和头晕。

(一)致病原因

主要因为长时间伏案劳作,使颈椎长时间处于屈曲位或某些特定体位,不仅使颈椎间盘内的压力增高,而且也使颈部肌肉长期处于非协调受力状态。颈部的肌肉细长而不丰厚,易受牵拉劳损,椎体前缘相互磨损、增生,再加上扭转、侧屈过度,进一步导致损伤而引起各种病变。

(二)运动预防

(1)在工作(劳动)中应经常做几秒钟的抬头,活动活动颈部。
(2)加强头颈部的活动,如颈部旋转或侧摆运动等。
(3)在业余活动中要重视颈部的活动。
(4)应加强颈肩部肌群力量和柔韧性练习。

二、肩周炎

肩周炎又称肩关节组织炎,这是肩周肌肉、肌腱、滑囊和关节囊等软组织的慢性炎症,肩周炎在50岁左右的人中比较常见,女性多于男性,左侧较右侧多见,双侧同时发病者少见。

(一)致病原因

主要因为肩关节是人体全身各关节中活动范围最大的关节。其关节囊较松弛,关节的稳定性大部分靠关节周围的肌肉、肌腱和韧带的力量来维持。由于肌腱本身的血液供应较差,而且随着年龄的增长会发生退行性改变。办公室工作人员由于长期伏案工作,肩部的肌肉韧带会长期处在紧张状态,加之肩关节平常活动比较频繁,周围软组织经常受到来自各方面的摩擦和挤压,故易发生慢性劳损。

(二)运动预防

(1)站立,两脚同肩宽,两臂轻轻前后摆,并逐渐增大摆动幅度,每天早晚各一次,每次

50～100下。

（2）提物站立,两脚同肩宽,上身向前弯,患肩周炎侧前臂向下做捞物动作,每天早晚各一次,每次30～50下。

（3）画圆圈站立,两脚同肩宽,身体不动,两臂分别由前向后画圆圈,画圆范围由小到大,每天两次,每次50～100下。

（4）按摩与被动运动:肩部按摩能起到改善血液循环、减轻肌痉挛和松解关节粘连的作用。按摩配合被动运动,可增大肩关节的活动范围。但要注意按摩的力度,手法一定要轻柔,以免症状加重。

三、腰肌劳损

腰肌劳损又称"功能性腰痛"或"腰背肌筋膜炎",主要是指腰骶部肌肉、筋膜等软组织慢性损伤。其主要症状为腰或腰骶部酸痛或胀痛,部分刺痛或灼痛。

（一）致病原因

主要是坐位姿势,一般呈弓起背部向前微倾状态。长时间保持这种坐位姿势,腰部肌肉超负荷做功,处于持续的紧张状态,使小血管受压,供氧不足,代谢产物堆积,刺激局部而形成损伤性炎症。此外,急性腰扭伤也是导致腰肌劳损的重要原因。

（二）运动预防

（1）工作时要经常变换体位,纠正不良姿势。要重视和加强腰部的活动。
（2）平时要加强腰背肌及脊椎间韧带的锻炼和保护,在进行体育活动或搬抬重物前要做好准备活动,防止突然用力使腰部扭伤。
（3）在业余体育活动中,可以每天倒走几次,每次3～5min。
（4）经常参加太极拳、五禽戏、健身操的锻炼。这些传统的健身方法对预防腰肌劳损很有益处。
（5）此外,应加强腰部肌群的力量和柔韧性练习。

四、下背痛

下背痛又称腰背痛,是指一组以下背、腰骶和臀部疼痛为主要症状的综合征。下背疼痛是现代文明病。

（一）致病原因

下背痛的致病原因较多,病理机制复杂,但是各种原因的下背痛均在不同程度上与腰部肌肉疲劳和收缩能力下降有着互为因果的关系。礼仪小姐、餐厅服务员、警察等,他们的肌肉、韧带等组织因为长时间支持腰椎处于同一个姿势,久之将过度耗损,导致肌肉等组织僵硬、疲劳。此外,长时间姿势的不正确,会导致腰椎和骨盆的肌肉组织僵硬,腰椎与骨盆关节长期错位,因而也会造成脊椎关节组织的退化变形。

(二)运动预防

预防下背痛的方法主要是保持正确的姿势,站立时尽量使头部、颈部、胸椎及腰椎保持成直线,不要驼背,也不要腹部过度前挺。适度的运动可以训练肌肉的力量及耐力,以竖脊肌为主的腰部肌肉是人体重要的姿势肌和动作肌,对维持躯干的正直姿势起到重要作用,因此着重强化核心肌肉群,增加肌力及肌耐力并矫正姿势,进而可以起到预防及治疗下背痛的作用。选择运动项目时应考虑轻量的运动,如打太极拳,练习气功和游泳。此外,应注意适度休息。如果工作需要比较长的时间,大约20min便要起身做个简单的伸展操,使肌肉得到松弛再继续工作,以免肌肉长期处于紧张状态。

五、下肢静脉曲张

下肢静脉曲张是指下肢浅静脉系统处于伸长、蜿蜒而曲张的状态。

(一)致病原因

除个别因患先天性静脉壁薄弱病变外,多因长时间站立或重体力劳动腹压增大,加重了下肢静脉内的压力,久而久之引起静脉扩张、延伸甚至曲张,最终导致静脉瓣膜机能不全。

(二)运动预防

(1)平时要多做双腿上下摆动或蹬夹练习,多做腿部按摩。
(2)站立时,不要总用两条腿一起支撑全身重量,可有所侧重,让两条腿轮换休息。站立时,要经常踮起脚来,让脚后跟一起一落活动,或经常进行下蹲练习。上述动作都能引起小腿肌肉强烈收缩,减少静脉血液积聚。
(3)下肢静脉曲张的人,因为静脉瓣膜有损坏,故应该避免像举重、跳远、短跑、投掷等引起腹压增高的活动,但是可以从事游泳、慢跑、自行车、跳绳等运动。仰卧蹬骑自行车对于防治单纯性下肢静脉曲张有较好的锻炼效果。患者仰卧在床上或地板上,双腿悬空做类似骑车蹬踩动作,可以改善站立过久带来的下肢胀痛、沉重等症状。对于那些症状轻或尚未出现明显病痛的患者,可配穿医用弹力袜或绑腿,进行诸如健身跑、自行车、体操等肢体运动,这有助于下肢有规律的运动与肌肉舒缩,从而发挥小腿"肌肉泵"的作用,防止腿部静脉淤血。各种呼吸练习有助于调节胸腹腔的压力,所以在运动中也应注意调节呼吸。

六、扁平足

扁平足就是足弓塌陷。

（一）致病原因

长期保持站立姿势，会使足部负担过大，若加上鞋子不合适时，容易引起足部疼痛，严重时会引发扁平足。

（二）运动预防

防治扁平足的主要方法是做矫正体操。矫正体操的重点是锻炼胫骨前肌、腓骨长肌、胫骨后肌、屈指长肌及足部肌。如足尖走、足跟走、足外侧走、踢毽子等，以及坐位时进行足内翻、足趾屈伸和分开并拢、足趾钳物等练习。每日锻炼 1～2 次，每次 20～30min。

第四节　运动性疾病的预防与处理

运动性疾病是指在运动中训练不当而造成体内各系统和器官的疾病或异常体征。常见的有运动性腹痛、运动性晕厥、低血糖症、运动性贫血、中暑、过度疲劳、运动性血尿、运动性血红蛋白尿等。从广义上来说，与运动有关的各种疾病与征象，都属于运动性疾病之列。

一、过度紧张

过度紧张是指在训练或比赛时，运动负荷超出了机体所能承受的能力而引起的急性病理现象，常在一次训练或比赛后即刻或短时间内发病。

（一）病因

引起过度紧张的主要原因是训练水平较差的生理机能状态不良，因而多发生在缺少锻炼、比赛经验不足及因故长期中断训练或患病的运动参加者中。

对于初参与运动健身的人或较长时间休息后再次参与健身或某次健身突然加大负荷，可能导致对健身内容的动作、技术方法不熟悉或心理因素（如担心别人嘲笑、担心旧伤复发）而过度紧张。

（二）症状

过度紧张的表现较复杂，对其发病机理的了解目前还不十分清楚。过度紧张可令身心产生各种不适，轻者头晕、眼前发黑、面白、无力、站立不稳；严重者会出现嘴唇青紫、呼吸困难，心痛，甚至昏厥。

(三)处理及预防

病情较轻者,只要保持安静平卧位,注意保暖,并予以必要的对症处理,口服镇静剂,吃容易消化的食物等即可。对有心功能不全的病人,应保持安静,取端坐位,给氧吸入及点掐内关、足三里穴;有昏迷者可加点人中、百会等穴;若发生呼吸、心搏骤停,必须立即就地进行人工呼吸和胸外心脏按压,同时速请医生做进一步处理。出现晕厥的病人,要平卧休息,保暖防寒、松解腰带等,或点掐人中、百会、涌泉等穴,并注意保持呼吸道通畅。神志不清者严禁进食,意识不能迅速恢复者应立即送医院处理。

二、低血糖症

低血糖症是血液中葡萄糖下降过低引起的综合征。其多发生在剧烈的耐力性运动后期或运动结束后不久。

(一)病因

低血糖是指个体空腹时血糖浓度低于 2.8mmol/L 的一种症状表现。健身时间过长或者运动健身者在饥饿的状态下健身可导致低血糖症的发生。另外,临赛前补糖过多,赛前精神过于紧张及赛后强烈的失望情绪,也可引起神经对血糖调节的紊乱,导致或加重低血糖症。

(二)症状

当体内血糖浓度低于 3.5mmol/L 时,首先受到影响的是依赖于糖供能的脑组织,从而出现脑功能障碍和交感神经兴奋。轻者面色苍白、心烦易怒;重者视物模糊、焦虑、昏迷。

(三)处理及预防

检查血糖,则明显降低。脉搏快而弱,血压偏高或无明显变化,或昏倒前升高而昏倒后降低,呼吸短促,瞳孔扩大。

使病者平卧、保暖。神志清醒者可饮浓糖水或吃少量食品,一般短时间内即可恢复。不能口服者,可静脉注射 50% 葡萄糖 40～100mL。昏迷不醒者,可针刺人中、百会、涌泉、合谷等穴,并迅速请医生前来处理。

要注意进行运动量大的运动时,应准备一些含糖的饮料,供途中饮用。平时缺乏锻炼者,或患病未愈及空腹饥饿时,不要参加长时间的激烈运动。

三、肌肉痉挛症

肌肉痉挛(俗称抽筋)是指肌肉不由自主地发生的强直性收缩。其在运动中经常可见,多发生在耐力性运动后期或运动结束后不久。最易发生痉挛的肌肉是小腿腓肠肌,其次是足底的屈拇肌或屈趾肌。

(一)病因

(1)钠离子和氯离子的丢失。运动时,由于大量排汗或利尿减少体重,体内钠离子和氯离子随汗液或尿液大量丢失,引起细胞外液中的钠离子和氯离子浓度下降、过低,从而引起肌肉痉挛。特别是排汗后补水不补盐,更易引起钠离子和氯离子的浓度过低,导致肌肉痉挛。

(2)寒冷刺激。在寒冷的环境中进行运动时,肌肉受到寒冷的刺激可以发生痉挛。如果未做准备活动或准备活动不充分,寒冷的刺激更易引起肌肉痉挛。

(3)肌肉舒缩失调。在体育运动中,由于肌肉连续快速收缩,放松的时间太短,或过于强烈的、突发的自主性强直收缩,均可使肌肉舒缩的协调性紊乱,引起肌肉痉挛。在未做准备活动或局部疲劳时,这种情况更易发生。另外,局部肌肉发生微细损伤时,也可以引起肌肉痉挛。

(二)症状

肌肉痉挛时,肌腹坚硬、隆起,局部挛痛,相应关节活动受限。运动中出现的肌肉痉挛一时不易缓解,有时缓解后,仍有不适感并易再次痉挛。

(三)处理及预防

肌肉痉挛时,一般通过缓缓加力、持续牵引痉挛的肌肉,即可使之缓解。例如,腓肠肌痉挛时,可将膝关节伸直,持续用力背伸踝关节直至痉挛缓解。此外,还可配合局部按摩,如揉、捏等。游泳时在水中发生腓肠肌痉挛时,切勿惊慌失措,可以边呼救边自救。自救时,用健足蹬水,两手划水,使身体呈仰泳式。然后深吸一口气,用对侧的手握住患侧足拇趾,用力将踝关节伸展。对不易缓解的肌肉痉挛,可重掐阿是穴,或边牵引边重掐阿是穴。肌肉痉挛缓解后,不宜继续进行运动,应进行病因治疗(补充盐水、保暖、放松按摩牵引等)。

四、中暑

中暑是热射病、热痉挛和日射病的总称,是高热环境中发生的一种急性疾病。

(一)病因

运动性中暑多发生在夏季户外长时间的健身中,机体处于高温环境,身体体温升高超出生理承受范围发生高热状态。特别是在湿度高、通风不良或头部缺乏保护,被烈日直接照射等情况下,引起体温调节功能发生障碍而导致中暑。

（二）症状

早期有头晕、头痛、呕吐现象。逐步发展为体温升高，皮肤灼热干燥。严重者可出现精神失常、虚脱、痉挛、心律失常、血压下降。过于严重的，甚至会昏迷，危及生命。如抢救不及时，可因循环呼吸系统机能衰竭而导致死亡。

（三）处理及预防

中暑处理方法如下：
（1）随时关注运动健身者的生理状态，如有中暑先兆者：到阴凉处避暑，适当饮水，解开衣物，湿毛巾擦拭身体。
（2）准备清凉消暑或低糖含盐饮料，并准备急救药品，发现中暑症状，立即停止运动，及时处理。
（2）中暑严重者：降温、平卧，牵引痉挛肌肉，服含盐清凉饮料或解暑药。
（3）中暑衰竭和昏迷者：降温、平卧，掐人中、涌泉、中冲等穴，服含糖、盐饮料，按摩，尽快就医抢救。

平时要坚持在较热的环境中锻炼，逐步提高身体的耐热能力。高温炎热季节运动时，应当减少运动量和运动时间。夏天在室外锻炼时，应戴白帽，穿浅色、宽松、通风性能好的运动服。准备好清凉解暑的饮料和药物，室内锻炼要注意通风，夏季体育锻炼的时间不宜太长，应安排适当的休息时间，运动量大的项目应放在早晨或傍晚进行。膳食中注意水和无机盐的补充。

五、运动性贫血

血液中红细胞数量与血红蛋白含量低于正常值，称为贫血。因运动引起的这种血红蛋白量减少，称为运动性贫血。医学检查中，正常男子的血红蛋白含量为 0.69～0.83mmol/L，正常女子的血红蛋白含量为 0.64～0.78mmol/L。在通常情况下，本病的发病率女性高于男性。由于贫血，常引起多种不良的生理反应，危及健康，所以这部分人常常恐惧体育锻炼。

（一）病因

由于运动时，肌肉对蛋白质和铁的需求量增加，一旦需求量得不到满足，即可引起运动性贫血。同时，在运动时，脾脏释放的溶血卵磷脂能使红细胞的脆性增加，加上剧烈运动时血流加速，易引起红细胞破裂，致使红细胞的新生与衰亡之间的平衡遭到破坏，从而导致运动性贫血。

（二）症状

运动性贫血发病缓慢，症状表现有头晕、恶心、呕吐、气喘、体力下降，以及运动后心悸、心率加快、脸色苍白、无力,检查可见皮肤黏膜苍白、心尖区收缩期吹风样杂音等。血液检查血红蛋白减少,男低于129g/L,女低于105g/L。部分病员红细胞计数低于正常值。

（三）处理及预防

运动性贫血处理方法如下。

（1）如运动中（后）出现头晕、无力、恶心等现象时,应适当减少运动量,必要时停止运动。

（2）食用富含蛋白质、铁质、维生素的食物。

（3）服用抗贫血药物。如口服硫酸亚铁,这对缺铁性贫血的治疗有明显效果。

遵循循序渐进和个别对待原则,调整膳食。如运动时经常有头晕现象时,应及时诊断医治,以便正常参加体育锻炼。

（1）遵守科学锻炼的原则,安排好训练强度和运动量是预防该病的重要环节。对已有贫血者安排运动量的大致原则为,血红蛋白低于100g/L（男）或90g/L（女）停止大、中运动量锻炼,以治疗为主,待血红蛋白上升后再逐渐增加运动量。当血红蛋白在100～120g/L、（男）或90～110g/L（女）时,可边治疗边锻炼,在锻炼中减少强度,避免长跑等。

（2）膳食中宜多食含蛋白质和铁丰富的食物。如肉类、干果类和绿色蔬菜。

（3）对症状比较明显或血清铁低者应由医生进行系统的检查和治疗。

六、运动性昏厥

在运动中,由于脑部供血不足而引起的一时性知觉丧失现象,叫作运动性昏厥。

（一）病因

长时间站立或过久下蹲后骤然起立,使脑部缺血,容易引起昏厥。跑动后立即停止,由于下肢血管失去肌肉收缩的挤压作用,加上血液本身的重力关系,大量血液积聚在下肢舒张的血管中,造成回心血量减少,因而心输出量减少,使脑部突然缺血,而发生晕厥。这种昏厥也叫"重力性休克"。神经类型欠稳定的人,一旦受惊、恐惧、悲伤,或者看到别人出血,都可反射地引起广泛的小血管急性扩张,血压下降,从而导致脑部血液供应不足而发生血管抑制性昏厥。

（二）症状

昏厥前,病人面色发白,感到头昏眼花,全身软弱无力。昏厥时失去知觉,突然昏倒。昏倒后,面色苍白、手足发凉、出冷汗、脉搏慢而弱、血压下降、呼吸缓慢。经过短时间的平卧休息,脑缺血消除,知觉迅速恢复,但精神不佳,仍有头昏,全身无力的感觉。

（三）处理及预防

让病人平卧,头部稍放低,松解衣领,注意保暖。用毛巾擦脸,自小腿向大腿做重推摩和揉捏。病人没有苏醒,则用指针掐点人中穴。禁止给任何饮料饮用或服药。有条件的话,应给氧气和在静脉注射 25% ~ 50% 葡萄糖 40 ~ 60mL。如呼吸停止,应立即进行人工呼吸,醒后可给以热饮料,注意休息。急救同时,应该尽快联系医生。

当有昏厥的前期症状时应立即平卧,或由同伴扶着走一段路,可使症状减轻或消失;坚持锻炼,增强体质;久蹲后要慢慢站立起来;跑后不要立即站立不动,应继续慢跑并做深呼吸。

七、运动性腹痛

腹痛是运动中常见的症状,可由多种原因引起,并时常在运动过程中或运动结束时发生。这种直接由运动引起的腹部疼痛称为运动性腹痛。以右上腹痛为多见。

(一)病因

准备活动做得不充分;运动速度和强度加得过快或太突然;缺乏锻炼或训练水平低;呼吸与动作之间的节奏配合不良;身体状况不佳、劳累、精神紧张;膳食制度不合理,饮食上存在问题等。

(二)症状

小负荷和慢速度运动时,腹痛不明显;随着运动负荷和强度增加,腹痛也逐渐加剧。腹痛部位,常为病变脏器所在:左上腹痛,多为脾瘀血;左下腹痛,多因宿便引起;右上腹痛,多为肝胆疾患、肝脏瘀血;右下腹痛,多为阑尾炎;中上腹痛,多为急性或慢性胃炎;腹中部痛,多为肠痉挛、蛔虫病。

(三)处理及预防

用手按压疼痛部位,或弯腰跑一段距离,一般疼痛即可减轻或消失。减慢运动速度和降低运动强度,加深呼吸,调整呼吸和运动节奏。上述处理方法如还无效或加重,应停止运动,口服止痛药物,点掐或针刺足三里、内关、三阴交等穴位,进行腹部热敷等。还没有效果,则需请医生诊治。

加强全面身体训练,提高生理机能水平。要充分做好准备活动,运动中注意呼吸节律,中长跑时要合理分配速度。膳食安排要合理,饭后须经过一定时间后才可进行剧烈运动,运动前不宜过饱或过饥,也不要饮水过度。训练时要遵循训练的科学性原则,要循序渐进地增加运动量。对于各种疾患引起的腹痛,应就医检查确诊,彻底治疗,疾病未愈之前,应在医生指导下进行体育活动。

八、运动性血尿

在运动健身中,如果运动强度过大,超过运动健身者承受范围有可能引起显微镜下血尿,经检验无原发病的称运动性血尿,检查时,轻者仅可在显微镜观察下出现血尿,严重者有直观的血尿现象,并伴有腹痛、头晕等症状。

(一)病因

血尿的产生可能是在运动中血液重新分配,使肾血流量减少,肾小球缺血,缺氧,同时血液中乳酸含量增高,肾小球通透性增加,红细胞逸出;也可能是剧烈的震动或打击,使肾脏发生外伤致肾血管破裂而出现血尿,如拳击运动员即属这种情况。

(二)症状

血尿在运动后即刻出现,其严重程度与运动量和运动强度大小量正相关。除血尿外一般无其他症状和体征,血液化验、肾功能检查、腹部 X 线平片及肾盂造影等检查均正常。出现血尿后即停止运动,一般情况下血尿在 3d 内消失。

(三)处理及预防

(1)出现血尿,应当重视,全面检查,排除病理性血尿,以免误诊。
(2)发现肉眼可见血尿,停止运动。
(3)肉眼可见无明显症状,调节健身负荷,注意观察。

第九章　卫生保健

教学目标

（1）了解视力、大脑、口腔的基本生理知识及常见疾病。
（2）掌握用眼卫生、科学用脑、口腔卫生保健及预防的相关知识。

学校里的卫生保健工作是学校管理中不可缺少的一部分。学校通过开展健康教育，可以使大学生掌握一定的卫生知识，认识个人卫生习惯、营养、体育锻炼、防病保健、环境卫生、安全措施等诸因素与健康的相互关系及影响作用，了解自身生长发育不同阶段，建立健康行为，改变不良行为，促进身心健康发展。

第一节　眼与视力保健

眼睛是人体接受外界信息的主要通道，保护视力无论对学习、工作或生活都具有重要的意义。据统计，当代大学生的视力状况并不理想，入学时视力不良者约占40%～60%；进校以后，视力仍有继续下降的趋势，毕业时，视力不良者可达60%～80%。

一、眼的结构和功能

眼睛是视觉的生理基础，用眼卫生是保证学习的重要条件。眼由眼球、神经通道及附属器官三部分组成。

（一）眼球

眼球略呈圆形，前后径约24mm，位于眼眶内。正常成人眼球前后直径为22～27mm。外界的可见物体，首先经过眼折光系统（角膜、房水晶状体、玻璃体）的折射后在视网膜上形成物像，视网膜上感光细胞感受光的刺激，此信息经视神经纤维传向大脑皮质视觉区形成视觉。

眼球壁的外层为纤维膜，透明的角膜和不透明的巩膜组成；中层为虹膜、睫状体、脉络膜三部分组成，其功能是供给眼内组织的营养；内层为视网膜，其功能是感光和传导神经冲动。

眼球内容物包括房水晶状体和玻璃体等透明组织,它和角膜构成屈光装置,具有透过和屈光作用。

(二)视神经通路

视神经通路是光感传导的神经通路,眼底的视网膜上视觉细胞受到刺激后发生冲动,经过视神经传到大脑相应的视觉中枢,从而形成视觉。

(三)附属器官

附属器官包括眼眶、眼肌、眼睑、结膜和泪器,位于眼球的周围。除眼外肌主管眼球运动外,其他组织均以不同方式保护眼球。眼眶是容纳眼球的空腔,对眼球起保护作用。眼外肌主管眼球运动。眼睑分上下两部,覆盖眼球,主要功能是保护眼球前部,防止外力损伤。经过眨眼运动可清洁湿润角膜。结膜是一层透明的黏膜,结膜腺体分泌黏液,润滑眼球。泪器由泪腺和泪道组成,泪腺的功能是分泌泪液,以保护湿润眼球。

二、眼科常见问题

(一)屈光不正

眼的屈光系统由角膜房水晶状体、玻璃体构成。眼的屈光变化主要改变晶状体的弯曲度。眼视近物时反射性引起睫状肌收缩,将睫状体拉向前,悬韧带(睫状小带)即松弛,晶状体由于自身的弹性向前后方凸出(前凸较明显),这样就增加了屈光度,辐射的光线提前聚焦,在视网膜上成像。如果眼球折光系统出现异常,物像不能清晰地落在视网膜上,就称为非正视眼或屈光不正。通常屈光不正分三类:近视、远视、散光。

1. 近视

近视是指在无调节状态下外界平行光线射入眼内,经屈光系统屈折后,在视网膜前方形成焦点,在视网膜上形成一个朦胧圆,从而形成一个不清晰的影像,只有将物体移近,才能在视网膜上形成清晰的像,看清物体。近视分真性近视和假性近视。真性近视指用阿托品滴眼后,屈光度未降低或降低度数<0.15D;假性近视指使用阿托品滴眼后,近视屈光度消失,恢复正常。患近视眼后可出现眼部和全身症状。最主要的症状是远视力不好,常常眯起眼来看清目标,长期这样,会出现眼睛胀痛、头晕等症状。

2. 远视

远视是指眼睛的前后径过短或眼的屈光力较正常眼弱所致,被视的物体成像于视网膜后方,在视网膜上形成一个环行光圈,使视物不清。

成年人眼球发育小,角膜扁平或者因各种原因引起角膜屈光度变小以及房水、角膜、晶状体屈光度偏低也可致远视眼的发生。

3. 散光

正常的角膜,其弯曲度是均匀规则的,曲率半径是一致的,因而当光线通过角膜时,其屈光焦点可集合成一点。但如果眼球形态异常,角膜曲率半径不一致,光线通过眼球的不同径线后,不能会聚在同一点上,而是形成两个或多个焦点,称为散光。散光多为先天所致,后天所患则常见于角膜晶状体外伤,炎症,溃疡等。

（二）睑腺炎及睑板腺囊肿

1. 睑腺炎

睑腺炎又称麦粒肿,指睫毛毛囊周围皮脂腺或睑板腺的急性化脓性炎症,因其肿胀似麦粒而得名,俗称"挑针眼",是一种常见眼睑腺体的化脓性炎症,主要由葡萄球菌、链球菌感染引起。可分为内睑腺炎及外睑腺炎。

内睑腺炎是睑板腺的炎症,脓头在睑结膜面,眼睑局部红、肿、热、痛,早期局部有硬结,晚期可形成脓点,可溃破。位于外眦部者,则伴有球结膜水肿。

外睑腺炎是睫毛毛囊皮脂腺、汗腺的炎症,脓头在皮肤面,严重者可见耳前淋巴结肿大,治疗为局部理疗或热敷,脓肿形成后应做切开排脓术,外睑腺炎做与睑缘平行之皮肤面切口。内睑腺炎在睑结膜面做与睑缘垂直切口,不可挤压排脓,否则可使感染扩散至颅内;病情严重者,可口服或注射抗菌药物。

2. 睑板腺囊肿

睑板腺囊肿又称霰粒肿,是一种由于睑板腺开口阻塞而引起的脂肪肉芽肿性炎症。眼睑皮下硬结无压痛,与皮肤不粘连,翻转眼睑可见睑结膜相应区呈紫红色。少数病人可在此处穿破呈息肉状。小的可不治疗,亦可局部点眼膏并热敷,促使其吸收;大者可行切开刮除术,切口与内睑腺炎相同,术中应将包囊切除。

（三）急性传染性结膜炎

急性传染性结膜炎是指具有极强传染性的眼结膜发炎,俗称"红眼病",病原体为科里氏杆菌、肺炎双球菌、葡萄球菌、微小核糖核酸病毒等。其传播方式主要是通过接触传染,该病多发生于春夏季节,起病急,常累及双眼。最初眼睛有异物或痒感,随之出现眼红、怕光、流泪、烧灼痛、眼睑水肿、睁眼困难,整个病程持续 8～10 日。分泌物为黏液性或脓性,粘着睑缘和睫毛,晨起封闭眼裂。严重者分泌物中的纤维索凝成乳白色的伪膜,附于睑结膜表面,容易拭去。留下轻微出血面。眼结膜充血、水肿,眼睑红肿,有时有出血点。

治疗急性传染性结膜炎可用生理盐水或 3% 硼酸水冲洗,每日 2～3 次,可以止痛和减轻水肿。滴用抗生素眼药水,点眼次数必须频繁,最好为半小时 1 次。单眼发病者滴眼药水时,头应侧向患眼一边,以防分泌物流到健眼,造成交叉感染,晚间临睡前可涂眼膏一次,病情严重者局部冷敷,全身使用抗生素或抗病毒药物,也可辅以中医中药治疗。预防急性传染性结膜炎应注意眼睛的清洁养成良好的用眼习惯,不要用手或脏手绢等揉擦眼睛,脸盆、毛巾单独使用,并定期煮沸消毒。

(四)眼结膜及角膜异物

眼结膜及角膜异物在日常生活中很常见,多由风沙、灰尘、小虫等飞入眼内所致,异物常停留在睑结膜的睑板下沟、穹隆部或角膜上,可为一个或数个。病人会立即出现异物感和剧烈疼痛、眼睛难以睁开,流泪以及频繁眨眼,进而结膜充血。有时小的结膜异物会由于流泪和频繁眨眼自动流出。此时,病人的不适症状消失,只需滴几滴消炎药水就可以了。对于泪水没有冲出的异物,可以把上(或下)眼睑翻过来。检查时要充分暴露穹隆部,以免漏诊。

对于表浅的角膜异物,可用沾了清水或眼药水的棉签,将眼角膜表面异物轻轻拭去。如果是粉末状异物,要用清水冲洗。一定不要用干棉签,以免棉花纤维作为新的异物留在眼内,也不要用力去擦,以防损伤角膜上皮。如果轻拭几次后异物脱不掉,说明异物已嵌入角膜内,不管嵌入深浅与否,都应该去医院处理。一旦处理不当,不仅会加重病人痛苦,延长治愈时间,严重时还会因遗留角膜斑羽或继发眼内感染而影响视力。结膜、角膜异物取出后,常规药用消炎药水,并涂抗生素眼药膏(红霉素眼膏、金霉素眼膏),既可防止感染,又可保护角膜,减少摩擦。

(五)沙眼

沙眼是由沙眼衣原体感染引起的颗粒状慢性结膜炎、传染性极强。沙眼不仅可以侵犯眼结膜,几乎整个眼睛都可以侵犯,轻者可无自觉症状,或仅有轻微刺痒、异物感和少量分泌物;重者可侵犯角膜,出现怕光、流泪、疼痛等刺激症状,有不同程度的视力障碍。检查可见球结膜充血,血管扩张,浑浊肥厚,上睑结膜及上穹隆结膜充血,血管模糊不清,并可见乳头性增生或滤泡形成。用裂隙灯检查可见角膜血管羽。血管羽不断发展、遮盖瞳孔时,会导致视力减退,上睑结膜或(和)上穹隆结膜出现搬痕。结膜刮片发现沙眼包涵体。

沙眼分为三期:进行期(活动期)、退行期、完全结瘢期(痊愈期)。当结膜活动性病变小,完全代之以搬痕时,无传染性。沙眼可能有以下并发症及后遗症:眼睑内翻及倒睫、睑球粘连、上睑下垂、结膜干燥症、慢性泪囊炎、角膜溃疡及混浊。

局部治疗领不间断滴用眼药1~3个月,个别须半年以上。常用眼药有利福平、酞丁安、氯霉素、磺胺酰胺钠眼药水及四环素眼膏,可根据病情选用。并发症及后遗症须手术治疗。沙眼应以预防为主,养成良好的卫生习惯,如洗脸用具专用、定期消毒,不用手揉眼睛、经常洗手等。

(六)色盲

色盲是指人的眼睛不能辨别全部的颜色。一般正常人能辨认出太阳光谱中的七色光,实际上人眼能辨别出13 000种深浅不同的颜色。在视网膜中,有视锥细胞及视杆细胞。视锥细胞中含有3中光谱敏感性不同的色素,正常人可用红、绿、蓝3种原色光配出任何一种色泽,称为3色视觉。而色觉异常的人,根据其程度可分为异常三色视、二色视、单色视。单色视就是全色盲,辨色力全部丧失,还伴有夜盲。二色视即红绿色盲,辨别红色或绿色有困难。在色觉异常病例中,二色视较为常见,男性发病率比女性高。先天性二色视因从来没有正常色觉体验,通常不知道自己色觉异常,不能辨认红色和绿色,往往在体检时发觉。色盲属染色体隐性遗传,目前无特效疗法。

三、近视的形成与防治

(一)形成因素

(1)遗传因素。遗传因素是导致近视的一个因素。但不是所有的父母双方都是近视眼或都有近视家族史的子女都必然发生近视。

(2)过度疲劳。有的大学生每天学习时间过长,或者一次持续用眼时间过长,不注意休息,不做眼保健操,这些都对视力产生不良影响。因此,看书要掌握时间,一般1小时左右应休息10分钟,眺望远方(5m外的绿色植物更好),做一做眼保健操、缓解眼睛疲劳,保护眼部肌肉的舒缩功能。

(3)饮食不当。在肉蛋类食物中,含有大量的蛋白,在肝脏,蔬菜,水果中含有大量的维生素,因此,饮食种类应当多种多样,使各种人体所需营养得到满足和合理搭配。但一些学生的偏食会导致营养不良,从而影响眼睛发育,使视力下降。

(4)疾病因素。某些疾病如全身性疾病如麻疹、结核等与近视的发生、发展有关,早产儿的视网膜水肿、儿童时期严重的蛋白质维生素缺乏,都可以产生和加速病理性近视眼的发展。

(5)不良用眼习惯。有的学生在光线过强或过弱的情况下看书写字,或者眼睛与书本距离太近,走路或躺在床上看书,或者在动摇的车厢里看书,看书写字时坐姿不正确,或者看电视时间过长,眼睛与电视屏幕的距离太近,或在电脑前长时间工作,这些不良用眼习惯都会使睫状肌始终处于紧张状态,导致眼睛屈光能力减退。

(6)环境因素。过强的照明,过暗的照明,动荡的光线均会引起近视。环境中的噪声也会对眼睛产生损害,实验表明,当噪声强度在90dB时,视网膜中视杆细胞区别光强的敏感性开始下降;当噪声在95dB时,40%的人瞳孔扩大;当噪声达到115dB时,几乎所有的人眼球对光亮度敏感性都有不同程度的减弱。

(二)近视的防治

(1)预防。广大学生应增强自我保健意识,注意选择良好的照明,无噪声的环境学习。保持良好的用眼习惯,防止长时间近视物活动,保持良好的用眼姿势,阅读和书写时要头正、腰挺、背直,两眼和书本保持一定距离,为30～35cm,看书写字1小时左右,外出活动或远眺10分钟。不要躺着看书、行走、吃饭,坐车时不看书,不在字体晃动的情况下看书写字,不要在光线不足或强光直射下看书写字,不要长时间看电视、使用电脑。要注意保证营养均衡,不偏食。要坚持不断做眼保健操,通过做眼保健操,按摩眼部穴位,可增强眼部组织的血液循环,改善眼部神经的营养状态,达到消除眼部疲劳,恢复眼部调节的目的。

(2)治疗。

第一,眼部功能训练法。

远眺法:学习看书一段时间后,远眺3~10min,尤其是5m外的绿色植物,对改变睫状肌的张力,减轻眼睛的疲劳很有帮助。

双眼远雾视法:雾视法的一种,即配戴3.0D的凸透镜,使之能模糊看到5m视力表上的0.1视标为准,每天使用0.5~1h,这种方法的机理是使睫状肌放松,缓解肌肉紧张。

双眼近雾视法:雾视法的一种。即配戴+1~1.5D的凸透镜使之在30cm内看清字体,而且无不适感觉为准。这种方法的机制也是使睫状肌放松,级解肌肉紧张。这种方法对正常眼可起到预防近视的作用,对近视、远视也可起到一定治疗作用。

第二,配戴眼镜。

配戴眼镜是矫正视力低下的有效方法之一。配戴合适的眼镜可以保持视力,预防视力进一步下降。目前配戴的眼镜分为普通镜片和角膜接触片两种。配戴普通镜片要经过眼科医师检查排除禁忌证。选择镜片时要注意镜片的质量,配戴前要经过专业人员验光。因此要选择具有一定规模的医院或专业眼镜店,并选择正规厂家生产的高质量镜片。角膜接触镜片,即通常所说的隐形眼镜,隐形眼镜可在不影响外观的情况下达到矫正视力的目的,因此受很多青年人青睐。但选择隐形眼镜,应在眼科医师指导下使用,感觉不适时应请专业的眼科医师指导,戴镜时应注意,手及周围环境的卫生,配戴时间由少到多,最好白天戴晚上摘下,并要定时消毒。定期检查视力,如发现不适时要尽快纠正。

第三,做眼保健操。

它既是预防又是矫正近视眼的一种措施。它可增强目力,放松睫状肌,保护视力,达到防治近视眼的目的。具体操作方法和步骤是:第一节,揉天应穴;第二节,按挤睛明穴;第三节,揉四白穴;第四节,按太阳穴并轮刮眼眶。

第四,药物治疗。

一般使用眼药水通过麻痹睫状肌瞳孔括约肌,使晶状体的屈度变大,瞳孔同时也扩大,防止近视发展。药物有阿托品、后马托品等药物。阿托品具有阻断胆碱能神经对睫状肌和瞳孔括约肌的支配作用,预防近视的发生发展。后马托品为抗胆碱药,与阿托品相似,但效果较弱,副作用小。这些药物的治疗应在眼科医师的指导下进行。

第五,激光治疗。

准分子激光角膜切割术治疗是目前迅速发展的新技术。该治疗方法是用准分子激光切削角膜中央前表面,使角膜前表面弯曲度减小,曲率半径增加,屈光力减低焦点向后移至视网膜上,达到矫正近视的效果。患者满18周岁,屈光度稳定两年以上,无眼部急慢性疾病,无自身免疫性疾病和疤痕体质及糖尿病者,均可接受准分子激光治疗。通常术后半年裸视视力恢复情况较好,但因个体差异有因伤口愈合缓慢加重角膜混浊和引起感染的病例。

第六,其他手术治疗。

适应于有手术指征者,通过降低屈光度或缩短眼轴或降低调节与降低眼内压等途径进行角膜手术、屈光性晶状体手术或巩膜手术等。除了准分子激光角膜切割术(PRK)外,还有放射状角膜切开术(RK)、角膜原位磨镶术(LASIK)等。

四、用眼卫生

(一)合理用眼,保护视力

眼睛是人体的重要器官,用眼过度,如长时间的看书、写字、使用电脑、看电视等,都会不同程度地影响视力,或者可能引起各种眼疾,有的还可以导致全身性疾病。这就需要我们养成用眼卫生习惯。据调查,在我国近视是儿童及青少年最易患的眼病,发病率高达40%,近年有逐渐增高的趋势。近视的发病与平时不良的用眼卫生习惯有密切关系。常见的不良用眼卫生习惯有如下几种:

(1)习惯卧床阅读,在阳光直射或昏暗的光线下阅读,不间歇地使用电脑或看电视。

(2)视力负荷大。

"二长一短":每天学习时间长,一次持续用眼时间长,睡眠时间短。

"三多一少":看书、看电脑、看电视时间多,课外作业多,考试多,课外活动少。用眼距离过近,目标过小,不清晰,在晃动的车厢内阅读,边走边读等,这些习惯都会导致眼部肌肉的调节功能下降,晶状体弯度加大,眼视轴变长,形成近视。

一旦发现儿童看远物模糊,看近物清晰,眼睛看书不足1h就会产生疲劳;反复发生麦粒肿、睑缘炎、霰粒肿等,看电视习惯眯着眼,往前凑,看书写字容易看错题,以致学习成绩不明原因地下降等,出现这些情况就必须到医院进行检查。

合理用眼,就是要有一个光线充足的外部环境,保持端正的读书写字姿势,用眼时间过长时,中间要有适当的休息,做到有弹性地用眼。儿童近视开始时多为"假性近视",如果在此阶段就进行积极治疗,视力可完全恢复。

(二)预防近视,保护视力

1. 合理安排作息时间

通过教学改革,减轻学习负担,保证学生有足够的休息、睡眠和课外活动时间,有利于眼睛得到充分的休息。体育运动不仅可以增强体质,对保护视力、预防近视也有积极作用。在加强体育锻炼的同时还要注意合理营养。

2. 注意阅读、书写卫生

阅读、书写时,字体距眼越近,所需要眼睛的调节度越大。

(1)为了减少眼的调节紧张状态,应使眼至书本的距离保持在30~35cm之间。

(2)阅读时应尽可能使书本的平面与视线成直角。此时,书本上每一个字延伸到眼前所形成的视角最大,字在视网膜上所形成的影像就最清晰。

(3)在平面桌上阅读时,宜把书本上端适当地垫高,或使用可调节式阅读架,使书本与桌面形成30°~40°角。此时只要头略向前倾,便可以使文字在视网膜上形成清晰的影像。

(4)走路和坐车看书时。书本与眼的距离不断改变,字体不易看清。同时,由于不断进行调节,眼容易疲劳。

（5）躺着看书时,由于眼不能与书保持合适的距离,加上不易保证合适的照明条件,此时眼和全身很容易产生疲劳。

（6）不要在光线过强或过弱的地方阅读和书写,读写持续时间应控制在一定范围内。

一般每隔 1h 左右应有短时间的休息,望远或变换活动方式可以消除眼的疲劳。

总结以上内容,要求学生尽量做到"二要二不要"或"三个一"。

二要:读写姿势要端正,书眼距离要一尺（约 33cm）。

二不要:不要在直射阳光或暗弱的光线下看书写字,不要躺在床上或走路、乘车时看书。

三个一:写字时眼距书本或笔记本一尺,胸距桌边缘一拳,手指距笔尖一寸（约 3.3cm）。

3. 改善学习环境

学校在每学期开学以前要检查教室的采光、照明情况。教室墙壁要定期粉刷,黑板要定期刷黑,并使其平整无反光。教室课桌椅也要作适当调整,使之与学生身材状况相符。

4. 做好眼保健操

眼保健操是根据祖国医学推拿、经络理论,结合体育医疗综合而成的按摩法。它通过对眼部周围穴位的按摩,使眼内气血通畅,改善神经营养以达到清除睫状肌紧张或痉挛的目的。实践证明,眼保健操同用眼卫生相结合,可以控制近视眼的新发病例,起到保护视力、防治近视的作用。眼保健操必须经常操练,做到动作准确,并持之以恒。

5. 定期检查视力

通过定期的视力检查可以了解每个学生的视力变化情况,早点发现视力开始下降的学生,以便及时采取措施,控制其近视眼的发生与发展。

6. 宣传教育和管理

要利用多种形式,做好视力保护的科学普及和宣传工作,提高教师、学生、学校和社会各方面的认识,培养良好的读写习惯,使学生们自觉地注意用眼卫生。建立定期检修照明设备,定期粉刷墙壁、刷黑黑板的制度,加强用眼卫生教育。30min 至 1h 以后应至少休息 5～10min。不要躺着看电视,眼与电视机的距离最好是 2.5～3m,电视机的画面要有良好的对比度,亮度要适中,室内应保持一定的光照度。看完电视后应做些轻松的全身活动,或做眼保健操以缓解身体和眼的紧张状态。

7. 讲究优生

为避免近视的遗传作用,要讲究优生,男女双方均为高度近视者应尽量避免婚配。

（三）调节饮食,加强营养

人体必须摄入均衡的营养以满足各系统器官生长的需要,眼睛也不例外。人体摄入的维生素 A 大部分是用来合成感光物质的,缺乏维生素 A 的时候,眼睛对黑暗环境的适应能力减退,严重者容易患夜盲症、干眼病。维生素 A 的最好来源是各种动物的肝脏、鱼肝油、奶类和蛋类及其食品。植物性的食物,如胡萝卜、苋菜、菠菜,以及水果中的橘子、杏子、柿子等也含有维生素A。维生素C是组成眼球水晶体的成分之一,缺乏维生素C则易患白内障,因而食用含有维生素C的食物对眼睛有益。各种新鲜的蔬菜、枣、生梨、橙子等含有较高的维生素C。此外,虾皮等食物含钙丰富,钙具有消除眼睛紧张的作用。

第二节 用脑保健

大学生起居卫生包括用脑卫生、睡眠卫生、用眼卫生与口腔卫生。

一、大脑功能

脑是人高级神经活动的中枢和思维的器官,是精神活动的物质基础。它具有感知功能、记忆功能、判断功能与想象功能。人脑的潜能很大,据研究,人的一生只开发了人脑功能的1/5。除了先天的个体差异之外,后天的科学用脑和讲究用脑卫生,不但能提高学习与工作效率,而且能保持旺盛的精力,有助于取得事业的成功。

二、科学用脑

科学用脑主要应当注意以下几个方面:

(1)劳逸结合。要科学地安排用脑,注意劳逸结合,有张有弛。这样会使大脑的工作有节制,不致疲劳过度。比如看书时,把文理科的课程交替地学习,这样的做法可使大脑皮层中的兴奋灶从一个区域转移到另一个区域,这样大脑皮层的神经系统就不易产生疲劳,从而提高了学习效率。另外,根据大脑的活动特点,因时而异地安排用脑也是很重要的。比如早晨起床后,大脑的活动能力很强,记忆力最好,可做一些需要较强记忆性的工作。

(2)保证充足的睡眠。充足的睡眠是使大脑正常高效工作的重要保证。长时间的工作,会使大脑皮层神经细胞产生疲劳,而充足的睡眠会消除这种疲劳,恢复脑力。一般来说,年轻人保证每天有8h睡眠已足够。中午可以小睡,使脑细胞得到暂时休息,以保证下午有充沛的学习精力。

(3)参加适量的体育运动。适当地参加体育锻炼或文娱活动,对大脑是一种积极的休息,能调节大脑使之继续有效地工作。此外,保持良好的情绪对人体的健康有很大意义。心理学的研究表明,情绪的变化对大脑有很大影响。精神紧张和焦虑、苦闷和悲伤都能使脑细胞的能量过度消耗,使大脑处于衰弱状态。因此,健康的身体与良好的情绪也是科学用脑的重要内容。

(4)常听音乐。音乐能发挥人脑思维的最大潜能,能够唤起和促进创造性思维的形成。创造性思维具有敏锐、灵活、想象丰富等特点,这在音乐中都能得到反映。同时,轻柔抒情的音乐,能使大脑得到放松与休息,使人的情绪进入安静的状态,从而精神上也得到放松。

（5）合理的饮食。多食一些豆制品、果仁、蛋类、高蛋白食物,有助于大脑细胞的代谢与生长,可增强大脑思维与记忆的功能。

总之,科学用脑是一个完整的系统工程,各方面均需照顾,不能遗漏。

三、提高记忆力

记忆力对于学习来说尤其重要,衡量一个人的记忆力的好坏,主要看他的记忆的正确性、敏捷性与持久性的高低。这些都取决于个人的心理活动的活跃程度。

增强记忆的方法有以下几点:

（1）多用脑,勤思考。这对青年学生尤为重要,坚持学习与识记并且勤于思考,可延缓脑细胞的活动,防止大脑过早老化。

（2）保持良好的情绪。培养广泛的兴趣,积极参加文体活动,建立良好的人际关系,保证充足的休息与睡眠,有利于心境平稳、提高记忆效率。

（3）掌握规律。掌握遗忘规律,及时复习、反复识记。遗忘有先快后慢的规律,即识记的内容可于几天内忘记大部分,而以后的遗忘速度会逐渐减慢,所以应及时复习。短期记忆（少于 15min 的记忆）要经过多次重复,才能进入长期记忆（长于 15min 至终生的记忆）。根据遗忘曲线,在识记后的第 1d、第 3d、第 7d、第 16d 各复习一遍,可以进入永久记忆阶段,而取得最佳的学习效果。

（4）动用多种感官。记忆形式多样化,如利用形象记忆、联想记忆,将视觉、听觉、运动觉等结合起来,将识记内容编成顺口溜等。采用不同的方法或多种方法同时使用,运用多种感觉器官接收外界信息,有助于加深记忆。

（5）经常食用有助增强记忆的食物。大脑是人体中最复杂、活力最旺盛的器官,它需要有充足能量来维持活动。这就需要食用多种营养物质,如鸡蛋、豆类及其制品、动物脑髓、核桃和芝麻及其他滋补食品。另外,各种新鲜水果等食品对于增强记忆也有很大的帮助。

四、影响大脑功能的有害因素

影响大脑功能的有害因素有以下几个方面:

（1）长期饱食。进食过饱后,大脑中被称为"纤维芽细胞生长因子"的物质会明显增多。这些纤维芽细胞生长因子能使毛细血管内皮细胞和脂肪增多,促使脑部动脉收缩变细。长期饱食会必导致脑部血流减少,出现大脑早衰和智力减退等现象。

（2）不吃早餐。不吃早餐容易使人的血糖低于正常供给,同时使大脑的营养供应不足,久而久之对大脑有损害。此外,早餐质量与智力发展也有密切联系。据研究,一般吃含有高蛋白早餐的学生在课堂上的最佳思维状态普遍相对延长。

（3）甜食过量。甜食过量时血糖升高,脑内代谢加重,从而脑的负担也加重,影响到大脑正常的思维功能。吃过量的甜食会损害胃口,降低食欲,减少对高蛋白和多种维生素的摄入,导致机体营养不良,从而影响大脑发育。

（4）长期吸烟。常年吸烟会加速脑细胞的萎缩。因为长期吸烟可引起脑动脉持续性收缩,久而久之导致大脑供血不足、神经细胞变性,记忆与思维功能皆受损。

(5)睡眠不足。消除大脑疲劳的主要方式是睡眠。长期睡眠不足或质量太差,只会加速脑细胞的衰退,聪明的人也会变得糊涂起来。

(6)少言寡语。大脑中有专司语言的叶区,经常说话也会促进大脑的发育和锻炼大脑的功能。应该多说一些内容丰富、有较强哲理性或逻辑性的话。研究表明,整日沉默寡言、不苟言笑、苦思冥想的人的记忆力相对要差些。

(7)缺氧。大脑是全身耗氧量最大的器官,大脑耗氧量占全身耗氧量的20%,缺氧对大脑危害极大。有些同学在冬天时喜欢蒙头睡觉,随着棉被中二氧化碳浓度的升高,氧气浓度不断下降,导致脑部缺氧,大脑得不到充足的休息,睡眠质量降低。所以用脑时,应尽量选择安静整洁、空气清新的环境。

(8)疏于动脑。大脑是人体进行思维活动最精密的器官。思考是锻炼大脑的最佳方法。只有多动脑筋、勤于思考,人才会变得聪明。要防止脑功能衰退,最好的办法是勤于用脑。而懒于用脑者,久而久之就会出现脑功能的衰退。"用进废退"是自然界的普遍法则。实践证明,人用脑越勤,大脑各种神经细胞之间的联系越多,形成的条件反射也越多,越能促进人的记忆,人的思维就越活跃。

第三节 口腔保健

一、口腔的基本生理知识

(一)口腔的解剖生理知识

口腔是指由牙齿、上下颌骨及唇、颊、腭、舌、口底、唾液腺等组织器官组成的功能性器官。

1. 牙齿的结构

人的恒牙共有28~32颗,包括8颗切牙、4颗尖牙、8颗双尖牙以及8~12颗磨牙。牙齿的主要功能是咀嚼食物,协助发音,保持面部的正常形态。牙齿由牙冠、牙颈与牙根三个部分组成。牙冠突出于口腔里,牙根埋在牙槽骨里,牙齿的中间是髓室,根部叫根管。髓腔内充满牙髓组织。牙冠的表面被一层牙釉质所覆盖,牙根的表面被一层牙骨质所覆盖。牙冠和牙根的内部还有一层较厚的组织,叫牙本质。在牙冠的中心部分还有冠髓,牙根的中心也有根髓。牙釉质是人体中最硬的组织,能承受巨大压力,牙颈部的牙釉质最薄。牙本质构成牙齿的主体。牙本质小管和牙本质神经组成牙储,分为髓腔和根管两个部分,内含神经纤维、血管、淋巴管,对牙齿的营养与感觉有重要的作用。牙周组织有三个部分:牙周膜、牙槽骨和牙龈。牙周膜是介于牙槽骨与牙齿之间的结缔组织,起支持作用,牙周膜把牙齿紧紧固定在牙槽窝里,在咀嚼时缓冲牙齿对牙槽骨的压力,有敏锐的触压感觉。牙槽骨是颌骨的一部分,容纳牙根的凹陷为牙槽窝。牙槽骨是牙齿重要的支持组织。当牙齿缺失时,牙槽骨随之消失。牙龈是覆盖在牙槽骨和牙颈部的口腔黏膜,呈粉红色、坚韧而有弹性,并固定不能移动。不与牙齿附着的牙龈称为游离龈,它与牙齿的空隙之间为龈沟,它的正常深度有0.5~2mm。牙龈的大部分与牙槽骨紧密地附着,叫附着龈,由于其胶原纤维与骨膜紧密地附着,所以附着龈坚固而不动,表面呈凹陷的小点为点彩。两个牙齿之间牙龈呈乳头状为龈乳头。

2. 颌面部

(1)位置显露容易遭受外伤是其缺点,但在患病之后,容易早期发现,获得及时治疗则是其优点。

(2)口腔颌面部血管丰富,使其组织器官具有较强的抗感染能力,外伤或手术后愈合较快,同时出血也多,局部组织肿胀也较为明显。

(3)解剖结构复杂,有面神经、三叉神经、唾液腺等组织器官,这些器官损伤后,有可能导致面部瘫痪、麻木等并发症的发生。

(4)颌面部皮肤向不同方向形成自然的皮肤皱纹,随着年龄的增长而有所变化。

(5)颌面部疾病影响形态和功能。口腔颌面部的先天性疾患,如唇裂、腭裂或烧伤后疤痕等,均可导致面部形态异常,乃至面部畸形和功能障碍。

(6)口腔颌面部与颅脑、咽喉、眼、耳、鼻等多器官毗邻,当发生炎症、外伤、肿瘤等疾患时,容易波及这些器官。

(二)口腔的基本功能

口腔为上消化道的起端,具有摄食、咀嚼、感受味觉、吞咽、表情及辅助语言和呼吸等功能。其中,牙的主要功能是切割(切牙)、撕碎(尖牙)、咀嚼、捣烂和磨细(前磨牙和磨牙)食物,形成食糜;唇的主要功能是吮吸;舌的主要功能是搅拌、运送食物,辅助食物吞咽;唾液腺的功能则通过分泌大量的涎液,在口腔内混合成唾液,润滑口腔黏膜和食物,并通过其中的淀粉酶对食物进行初步糖化作用。进食时,舌、颊、唇的协调运动,将食物与唾液充分搅拌均匀,送入上下牙齿之间,便于牙的咀嚼,把食物研细,拌匀以利于吞咽。舌体上有多种感受器,其中味觉感受器用于辨别食物的味道,可以感受酸、甜、苦、辣、咸等味觉,并可分辨冷、热、机械刺激等。唇、舌、牙、腭的协调运动,对完成发音和提高语言的清晰度起到很大作用;在鼻腔堵塞时,可以通过口腔经咽喉进行呼吸,并可保持面部的协调。

二、口腔科常见疾病

(一)龋齿

龋齿的发病与细菌、食物、宿主和时间四大因素有关,即龋病的发生要求敏感的宿主、口腔致龋菌丛以及适宜的底物,而这些底物又必须存在足够的时间。

第一,细菌的存在是龋病发生的主要条件。牙菌斑是细菌在牙面上产生龋病的重要环境。口腔卫生好坏也是龋病发生的条件。

第二,食用粗糙的食物有一定的自洁抗龋作用,粗糙的食物不易产生较丰富的牙菌斑和积聚较多的酸,因而不易形成患龋病的条件。

第三,宿主是指对龋病的易感程度,宿主对龋病的敏感性涉及多方面的因素,如唾液的流速、流量、成分,牙齿的形态与结构、机体的全身状况。

第四,龋病的发生和发展是一个相当慢的过程,碳水化合物滞留于牙面上所需的时间、牙齿萌出所需的时间、菌斑从形成到具备致龋力所需的时间,均是影响龋病发病的重要因素。

龋齿的分类包括:浅龋,局限于牙釉质,牙面上浅龋呈白墨色点和斑或黄褐色的斑点。一般不会有酸痛的感觉。中龋,龋坏到达牙本质的浅层,牙本质内有机物多,加上本质小管有利于细菌的侵入,形成龋齿。龋齿里有食物残杂、细菌,患者对酸甜及过冷过热的食物产生酸痛。深龋,病变已达到了牙本质深层,接近牙髓,食物的压迫使牙髓内部的压力增加产生疼痛。遇到化学及冷热刺激,引起疼痛,须及时治疗,否则会引起牙髓病。

预防龋齿很重要。正确刷牙上下整刷,不要横刷,每天早晚各一次,每次应在2min以上,可以清除附在牙齿表面的牙菌斑。使用含氟牙膏,氟是人体必需的微量元素,具有抗菌作用、抗酶作用及抗酸作用。氟素与牙釉质有强力的亲和作用,从而使牙抗龋能力增强。养成良好的饮食习惯,多吃粗制食物,饭后漱口,睡觉前不吃零食。定期做口腔检查,每半年一次。做到有病早治,无病早防。

(二)牙髓炎

牙髓炎是指牙髓的组织发生炎症,分为慢性牙髓炎、慢性牙髓炎急性发作以及急性牙髓炎。牙髓炎发病的四大特点是:自发性剧烈疼痛,遇冷热疼痛加剧,晚间疼痛加剧,缺乏定位的能力。牙体的解剖决定了牙髓炎的发病特点。牙髓有丰富的神经末梢,这些神经末梢只能接受痛觉。牙髓里的血管扩张充血,渗出,使牙髓腔内压力骤然增加,而牙本质壁坚硬,炎症又无法扩散,压迫根尖内神经末梢,引起难以忍受的疼痛。晚上平睡后,头部位置较低,血液循环增加,使髓腔进一步充血、水肿,压力加大,使疼痛加剧。

引起牙髓炎的主要因素有:龋病严重时造成牙髓外露;外伤损伤牙冠及牙根造成牙槽病变;老年人严重牙齿磨耗引起牙髓发炎;先天性双尖牙上畸形中央尖磨耗或折断引起牙髓发炎;刷牙方法不当引起牙颈部物状缺损牙髓外露;严重牙周炎的自带感染引起逆行性感染。

治疗时,用器械把髓腔打开,进行引流髓腔,使其压力减低,达到减轻疼痛的目的,也可以用麻醉和止疼的药物进行临时止痛。

(三)根尖周炎

根尖周炎是指局限于牙根间的牙周膜、牙槽骨的尖周组织炎症。按病变的性质,可分为急性根尖周炎和慢性根尖周炎;按病变的原因,可分为创伤性根尖周炎、感染性根尖周炎和化脓性根尖周炎。牙根是牙冠的延续部分,两者紧密相连。牙根深埋于颌骨之内,外层还有牙龈保护,口腔中的细菌一般不会致牙根发炎,当牙冠和牙颈部的任何部位的龋坏,发展深入到牙髓腔时,必然引起牙髓炎症和坏死,细菌及其毒素顺着根管经过根尖到尖周组织,即引起了根尖周炎。

根尖周炎分为三个阶段:第一阶段,根尖部脓肿位于牙髓骨与根尖部之间,疼痛剧烈且持续。牙有浮出感,患者不敢触动患牙。体温升高,白细胞增多。第二阶段,骨膜下脓肿,炎症穿过牙髓骨到骨膜下,因骨膜非常致密,刺激症状更加明显,牙龈表面可看到红肿。第三阶段,黏膜下脓肿炎症穿破骨膜到黏膜下,黏膜疏松结缔组织严重扩散疼痛减轻。全身症状好转,牙龈上会鼓起一个大脓包。

治疗方法包括:引流,去除根管中坏死的牙髓组织进行引流,有全身症状的,用药物进行控制;根管治疗,在根管中抽取坏死的牙髓组织,然后做根管治疗。

(四)牙周病

牙周组织是由牙龈、牙周膜、牙槽骨、牙骨质组成的,牙周组织的主要作用是支持和固定牙齿。牙周疾病是一种侵犯牙龈、牙周膜和牙槽骨的慢性破坏性疾病,分为牙周炎和牙龈炎,主要原因有局部因素和全身因素。

局部因素包括:

(1)牙垢和牙石。牙龈与牙石之间是细菌生长的最好环境,在牙石的覆盖下,牙龈的边缘失去了生理刺激,产生角化不足,降低了对细菌的防御能力,导致牙龈发生炎症。

(2)咬合力量过大,使牙齿牙周组织受到损伤。

(3)咬合功能不足,因长期缺乏功能的刺激,牙周组织发生萎缩,抵抗力下降。

(4)食物经常嵌塞在齿缝会造成牙龈损伤。

(5)细菌数量增加,毒性加大,机体的抵抗力下降,细菌产生的溶解酶破坏了牙周膜的主纤维,促进了牙周病的发生或加重了牙周病的发展。

全身因素包括:

(1)维生素C缺乏和核酸代谢障碍,牙周膜纤维和骨的生长受到影响,从而使牙周组织抵抗力下降,造成牙齿松动、牙龈出血、骨质疏松。

(2)蛋白质的缺乏可导致牙龈和牙周结缔组织变性、牙槽骨疏松。

(3)糖尿病组织内糖量增加有利于细菌生长。体内糖分利用不良造成机体感染的抵抗力下降,还有慢性肾炎、结核病,均可引起牙周组织的损害。

牙周炎的自觉症状较少,牙石多的地方炎症明显。牙周组织水肿、增生或萎缩,牙龈的颜色呈深红色、易出血,龈沟超出正常的深度,形成了牙周袋,袋内可触及坚硬的牙石,挤压牙周袋时有黄色脓性物溢出,伴有口臭。当机体抵抗力下降时,感染增强,牙周袋排脓不畅,形成牙周脓肿。牙周脓肿可以发生在一颗牙齿或几颗牙齿。大量的牙石存在,牙龈呈银红色。有深浅不同的牙周袋,溢脓,牙齿有不同程度的松动,并伴有不同程度的口臭。

治疗时去除牙石,每半年定期检查一次。甲硝唑有抗厌氧菌作用,与抗菌联合用药会取得明显的效果。三度松动的牙齿应及时拔除,以防止牙槽骨进一步的吸收。补充维生素C,加强营养。治疗糖尿病,肾炎等全身消耗性疾病。

（五）智齿（尽根牙）冠周炎

人到 18～20 岁时发育基本定型，最后一颗牙齿（第三磨牙）也在这个年龄段长出，由于颌骨的发育不足，常呈部分萌出，外露于牙龈和牙体之间，形成盲袋。盲袋内容易积存食物碎屑和细菌，一般刷牙漱口难以清洗干净，加上冠部易咀嚼而引起局部损伤，形成溃疡。当全身抵抗力下降，细菌毒力增强时，便可引起牙冠周围组织炎，即智齿冠周炎。表现为智齿冠局部牙龈红肿，严重的可引起脓肿，同侧的脸部肿胀，张口受限，颌下淋巴结肿大。

在炎症期，应积极用抗生素治疗。炎症控制以后，经常发生炎症的牙齿应予以拔除。

（六）口腔复发性溃疡

口腔溃疡俗称口疮，是常见病。早期表现为小红点，若逐渐扩大，则形成黏膜表浅性溃疡。可有自发性疼痛或因食物刺激后产生疼痛。复发间隔时间与病史长短有关，病史长，发作频繁，溃疡部位也越多。随着病史延长，可在颊侧黏膜、硬腭＋软腭交界区、舌后部、咽部、舌腭弓等部位同时发病，形成多疮面，还可伴局部淋巴结肿大、发热、疼痛等症状。

口腔溃疡复发与下列因素有关：

（1）遗传因素。

（2）自身免疫因素。

（3）原有的基础疾病，如胃溃疡、十二指肠溃疡、慢性或迁延性肝炎、结肠炎、贫血、消化不良、腹泻、便秘、发热。

（4）睡眠不足、疲劳、偏食、月经期等，也可引起溃疡发生。

根据不同情况进行治疗。

（1）局部处理，主要使用止痛剂和散剂。

（2）达克罗宁、奴夫卡因、养阴生肌散、冰硼散、锡类散、珠黄散等贵病丸溃疡膜全身治疗，包括口服药和注射剂。

（3）B 族维生素、激素治疗强的松片。

（4）免疫增强剂，常用小剂量的左旋咪唑免疫制剂转移因子。

（七）口臭

所谓口臭，就是人口中散发出来的令别人厌烦、使自己尴尬的难闻的口气。它会使人，尤其是年轻人不敢与人近距离交往，从而产生自卑心理，影响正常的人际关系及情感交流，令人十分苦恼。有些人口臭较重，自己就可以闻到自己的口气臭；而有些人是通过他人的反应，才知道自己有口臭。自测口气的方法：将左右两手掌合拢并收成封闭的碗状，包住嘴部及鼻头处，然后向聚找的双掌中呼一口气后紧接着用鼻吸气，就可闻到自己口中的气味如何了。

1. 口臭的原因

（1）口腔疾病。患有龋齿、牙龈炎、牙周炎、口腔黏膜炎等口腔疾病的人，其口腔容易滋生细菌,尤其是厌氧菌,在口腔产生了硫化物,发出腐败的味道,而形成口臭。

(2)胃肠道疾病。如消化性溃疡、慢性胃炎、功能性消化不良等,都可能伴有口臭。导致胃疾病的幽门螺杆菌感染者,其口臭发生率明显高于未感染者,而根治幽门螺杆菌后,口臭症状明显减轻。原因可能是幽门螺杆菌感染直接产生硫化物,引起口臭。

(3)饮食原因。吸烟、饮酒、喝咖啡以及经常吃葱、蒜、韭菜等辛辣刺激且食用后易产生臭味的食物,或嗜好臭豆腐等具有臭味食物的人,若不注重口腔卫生,均易发生口臭。

(4)唾液分泌减少。节食减肥,因病不能进食,老年人的唾液腺功能降低,妇女在月经期间出现内分泌紊乱,服用可使唾液分泌减少的药物,如某些镇静药、降血压药、阿托品类药、利尿药以及具有温补作用的中药等,服用后使唾液分泌减少。或心理压力过大,经常性精神紧张导致身体副交感神经处于兴奋状态,反射性地出现唾液腺分泌减少,导致口干,从而有利于厌氧菌生长,产生口臭。

(5)性激素不足。卵巢功能不全的女性,性激素水平较低时,口腔组织抵抗力下降,容易感染病菌,从而产生口臭。

(6)某些疾病。例如,糖尿病酮症酸中毒患者,以及一些呼吸道疾病如支气管炎、支气管扩张、鼻窦炎、咽峡炎、扁桃体炎、肺囊肿等,亦可能引发口臭。

(7)长期便秘。因体内产生的有害物质不能及时排出,被吸收入血而引起口臭以及腹胀、食欲减退、易怒等自体中毒症状。

(8)晚餐过饱。晚餐进食肉类、油腻食物比重过大或辛辣刺激性调料过多,浓香有余、清淡不足,晚餐距睡眠时间过短,睡觉时胃中还存留着过多食物等。

(9)精神性口臭。本无口臭,医生和其他人也闻不到臭气,但患者坚持说自己闻到自己有口臭,他人偶然抓抓鼻子、摸摸脸,就坚持认为"他们闻到了我的口臭,刚要去捂鼻子,但碍于面子,即转而用抓鼻子、摸脸等动作来掩饰"。这些患者具有神经质、强迫症倾向,多属于疑病性神经症。

2.口臭的预防和治疗

(1)注意口腔卫生。每天晨起、睡前和饭后认真地刷牙漱口,必要时,用牙刷或洁净的毛巾轻柔地刷洗舌面。

(2)戒烟戒酒,饮食清淡。戒烟戒酒,避免吃生冷、刺激性、易产生臭味及不易消化的食物;进食时要细嚼慢咽;多喝水,多食蔬菜水果及豆类;生活作息规律,保持心情舒畅;多参加体育锻炼。

中医认为,口臭主要是脾热、胃火、肠燥等,又有虚实之分,主张口臭者尽量少吃温里散寒类食物,适当多吃一些清热类食物。

(3)积极治疗原发病。对于口腔、消化系统、呼吸系统等可引起口臭的疾病,要积极进行治疗;叩齿也是一种很好的方法:闭唇,轻轻叩齿100~300次,其间可有唾液增多现象,小口缓缓咽下,每日做2~3次,不但治疗口臭,对口腔疾病也有不错的疗效;属于精神因素引起口臭者,需要看心理医生;食积口臭多由过饱伤胃、宿食停滞胃中引起。口出酸腐臭味,脘腹胀痛,不思饮食,嗳气等,应消食导滞,保和丸或枳实导滞丸,均可随症选用。

(4)快速除口臭。为了不令自己终日有口难言,介绍的几种快速除口臭方法,能有效地清除口内异味。

①口气清新剂。除吸烟引起的口臭,先喝几口清水,喷上口气清新剂后合上嘴数秒,便可令口腔保持数小时的清新。

②高浓度薄荷糖。除浓烈食物味口臭,专门针对吃过洋葱、蒜头、咖喱等富挥发性气味的食物引致的口气,能迅速令口腔恢复清新,但持久性只有半小时。

③饮柠檬水。除口干造成的口臭,在水中加上一片柠檬,能刺激唾液分泌,减少因唾液分泌减少引致的口臭。

④药物性漱口水。除口腔炎造成的口臭,因牙龈发炎等口腔炎造成的口臭,可尝试使用一些含药物的漱口水漱口。炎症消除后,口气自然就清新了。

⑤蔬菜水果。除消化不良造成的口臭,因肠胃消化不良或便秘带来的口腔异味,最直接了当的方法当然是多吃蔬菜及水果等多纤维食物,令消化系统变得健康。

⑥刷牙。除口腔不洁的口臭,必须每天早晚彻底刷净牙齿,在刷牙后,用漱口水漱口,能彻底清洁整个口腔。

三、口腔卫生保健

口腔既是吸取营养的必经途径,又是许多慢性疾病危险因素的进入渠道,还是许多传染病如甲型肝炎、出血热等的传播途径。口腔卫生主要是牙齿的卫生。进食之后,如果不及时漱口或刷牙,食物残渣就会附着于牙齿周围,时间一长,口腔细菌就和食物残渣形成牙菌斑,黏附于牙齿表面。细菌不断利用食物中的糖,产生各种有机酸,破坏牙齿表面的牙釉质,使之脱钙,溶解,产生龋病,从而引起一系列疾病。口腔的不卫生、不健康状况,对人类整个健康造成的危害及影响很大,影响社会经济发展,已经越来越受到人们的关注。

(一)口腔卫生的重要性

口腔是进食的唯一途径,人一生的营养主要都是通过口腔来摄入,因此口腔健康是健康身体的重要保证。首先,口腔里最易受到侵害的是牙齿,不认真漱口和刷牙,堆积的食物残渣和细菌很容易导致龋病发生,即常说的蛀牙,使牙齿的使用寿命受到影响,再严重还可使牙齿的神经受损,出现牙痛。其次,牙齿周围的软组织,包括牙龈、口腔黏膜等,疏于保养的后果也很严重。牙龈发炎,刷牙出血,牙齿松动,口腔溃疡、异味都是常见的牙周软组织疾患。

口腔感染还可以引起关节、眼、肾和皮肤等的感染。由此可知,口腔疾患与人体健康的关系非常密切,不健康的口腔状况,可以引起全身各个系统的疾病。所以,维护好口腔卫生,无论对于牙齿本身,还是对于全身健康都是十分重要的。

(二)口腔卫生措施

口腔卫生的重点在于控制牙菌斑、消除软垢和食物残渣、增强生理刺激,使口腔和牙齿系统有一个清洁健康的良好环境,从而达到充分发挥其生理功能、增进身体健康的目的。保持口腔卫生,有以下几个措施:

1. 用水漱口

漱口能清除食物残渣和部分软垢,所以应着重在饭后进行。漱口的效果与漱口水量的多少、含漱力的大小、漱口的次数有关。漱口时,一般用清洁的水即可,如果是为了防止口腔疾病的发生或治疗口腔炎症,也可选择含有不同药物的漱口水。

(1)含氟漱口水。一种使用方便、价格低廉的漱口水。适用于低氟地区的人群使用,也是预防学校学生龋病的牙科公共卫生措施之一。每天或每周使用含氟漱口水漱口,可使牙龋率降低20%~50%。龋病易感患者、矫正牙齿期间戴固定器的患者以及不能进行口腔自我健康护理的残疾人,均可使用含氟漱口水漱口。含氟漱口水是一种中性或酸性的氟化钠溶液,尽管使用方便、安全,但也要在医生指导下使用,每次10mL,含漱1min后吐出,半小时不进食或漱口。不然就失去了漱口的意义,大量吞咽,不利于健康。

(2)氯己定。又称洗必泰,常以葡萄糖氯己定的形式使用,主要用于含漱和冲洗。它能减少唾液中可吸附到牙面上的细菌数量,抑制细菌聚集,控制牙菌斑的形成。氯己定能较好地控制牙龈炎。使用0.2%的氯己定液含漱,每天2次,每次10mL。每次1min。氯己定可以使牙体着色,但不透入牙内,可通过刷牙、打磨或其他机械方法清除。虽然对口腔黏膜有轻度刺激,但局部使用是安全的。

(3)甲硝唑。又称灭滴灵,属于抗厌氧菌感染的药物,对牙周病致病菌有明显的抑制和杀灭作用,可以有效控制菌斑。当甲硝唑漱口液在口腔中浓度达到0.025%时,即可抑制牙周常见厌氧菌,当达到3.125%时,放线菌也被抑制。每天含漱2~3次,对防治牙龈炎、牙龈出血、口臭、牙周炎均有良好的效果,且对口腔黏膜没有刺激。

2. 用牙刷刷牙

用牙刷刷牙是最广泛的保持口腔清洁的方法,它能清除腔内的食物残渣、软垢、部分牙面上的菌斑,还能按摩牙龈,从而减少口腔环境中的致病因素,增强组织的抗病能力,减少各种口腔疾病的发生。

(1)牙刷。刷牙必不可少的工具。应根据自己的口腔状况选择牙刷,牙周组织不太好的,应该选择软毛牙刷。刷头较小适于分区刷洗且旋转灵活;刷毛高度适当,便于洗刷;毛束成柱状,可防止刺伤牙龈。再好的牙刷也不能用太长时间,一般2~3个月就要更换,时间太长,牙刷内会隐藏细菌。

(2)洁牙剂。刷牙的辅助用品,可以加强刷牙的摩擦洁净作用。目前使用最广的是牙膏。牙膏的成分主要为摩擦剂、洁净剂、润湿剂、胶黏剂、防腐剂、芳香剂和水。有的还加入一些与膏体相容且使用安全的药物。应根据个人爱好、价格、香型及某些特殊需要来选择。

(3)刷牙方法。刷牙本是清洁口腔的有效方法,但是如果刷法不正确,常会对牙体或牙周组织造成损伤。人们习惯采用的横刷法就有很多弊端,常可导致牙龈萎缩,牙颈暴露等,时间长了,牙齿表面会出现浅的横纹,使牙齿变得不再光滑,应予以纠正。

比较合理的刷牙方法应该是竖刷法。刷上牙时,从上往下刷;刷下牙时,从下往上刷。牙的唇、颊面及舌、腭面都要分别刷到。在刷上下前牙的舌面时,将牙刷竖起,上前牙由上往下拉动,下前牙由下往上提拉。刷上下磨牙咬合面时,可将牙刷压在咬合面上来回刷动。

（4）刷牙次数与时间。最好在餐后和睡前各刷一次。如果做不到每餐后刷牙，至少要做到早晚各刷一次，饭后应漱口。特别强调晚间睡前刷牙，因睡后口腔内唾液分泌少，口内自洁作用差，如有食物残渣残留，口内微生物更容易滋生繁殖，故睡前必须刷牙，保持较长时间的口腔清洁。同时要注意刷牙质量，刷牙时间不宜过短，因为刷牙时间不够不足以清除菌斑，故刷牙时间每次以3min为宜，而且一定要三个牙面都刷到。

3. 洁牙间隙

牙齿间隙是牙菌斑形成的场所，此区牙刷常常难以刷到，特别是牙列不整齐的人，牙间更容易残留污物，故必须使用其他方法来清洁牙间隙。最常用的是牙签和牙线。

（1）牙签。在牙龈乳突退缩或牙周治疗后牙间隙增大时，可用牙签来清洁牙齿邻面的残留物。

（2）使用方法。将牙签以45°角进入牙间隙，清除邻面菌斑和嵌塞的食物，然后漱口。注意事项：勿将牙签压入健康的牙龈乳头区，以免造成人为的牙间隙；使用牙签动作要轻，以防损伤牙龈乳头，引起牙龈出血。

（3）牙线。牙线有多种材质制成，如棉、麻、丝、尼龙等，不可太粗或过细。有含蜡或不含蜡牙线，也有含香料或含氟牙线。含蜡牙线一般用于去除牙间隙的食物残渣和软垢，但不易去净牙菌斑。不含蜡牙线上有细小纤维与牙面充分接触，有利于去除牙菌斑。

四、口腔预防

（一）保护牙齿，保持口腔卫生

1. 注意口腔清洁

口腔清洁是保护牙齿健康的重要措施。因此每日要刷牙，定期要洁牙。刷牙不仅能清除口腔内的食物残渣，而且能按摩牙根促进牙周血液循环。不能刷牙时也要常常漱口。进食食物后，就会在牙面上留下食物痕迹，即使每日刷牙，也有一些痕迹难以清除干净，因此应定期找牙医洁牙。洁牙就是通过机械或超声方法去掉牙面上的细菌斑、牙石、色素等牙垢。通过洁牙可以减轻牙龈炎、牙周炎等炎症，预防一些口腔疾病。

2. 定期口腔健康

检查每个人都应该定期进行口腔检查，了解自己的口腔卫生状况，达到"有病早治，无病预防"的目的。检查时限可以根据需要和客观条件决定。对烟酒过度的人，除了定期找医生检查外，还要学会自我检查。即在有足够的照明条件下，面对镜子，检查面部的对称性，翻开上、下唇，观察唇内黏膜颜色是否均匀，是否有损伤，触摸是否有包块。伸出舌头，观察舌的颜色和质地，以及舌下有无异常包块。

3. 去掉不良习惯

生活中的不良习惯，是影响口腔健康的重要因素之一，其种类很多，影响各异，主要是影响牙齿的正常排列和颌骨的正常发育。生理状态下，舌向外推，唇与颊内收，外推与内收的力量形成均势对抗,使牙和颌骨正常发育。如某种不良习惯破坏了这种均势对抗,牙颌系统的发育就会出现异常。

(1) 单侧咀嚼。长期使用一侧牙齿咀嚼食物,两侧的生理刺激不均衡,造成非咀嚼侧组织衰退,发育不良,而且缺乏自洁作用,易堆积牙石,导致牙周疾病发生,颌面部不对称。

(2) 用口呼吸。长期用口呼吸会造成上牙弓狭窄,腭部高拱,上前牙前突,唇肌松弛,上下唇闭合不全,导致口腔黏膜干燥和牙龈增生。

(3) 吮唇、咬舌、咬颊这些习惯都可导致错颌畸形。

(4) 吮指、咬笔杆、咬筷子这些不良习惯可以使上前牙向唇侧移位,下前牙移向舌侧,造成牙位不正,也是错颌畸形的病因。

(5) 其他如长期一侧睡眠,枕硬质枕头,睡前吃糖果等,均可造成不良后果,要及时纠正。

4. 不要用牙签剔牙

很多人喜欢用牙签剔牙,但实际上牙签不仅会刺伤牙龈,使牙龈出血,也会使牙缝越来越宽,更易堆积食物或残渣。特别是使用木制牙签时,木屑常残留在牙缝中或牙龈内,也会引起细菌感染。

5. 涂碘甘油和按摩牙龈

如果发现牙龈沟加深,可在牙龈袋中涂适量碘甘油,可起到消炎收敛的作用。

另外,平时可用手指对牙龈进行按摩和叩齿,以促进牙龈组织的血液循环,改善营养状况,加强牙龈上皮的角化层,这样有利于牙龈组织的修复和再生,增强牙龈抵抗力和牙齿稳固性。

6. 合理饮食,注意营养

平时注意食用含钙、蛋白质、维生素的食物,以补充牙齿发育所需的营养。注意限制含糖类饮食,因为残留的糖易导致龋齿,饮食中应多咀嚼多食含纤维素或较粗糙的食物,可锻炼牙齿及咀嚼肌。

7. 改善劳动环境

在有酸雾、铅、汞等有害物质存在的环境,必须增添定向通风设备,工人要穿防毒隔离衣,戴防毒面罩和手套等,以隔绝或减少有害物质与人体的接触,维护口腔及全身健康。

(二) 正确刷牙

刷牙是保持口腔清洁的主要方法,它能消除口腔内软白污物、食物碎片和部分牙面菌斑,而且有按摩牙龈作用,从而减少口腔环境中致病因素,增强组织的抗病能力。刷牙的方法:

1. 竖刷法

就是将牙刷毛束尖端放在牙龈和牙冠交界处,顺着牙齿的方向稍微加压,刷上牙时向下刷,刷下牙时向上刷,牙的内外面和咬合面都要刷到。在同一部位要反复刷数次。这种方法可以有效消除菌斑及软垢,并能刺激牙龈,使牙龈外形保持正常。

2. 颤动法

指的是刷牙时刷毛与牙齿成45°角,使牙刷毛的一部分进入牙龈与牙面之间的间隙,另一部分伸入牙缝内,来回做短距离的颤动。当刷咬合面时,刷毛应平放在牙面上,作前后短距离的颤动。每个部位可以刷2～3颗牙齿。将牙的内外侧面都刷干净。这种方法虽然也是横刷,但是由于是短距离的横刷,基本在原来的位置作水平颤动,同大幅度的横向刷牙相比,不会损伤牙齿颈部,也不容易损伤到牙龈。

总之,刷牙要动作轻柔。不要用力过猛,但要反复多次。牙齿的每个面都要刷到,特别是最靠后的磨牙。一定要把牙刷伸入进去刷。如果将前面的两种方法结合起来应用,则效果会更好。每次刷完牙,如果不放心,还可以对着镜子看一看是否干净了,只有认真对待,才能保证刷牙的效果。

(三) 窝沟封闭

窝沟封闭又称点隙裂沟封闭,是指不去除咬合面牙体组织,在其上涂布一层黏结性树脂,保护牙釉质不受细菌及代谢产物侵蚀,增强牙齿抗龋能力,从而达到预防龋病发生的一种有效防龋方法。

作窝沟封闭的适应人群和最佳时间如下:

(1) 一般来说,深窝沟,特别是可以卡住探针的(包括可疑龋)。

(2) 患者其他牙齿,特别是对侧同名牙患龋或有患龋倾向的人应当行窝沟封闭。

(3) 儿童牙齿萌出后达到咬合平面即适宜作窝沟封闭,一般在萌出4年之内。

(4) 封闭的最佳时间是乳磨牙3～4岁,第一恒磨牙6～7岁,第二恒磨牙11～13岁,双尖牙9～13岁。对口腔卫生不良的残疾儿童,虽然年龄较大或牙齿萌出口腔时间较久,可考虑放宽窝沟封闭的年龄。

窝沟封闭的方法很简单,通过清洁牙齿、酸蚀、冲洗干燥、涂布封闭剂和固化几个步骤即可完成。材料固化后与沟壁紧密粘合,并具有一定的抗咀嚼压力,对进食无碍,并且材料固化后无毒,对人体无害。窝沟封闭成功的标志是封闭剂能够完整存在,可以磨损但不能脱落,因此需要定期检查,如果材料脱落需重新封闭。

(四) 牙齿正畸

通过对牙颌畸形进行治疗,可以建立美丽的容貌与牙齿排列;建立良好的咬合关系;建立清晰的语言会话功能;使颌骨沿着正常的轨迹发展;保证牙齿及周围组织的健康;建立美好的人生及社会环境。

矫治过程中应戴用活动矫治器时就位方向要正确,避免损伤牙体、牙周组织及口腔黏膜;戴用矫治器后如发现牙有自发性疼痛或黏膜损伤等应就诊检查;在固定矫治器佩戴前最好做一次牙周洁治,以防矫治器固定后,由于不便清洁而发生牙龈炎、牙周炎;注意口腔清洁卫生,坚持饭后刷牙漱口,对于戴用固定矫治器的患者,应准备好正畸专用牙刷或软毛牙刷,并学会刷牙方法,即沿弓丝方向轻轻刷动,不可用力过猛。

随着社会文化的发展与正畸技术的改进,成人对正畸治疗的需求也在不断增加。此外,随着对错合畸形机制的深入研究,对一些严重的骨性错合畸形,必须待成年后配合外科手术进行矫正,才能彻底恢复其稳定、平衡、美容及功能。

成人矫治应注意以下几个问题:

(1)口腔疾病,成人的患龋率比青少年高,且多数伴有不同程度的牙周疾病,口内残冠、残根、缺牙等比较常见。

(2)磨耗和颞下颌关节功能紊乱常有发生,因此,必须同口腔科其他专科医师共同确定治疗计划。

(3)成人的适应性改建不如青少年,骨组织的代谢慢,牙移动较慢,移动范围也有限,因此一般多采用少量牙移动的方法来进行治疗。并且,由于肌功能及咬合调整的过程较长,保持的时间应相对延长。

(4)成人的面颌生长已基本完成,畸形明确,因此不能利用生长潜力进行治疗,主要用移动牙齿的方法。

(5)成人的错颌多在长期的咀嚼运动中建立了代偿性咬合平衡,因而不能完全像早期矫治一样,以理想颌为目标,设计拔牙、扩弓等,而应以功能颌为目标。在尽可能的范围内,根据个体的特点,在保障其口腔健康和功能的条件下,达到改善其美观的目的。

(6)进行矫治前应有充分的思想准备。因为矫治疗程较长,平均约2年左右。复诊次数多,牙齿矫正难度也大,患者应主动配合医生完成整个矫治过程。

口腔保健是整体保健的组成部分。我们必须树立预防为主的思想,创造有利于口腔预防保健的条件,纠正有碍于口腔卫生的不良习惯,清除一切可能的致病因素,加强口腔防御能力,提高口腔健康水平。在疾病发生之前,或发现有发病趋势时,立即给予防护,以预防和控制口腔疾病的发生。

(五)消除影响口腔卫生的不利因素

额外牙、阻生牙、错位牙等应根据情况,予以拔除或矫正。缺失牙应及时修复,口内残根、残冠应及时拔除,以免形成慢性不良刺激。

牙痛并不一定要拔牙,很多病牙可以经过治疗而得以保存。但是,有以下情况时,牙齿要拔除:不可能治愈的晚期牙周病牙齿,牙齿松动度超过3毫米,牙根暴露超过总长的1/2;牙体外形暗中龋坏和难修复的牙齿;长期患有慢性根尖周炎的牙齿经反复治疗,不能治愈;外伤使牙齿折裂至龈下或者牙根折断松动;颌骨骨折时,骨折线上牙齿;错位牙、多生牙如果影响咀嚼和美观,或者引起塞牙导致牙周病的牙齿。怀疑为引起某些疾病的病灶牙,如引起上颌窦炎、颌骨骨髓炎的病牙,诱发下颌关节疼痛的下颌第三磨牙。

有以下情况时不能拔牙:(1)血友病,血液凝固异常,这种患者拔牙后可多日出血不止。(2)血小板减少性紫癜。(3)月经初期,怀孕期。(4)贫血肝脏病、肾脏病、糖尿病、甲状腺功能亢进患者。(5)牙齿的急性炎症期。

拔牙虽是一种小手术，但如果不注意保护拔牙后的创口，也会发生出血、炎症、肿痛等反应，有的还会造成严重感染或出血不止等后果。保护拔牙后的创口应注意以下事项：

（1）拔牙前要消除对拔牙的恐惧心理，前一天晚上应休息好。如有高血压、心脏病等病史，应主动向医生说明引起重视，并做好相应准备。

（2）医生放在口腔拔牙创口上的纱布卷或棉花球，病人要轻轻咬紧，应在40分钟后吐出。咬纱布卷的作用，一是压迫止血；二是隔离口水，使创口内的血凝结起来，有利于创口的早期愈合。

（3）纱布卷吐掉后，当天不要大声谈笑，或用力吐痰、吐口水；不能用舌头舔创口；千万不要用手指或牙签去挑剔创口上的紫灰色血块，更不要吮吸创口，以免破坏血块引起创口出血。拔牙2h后方可吃稀饭、软食或流质食品，但不能用单侧咀嚼；饮食不宜过烫、过硬，切忌喝酒、吸烟，也不能吃过辣的刺激性食物，以免口腔血管扩张，黏膜充血而致创口出血。

（4）拔牙后6h以内不能漱口，否则也会破坏创口内的凝血块，可能引起再出血，或使创口发炎。如果要漱口，在6h以后用冷盐水或凉开水含漱，但必须轻轻地漱。拔牙后第二天可小心地刷牙。勿使牙刷触及创面。

（5）拔牙后24h以内。可能在口水中带有少量血水，这是正常现象，不要害怕。因为恐惧心理会使血压升高，增加出血的机会。如果出血较多，也不要惊慌，应拽一小块消毒纱布或棉球放在出血的创口上咬住，然后到口腔科急诊处理。

（6）拔牙后1～2d内，不宜做剧烈运动。创口如有缝线，应在术后4～5d拆除。

（7）一般拔牙无须用药，但对手术损伤大、时间长。炎症明显，或年老体弱者，可酌情给予消炎药和止痛剂。

（8）拔牙创口一般可在3～6d内愈合。如果拔牙创口5天后仍有出血、疼痛，应及时到医院复诊检查，及时处理。

第十章　急症处理及安全

> **教学目标**
>
> （1）基本了解并掌握各种创伤、常见急性病症的现场救治方法。
> （2）重点掌握心肺复苏的基本操作及注意事项。
> （3）具备面对危急情况沉着冷静的心理素质及独立实施心肺复苏规范操作的能力。

心脏骤停、突发创伤、急性中毒、急性病症等危重病人的救护必须从现场开始，现场的正确救治及快速转送对提高伤病员的救治成功率、降低伤残率极为有利。现场急救中要掌握现场解救、通气、止血、包扎、固定、搬运及心肺复苏等技术，还要掌握各种创伤、常见急性病症的现场救治方法。在评估时必须迅速控制情绪，尽快了解情况；在进行现场救护时，要注意自身安全，加强个人防护。

第一节　应急救护新概念

应急救护是指在突发伤病或灾害事故的现场，在专业人员到达前，为伤病员提供初步、及时、有效的救护措施。这些救护措施不仅是对伤病员受伤身体和疾病的初步救护，也包括对伤病员的心理支持。

应急救护是院前急救的重要组成部分。灾害事故或突发疾病现场情况可能复杂多变，缺乏专业人员及救护材料（器材）等，往往数分钟内就会危及伤病员的生命，所以应在最短时间内实施应急救护，救护员要以最快的速度向伤病员提供有效的应急救护措施。

应急救护的目的是：（1）挽救生命。在现场采取任何急救措施的首要目的就是挽救伤病员的生命。（2）防止恶化。尽可能防止伤病继续发展和产生继发损伤，以减轻伤残和死亡。（3）促进健康。应急救护有利于伤病的后期治疗及伤病员身体和心理的康复。

当疾病或意外伤害发生后，能够立即为伤病员实施应急救护的人统称为应急救护人员。

应急救护人员在施救时：（1）须表明自己"救护员"的身份；（2）救护操作方法应正确；（3）要发扬人道主义精神，平等对待每一位伤病员，不擅自取拿伤病员的财物，不应期望伤病员任何方式的回报。

第二节　外伤救治的四项技术

现代外伤以严重创伤、多发伤和同时多人受伤为特点。严重创伤可造成心、脑、肺和脊髓等重要脏器功能障碍,出血过多会导致休克甚至死亡。外伤现场救护要求快速、正确、有效。正确的现场救护能挽救伤病人生命、防止损伤加重和减轻伤病人的痛苦;反之,可加重损伤,造成不可挽回的损失,以致危及生命。因此,普及外伤现场救护知识和技术十分重要。

创伤出血是我们最常遇到的意外伤害,不论是刀割碰伤,还是车祸碰撞,都需要尽快处理。通常,创伤急救的四大基本步骤为:"止血、包扎、固定、搬运。"本节介绍最基本的急救技术,一旦遭遇意外,正确、及时有效的应用这些技术,往往能挽救患者生命、防止病情恶化、减少伤员痛苦以及预防并发症等,科学施救搭建一条绿色的生命通道。

一、止血术

止血是为了防止伤口继续出血,防止急性大出血引发休克。常用的止血材料有绷带、充气止血带、橡皮止血带。紧急情况下可用干净的毛巾、手帕、布料取代。

（一）止血方法

1. 加压包扎止血法

加压包扎止血法适用于较小的静脉出血或毛细血管出血。方法:表浅伤口的出血用生理盐水冲洗局部,消毒后,盖上无菌敷料,再用绷带或三角巾适当加压包扎,松紧度以能达到止血目的为宜。

2. 指压止血法

指压止血法适用于头颈部及四肢中等或较大的动脉出血。方法:用手指、手掌或拳头压迫伤口近心端的动脉,将动脉压向深部的骨上以阻断血液流通,达到临时止血的目的。使用指压止血法应掌握常见的动脉行径和体表标志。

（1）头顶部出血。压迫同侧耳屏前方额弓根部的搏动点（颞浅动脉）止血。

（2）颜面部出血。压迫同侧下颌骨下缘、咬肌前缘的搏动点（面动脉）止血。若伤在颊部、唇部,可将拇指伸入患者口内,其余4指紧贴面颊外部,内外用力,压迫伤口下缘的动脉。

（3）颈部、面深部、头皮部出血。可压迫同侧管外侧与胸锁乳突肌前缘中点之间的搏动点（颈总动脉）止血,用力向后压向颈椎上,达到止血的目的。颈总动脉分支的颈内动脉为脑的重要供血动脉,所以对颈总动脉的压迫止血应取慎重态度,并绝对禁止同时压迫双侧颈总动脉。

（4）头后部出血。可用拇指压迫同侧耳后乳突下稍往后的枕动脉搏动点止血。

（5）肩部、腋部、上臂出血。压迫同侧锁骨上窝中部的搏动点（锁骨下动脉），将动脉压向第1肋骨。

（6）前臂出血压迫肱二头肌内侧沟中部的搏动点（肱动脉），将动脉压向肱骨。

（7）手掌、手背出血压迫于腕横纹稍上处的内侧（尺动脉）、外侧（桡动脉）搏动点止血。

（8）大腿出血大腿及其以下动脉出血，可用双手拇指重叠用力压迫大腿根部腹股沟中点稍下的搏动点（股动脉）止血。

（9）足部出血可用双手食指或拇指压迫足背中部近脚腕处的搏动点（胫前动脉）和足跟与内踝之间的搏动点（胫后动脉）止血。

3. 止血带止血法

止血带止血法适用于四肢大动脉出血或采用加压包扎止血术后不能有效控制的严重出血。

（1）橡皮带止血法。抬高患肢，将软布料、棉花等软织物衬垫于止血部位皮肤上。取止血带中间一段，适当拉紧拉长，绕肢体2～3圈，使橡皮带末端压在紧缠的橡皮带下面即可。

（2）勒紧止血法。在伤口上部用绷带或三角巾叠成带状或用布料等勒紧止血，第一道绕扎在伤口处皮肤的衬垫上，第二道压在第一道上面，并适当勒紧。

（3）绞紧止血法。用三角巾叠成带状或布条、手帕绕肢体一圈，打一活结，取一小木棒、笔杆、筷子等做绞棒，穿进活结下，绞紧，再将小木棒一端插入活结套内，拉紧固定木棒即可。

4. 填塞止血法

填塞止血法一般只用于大腿根部、腋窝、颈部等难以用一般加压包扎的较大出血。方法：用无菌敷料填入伤口内，外加大块敷料加压包扎。在清创去除填塞的敷料时有可能发生再次大出血，因此应尽快手术彻底止血。

5. 屈肢加垫止血法

屈肢加垫止血法主要用于肘、膝关节以下部位的出血，在无骨与关节损伤时使用。先在肘窝或腘窝部放置一棉垫卷或绷带卷，然后强力屈曲关节并用绷带或者三角巾扎紧。此法患者痛苦较大，且有可能压迫到神经，故不宜首选。

（二）护理措施

（1）使用止血带部位要准确，应扎在伤口的近心端，并应尽量靠近伤口。上臂扎止血带时，不可扎在中下1/3处，以防损伤桡神经。前臂和小腿因止血效果差不适于扎止血带。

（2）止血带下加衬垫，捆扎时先抬高伤肢并垫以4～5层纱布或干净毛巾，切忌用绳索或铁丝直接加压。

（3）使用止血带压力要适当，以能阻断动脉血流为度。不要过紧，以免压迫神经、肌肉和皮肤；过松则不能阻断动脉，反而导致静脉回流不畅，加重出血。

（4）记录止血带的日期和时间的标记要明显，使用止血带的时间不宜超过3h，并应每隔

0.5～1h放松一次,每次放松2～3min。松解止血带前,要先补充血容量,做好纠正休克和止血器材的准备。

(5)使用止血带的患者,要注意肢体保暖,冬季更应该防寒,因为肢体阻断血流后,抗寒能力下降,容易发生冻伤。

(6)停用止血带时应缓慢松开,防止肢体突然增加血流,损伤毛细血管及影响全身血液的重新分布,甚至使血压下降。松开止血带后,应轻轻抚摩伤肢,缓解麻木、冰凉等不适。

二、包扎技术

包扎是外伤急救常用的方法,具有保护伤口、减少污染和再损伤、固定敷料、压迫止血、有利于伤口早期愈合的作用;适用于体表各部位的伤口。常用的包扎材料有绷带、三角巾及其他临时代用品(如干净的手帕、毛巾、衣物、腰带、领带等)。绷带包扎一般用于支持受伤的肢体和关节,固定敷料或夹板和加压止血等。三角巾包扎主要用于包扎、悬吊受伤肢体,固定敷料,固定骨折等。

(一)绷带包扎法

1. 环形绷带包扎法

为最基本的方法,多用于手腕、肢体、胸、腹等部位的包扎。将绷带作环形重叠缠绕,最后用扣针将带尾固定,或将带尾剪成两头打结固定。包扎时须注意以下方面:

(1)缠绕绷带的方向应是从内向外,由下而上,从远端至近端。开始和结束时均要重复缠绕一圈以固定。打结、扣针固定应在伤口的上部,肢体的外侧。

(2)包扎时应注意松紧度。不可过紧或过松,以不妨碍血液循环为宜。

(3)包扎肢体时不得遮盖手指或脚趾尖,以便观察血液循环情况。

(4)检查远端脉搏跳动,触摸手脚有无发凉等。

2. 螺旋形包扎法

适用于周径基本相同的上臂、大腿等部位的伤口。将绷带在远端先作环形重叠缠绕2周,然后用后一圈压住前一圈1/2～2/3包扎完毕同样作环形重叠缠绕两圈,然后固定。

3. 螺旋返折形包扎法

用于前臂、小腿等周径不相同的部位伤口包扎。基本方法同螺旋形包扎法,但在缠绕的同时返折形成一个等腰三角形。

4. "8"字形包扎法

适用于关节部位的伤口,即将绷带从远心端开始作环形重叠缠绕两周,然后用后一圈压住前一圈1/2～2/3的同时按照"8"字走行缠绕,包扎完毕同样作重叠缠绕两周并固定。

5. 回形包扎法

残端或头部的伤口可采用此法。

以上各种包扎法包扎时均应注意：在皮肤皱褶处用衬垫保护；包扎时松紧适度用力均匀；肢体保持功能位，使患者舒适；选择宽度合适，干燥清洁的绷带；注意结应打在肢体的外侧。

（二）三角巾包扎法

1. 头部包扎法

（1）将三角巾的底边向外上反折3cm，盖住头部齐眉以上、耳后，把两底角在枕后交叉并把顶角压在下面，回头在额前打结。

（2）将三角巾顶角打结放在额前，底边中点也打结放在枕后即成风帽状，底边两端拉紧向外向上反折4cm，绕向前面包住下颌，再绕到颈后面打结。

2. 单肩包扎法

将三角巾折叠成燕尾式，尾角向上，放在伤肩上，大片向上盖住肩部及上臂上部打结，两侧燕尾角分别经左右肩拉到腋下打结。

3. 双肩包扎法

将三角巾折叠成燕尾角等大的燕尾巾，夹角向上对准颈部，燕尾披在双肩上，两燕尾角分别经左右肩拉到脐下与燕尾底角打结。

4. 胸部包扎法

三角巾折叠成燕尾状，并在底部反折一道边，横放在于胸部，两角向上，分别于两肩上并拉至颈后打结，再用顶角带子绕至对侧腋下打结。

5. 背部包扎法

基本同胸部包扎法，只是位置相反，结打于胸部。

6. 腹部包扎法

把三角巾顶角向下横放在腹部，底边齐腰，两底角围绕到腰后打结。顶角由两腿间拉向后面和另两端打结。

7. 单侧臀部包扎

将三角巾叠成燕尾式，夹角约60°朝上，盖伤侧臀部的后片要大于并压着前面的小片，两角分别过腹腰部到对侧打结，两底边角包绕伤侧大腿根打结。

8. 上肢包扎

把三角巾一底角打结后套在伤手上，另一底角过伤肩背后拉到对侧肩的后上方，顶角朝上，由外向里依次包绕伤肢，然后再将前臂屈至胸前，两底角相遇打结。

9. 小腿、脚包扎法

将足趾朝向底边，把足放在近一底角侧，提起顶角与另一底角包扎绕小腿打结，再将足下底角折足背,绕脚腕打结固定。

10. 膝部带式包扎法

根据伤情将三角巾折叠成适当宽度的带状,将中段斜放于伤部,两端分别压于上下两边,包绕肢体一周打结。

(三)多头带包扎法

(1)腹带包扎法。用于腹部伤口的包扎,先将腹带平放在身体下拉平包腹带包住腹部,再将两侧横带交叉包扎。切口在上腹部时,应由上而下包扎,最后固定。切口在下腹部时,应由下向上包扎最后固定。

(2)胸带包扎法。用于胸部伤口的包扎,结构上比腹带多2根竖带,先将胸带平放在身体下拉平,将两根竖带拉于胸前,再由下而上交叉包扎横带,将竖带夺于横带下,在胸前固定带尾。

(3)四头带包扎法。用于下颌、枕、额等处的包扎。

(4)丁字带包扎法。形如丁字状,用于会阴、肛门部位的包扎。

(四)护理措施

(1)根据受伤部位选择合适的包扎用物和包扎方法,包扎前注意创面的清理、消毒,预防创面感染。

(2)包扎时要使患者处于舒适的体位。皮肤皱褶处如腋下、乳下、腹股沟等,应用棉垫或纱布衬隔,骨隆突处也用棉垫保护。四肢包扎注意保持功能位置。

(3)包扎顺序原则上为从下向上,从左到右,从远心端到近心端。手指、脚趾无创伤时应暴露在外,以便观察血液循环情况。固定包扎时打结应在肢体外侧面,不可在伤口处、受压处、摩擦处和骨隆部。

(4)包扎松紧适度,过紧影响血液循环,易引起受伤部位的组织损伤,过松易造成滑脱。

三、骨折固定技术

骨折固定是救护的一项基本技术,适用于所有四肢骨折、脊柱骨折。良好的固定能迅速减轻患者的疼痛,减少出血,防止损伤脊髓、血管、神经等重要组织,是搬运的基础,有利于转运后的进一步治疗。

要根据现场的条件和骨折的部位采取不同的固定方式。固定要牢固,不能过松、过紧。在骨折和关节突起处要加衬垫,以加强固定和预防压伤。

(1)要注意伤口和全身状况,如伤口出血,应先止血,后包扎固定。如有休克或呼吸、心跳骤停者应立即进行抢救。

(2)对于大腿、小腿、脊椎骨折的伤者,一般应就地固定,不要随便移动伤者,不要盲目复位,以免加重损伤程度。

（3）在处理开放性骨折时，局部要作清洁消毒处理，用纱布将伤口包好，严禁把暴露在伤口外的骨断端送回伤口内，防伤口污染和再度损伤。

（4）固定骨折所用的夹板的长度与宽度要与骨折肢体相称，其长度一般应超过骨折上下两个关节为宜。

（5）固定用的夹板不应直接接触皮肤。在夹板和肢体之间垫软材料，特别是夹板两端、关节骨头突起部位和间隙部位，应适当加厚垫，以免引起皮肤磨损或局部组织压迫坏死。

（6）固定、捆绑的松紧度要适宜，过松达不到固定的目的，过紧影响血液循环，导致肢体坏死。固定四肢时，要将指（趾）端露出，以便随时观察肢体血液循环情况。如发现指（趾）苍白、发冷、麻木、疼痛、肿胀、甲床青紫时，说明固定、捆绑过紧，血液循环不畅，应立即松开，重新包扎固定。

（7）对四肢骨折固定时，应先捆绑骨折上端，后捆绑骨折下端。如捆绑次序颠倒，则易导致再度错位。上肢固定时，肢体要屈着绑（屈肘状）；下肢固定时，肢体要伸直绑。

四、转运

患者通过现场急救后，在可能的情况下应尽快将患者转送到医院，使其接受专科治疗和护理，以降低患者的病死率和致残率。转运前需要评估患者的病情和环境，确定搬运的方式，并准备好搬运的用具，如担架、轮椅、平车、固定物等。

（一）徒手搬运法

1. 单人搬运法

（1）扶持法。对病情轻，能够站立行走的患者可用此法。救护者站在患者一侧，使患者揽着救护者的头颈，然后救护者用外侧的手牵着患者的手腕，另一手伸过患者背部扶持他的腰，使其身体略靠着救护者，扶着行走。

（2）抱持法。患者如能站立，救护者站于患者的一侧，一手托其背部，一手托其大腿，将其抱起，患者若有知觉，可让其一手抱住救护者的颈部。

（3）背负法。救护者站在患者前面，同一方向，微弯背部，将患者背起。如患者卧于地上，不能站立，则救护者可躺在患者一侧，一手紧握患者肩，另一手抱其腿，用力翻身，使其负于救护者背上，而后慢慢站起。

2. 双人搬运法

（1）椅托法。两个救护者在患者两侧对立。一人以右膝，另一人以左膝跪地，各以一手伸入患者大腿之下而互相紧握，另一手彼此交替支持患者背部。

（2）拉车式。两个救护者，一个站在患者的头部，两手插到腋下，将其抱在怀内，另一个站在其足部，跨在患者两腿中间，两人步调一致慢慢抬起，卧式前行。

（3）平抱和平抬法。两人平排，将患者平抱，亦可两人一前一后、一左一右将患者平抬

第十章 急症处理及安全

3. 三人搬运或多人搬运法

可以三人平排,将患者抱起,齐步一致前进。六人可面对站立把患者抱起。

4. 护理要点

（1）徒手搬运过程中,动作要轻巧、敏捷,协调一致,避免震动,减少患者痛苦。

（2）徒手搬运适用于转运路程较近,病情较轻的患者。对路途较远的患者,则应寻找合适的交通工具。

（3）胸部创伤患者不宜采用背负法,以免胸部受压加重损伤。

(二) 担架搬运法

1. 方法

（1）由3~4人合成一组,将患者移上担架。

（2）患者头部向后,足部向前,这样后面抬担架的人,可以随时观察患者病情的变化。

（3）抬担架的人脚步、行动要一致,前面的开左脚,后面的开右脚,平稳前进。

（4）向高处抬时（如过台阶、过桥、上桥）,前面的人要放低,后面的人要抬高,以使患者保持在水平状态；下台阶时,相反。

2. 护理要点

（1）一般患者在担架上取平卧位。有恶心呕吐的患者,应采取侧卧位以防止呕吐物吸入气管引起咳嗽或阻塞呼吸道造成窒息。对有颅脑损伤,昏迷等患者,应将头转向一侧,以防舌根后坠或分泌物阻塞咽喉与气道。胸、肺部损伤者常有呼吸困难,可用支架或被褥将背部垫起或呈半坐位,减轻症状。

（2）对颅脑损伤者,应注意观察双侧瞳孔是否等大等圆,有无对光反射等,如有异常应及时采取措施。

（3）为防止压疮发生,每隔3~4h应翻身或调整体位一次,在骨突处适当地加以拍打按摩,并在该处加垫海绵、纱布等软物加以保护。

（4）为防止患者疲劳,途中应定时休息,并利用休息时间查看患者的体温、脉搏、呼吸、血压并进行必要的护理,协助患者排大小便、进食、饮水、调整体位等。

（5）护送带有输液管、气管导管及其他引流管道的患者,必须保证这些管道通畅,防止坠入、脱出、移位、扭曲、受压和阻塞等,必要时可指定专人观察和保护。

(三) 轮椅搬运法

1. 方法

（1）将轮椅推至患者床旁,使椅背与床尾平齐,面向床头。

（2）扶患者坐起,穿好拖鞋,下地立于床边或坐在床缘等候。

（3）操作者站在轮椅背后,以双手扶压椅背,拉起两侧扶手旁的车闸,无车闸则一脚踏住椅背下面的横档,以固定轮椅,使患者坐下时不致前倾。

（4）嘱患者扶住轮椅扶手,尽量靠后坐,勿向前倾或自行下车,以避免跌倒,支起踏板,将患者双脚放在踏板上。如果患者身体虚弱则操作者可到前方扶助患者,或请另一位救护者协助坐在轮椅上。

2. *护理要点*

（1）患者移动到轮椅上时,一定要固定好轮椅,以免轮椅移动造成患者跌倒受伤。

（2）运送过程中,遇到地不平整、上下坡、楼梯等处时,要控制好轮椅,以免轮椅翻倒摔伤患者。

（3）天冷时,应为患者保暖,包好毛毯或穿好棉大衣,避免患者着凉。

（四）平车搬运法

1. *方法*

推平车至床尾,使平车头部与床尾呈钝角。根据病情及体重情况考虑由一人、二人、三人、四人来搬运患者。

（1）一人搬运法。工作人员抱住患者肩部与股部,嘱患者以一臂自工作人员腋下伸至背后,另一臂自对侧肩上绕过,患者双手在工作人员颈后握住。工作人员托起患者轻轻移步轻放于平车上。用大单及盖被（毛毯或棉被）包裹患者,先盖脚部,然后两侧,露出头部。

（2）二人搬运法。两人站在钝角内的床边,掀开盖被,使患者两上肢交叉放在胸前,将患者移至床边,一人托住颈肩部与腰部,另一人托住患者臀部与膝部,二人同时抬起患者,使患者向内倾斜,二人轻轻移步,放至平车上,盖好盖被。

（3）三人搬运法。协助患者穿衣后,移至床边,甲托住患者的头和肩部,乙托住患者的背和臀部,丙托住患者的膝及腿部。三人同时抬起,使患者身体稍向护士倾斜,三人同时移步,轻轻把患者放在平车上,盖好盖被。

（4）四人搬运法。适用于病情危重或身体过重而不能行动的患者。需借助帆布兜或中单,由四人搬运。将推平车与床并齐,将帆布兜（或中单）铺垫于患者的腰、臀下,护士甲站于床头托住患者的头和肩部,护士乙站于床尾托住患者两腿,护士丙和丁分别站于平车及病床的两侧,各自紧握中单的一端,四人同时抬起患者,轻轻放于平车中央,盖好盖被。

2. *护理要点*

（1）转运时注意患者的安全、舒适,动作要轻稳,不要触及患部。对骨折及脱位患者应注意托起患部,勿使断端移动,以免加重损伤。

（2）多人转运时,动作要一致。推送时不可走得太快,对烦躁或神志不清的患者应有医护人员伴送,以防跌倒。上楼、下坡时患者头部宜处上位,以免引起头部充血及不适。

（3）运送输液患者,如车上无输液架时,须另请一人协助,以保证输液顺利进行。

（4）密切观察病情有无变化,如意识、表情、脸色、脉搏、呼吸等。

（5）推车进门时,应先将门打开,不可用车撞门或墙,以免振动患者或损坏建筑物。

第三节 心肺复苏术

心肺复苏（Cardio Pulmonary Resuscitation，CPR）是自20世纪60年代至今长达半个世纪来，全球最推崇也是普及最广泛的急救技术。在紧急救护中，没有比抢救心跳、呼吸骤停病人更为紧迫重要了，心肺复苏就是针对骤停的心跳和呼吸采取的救命技术，既是专业的急救医学，也是现代救护的核心内容，是最重要的急救知识技能。它是在生命垂危时采取的行之有效的急救措施。

一、实施心肺复苏的理论依据

正常情况下，肺脏平稳呼吸，将氧气吸入肺脏，氧气溶解到血液中，血管中的血液变为动脉血。心脏有序地节律性收缩和舒张，将载有氧气的动脉血液输送到全身各处，各器官和组织"吸收"动脉血中的氧气，并"呼出"二氧化碳排入血液，血管里的血液变为静脉血，经过肺脏后排出二氧化碳吸入新鲜氧气完成气体交换。肺脏和心脏有节律不间歇地工作，为全身的器官和组织输送氧气和能量，维持人体最基本的生理活动。

心脏骤停是指各种原因导致心脏射血功能突然停止，随即出现意识丧失、脉搏消失、呼吸停止。经过及时有效的心肺复苏，部分患者可获存活。心脏骤停导致全身血流中断，不同器官对缺血缺氧损伤的激感性有所不同，大脑是人体最易受缺血缺氧损害的器官，其次是心脏、肾脏、胃肠道、骨骼肌等。正常体温情况下，心脏停搏5min后，脑细胞开始发生不可逆的缺血损害；心脏停搏10min内未行心肺复苏，脑功能极少能恢复到损伤前的水平。

很多原因可以引起心跳呼吸骤停，但在日常生活中，最为常见的是心脏急症猝死，其他还有如触电、溺水、中毒、严重外伤等急症。心脏骤停的典型"三联征"包括突发意识丧失、呼吸停止和大动脉搏动消失，主要表现为：

（1）突然摔倒，意识丧失，面色迅速变为苍白或青紫。
（2）大动脉搏动消失，触摸不到颈动脉、股动脉搏动。
（3）呼吸停止或叹息样呼吸，继而停止。
（4）双侧瞳孔散大。
（5）可伴有因脑缺氧引起的抽搐和大小便失禁，随即全身松软。

心肺复苏是指采用徒手和（或）辅助设备来维持呼吸、心脏骤停患者人工循环和呼吸最基本的抢救方法，包括胸外按压、开放气道、人工呼吸、电除颤以及药物治疗等，目的是尽快使自主循环恢复，最终恢复脑神经系统的功能

（一）胸外按压的原理

目前解释胸外按压的机制有以下两种学说：

1. 心脏泵机制学说

在对胸部按压时,位于胸骨与脊柱之间的心脏被挤压,并推动血液向前流动。当胸部按压解除时,心室恢复舒张状态,产生吸引作用,使血液回流,充盈心脏。

2. 胸腔泵机制学说

在对胸部按压时,心脏仅是一个被动的管道。按压胸部增加了胸腔内静脉、动脉以及胸腔对动脉的压力,但胸腔外静脉的压力依然是低的,从而形成周围动静脉压力梯度,使血液从动脉流入静脉;胸腔按压解除后,胸腔内压力下降至零,静脉血回流入右心和肺,经肺静脉回流到左心。

大量的实践和研究资料表明,只要尽早应用胸外按压,且方法正确,同时配合有效的口对口吹气,就能取得很好的胸外按压的效果。胸外按压现已为全世界绝大多数学者所接受并成为标准。

在心跳骤停后,正确实施的胸外按压能产生60～80mm汞柱的动脉收缩压,舒张压很低。胸外按压的心输出量可能仅是正常心输出量的1/4或1/3,即救护员快速用力按压心脏,最大限度恢复心脏泵血功能,才能有希望复苏伤员。

(二)人工呼吸的基本知识

人工呼吸是指用人工的方法使不能自主呼吸、呼吸功能不正常或呼吸困难的伤病员得到被动式呼吸。

气体的流动和液体一样,依靠压力差来推动。在呼吸过程中,肺泡内的压力有升降交替的变化,形成与大气压之间的压力差,这是推动气体进出肺的直接动力。

现在使用的口对口(鼻)人工呼吸,是一种快速有效的向伤病员提供氧气的方法,空气中的含氧量为20.94%、二氧化碳为0.04%,其余的大部分气体为氮气。经过人的呼吸后,呼出的气体中,氧含量下降为16%,二氧化碳升高为4%。实施口对口(鼻)人工呼吸,伤病员的"吸气"是救护员的"呼气",所获得的气体中氧浓度虽然比大气中略低(约18%),二氧化碳浓度较高(约2%),然而,在伤病员心跳呼吸停止后,肺处于半萎陷状态,在呼吸道畅通的情况下,吹入肺内气体使组织扩张,初步保证伤病员所需要的氧气。此外,少量的二氧化碳有兴奋呼吸中枢的作用。

(三)心肺复苏的适应症

哪些人需要对其进行心肺复苏?简称"三无"伤病员:第一,无意识,指拍打其双肩,大声呼喊却没有任何反应;第二,无呼吸,指呼吸停止或临终叹息样喘息;第三,无心跳,指成人大动脉搏动消失,触摸不到颈动脉搏动,儿童脉搏每分钟小于60次。

二、胸外按压

救护员在事故现场发现伤病员后,判断伤病员无意识、无大动脉搏动,立即开始胸外心脏按压,将伤病员置于复苏体位。

高质量的胸外按压,即按压频率100~120次/分,按压深度5~6cm,每次保证按压后胸廓恢复原状,按压与放松比大致相等;尽量减少因检查或治疗造成胸外按压中断;同时,应避免过度通气。

（1）复苏体位。将伤病员放置于仰卧位,平躺在坚实平面上。

（2）按压部位,在胸骨下1/2处,即胸部正中乳头连线水平。

（3）按压手法。救护员跪在伤病员一侧,一个手掌根部置于按压部位,另一手掌根部叠放其上,双手指紧扣进行按压;身体稍前倾,使肩、肘、腕于同一轴线上,与伤病员身体平面垂直。以髋为轴,用上身重力按压,按压与放松时间相同,放松时手掌不离开胸壁。用力、快速按压,但不得冲击式按压。

（4）按压/通气比。目前推荐使用按压/通气的比例为30∶2且每个周期为5组30∶2的心肺复苏,时间大致为2min。

（5）2人以上做心肺复苏时,每隔2min应交替做心肺复苏,以免按压者疲劳使按压质量和频率降低。轮换时要求动作快,尽量减少中断按压。

（6）尽量减少因分析心律、检查脉搏和其他治疗措施中断胸外按压的时间,中断胸外按压时间应短于10s。

三、人工呼吸法

人工呼吸法包括口对口、口对鼻、口对口鼻、口对呼吸面罩的吹气及专业的气管插管、呼吸口对口、口对鼻、口对口鼻、口对呼吸面罩吹气的人工呼吸方法简便易学,"第一目击者"在事发现场可以用此实施紧急救护,但要实施正确、有效,必须注意下述步骤中的每个细节。

（一）开放气道

开放气道是人工呼吸前至关重要的一步,其目的是维持呼吸道畅通,保障气体自由出入。伤病员平卧于硬板或平地上,解开伤病员的衣服、领带、腰带等,迅速清除伤病员口鼻内的污泥、杂草、土块、痰、涕、呕吐物、可脱卸假牙,使呼吸道畅通。清理口腔异物时,要把伤病员的头侧向一边,以免口中的异物坠入喉部。用仰头举颏法、托颌法打开气道。

1. 仰头举颏法

如患者无明显头、颈部受伤可使用此法。伤病员取仰卧位,救护员双膝跪地立于伤病员侧,将一只手放置在伤病员前额部用力使头后仰,另一只手食指和中指放置下颌骨向上抬颏,使下颌角、耳垂连线与地面垂直。

2. 托颌法

在怀疑伤病员颈椎受伤时使用此法。伤病员平卧,救护员位于伤病员头侧,两手拇指置于伤病员口角旁,其余四指托住患者下颌部位,在保证头部和颈部固定的前提下,用力将伤病员下颌向上抬起,使下齿高于上齿,避免搬动颈部。如果伤病员紧闭双唇,可用拇指把口唇分开。如伤病员呼吸停止,即可开始人工呼吸。

(二)口对口吹气

(1)保持气道开放,救护员用放在伤病员前额的拇指和食指捏紧伤病员的鼻翼,以防气体从鼻孔逸出。

(2)救护员吸一口气,用双唇包严伤病员口唇四周,再缓慢持续将气体吹入,吹气时间持续 1s,同时观察伤病员胸部隆起。

(3)吹气完毕,救护员松开捏鼻翼的手,侧头吸入新鲜空气并观察胸部有无下降,准备进行下次吹气。连续进行两次吹气。

(4)成人每 4~5s 吹气一次,每分钟 10~12 次,每次吹气均要保证有足够量的气体进入并使胸廓隆起,每次吹气 1s。

(5)实施高级气道管理后可继续进行胸外按压,且不必与呼吸同步。之后,可按照大约每 6s 一次呼吸(每分钟 10 次)的速率进行人工呼吸。

四、现场心肺复苏实施步骤

心血管急救环节的顺序为:第一:早期识别、求救;第二:早期心肺复苏;第三:早期电除颤;第四:早期高级生命支持;第五:心搏骤停后综合救治。

在这个生存链中,任何一个环节在实施过程中出现延误或缺失,都会大大降低抢救生命的效率,尤其是第二个环节——早期心肺复苏。

非专业施救者成人心肺复苏的实施步骤如下:

第一步:环境评估。

救护员通过眼睛看、耳朵听、鼻子闻、脑袋思考,迅速评估现场环境是否安全,并且做好施救前的个人防护。

第二步:判断意识,轻拍高喊。

通过在伤员耳边大声呼唤、轻拍其双肩、查看伤员有无反应;通过观察伤员胸壁起伏的幅度,判断其有无呼吸或出现异常呼吸。

确定伤员无反应且没有呼吸或不能正常呼吸后,应立即进行心肺复苏,并启动急救系统。

第三步:呼救。

救护员大声呼救,请周围人帮助,拨打"120"电话,启动 EMS 系统,取自动体外除颤器(AED),共同救护伤病员。

归纳起来,有四句话:

(1)快来人!救命啊!这里有人晕倒了。(引起周围人的注意)

(2)我是救护员。(表明自己的身份)

(3)请这位先生/女士帮忙拨打"120",打完给我回复,如有 AED,请一并取来。(发出

指令分派任务)

(4)有会救护的和我一起来救护(寻求协助)。

第四步:翻转体位。

将伤员翻转成仰卧位,并且卧于平坦、坚硬、安全的平面上,松解衣扣。

第五步:判断心跳和呼吸。

触摸伤员的颈动脉,用脸颊感觉伤员有无呼吸,判断心跳呼吸是否停止,非专业救护员可以省略触摸颈动脉的步骤,在判断伤员无呼吸后,即可实施心肺复苏。

第六步:胸外按压。

高质量的胸外按压,即按压频率100～120次/分,按压深度5～6cm;按压与放松比1:1;保证按压后胸廓恢复原状,尽量减少因检查或治疗造成胸外按压中断。

第七步:开放气道。

开放气道是人工呼吸前至关重要的一步,其目的是维持呼吸道畅通,保障气体自由出入。先查看口腔内是否有异物。清理口腔异物时,要把伤病员的头侧向一边,以免口中的异物坠入喉部。再用仰头举颏法打开气道,成人气道打开90°。

第八步:人工呼吸。

保持气道开放,救护员用放在伤病员前额手的拇指和食指捏紧伤病员的鼻翼,用双唇包严伤病员口唇四周,再缓慢持续将气体吹入,一个周期吹2次。

第九步:复原移交。

心肺复苏成功后,有脉搏、正常呼吸、咳嗽或活动,救护员将伤员摆放成复原体位,并且及时移交给专业的医护人员。

心肺复苏的实施步骤简述为C-A-B三个步骤,成人每做30次胸外按压,需要做2次人工呼吸,连续5个周期后,重新评估呼吸、循环体征。伤员有反应,恢复呼吸、心跳后,则说明抢救成功;反之,则需继续以30:2的按压/通气比率实施心肺复苏,尽量减少胸外心脏按压的停顿时间。

所有经过培训的非专业施救者应至少为心脏骤停患者进行胸外按压。另外,如果经过培训的非专业施救者有能力进行人工呼吸,应按照30次按压对应2次呼吸的比率进行按压和人工呼吸。

五、心肺复苏的有效表现

如救护员实施心肺复苏救护方法正确,且有以下征兆时,表明心肺复苏有效:
(1)面色、口唇由苍白、青紫变红润。
(2)恢复可以探知的脉搏搏动、自主呼吸。
(3)瞳孔由大变小、对光反射恢复。
(4)伤病员眼球能活动,手脚抽动,有声音发出。

六、心肺复苏的终止条件

现场的心肺复苏应坚持连续进行,在心肺复苏进行期间,需要检查呼吸、循环体征的情况下,也不能停止超过10s。如有以下各项,可以考虑停止心肺复苏。
（1）患者自主呼吸及脉搏恢复。
（2）医务人员到场接替。
（3）现场救护环境危险需转移。

七、注意事项

面对危重伤病员,救护员在现场一定要争分夺秒,按救护原则及步骤实施现场紧急救护。要注意以下几点：
（1）救护时要充满自信,现场救护不要犹豫不决。
（2）对于危重者,千万不能只等待专业人员的急救,时间就是生命。
（3）不要把时间消耗在反复检查心跳、呼吸的过程中。
（4）不要做不必要的全身检查。
（5）不要随意搬动伤病员,注意保护脊柱。
（6）在救护中要确保现场安全,做好自我保护,关心体贴伤病员。
（7）救护员应使用心肺复苏模型进行心肺复苏术的训练,严禁在正常人身上进行操作训练。
（8）救护员最好应定期参加心肺复苏的培训,以巩固现场救护的知识。

八、自动体外除颤器

自动体外除颤器（AED）包括自动心脏节律分析系统和电击咨询系统,可自动提出实施电击的指令,由操作者判断后,按下"电击"键钮完成电除颤。AED只适用于无反应、无呼吸和无脉搏的心室颤动患者。

早期电除颤对救治心脏骤停的患者至关重要,是"生存链"各个环节中可能提高生存率的有效手段,对提高院前心脏骤停患者的生存机会起到关键作用。在人口稠密的社区和人员活动大的场所,装备AED,并培训现场急救人员使用,对挽救心脏骤停患者生命意义重大。成人患者抢救时,AED的使用操作如下：
（1）打开电源开关,按语音提示操作。
（2）电极片安放关系除颤的效果。两片电极片,各自带有位置标识。心尖部电极应安放在左腋前线之后第五肋间处,另一片电极放置在胸骨右侧、锁骨之下。
（3）救护员语言提示周边人都不要接触患者,等候AED分析心律是否需要电除颤。
（4）救护员得到除颤指令后,等待AED充电,确定所有人员未接触患者,准备除颤。
（5）按下"电击"按钮,电击除颤一次。
（6）继续CPR 2min后,再分析心律。AED也会提示救护员何时再次分析心律、除颤。

第十章　急症处理及安全

第四节　其他常见急症的急救

一、晕厥

晕厥是由于暂时性脑缺血引起的短时间意识丧失现象。

(一)病因

1. 血管舒缩障碍

血管舒缩障碍性晕厥又称血管神经性晕厥。平时遇见的晕厥多属此类。

(1)情绪激动、剧烈疼痛、惊吓所引起的称为普通型晕厥。多见于体质较弱的女青年,如打针时晕针,见血后晕倒都是此型晕厥。

(2)孕妇及长期卧床的人突然起立,以及久蹲突然起立都可发生晕厥,此类称为体位性低血压晕厥。

(3)晚上、清晨或午睡起来排尿时发生的晕厥,称为排尿性晕厥,多见于男性。

2. 心源性晕厥

心源性晕厥指因心脏输出量减少,甚至心脏停搏,使脑组织一时缺血晕倒。此类患者有心脏病史,发作时往往有心脏停搏或出现室性心动过速、室颤等。

(二)临床表现

(1)前驱症状。发作前多有短暂头晕、恶心、心慌、无力、眼前发黑等,然后摔倒在地。

(2)短暂的意识障碍。起初心跳加快,血压下降,患者面色苍白,四肢发凉,头出冷汗,也可出现脉搏慢、呼吸缓慢、肌肉松弛、瞳孔缩小。一般仅收缩压下降,舒张压多无变化或略降低。在心源性晕厥患者中,可听不到心跳,摸不到脉搏,测不着血压。

(三)处理

1. 血管舒缩障碍性晕厥的处理

(1)立即让患者平卧,取头低足高位,使其呼吸通畅,切不可把昏倒在地上的病人扶坐起来。同时解开病人衣领、腰带,有利于胸部的血液供给,并注意保暖。

(2)有针灸针时可针刺人中、少商、百会等穴。无针时可用手指掐人中、涌泉与少商穴。

(3)病人清醒后,立即喝开水或热糖水,并至少仰卧10min,否则易使昏倒复发,也可口服血管舒张药。

2.心源性晕厥

应立即送医院抢救治疗。

二、休克

（一）类型

休克是由各种原因引起的急性周围循环衰竭,全身组织缺氧的一种综合征。根据病因休克可分为以下几类：
（1）低血容量性休克。重度脱水或大出血是引起休克的重要原因。
（2）感染性休克。全身性感染所致。
（3）心源性休克。心脏病患者。
（4）神经源性休克。即创伤性休克。
（5）过敏性休克。食物、药物、花粉等过敏。

（二）临床表现

（1）休克前期,各种类型休克病人都可有口渴,表情紧张,脉搏快而有力,血压有可能增高等现象。
（2）休克发生后,病人出现面色苍白,四肢发凉,出冷汗,口唇及指端青紫,呼吸急促,表情淡漠,不能答话,反应迟钝,脉搏快而无力,每分钟可达 120～160 次,血压明显下降。收缩压可降至 10.6kPa 以下。

（三）处理原则

休克发生后,总的治疗原则是去除病因,恢复有效循环血量,纠正微循环障碍,增进心脏功能,恢复正常代谢。早期合理的抢救处理,对休克治疗效果起着决定性作用。
（1）一般处理。患者体位一般采取头和躯干抬高 20～30°,下肢抬高 15° 或 20°,以增加回心血量。尽量不要搬动病人,进行就地抢救,要特别注意观察病人的呼吸、脉搏、血压、神志的变化情况。
（2）应用镇静止痛药。对诊断明确而烦躁不安者,在医生指导下可用苯巴比妥钠 0.1g 肌肉注射,严重疼痛者可肌注杜冷丁 50～100mg,但有头、胸外伤、昏迷及肾上腺皮质功能减退者禁用。
（3）补充血容量。是抗休克治疗的根本措施,采取静脉补液,紧急情况下可采用多通路静脉补液或静脉切开输液。补液量视病情而定,一般达到以下指标为准：病人安静,外周循环良好；尿量每小时多于 30mL；成人血压维持在 10.67～12.00kPa；脉压 >4.00kPa,脉搏 <120 次 /min。
（4）积极处理原发病。特别是外科疾病引起的休克,如不处理原发病,休克就难以纠正,

第十章 急症处理及安全

常常需要在抗休克的同时积极进行手术治疗,对感染性休克,必须给予足量的有效抗菌素,对过敏性休克,除抗休克处理外,还应当使用抗过敏药物,如肾上腺皮质激素,副肾素等。

(5)纠正酸中毒。休克患者必伴有代谢性酸中毒,休克时间越长,酸中毒越严重。因此可用5%碳酸氢钠或11.2%乳酸钠等碱性药物纠正。

(6)应用血管活性药物。合理使用血管活性药物能改善组织缺氧,阻止休克的发展。常用的血管扩张剂有多巴胺、异丙基肾上腺素及山莨菪碱等。

(7)强心剂的应用。为改善休克病人心脏功能,可用西地兰0.2~0.4mg或毒毛旋花子甙K 0.05~0.25mg加入25%葡萄糖20mL,内缓慢推注。如果出现心力衰竭者,则应按心力衰竭处理。

(8)激素的应用。在严重感染性休克做到有效抗菌素治疗的同时,一般主张激素短期大剂量应用,可用地塞米松1~3mg/kg加入5%葡萄糖液内静脉滴注。总之,纠正休克是临床上紧急而复杂的治疗过程,医务人员既要发扬救死扶伤的人道主义精神,又要技术熟练和紧张而有秩序的工作,才能使病人转危为安。

三、急腹症

急腹症是以急性腹痛为突出表现,并急需紧急处理的腹部疾患的总称,大多由腹腔脏器的炎症、穿孔、梗阻、出血及绞窄所引起。其特点是发病急骤,发展快速,变化快,病情严重,危急而复杂。急腹症包括外、内、儿、妇等科的多种疾病,以外科疾病最为急重,一旦延误病情,抢救不及时,就可能带来严重危害和生命危险。

急腹症病因复杂,病情多样、变化快,应根据情况选用适当方法。炎症性腹痛,根据病变程度、部位等选择手术或非手术疗法。脏器穿孔性腹痛应在抗休克、抗感染的同时尽早手术修补或切除。梗阻性腹痛根据梗阻程度、时间及身体状况给予胃肠减压、灌肠、手术等处理。出血性疾病应在搞休克的同时尽早手术修补止血。损伤性腹痛在抢救生命的同时分辨清实际损伤器官选用手术或其他疗法。急腹症的处理原则主要包括以下几个方面:

(1)急救护理应首先处理能威胁生命的情况,如腹痛伴有休克应及时配合抢救,迅速建立静脉通路,及时补液纠正休克。如有呕吐头应偏向一侧,以防误吸。对于病因明确者,遵医嘱积极做好术前准备。对于病因未明者,遵医嘱暂时实施非手术治疗措施。

(2)控制饮食及胃肠减压。对于病情较轻且无禁忌证者,可给予少量流质或半流质饮食。病因未明或病情严重者,必须禁食、禁水。疑有空腔脏器穿孔、破裂,腹胀明显或肠梗阻患者领行胃肠减压,应注意保持引流通畅,观察与记录引流液的量、色和性状,及时更换减压器。对于病情严重,预计较长时间不能进食者,按医嘱应尽早给予肠外营养。

(3)补液护理。按医嘱给予输液,补充电解质和能量合剂,纠正体液失衡,并根据病情变化随时调整补液方案和速度。

(4)遵医嘱给予抗生素控制感染。急腹症多为腹腔内炎症和脏器穿孔引起,多有感染,是抗生素治疗的确定指征。宜采用广谱抗生素,并联合用药。待细菌培养,明确病原菌及药敏后,尽早采用针对性用药。

(5)严密观察病情变化。观察期间要注意病情演变,综合分析,特别是对病因未明的急性腹痛患者,严密观察是极为重要的护理措施。观察内容包括:①意识状态及生命体征;②腹痛部位、性质、程度、持续时间及伴随症状(呕吐、腹胀、排便、发热、黄疸等)与体征的变化;③全身情况及重要脏器功能;④动态辅助检查结果;⑤治疗效果等。

(6)对症处理。如腹痛病因明确者,遵医嘱及时给予解痉镇痛药物。但使用止痛药物后应严密观察腹痛等病情变化,病因未明时禁用镇痛剂。高热者可给予物理降温或药物降温。

(7)卧床休息。尽可能为患者提供舒适体位。一般状况良好或病情允许时宜取半卧位或斜坡卧位。注意经常更换体位,预防压疮等并发症。

(8)稳定患者情绪,做好心理护理。急性腹痛往往给患者造成较大的恐惧。因此,应注意对患者及家属做好解释安慰工作,对患者的主诉采取同情性倾听,减轻焦虑,降低患者的不适感。

(9)术前准备。对危重患者应在不影响诊疗前提下尽早做好必要的术前准备,一旦治疗过程中出现手术指征,立刻完善术前准备,送入手术室。不能确诊的急腹症患者,要遵循"五禁四抗"原则。"五禁"即禁饮禁食、禁热敷、禁灌肠、禁用镇痛药、禁止活动。"四抗"即抗休克、抗感染、抗体液失衡、抗腹胀。

四、急性心肌梗死

急性心肌梗死为急性缺血性心脏病,是因冠状动脉急性闭塞,血流阻断,心肌产生严重而持久缺血以致局部坏死。其病因大多为冠状动脉粥样硬化所致。另外冠动脉持久痉挛也是心肌梗死的重要原因之一。

(一)临床表现

心脏听诊第一、二心音减弱;可出现舒张期奔马律;可听到心尖部有收缩期杂音;部分病例2~3天后出现心包摩擦音;可出现心律不齐;叩诊心浊音界可增大;血压比原来水平低。

心电图示有异常Q波或QS波;ST段抬高或明显下降;T波倒置或高耸。也有部分心肌梗死患者心电图可正常,要密切结合临床做出诊断。

(二)治疗措施

基本原则为立即就地抢救。先给予止痛镇静药,同时服用扩张冠状动脉药物,如硝酸甘油0.3~0.6mg舌下含服,有条件者尽快供氧,尽早转入医院治疗。具体措施如下:

(1)吸氧。采用鼻管吸入法,2~4L/min。

(2)止痛。首选药为硝酸甘油舌下含服,如不能缓解,可用小剂量盐酸吗啡2~5mg静脉或皮下给药,必要时可重复用药。也可用杜冷丁50~100mg皮下或肌肉注射。同时可静注或肌注罂粟碱30~60mg,每6h1次,若心率低于55次/分,用阿托品0.5~1mg皮下或肌肉注射,每6h1次。

(3)增加冠状动脉血液供应,以限制梗范围的扩大,可用硝酸甘油 25mg 加入 10% 葡萄糖 500mg 静脉滴注,初滴速度要慢,12.5μg/min,然后按心率、血压及临床效应调整滴速为 25~50μg/min,给药时间一般为 2h,若收缩压低于 10.7kPa(80mmHg)加多巴胺 10~20mg 滴注;为减少心肌氧消耗,可用心得安 5~10mg 加入 10% 葡萄糖内静脉滴注 2~3h(心衰、哮喘、低血压、心率慢者禁用),还可用硝苯吡啶 20mg 每日 2~3 次口服,以改善心室舒张功能,增强冠脉血流。

(4)预防合并症。对室性早搏,可用利多卡因 50~100mg 缓慢静注,也可连续滴注,每次量不超过 100mg,24h 累积量应小于 300mg,对室性心动过速,也可用利多卡因 1mg/kg 静注,每日总量不超过 300mg。

(5)冠状动脉溶栓治疗。急性心肌梗死后 3h 内采取溶解冠状动脉内血栓的方法以恢复心肌灌注,能抢救濒死心肌并可缓解心绞痛溶栓疗法适应于急性心肌梗死发病 3h 内,心电图 ST 段抬高大于 0.2mV,病人年龄小于 70 岁。

五、急性中毒

急性中毒是急诊科主要救治病症之一,由于患者接触到不明有毒物体,或是主观服毒造成自我损伤,对患者身心健康造成了不利影响。为了降低中毒对人体器官造成的不利影响,临床需及时采取正确的诊断与救治方案,在短时间内处理异常病症,为患者争取更多的救治时间。

现阶段,急性中毒是临床救治常见病症之一,具有突发性、危险性、延续性等特点。结合临床检查,毒物可通过消化道、呼吸道、皮肤黏膜等途径进入人体,对患者组织器官造成广泛的损害,导致身体功能出现严重病变。若不及时处理中毒症状,会诱发其他组织器官出现各种病变,使中毒症状蔓延至多个部位。另外,由于毒物品种的多样性,包括化学性、植物性、药物性、动物性等,均可造成急性中毒。

(一)诊断标准

通过研究急性中毒临床诊断标准,有助于及时明确诊断,提高临床紧急治疗的有效性,把危险系数控制在最小范围,为患者治疗赢得时间。

(1)毒物接触史。中毒临床表现复杂,症状多数缺乏特异性,因此毒物接触史对于确诊具有重要意义。对疑是生活性中毒者,应详细了解患者精神状态、长期服用药物种类,家中有无药品缺失等。对疑是一氧化碳中毒者,需询问居室内炉火和通风情况、有无煤气泄漏、同室其他人员是否也有中毒表现。对疑是食物中毒者,应调查同餐进食者有无类似病症。对于职业中毒,应详细询问职业史,包括工种、工龄、接触毒物种类和时间、环境条件、防护措施以及先前是否发生过类似事故等。

(2)体格检查。在实际诊断中,以体格检查为主要方式,对患者神志、生命体征、瞳孔、皮肤等进行综合检查。主要体格检查包括:①神志:观察患者神志是否清楚,个人主观意识是否模糊,脸部表情是否痛苦、挣扎等;②生命体征:对身体主要指标进行观察,掌握具体的病变状态,包括血压、脉搏、呼吸频率等;③瞳孔:是否出现瞳孔放大,可识别阿托品、苯丙胺等中毒情况;是否出现瞳孔缩小,可识别有机磷杀虫药中毒、吗啡、麻醉剂过量等中毒情况;④观察皮肤、黏膜、口唇等颜色变化也是诊断中毒的有效方式。

(二)急救治疗方法

(1)脱离中毒现场,终止毒物接触。对于突发性中毒患者,要及时将其脱离毒物现场,如工业有毒气体泄漏等,必须快速撤离现场,及时安排接受专业的救治处理,短时间内控制中毒症状,减小中毒对各类器官组织构成的危害,为患者争取更多的治疗时间,确保病变控制在有效范围内。

(2)清除未被吸收毒物。①催吐:适用于神志清楚并能配合的患者,昏迷、惊厥及吞服腐蚀性毒物者禁忌催吐。采取物理和药物两种催吐方式促进呕吐,加快毒物排出效率,减小对组织脏器产生的危害。②洗胃:及时安排洗胃处理,也是排出毒物的一种有效方式,可减小毒物对脏器的损害作用,温水是临床常用的洗胃液。③活性炭:可吸附多种毒物,减少消化道吸收。④导泻及灌肠:在催吐或洗胃后由胃管注入或口服导泻,清除进入肠道的毒物。

(3)排出已吸收毒物。①利尿:引导患者大量饮水,促使患者排尿,是消除毒物危害性的有效方式,也是提高患者解毒效果的最佳方式。通常可配合使用呋塞米,使毒物排出。②吸氧:对于气体中毒患者,要保持24h吸氧状态,消除毒气对内部脏器的破坏作用。病理上认为,吸氧可以加快碳氧血红蛋白的分离作用,提高呼吸治疗效果,使用时应注意排除氧气中毒隐患。

(三)护理措施

1.病情观察

(1)密切观察生命体征、意识等变化,注意观察呕吐物及排泄物的性状,必要时留标本送检。

(2)保持呼吸道通畅、及时清除呼吸道分泌物、吸氧,必要时实行机械通气。

(3)心电监护,以便及早发现心脏损害。

(4)准确记录24小时出入量,警惕患者出现心力衰竭、脑水肿、肺水肿和肾衰竭,维持水、电解质平衡。

2.清除毒物,留取毒物做鉴定

(1)吸入毒物。让患者迅速脱离毒物环境,安置在空气新鲜处,保持呼吸道通畅,并予氧气吸入或高压氧治疗。

(2)皮肤和黏膜吸收毒物。立即脱去被毒物污染的衣物,避免毒物再吸收,用肥皂水或大量清水(特殊毒物也可选用乙醇、碳酸氢钠、醋酸等),彻底清洗皮肤,水温适宜,禁用热水。眼内毒物迅速用清水或生理盐水冲洗。

(3)毒蛇咬伤或注射药物。应在近心端扎止血带,每隔15~30min放松1min。局部制动、吸引或引流排毒,可用生理盐水或1∶5000高锰酸钾溶液清洗。

(4)口服毒物。应尽早使用催吐、洗胃、导泻等方法清除胃肠道内的毒物,减少毒物的吸收,腐蚀性毒物禁止洗胃。

①洗胃。一般在服毒6h内洗胃效果最好。但如摄入毒物量大,毒物为固体颗粒或脂溶性不易吸收,有肠衣的药片或毒物吸收后部分仍由胃排出等情况时,超过6h仍要进行洗胃。对昏迷、惊厥患者洗胃时应注意呼吸道保护,避免发生误吸。强酸、强碱中毒者禁忌洗胃,可口服牛奶、蛋清或植物油等保护剂保护胃肠黏膜。

②催吐。适用于神志清楚且能配合无禁忌证者,一般先让患者饮温水200~300mL,然后用手指、压舌板等钝物刺激咽后壁或舌根诱发呕吐。

③活性炭。一般可用1g/kg活性炭加水200~300mL,由胃管注入或自行摄入。

④导泻及灌肠。在催吐或洗胃后由胃管注入或口服导泻,泻药一般用硫酸钠20~40g;或新型泻药聚乙二醇等;对中枢抑制的患者不宜用硫酸镁。灌肠常用温水、生理盐水或肥皂水高位灌肠,刺激肠道蠕动以清除毒物。

3. 开放静脉通路

(1)解毒剂的应用。根据中毒药物的不同,遵医嘱给予特异性解毒药治疗。

(2)促进已吸收毒物排出。应用输液、利尿、透析等方法促进已吸收毒物排出。

4. 一般护理

(1)嘱患者卧床休息,注意保暖,做好饮食指导病情允许时给予高蛋白、富含维生素、高热量的无渣饮食,可少量多餐。昏迷者可给予鼻饲饮食。

(2)做好口腔、皮肤护理。对于昏迷患者,应特别注意加强翻身,预防压疮。对于惊厥、躁动、抽搐患者,应防止坠床或碰伤。对于企图自杀患者,应加强看护,要求患者家属24h陪护并给予安全防范措施。

(3)对症护理。急性中毒重症者可造成机体各脏器功能障碍,发生急性呼吸衰竭、循环衰竭、肾衰竭、脑水肿、肺水肿等。对于以上情况均应及时予以纠正,以维护中毒者的生命功能。

(4)心理护理。安慰、体贴患者。

5. 几种特殊毒物中毒的处理

(1)重度有机磷中毒。

①终止接触毒物。脱去被污染的衣物,彻底清洗皮肤及黏膜;口服中毒者立即洗胃。

②休息及体位。绝对卧床,昏迷者头偏向一侧,保持呼吸道通畅,躁动者专人护理。

③保持呼吸道通畅。及时清除呼吸道分泌物、吸氧,做好气管插管或气管切开的准备。

④用药护理。遵医嘱使用阿托品及胆碱酯酶复能剂,注意药物的剂量、间隔时间及疗程,用药过程中应密切观察患者的意识、瞳孔大小、皮肤和体温的变化,及时发现有无阿托品中毒,必要时给予对症处理。

⑤口腔护理。保持口腔清洁,每日2次口腔护理,口唇干裂者涂以甘油或液状石蜡。

⑥皮肤护理。保持皮肤清洁,及时清除污物,按时翻身,预防压疮的发生。

⑦饮食护理。禁食1~3天后,根据病情进食低糖、低脂适量蛋白质的流质,量由少到多,后逐渐过渡到普食。

⑧安全护理。对意识障碍者要进行约束,防止坠床、意外拔管等。对情绪低落、表现反常患者加强安全防护措施,以免再次发生不测。

⑨心理护理。全面了解患者情况,耐心细致地进行劝导说服工作,帮助患者克服心理障碍,重树生活信心,同时做好家属工作,共同配合治疗。

(2)急性一氧化碳中毒。

①休息及体位。卧床休息,头高足低位,重症患者应绝对卧床休息。

②气道管理。清理口鼻、咽部分泌物,保持呼吸道通畅。为避免患者抽搐时发生咬舌等意外情况,可将口咽通气道、气管插管及气管切开包等急救器材常规备于床边。呼吸抑制者立即给气管插管,使用呼吸机辅助呼吸。

③氧疗。立即给予高浓度氧气吸入8~10L/min,尽早行高压氧治疗。

④用药护理。开放静脉通道,遵医嘱给予各种药物,如甘露醇、地塞米松等,防治脑水肿,改善脑组织代谢,促进脑细胞功能的恢复。对持续昏迷、有高热和频繁抽搐者积极采取物理降温,病情严重者用人工冬眠疗法。

⑤输液管理。准确记录出入量,注意液体滴速,预防发生肺水肿、脑水肿。

⑥饮食护理。给予高蛋白高维生素、清淡易消化的饮食,逐渐过渡到普食。

⑦皮肤护理。加强皮肤护理,使用气垫床。保持床单清洁干燥,定时翻身,有大小便污染应及时更换。

⑧心理护理。主动与患者及家属沟通,使患者尽快熟悉医院环境;必要时多次进行病情宣教,使患者正确认识一氧化碳中毒的相关知识,消除患者对疾病的恐惧心理。

⑨恢复期护理。患者清醒后仍需休息2周,可加强肢体锻炼,促进肢体功能恢复。在此期间为患者提供舒适护理,使患者身心处于最佳状态,以便更好地配合治疗,减少并发症发生。

(3)急性强酸、强碱中毒。

①用清水冲洗创面,冲洗时间稍长,然后选择合适的中和剂继续清洗。

②观察创面情况,注意有无发展,警惕坏死性深部溃疡形成。加强创面护理,换药时严格无菌操作,防止创面感染。

③口服强酸、强碱类毒物者易致口腔黏膜糜烂、出血甚至坏死,应立即用大量清水或中和剂冲洗,可用1%~4%过氧化氢擦洗口腔,动作轻柔,尽量避开新鲜创面以减轻疼痛。急性期减少漱口,避免再出血。

④口服或向胃内注入黏膜保护剂时量不宜过多,用力不宜过大,防止胃穿孔。

(4)急性镇静催眠药中毒。

①遵医嘱应用解毒剂,苯二氮䓬类药物中毒可用氟马西尼治疗。

②用5%碳酸氢钠静脉滴注碱化尿液,同时给予补液、利尿治疗,减少药物在肾小管的重吸收以促进药物的排泄。

（5）急性阿片类药物中毒。

①此类药物包括可待因、吗啡等用于缓解疼痛的药物，久用易造成药物依赖，突然停药可出现戒断症状。

②口服药物中毒时可用1∶5000高锰酸钾溶液或温开水洗胃，口服甘露醇导泻、活性炭吸附，给予补液、利尿治疗，促进药物排出。

③遵医嘱应用纳洛酮。

④监测患者意识状态、生命体征、瞳孔变化及尿量。中毒麻痹期患者可出现深昏迷，有呼吸频率减慢、针尖样瞳孔等重要临床表现，应用纳洛酮后意识可恢复。若出现呼吸抑制应及早应用机械通气同时监测血气分析。

⑤监测电解质及肝肾功能，监测血、尿、胃内容物中阿片类药物浓度。

六、蛇伤及其他伤的处理

（一）蛇伤的处理

通常在夏秋两季，在野外行走时可能会遭蛇咬。遇到被蛇咬伤后，应及时处理，否则丛林中的毒蛇很快将置人于死地。

1. 毒蛇和非毒蛇的区分

通常观察伤口上有两个较大或较深的牙痕，才可判断为毒蛇咬伤。若无毒牙印，并在20min内，没有局部疼痛、肿胀、麻木和无力等症状，则为无毒蛇咬伤。只需消毒、止血、包扎，再送附近医院注射破伤风针即可。

2. 被毒蛇咬伤的主要症状

（1）神经性毒蛇。伤口疼痛、局部肿胀、瞌睡、运动失调、眼帘下垂、瞳孔散大、局部无力、吞咽麻痹、口吃、流口水、恶心、呕吐、昏迷、呼吸困难，甚至呼吸衰竭，伤者可能在8~72h内死亡。

（2）血循性毒蛇。伤口灼痛、局部肿胀并扩散、伤口周围有紫斑、淤斑、起水泡，有浆状血由伤口渗出。皮肤或皮下组织坏死、发烧、恶心、呕吐、七窍出血、有血痰、血尿、血压降低、瞳孔缩小、抽筋，被咬伤后6~48h内可导致伤者死亡。

3. 救治措施

被蛇咬后，要镇静，不要乱走动，以延缓蛇毒吸收。记住，只有当毒液进入血液循环系统以后才能产生严重危险。首先需找一根布带或长鞋带等条状物品在伤口上端5~10cm处（靠近心脏一端）扎紧，避免毒液随着血液进入人体。为防止肢体坏死，每隔20min左右，放松2~3min。有些像眼镜蛇之类的毒蛇，不仅会咬人，而且会喷射毒液，一旦遇到这种情况，应立刻用冷水反复冲洗伤口表面的蛇毒。

然后以毒牙牙痕为中心，用消毒后的刀片把伤口的皮肤切成十字形，再用两手挤压或拔火罐。如随带有蛇药（南通蛇药片、季得胜蛇药片等）立即服用，并将解蛇毒药粉涂抹在伤口的周围。尽量减少伤者的活动,并迅速送至医院救治。

(二)处理其他咬伤

在野外,尤其是在丛林中,昆虫等最容易给你造成危害,像蜂、牛虻、蜈蚣、蝎。为了防止昆虫的叮咬,应穿长袖衣、裤,并扎紧袖口、领口,不要在潮湿的地上坐卧,皮肤暴露的部位要涂抹防昆虫叮咬的药水(膏),假如你被咬了或叮了,不要去抓它,否则会导致感染,甚至死亡。一天中至少检查一次身体,看看身上有没有被昆虫咬伤。如果被蜜蜂或黄蜂蜇了,不要挤压伤口,应直接冲洗伤口。挤压会使更多的毒液进入伤口。

(三)特殊外伤的处理

1. 异物插入人体

此时切勿将异物贸然拔出,否则可能导致严重出血。对异物插入的伤口,应该用厚敷料或绷带卷垫在异物周围将其固定,再用开洞的三角巾套住异物进行包扎。

2. 肢体离断

除了立即包扎伤口止血外,还应将断下来的手指、伤肢用干净手帕或毛巾包好,放进塑料袋内并系紧袋口,然后再放进盛有冰块的容器中保存,争取在 6~8h 之内随伤员送至医院再植。

3. 耳、鼻漏

指的是头外伤造成颅底骨折,血液混合着溢出的脑脊液自耳、鼻流出体外。此时万万不能采取堵塞的方法处理,以免污血返流回颅内,造成颅内感染或因颅内压力升高而导致脑疝(即脑组织受压移位),正确的处理方法是将伤员出血侧向下呈侧卧位,帮其擦净流出耳鼻外的液体。同时,尽快将伤员送至医院作进一步治疗。

七、烫伤与烧伤急救

烧伤和烫伤是生活中比较常见的情况,它们随时都可以发生在人们身边。轻者给患者带来痛苦,重者将危及患者生命,还可带来终生伤害,因此了解烧伤烫伤的相关知识非常重要。

(一)分类

1. 普通烧伤

普通烧伤也被称为热力烧伤或热烧伤,是指高温物质对人造成的伤害。超过 45℃ 的热源即可引起皮肤烧伤。高温物质包括火、热气、热的液体和固体等等,这是我们生活中较常发生的烧伤。由热的液体导致的烧伤称为烫伤。

2.特殊烧伤

烧伤往往不是由温度差异造成,它分为三类:
(1)化学烧伤,指化学物质如酸、碱、磷及化学武器对人造成的伤害。
(2)电烧伤,指电流通过人体时,高电阻造成的局部皮肤灼伤。
(3)放射性烧伤,指放射性物质,如线、核泄漏等造成的烧伤。

(二)现场紧急自救

1.迅速终止继续烧伤

无论是热力烧伤还是化学烧伤,伤害都是首先从皮肤表面损伤开始,然后逐渐向皮肤深部及皮下组织逐渐发展的。因此如果能在烧伤后及时采取措施终止烧伤的进展,就能将损伤降至最低。此时的时间是以秒的几分之一来计算的,因此应该争分夺秒采取终止继续烧伤的措施。反之如果不做处理,就有可能导致严重的伤害。

(1)化学烧伤。当强酸(如硫酸、硝酸、盐酸等)及强碱溶液被泼到皮肤上时,应立即用水冲洗,快速、大量、反复冲洗,冲走及减轻了强酸的腐蚀性,就能避免严重烧伤。即使已经造成了烧伤,也能把烧伤的程度减轻。对化学烧伤还可采用中和剂冲洗,如强酸烧伤用弱碱性的小苏打水或碱性肥皂水冲,洗强碱烧伤用醋兑水冲洗,但如果身边无中和剂,不要费时去找,要尽快用水冲洗。

(2)热力烧伤。对于热力烧伤也是一样,在被烫和被烧伤后要迅速降低患处皮肤温度。因为热力是从皮肤表面向内传导,逐渐造成损害的。首先伤及表皮,造成一度烧伤,然后是真皮浅层、真皮深层。在我们得知被烧伤的同时,烧伤正在继续向皮肤深层进发,热力还在由外向内传导,这时要是立刻采取措施,就能把烧伤制止在初始状态。反之,如果惊慌失措,无以应对,那么烧伤肯定继续发展,造成严重得多的后果。最好的方法是迅速将患处浸泡于冷水中,或用自来水冲洗伤口。如果身边没水,则可用一切无害的、可以得到的液体如牛奶、果汁、罐装饮料,甚至可以用尿。此刻时间的价值是以秒甚至以秒的几分之一计算的,早一秒和晚一秒采取降温措施的结果大不一样。

(3)其他措施。如果发生火灾则应迅速撤离险境,身上着火者不要带火奔跑,要迅速脱去着火衣服,就地卧倒,慢慢滚压灭火,如果身上沾的是汽油或酒精等易燃物质,滚压不易将火扑灭时,应使用棉被等物盖压,有条件时用灭火器灭火。

2.保护烧伤创面

保护好创面,是烧伤现场急救自救的重要一环,它直接影响着患者入院后的进一步治疗,对患者能否早日痊愈有直接关系。尤其主要注意以下几点:

(1)不要自行挑破水疱。小水疱可以自行吸收,大水疱留给医生处理,否则可能造成伤口感染。一旦感染,病程将延长数倍。

(2)对二度以内的小面积烧伤和烫伤不用包扎。对大的创面,仅用干净的床单或布覆盖即可，还可用干净的塑料食品袋或厨房的保鲜膜等物覆盖，以减少二次污染。对于污染较重的创面，可以先用清水（如自来水、瓶装饮用水等）冲洗。

（3）涂抹烫伤药物。如果烧伤处没有皮肤破损，可以自己涂抹任何治疗烫伤的市售药物，如绿药膏、眼药膏、各种烧伤膏以及貂油、鸡蛋清等等。有皮肤破损者严禁自行涂抹任何药物，尤其是带颜色的药物，如紫药水、红药水等。涂这些药物不仅于事无补，而且还会掩盖病情，给医生的后续治疗带来极大的麻烦。

3. 给予患者生命支持

严重烧伤患者能否得救，在很大程度上取决于被烧伤后伤员能否尽快得到正确救治。据统计，烧伤面积达到 50% 以上的伤员，如能在 1h 内得到正确抢救，其死亡率可以降低 50%。以后每推迟 1h，死亡率即增加 1 倍。主要措施包括：

（1）除掉患者的戒指、项链、手表等物，以免肿胀后难以除下。

（2）对神志清醒的患者，要尽快给予盐水或糖盐水 400～500mL 慢慢饮用（注意：不要让患者饮用白开水），喝得越早，对患者越好。否则患者将因大量血浆外渗而造成血液浓缩及循环血量减少，那样将对患者极为不利。对神志不清者应尽快建立输液通道，快速输液，边输液边送医院。

（3）对于面部、口腔、喉部、颈部烧伤和吸入热气造成的呼吸道烧伤的患者，在现场不要作任何耽搁，应争分夺秒，迅速将患者送医院。如果自己有交通工具，应该利用自己的交通工具速送患者去医院，而不必等待救护车。因为这些部位的烧伤会使患处很快发生炎性肿胀，堵塞呼吸道。患者随时有窒息的危险。

（4）其他措施。预防患者呼吸道阻塞，对大出血者要迅速止血，对骨折者要加以固定对心跳停止患者进行心肺复苏抢救等等。

4. 迅速将患者送至烧伤专业医院

抢救重症烧伤患者医院的专业性很强，如果把病人送至没有抢救能力的小医院或私人诊所，就有可能贻误病情，这样会浪费宝贵的时间，对患者极为不利。所以，应该尽快将重症烧伤患者送到有治疗烧伤的能力的医院，通常是较大的综合性医院和烧伤专业医院。

八、气道异物急救

气道异物是指喉、气管及支气管外入性异物。清醒患者突然不能讲话、咳嗽，并有窘迫窒息症状，或在头后仰或三步法开放气道（仰头、开口、托下颌）后仍不能进行有效正压通气，吹气有阻力或胸廓不能抬起，应考虑气道异物或分泌物阻塞。

（一）通气良好者

对清醒患者，咳嗽是最好的排除呼吸道异物阻塞的方法，适用于通气良好的患者。

(二)完全和部分阻塞者

对于气道完全性阻塞和气体交换不足的部分性阻塞患者,主要采取腹部挤压法和胸部冲击法。

1. 腹部挤压法

腹部挤压具体操作如下:对清醒(立位)的异物阻塞气道患者,抢救者站在患者背后,两臂环绕伤病员的腰,一手握拳,拇指侧顶住其脐上2cm,远离剑突,另一手抱拳,连续向内、向上猛压6~10次,然后,站在患者面前,一手拇指与其他四指将嘴撬开,抓住舌头从咽后部拉开,另一手食指沿颊内侧探入咽喉取出异物。此法不适宜于孕妇患者。对昏迷(卧位)的异物阻塞气道患者,抢救者应首先将患者摆放为仰卧位,然后跪在患者大腿左侧或骑跪在患者两大腿外侧,一手掌跟顶住患者脐上2cm,远离剑突,另一手放在第一只手手背上,连续向上向腹内猛压6~10次,再用拇指与其他四指撬起舌颊,另一手沿颊内侧探入咽喉取出异物。

2. 胸部冲击法

主要适用于妊娠后期或非常肥胖的患者。具体操作方法如下:对于意识清醒者可采取站位或坐位胸部冲击法,抢救者站在患者背后,两臂从患者腋窝下环绕其胸部,一手握拳将排指侧置于患者胸骨中部,注意避开肋骨缘与剑突,另一只手紧握此拳向后冲击数次,直至异物排除或患者昏迷。对意识不清的患者则可采用仰卧位胸部冲击法,将患者摆放为仰卧位,抢救者跪于患者胸侧,将一手置于胸骨中下1/3,另一手重叠放好,向下向上用力冲击数次。异物到达口腔后用手取出。

3. 强迫患者开口的方法

双指交叉适合牙关中度松弛者,在患者头顶或一侧,两食指从口角处插入口腔内顶住下牙齿,两拇指与食指交叉顶住上牙齿,打开口腔;齿后插入适合于牙齿紧闭者,用一食指从口角插入,经颊部与牙齿间进入口腔,一直伸到上下齿白之间将口打开;舌—下颌上提用于牙关完全松弛者,将拇指深入口咽部,抬起舌根,其余四指抓住下颌骨上提即可。

第十一章 灾难与自救互救

教学目标

（1）在原有生活常识的基础上，认识地震、洪水灾害中的逃生常识。
（2）明确在遇到交通事故的时候学会怎样自护自救。
（3）了解雪灾自救的重点及遭遇滑坡、泥石流灾害及台风、雷电、高温等天气应该注意的问题。
（4）提高防灾意识，树立"人人想减灾，人人能减灾的"社会风尚。
（5）加强同学们对生命的敬畏，培养同学们对"时间就是生命"的急救意识。

自然灾害是指由于自然异常变化造成的人员伤亡、财产损失、社会失稳、资源破坏等现象或一系列事件。它的形成必须具备两个条件：一是要有自然异变作为诱因，二是要有受到损害的人、财产、资源作为承受灾害的客体。本章重点介绍几种常见的自然灾害的避险、自救与互救方法及道路交通事故的自救与互救方法。

第一节 地 震

根据地震发生的过程，地震可以从震前、震中、震后三个阶段来预防与处置。

一、震前前兆

震前前兆指的是地震前出现的各种异常情况，伴随地震而来的一些物理化学的变化。常见的地震前兆现象有：地震活动异常；地震波速度变化；地壳变形；地下水位异常变化；地下水中氢气含量或其他化学成分的变化；地应力变化；地电变化；地磁变化；重力异常；动物异变；地声；地光；地温异常；等等。

当然，上述这些变化并不一定都是由地震引起的。例如，地下水位的升降就与降雨、干旱、人为抽水和灌溉有关。再如动物异常往往与天气变化、饲养条件的改变、生存条件的变化以及动物本身的生理状态变化等等有关。因此，我们需要在首先识别出这些变化原因的基础上，再来考虑是否与地震有关。重点看以下几个方面的变化。

（1）地下水异常。地下水主要包括井水、泉水等。大震前，地下含水层在构造变动中受到强烈的挤压，破坏了地表附近含水层的状态，使地下水从新分布，造成有的区域水位上升，有的区域下降。水中含有的化学物质也会发生改变，主要异常现象有发浑、翻花、冒泡、升温、变色、变味、井孔明显变形、泉眼突然枯竭或涌出等。人们总结了震前井水变化的谚语："井水是个宝，地震有前兆。无雨泉水浑，天干井水冒。水位升降大，翻花冒气泡。有的变颜色，有的变味道，天变雨要到，水变地要闹。"

（2）动物异常。大震前，飞禽走兽、家畜家禽等都会出现不同程度的异常反应。因为许多动物的某些器官感觉特别灵敏，能预知到一些灾害事件的发生。日常中见到地震前动物反应异常表现：牛、马、驴、骡不进圈、鸡飞上树鸣叫、鸭不下水、猪不吃食、狗乱叫、大鼠叼小鼠满街跑等现象。

（3）电磁异常。电磁异常是指地震前家用电器，如收音机、电视机、日光灯等可能出现的失灵现象。最常见的是收音机的失灵、手机信号减弱或消失、电子闹钟失灵等现象。

二、防震准备

（1）在已发布地震预报地区或者地震易发地区的居民须做好家庭防震准备，在平时的生活中要定时检查并及时消除家里不利防震的隐患。

①检查和加固住房，对不利于抗震的房屋要加固，不宜加固的危房要撤离。

②合理放置家具、物品。固定好大件家具，防止倾倒砸人，家具物品摆放要做到"重在下，轻在上"。牢固的家具下面要腾空，以备震时藏身，清理好杂物，使通道畅通；阳台护墙要清理，拿掉花盆、杂物；易燃易爆和有毒物品要放在安全的地方。

③准备好必要的防震物品。准备一个包括食品、饮用水、应急灯、简单药品、绳索、便携式收音机等在内的家庭防震包，放在便于取到的地方。

（2）在已发布破坏性地震临震预报或易发生地震的地区，政府部门应做好以下几个方面的应急工作。

①备好临震急用物品。地震发生之后，食品、医药等日常生活用品的生产与供应都会很大程度受到影响，水管往往会被震坏，造成供水中断。因此，临震前社会和家庭都应准备一定数量的食品，水和日用品，以备不时之需。

②建立临震避难场所。房舍被震坏，需要安身之处；余震不断发生，需要有躲藏的地方。需要临时搭建防震、防火、防寒、防雨的防震棚。

③划定疏散场所，转运危险物品。在人口比较密集的城市，人员避震和疏散比较困难，为确保震时人员安全，震前要按街、区分布，就近划定群众避震疏散的路线和场所。要把易燃、易爆和有毒物资尽可能地及时转运到远离人群集中的地方。

④设置伤员急救中心。在城内抗震能力强的场所，或在城外设置急救中心，备好床位、医疗器械、照明设备和药品等。

⑤组织人员撤离并转移重要财产。如得到正式临震通知，则要迅速组织群众撤离房屋。正在接受治疗的重症病人要转移到安全的地方。农村的大牲畜、拖拉机等生产资料，临震前要妥善转移到安全地带。机关、企事业单位的车辆要开出车库，停在空旷地方，以便在抗震

救灾中方便调度。

⑥防止次生灾害的发生。发生地震,可能出现严重的次生灾害,比如化工厂、煤气厂等易发生地震次生灾害的单位,要加强检测和管理,设专人昼夜站岗和值班。确保机要部门的安全,城市内各种机要部门和银行较多,地震时要加强安全保卫,以防国有资产损失和机密泄露。

⑦组织抢险队伍,合理安排生产。临震前,各级政府要就地组织好抢险救灾队伍(救人、医疗、灭火、供水、供电、通信等)。必要时,某些工厂应在防震指挥部的统一指令下暂停生产或低负荷运行。

三、震中应对措施

地震发生时采取正确的避险和自救互救方法,能一定程度的减少伤害和财产损失。

(一)地震时,在家人员的个人防护

当你感到地面或建筑物晃动时,最大的危害是来自掉下来的碎片,此时一定要灵活地进行躲避。

(1)在房屋里,则赶快到安全的地方,如躲到书桌、床底下。单元楼内,可选择开间小的卫生间、墙角,依靠上下水管道和煤气管道的支撑,减少伤亡。来不及时逃离时,最好在室内避震,要注意远离窗户,趴下时,头靠墙使鼻子上方双眼之间凹部枕在横着的双臂上面,闭上眼和嘴,用鼻子呼吸。

(2)地震时,门框会因变形而打不开门,所以在防震期间,最好不要关门。夜间地震时,要尽可能快地向安全地方转移,不要因寻找物品或穿衣而耽误时间,如有可能,要立即拉断电源,关闭煤气,熄灭明灯。最好使用手电筒照明。

(3)地震时,如已被砸伤或埋在塌物下面,应先观察周围环境,寻找通道想办法出去,若无通道,则要保存体力,不要大喊大叫,要静听外面的动静,如听到有人走过的声音,可敲击铁管或墙壁使声音传出去,以便救援。

(二)地震时,室外人员的个人防护

(1)地震时,如果正行走在高楼旁的人行道上,要迅速躲到高楼的门口处,以防被掉下来的碎片砸伤。

(2)汽车司机要就地刹车,火车司机要采取紧急制动措施逐渐刹车,以保证列车和乘客的人身安全。

(3)如在山坡上感到地震发生,千万不要跟着滚石往山下跑,而应躲在山坡上隆起的小山包背后,同时要远离陡崖峭壁,防止崩塌、滑坡和泥石流的威胁。

(4)在海边,如发现海水突然后退,比退潮更快、更低,就要注意海啸的突然袭击,应尽快向高处转移。

(三)地震时,在岗工作人员的个人防护

一旦地震发生,在工作、生产岗位上的人员,第一反应应关闭易燃、易爆、有毒气体阀门等,个人根据所处的环境,当机立断迅速躲避。

(1)地震时,在办公室的工作人员,要尽快躲在办公桌下,震后再迅速从楼梯撤离。

(2)在厂区上班的工人,地震时,要立即关闭机器、断掉电源,迅速躲在车床、机床等高大的设备下,绝不要慌忙乱跑。

(3)井下作业工人,地震时,应立即停止生产,不要急于往外跑,地面下一般较地面上安全。避开巷道或竖井等危险地区,选择有支撑的巷道进行避震。

(4)工程中的在岗人员,应根据各自的专业特点及规范,立即采取避震措施。如化工厂在地震时,应防止易燃、易爆、有毒气体和液体外溢,立即关停各种闸门和电源,关闭运转设备,防止次生灾害的发生。

(四)地震时,在公共场所的人员的个人防护

在人员集聚的公共场所遇到地震时,最忌慌乱,否则将造成秩序混乱,相互压挤而导致人员伤亡,应有组织地从多路口快速疏散。

(1)当在影剧院、体育馆等地方遇到地震时,要沉着冷静,如果场内断电,不要乱喊乱叫,更不得乱挤乱拥,应就地蹲下或躲在排椅下,用皮包等物保护头部,等地震过后,听从工作人员指挥,有组织地撤离。

(2)地震时,你正在商场、书店、展览馆等地方的话,应选择结实的柜台、商品(如低矮家具等)或柱子边以及内墙角处就地蹲下,用手或其他东西护头,避开玻璃门窗和玻璃橱窗,也可在通道中蹲下,等待地震平息,有秩序地撤离出去。

(3)正在上课的学生,要在老师的指挥下迅速抱头、闭眼,躲在各自的课桌下,地震后,有组织地撤离教室,到就近的开阔地带避震。

四、震后救护

(一)现场救护特点

(1)保持呼吸道通畅,快速清除压在伤者头面部、胸腹部的沙土和口中异物。

(2)对埋在瓦砾中的幸存者,先建立通风孔道,以防缺氧窒息、土埋窒息,挖出后应立即清除口、鼻腔异物,检查伤员,判断意识、呼吸、循环体征。

(3)从缝隙中缓慢将伤者救出时,保持脊柱水平轴线及稳定性。

(4)救出伤员后,及时检查伤情,遇颅脑外伤神志不清、面色苍白、大出血等危重症优先救护。外伤、出血给予包扎、止血,骨折固定脊柱骨折要正确搬运。

(5)因恐惧心理,原有心脏病、高血压可加重、复发引起猝死,对此伤员要特别关注。

(6)地震后,余震还会不断发生,所处的环境还可能进一步恶化,要尽量改善自己所处

的环境,保存体力,敲击求救,设法脱险,包扎伤口。

（二）救护原则

在保证救护者安全前提下,现场采取先抢后救的原则,即开展对震区现场人员的搜寻脱险、救护医疗一体化的大救援观念。

（1）先挖后救,挖救结合。震后应立即组织骨干力量,建立抢救小组,就近分片展开,先挖后救,挖救结合,按抢挖、急救、运送进行合理分工,提高抢救工作效率。

（2）对被救出垂危伤员进行急救,先救命、后治伤。特别要注意清除口鼻中的泥土,保持呼吸道通畅。

（3）对开放性创面给予包扎,骨折应予固定。

（4）脊柱骨折在地震中十分常见,在现场又难以确诊,因此,要严加注意,运送伤员要用硬质担架并将伤员固定在担架上。

（5）检伤分类。在群众性自救互救基础上,对需要进行医疗救护的伤员,必须初步分类,分清轻重缓急。

（三）现场急救注意事项

（1）紧急有序撤离,由于地震灾害具有瞬间的突发性,人们免受伤亡的程序往往取决于保持镇静的程度。因此,在紧急撤离建筑物时,千万不要慌乱,既要争分夺秒,也要从容镇定。

（2）需要特别注意的是,当躲在厨房、卫生间时,尽量离炉具、煤气管道及易破碎的碗碟远些。此外,不要钻进柜子或箱子里,因为一旦钻进去后便立刻丧失机动性,视野受阻,四肢被缚,不仅会错过逃生机会,还不利于被救。躺卧的姿势也不好,人体的平面面积加大,被击中的概率要比站立大5倍,而且很难机动变位。

（3）保持冷静,忙而不乱,有效地指挥现场急救。

（4）分清轻重缓急,分别对伤员进行救护和转送。

（5）怀疑有骨折,尤其是脊柱骨折时,不应让伤员试行行走,以免加重损伤。

（6）特别要加以警惕和预防地震后可能发生的次生灾害,如火灾、电击伤、冻伤、中毒、灾后瘟疫等。在地震中,一定要保持镇静,不少无辜者并不因房屋倒塌而被砸伤或挤压伤致死,而是由于精神崩溃,失去生存的希望,乱喊、乱叫,在极度恐惧中"扼杀"了自己。正确的态度是在任何恶劣的环境,始终保持镇静,分析所处环境,寻找出路,等待救援。

第二节　道路交通事故

一、交通事故的预防

（一）步行安全常识

（1）走路要专心,嬉戏、看书、听音乐、玩手机等会影响对路况的判断,增加险情。
（2）行人要在右边的人行道内行走；没有人行道的,则要在靠右的路边行走。
（3）过马路时要走人行横道。有人行过街天桥或人行地下通道的,要走人行过街天桥或人行地下通道。
（4）通过有交通信号控制的人行横道时,需按信号提示行进,不能闯红灯。
（5）通过没有交通信号控制的人行横道线时,要注意避让车辆,不准追逐、猛跑。穿过时要先左右看,确定没有机动车时才可以穿越马路,不要在车辆临近时突然横穿马路。
（6）行人不得进入高速公路。
（7）不准在机动车道上进行滑板、滑旱冰等有碍交通安全的活动。
（8）避让转弯车辆。当汽车的方向灯闪灯时,就是告诉人们汽车要转弯了,应该注意避让转弯车辆。
（9）在雨雪天、大雾天行路时,应增强判断力,做出及时的反应,使驾驶员及早发现。要小心路边无盖窨井,防止坠入。

（二）骑自行车安全常识

（1）骑车出行前先检查车辆的铃、闸、锁、尾灯是否齐全有效。
（2）骑车转弯、超车要看后方,并伸手示意。
（3）在非机动车车道内行驶,严禁驶入机动车车道。在没有划分机动车车道和非机动车车道的道路上行驶,应尽量靠右边行驶。
（4）骑车至路口应减速,主动让机动车先行。
（5）骑车时不逆行、不并行、不载人、不追逐打闹、不双手离把、不攀扶其他车辆。
（6）骑车时注意力集中,不戴耳机收听广播、音乐,不接听电话。
（7）骑车时与行人、车辆保持安全距离。

（三）乘车安全常识

（1）乘坐公共汽车和长途汽车需在站台或指定地点依次候车。
（2）乘坐地铁、火车,候车要站在安全线以内,避免发生危险。
（3）不要携带易燃、易爆等危险物品乘坐公共汽车、出租车、长途汽车、火车和地铁。

（4）机动车行驶中，不要将身体任何部位伸出车外以免发生危险。

（5）乘车时应坐稳扶好，以免因车辆紧急刹车而摔倒受伤。

（6）乘坐大型客车时，上车后要先观察安全锤存放的位置。

（四）驾驶机动车安全常识

（1）保持车状况良好。车辆技术性能完好，是保障性安全的基础和前提，要勤检查、勤保养。

（2）出车前要带齐有关证件，行车中要随时注意标志牌，以防走错路线无故造成违章；机动车在道路上行驶时，要控制车速，超速行驶是安全行车之大忌。不得超过限速标志标明的最高时速。

（3）夜间行驶或者在容易发生危险的路段行驶，以及弯道、坡道、窄路或视线不良、交通流量大的路段或遇到下雪、大雾等恶劣气象条件时，应当降低行驶速度。

（4）机动车通过交叉路口时，应当按照交通信号灯、交通标志、交通标线或者交通警察的指挥通过；通过没有交通信号灯、交通标志、交通标线或者交通警察指挥的交叉路口时，应当减速慢行，并礼让行人和优先通行的车辆。

（5）注意劳逸结合。时刻保持充沛的精力，才能保证行车安全。

（6）注意控制情绪，切勿争强好胜。驾驶员行车时难免碰到不顺心、不愉快的事情，在这种情况下，不可情绪激动，莽撞行事，要心胸放宽，讲究礼让，切勿争强好胜。

（7）切记酒后不能驾车。酒是车祸帮凶，驾驶员一定要做到喝酒不开车，开车不喝酒。

二、道路交通遇险

（1）迅速检查车祸现场，积极寻找伤员，并对重伤员进行优先救助处理。

（2）对呼吸、心搏骤停的伤员，应立即清理其上呼吸道，进行人工呼吸。

（3）对昏迷伤员，迅速解开其衣领，采取侧俯卧位，如遇舌头后坠时，可将舌尖牵出，也可将伤员的头部后仰，以保证呼吸道畅通，防止窒息。

（4）对创伤出血，可临时采用指压止血法。

（5）就地取材及时包扎伤口，对脱出的肠管不要送回腹腔，应用大块敷料覆盖后，扣上盆、碗以保护肠管；对脑膨出时，可用纱布圈围在膨出部周围，或用碗覆盖脑膨出部，包扎固定，以防脑实质干燥或受压。

（6）对骨关节伤、肢体挤压伤和大块软组织伤，应灵活采用木棍、树枝、玉米秸、铁锹等固定；对已离断的肢体，应妥善包扎，送往医院，以备再植。

（7）对大面积的烧伤，可用较清洁的衣服、雨衣、布单保护创面，粘在伤面上的衣服可不脱掉。

（8）在运送脊柱、脊髓受伤伤员时，务必谨慎、得当，避免脊柱弯曲或扭转，应用硬板担架运送，尽量减少搬运次数。另外，受伤后至手术时所间隔的时间与死亡率成正比，危重伤病员每延迟30min，死亡率则增加3倍，因此运送伤员应力求迅速。

三、铁路遇险

（一）火车脱轨时的自救与逃生

火车失事前通常没有什么迹象，但是乘客会感觉到急刹车，首先应利用这短短的几秒钟改变成比较安全的坐姿。

（1）远离车门，甚至可以趴下。抓住牢固的物体，以防被抛出车厢。

（2）低下头，下巴紧贴胸前，以防颈部受伤。

（3）如果座位不靠近门窗，可保持不动，若接近门窗，则应尽快离开。

（4）火车出轨时，不要尝试跳车。

（5）火车停下来后，观察周围的环境如何。不要在火车周围徘徊，等待救援人员的到来。

（6）现在大多数车都是新型的密封列车。车窗玻璃比较厚，即使翻车后也未必破碎。假如车厢两端的出口堵塞了，可拿出锤子去砸玻璃，其中也有几个技巧，如下所述。

①逃生时，用锤尖敲击车窗，敲击车窗四个角中的任意一个，敲击钢化玻璃中间是没有用的。

②如果是带胶层的玻璃，一般情况下不会一次性砸碎，在砸碎第一层玻璃后，再向下拉一下，将夹膜拉破才行。

③紧急时还可以用高跟鞋或者钥匙尖砸。

（7）若是能离开火车，马上通知救援人员，如果有信号灯，灯下通常有电话，可用来通知信号控制室。不然就找电话报警。

（二）发生火灾时的自救与逃生

如果列车在运行过程中车厢里发生了火灾，不要过分惊慌，及时做好以下几点：

（1）让火车迅速停下来。首先要冷静，千万不能盲目跳车，那无疑等于自杀。使火车迅速停下是首要选择。失火时应迅速通知列车员停车灭火避难，或迅速冲到车厢两头的连接处，找到链式制动手柄，按顺时针方向用力旋转，使列车尽快停下来。或者是迅速冲到车厢两头的车门后侧，用力向下扳动紧急制动阀手柄，也可以使列车尽快停下来。

（2）在乘务人员疏导下有序逃离。运行中的旅客列车发生火灾，列车乘务人员在引导被困人员通过各车厢互连通道逃离火场的同时，还应迅速扳下紧急制动闸，使列车停下来，并组织人力迅速将车门和车窗全部打开，帮助未逃离火车厢的被困人员向外疏散。

（3）利用车厢前后门逃生。旅客列车每节车厢内都有一条长约20m、宽约80cm的人行通道，车厢两头有通往相邻车厢的手动门或自动门，当某一节车厢内发生火灾时，这些通道是被困人员利用的主要逃生通道。火灾时，被困人员应尽快利用车厢两头的通道，有秩序地逃离火灾现场。

（4）利用车厢的窗户逃生。旅客列车车厢内的窗户一般为70cm×70cm，装有双层玻璃。在发生火灾情况下，被困人员可用坚硬的物品将窗户的玻璃砸破，通过窗户逃离火灾现场。

（5）防止呼吸道受伤。列车着火，原则上应向车厢前部转移，转移时，要尽量屏主呼吸保持低姿，捂住口鼻，防止浓烟和毒气。

（三）列车内不同位置乘客的自救与逃生

当乘客处于列车的不同车厢、不同位置时也有不同的方法进行自救和逃生。

（1）在座厢时。如果火车发生倾斜、摇动、侧翻，而且如果有足够的反应时间，就应该平躺在地上，面朝下，手抱后脖颈。快速反应是防范金属扭曲变形、箱包飞动、玻璃破损飞溅而受伤的最佳求生办法。动作一定要快，必须马上反应。背部朝火车引擎方向的乘客如果太晚接触地面，应该赶紧双手抱颈，然后抗住撞击力。

（2）在走道时。躺在地上，面部朝地，脚朝火车头的方向，双手抱在脑后，脚顶住任何坚实的东西，膝盖弯曲。

（3）在卫生间时。赶快采取行动，坐在地上，背对着火车头的方向，膝盖弯曲，手放在脑后抱着。

（4）在列车外。如果有列车正接近撞击的车辆、被卡在铁轨里面的汽车或者发现一些捣乱的人在铁轨上放置破坏物的时候，你可以发信号让火车停下来。

四、地铁遇险

（一）不慎掉下站台

（1）发现有人意外坠落，赶紧大声呼救并向工作人员示意，工作人员将采取措施停止向接触轨提供电力并及时救助。

（2）如果坠落后看到有列车驶来，最有效的方法是立即紧贴里侧墙壁（因为带电的接触轨通常在靠近站台的一侧），注意使身体尽量紧贴墙壁以免列车刮到身体或衣物。在列车停车后，由地铁工作人员进行救助。

（3）看到列车已经驶来，万不可就地趴在两条铁轨之间的凹槽里，因为地铁和枕木之间没有足够的空间使人容身。

（4）因为地铁提供动力的接触轨道携带高压电，平行地安装在和两条铁轨旁边或者站台侧面（大部分靠近站台一侧），一般上面覆盖木板，但稍不留心也会触电。在地铁发生意外坠落的人中，因往站台上攀爬或者采取其他自救动作时碰到接触轨而触电身亡的事故已不鲜见。因此，万一发生意外，不论情况多么紧急，首先要镇定，留意脚下以免触电。

（二）地铁逃生三原则

（1）守秩序。地铁人流量大，一旦发生火灾，乘客就容易失去理智到处乱跑。整个车厢里乘客逃生的能力差异大，一旦乱了秩序，对营救会带来百倍甚至千倍的难度。

（2）保持镇静。人在一个狭小封闭的空间，一旦发生问题很容易恐慌。这时候镇静非常重要，要留意观察。一旦发生火灾，排烟系统会自动打开，乘客可以按紧急按钮，风从哪里吹来,人就往哪跑。

（3）不要蹲下。车厢里的人员构成复杂,逃生能力不一。特别是妇女、儿童、老人,有些人在遇到紧急情况时,由于害怕会立刻蹲下,这样就更容易发生踩踏事件,造成不必要的安全损伤。

(三)地铁疏散五注意

（1）不要贪恋财物。不要因为顾及贵重物品,而浪费宝贵的逃生时间。
（2）尽可能寻找简易防护,最简易方法也可用毛巾、口罩蒙鼻(最好是湿的)。在有浓烟的情况下,采用低姿势撤离,因为烟气较空气轻而飘于上部,贴近地面逃离是避免烟气吸入的最佳方法。视线不清时,手摸墙壁徐徐撤离。
（3）要镇定,受到火势威胁时,千万不要盲目地跟从人流相互拥挤、乱冲乱撞。撤离时,要听从工作人员指挥或广播指引,要注意朝明亮处,迎着新鲜空气跑。
（4）遇火灾时不可乘坐电梯或扶梯。
（5）身上着火,千万不要奔跑,可就地打滚或用厚重的衣物压灭火苗。

五、飞机遇险

飞机失事后的90s内,是逃生的"黄金"时间。
（1）选择一条中转最少的航空线,减少起飞和下降的次数。
（2）"应急出口"必须会打开。乘坐飞机时机组会告知坐在应急出口的乘客如何实用应急逃生门。
（3）认证阅读飞机上的安全须知,认真了解各项应急设备的使用须知和其所在的位置。如,氧气面罩、救生衣等。
（4）一旦出现事故,不要慌张耐心听从机组人员的安排进行疏散。
（5）使用应急逃生滑梯时一定不要携带行李并且应取下身上尖锐的物品。
（6）尽量穿长袖长裤,因为遇到突发情况长袖长裤对身体的保护效果更好,另外尽量不要穿凉鞋,容易被异物割伤。
（7）上飞机后要观察下自己的座位,看看与自己的座位相邻的登机门或者逃生门在哪里,数数自己离应急出口差几排。
（8）舱内出现烟雾时,一定要使头部处于尽可能低位置,因为烟雾总是向上的,屏住呼吸用饮料浇湿毛巾或手绢,捂住口鼻后才呼吸,弯腰或爬行至出口。
（9）当客舱失压时,要立即戴上氧气面罩,并且必须正确使用,否则呼吸道肺泡内的氧气会被"吸出"体外。为了增加舱内的压力和氧浓度,飞机会立即下降至3000m高空以下,这时必须系紧安全带。
（10）若飞机在海洋上空失事,要立即换上救生衣。
（11）飞机下坠时,要对自己大声呼喊并竭力睁大眼睛,用这种"拼命呼喊式"的自我心理刺激避免"震昏"。

（12）当飞机触地轰响的一瞬间，要飞速解开安全带系扣，冲向机舱尾部朝着外界光亮的裂口，在油箱爆炸之前逃出飞机残骸。

（13）飞机起飞前一定要掌握好安全带的使用，遇到事故逃生第一时间内能松开撤离，另外飞机在高空平飞阶段也应系好安全带。

（14）紧急逃生时客舱灯光可能昏暗，应沿着应急照明灯光的路线逃离或者向有外界光亮的地方逃生。

（15）应急滑梯的使用。正常人从滑梯撤离，应双臂平举，轻握拳头，或双手交叉抱臂（也可双手抱头），从舱内跳出落在梯内时手臂的位置不变，双腿及后脚跟紧贴梯面，收腹弯腰直到滑到梯底，站立跑开。抱小孩的旅客要把孩子抱在怀中，坐着滑下飞机。儿童、老人和孕妇也应坐着滑下飞机，但在梯面的姿势与正常人相同。伤残旅客根据自身的情况坐滑或由援助者协助坐滑撤离。援助者包括乘坐飞机的机组人员、航空公司的雇员、军人、警察、消防人员、身强力壮的男性旅客。跳滑梯时必须听从乘务员的口令一个接一个有序往下跳，不可推挤。

（16）遇到强烈冲击时，必须做好防剧烈冲撞的姿势。成年人旅客应身体前倾，两臂伸直交叉紧抓前面座椅靠背，头俯下，两脚用力蹬地。怀抱婴儿的旅客应将婴儿斜抱在怀里，婴儿头部不得与过道同侧面朝上，弯下腰俯下身双脚用力蹬地；或一手抱紧婴儿，一手抓住前面的椅背，低下头，双脚用力蹬地。特殊旅客（孕妇、高血压等）应双手抓紧座椅扶手，或双手抱头，同时收紧下颚，两腿用力蹬地。对于双脚不能着地的儿童，可采取将双手压在双膝下，手心向上，弯下腰的方式。

六、乘船遇险

轮船发生意外时，应当保持冷静，不可盲目的跟着失去控制的人大呼小叫、乱跑乱撞，这样反而会引起更大的骚乱，导致船体倾斜沉入水底；一味地等待他人援救只会贻误逃生时间，必须采取积极的办法逃生。轮船发生意外时，应根据不同的情况采取相对应的措施。

（一）轮船发生火灾时

（1）如火势蔓延，封住走道，来不及逃生者要关闭房门，不让浓烟、火焰侵入。

（2）当客船某一楼层着火，还没有烧到船舱时，船员应当采取紧急靠岸或者自行搁浅措施，让船体保持相对稳定状态。被货围困人员应当迅速往主甲板、露天甲板疏散，然后借助救生器材向水中和来救援的船只上或上岸逃生。

（3）当某一客舱着火时，舱内逃生人员逃出后应随手关闭舱门防止火势蔓延，并提醒他人赶紧疏散。如果火封住内走道时，相邻房间的人员应关闭靠内走廊房间，从通向左右船舱的舱门逃生。

（4）应听从工作人员指挥向上风口有序疏散，疏散时，最好用湿毛巾捂住口鼻，尽量弯腰、快跑迅速逃离。

第十一章　灾难与自救互救

（二）两船相撞时

应当迅速撤离碰撞处，避免被挤压受伤，同时就近迅速抓住一固定物，防止摔伤或甩入水中。

（三）弃船时

乘客听到沉船警报信号时（一分钟连续鸣笛七短声、一长声），立即穿好救生衣安紧急疏散图方向离船。当必须弃船时，应把握以下原则：
（1）要抢在海水大量涌入前弃船。
（2）尽量选择较低的位置跳水；来不及从容撤离时，立即向高处转移，伺机跳水。
（3）弃船前，要尽量多穿衣服，下水后最大限度保持体温。
（4）尽可能多带些淡水和实物。
（5）不要直接跳入艇内或筏顶及筏的入口处，以防自身受伤或者损坏艇、筏。
（6）跳水后，迅速远离船体，特别是当船将完全沉入水中时，会形成巨大的漩涡，要避免被卷入水底。
（7）落入冷水者应利用救生背心或抓住沉船漂浮物，尽可能安静地漂浮。
（8）要采用双腿并拢屈曲到胸前，两肘紧贴身旁，两臂交叉放在救生衣前面，尽可能不游动，使头颈部露出水面。设法发出声响和显示视觉信号，以便岸上或其他船只发现来救。
（9）千万不要喝海水，不论怎样干渴难忍，也不要喝海水。因为海水含盐5%，大大超过肾脏所能承受的浓度，人体为了排泄所饮海水的盐，不但要把喝进的海水全部排出去，还要使身体失掉1/2的水，故会越喝越渴。
（10）在水中漂浮千万不能入睡，坚定获救信心，咬紧牙关，振作精神，坚持时间越长，获救机会越大。

第三节　溺　水

游泳时发生溺水事件的概率很高，即使有不少地方采取了救护措施，有时候也难免会发生意外，所以游泳者应该了解溺水后的自救方法。

一、不要慌张，保持镇静

手脚抽筋是最常遇到的溺水原因。一旦发生后，首先要迅速稳住身体，将抽筋肌肉拉直。如果是手指抽筋，可将手握拳，然后用力张开，迅速多次重复该动作，直到抽筋消除。如果是脚趾抽筋，尽量找到接近浅水区或池壁的地方，如果短时间内找不到的话，最好的方式是先踩水，然后用力用手指将脚趾向上扳，或者用力猛蹬，反复重复这个动作，帮助抽筋的部位拉直。若是大腿或小腿抽筋,先吸一口气仰浮水上,采用拉长抽筋肌肉法,用抽筋肢体对侧的手握住抽筋肢体的部位,并用力拉扯,同时用同侧的手掌压在抽筋肢体的膝盖上,帮助抽筋腿伸直。

呛水后慌张容易引起溺水。如果不慎呛水,要保持清醒的意识,迅速调整游泳姿势保持好身体重心,这样会缓解呛水带来的后果并慢慢消除。伴随着饥饿、紧张、疲劳、激动等不良状况和情绪下水都会引起不舒服或晕眩。在水中发现此类情况的前兆后要立即上岸休息,补充糖分,如果事发突然,要紧急向岸边的救助人员或旁边的游泳者发出求救信号。

二、水中解脱法

游泳者在溺水过程中的习惯动作是胡乱挣扎,只要抓到东西,就像抓到了"救命草",不肯松手,连救护人员也可能被溺水者抱住而加大了救护的难度,甚至出现溺水者和救护者都出现险情的局面。在此,介绍几种救护人员的水中解脱法:

(1)虎口解脱法。如果救护者的手臂被溺水者抓住,救护人员可以用被抓的手臂用力按压溺水者的虎口,可迫使溺水者的手指松开。

(2)扳指解脱法。若溺水者从背后抓、抱救护者时,趁溺水者两臂未抱住时可用力反扳溺水者的中指而避免被抓抱。

(3)推扭解脱法。若溺水者从前面抓、抱救护者时,趁溺水者两臂未被抱住时可推托溺水者下颚,或扭转溺水者颈部。

(4)托肘解脱法。若溺水者从前或后把救护者的身体及两臂抱住时,可把溺水者的肘部上托,身体下钻,以免出现两人都不能动弹的局面。

第四节 火 灾

一、现场救护要点

(1)迅速移出伤员。应立即离开烟雾环境,置于安静通风凉爽处,解开衣领、裤带,适当保温。对于高浓度的硫化氢、一氧化碳污染区和严重的缺氧环境,必须立即通风。救护人员需佩戴供氧式防毒面具,对其他毒物也应采取有效的防护措施。

(2)迅速抢救生命。摘下假牙并保持呼吸道通畅,对呼吸停止者实行人工呼吸。

(3)防窒息,防创面污染。

(4)气体中毒的救治。

(5)保护创面。创面要用清洁的被单或衣服简单包扎,尽量不弄破水泡,保护表皮。严重烧伤者不需要涂抹任何药粉、药水和药膏,以免给入院后的诊治造成困难。伤员口渴可饮淡盐水。

二、救护原则

发生火灾后,要根据情况,因地制宜开展救援;尽快使人不再受到火灾的危害,脱离险区,然后给予医学处理。

(1)报警。不论何时何地,一旦发现火灾,立即向"119"报警。

(2)火灾的扑救。火灾初起阶段火势较弱,范围较小,若能及时采取有效办法,就能迅速将火扑灭。据统计,70%以上的火灾都是在场人员扑灭的。如果不"扑早",后果不堪设想。对于远离消防队的地区首先应强调群众自救,力争将火灾消灭在萌芽状态。通常使用冷却(水)灭火,以及窒息法灭火、扑打灭火等方法。

(3)撤离。发生火灾时若被大火围困,应想方设法撤离。

①匍匐前进,逃出门外。火初起,烟雾大,热气烟雾向上升,应趴在地面匍匐前进,用湿口罩、毛巾捂住口鼻,逃出门外。若火势来自门外,开门前应先用手探察门的温度,如已发烫,不宜开门。

②浸湿外衣,冲下楼梯。楼梯已着火,火势尚不很猛烈时,披上浸湿的外衣、毛毯或棉被冲下楼梯。

③用阳台向下滑。若房间火盛,门被烈火封住或楼梯已被烧断,无法通行时,利用阳台或流水管向下滑。

④固定绳子一端,沿此向楼下滑。生命受到威胁又无路可逃时,用绳子或床单撕成条状连结起来,一端拴在门窗栏杆或暖气上,沿此向楼下滑。

⑤被迫跳楼时要缩小落下高度。若楼层不甚高,被迫跳楼时,先扔下棉被、海绵床垫等物,以便缓冲,然后爬出窗外,手扶窗台向下滑,以缩小落下高度。

三、火灾现场急救注意事项

(1)当火场发生紧急情况,危及救援人员生命和车辆安全时,应当立即将救援人员和车辆转移到安全地带。

(2)采取工艺灭火措施灭火时,要在失火单位的工程技术人员的配合指导下进行。

(3)火场如有带电设备应采取切断电源和预防触电的措施。

(4)火场救援时一定要清点本单位人数和器材装备,如发现参加灭火人员缺少时,必须及时查明情况,若有在火场上下落不明者应该迅速搜寻,逐个落实。

(5)在使用交通工具运送火灾伤员时,应密切注意伤员伤情,要进行途中医疗监测和不间断的治疗。

(6)冷却受伤部位,用冷自来水冲洗伤肢冷却伤处。

(7)不要刺破水疱,伤处不要涂药膏,不要粘贴受伤皮肤。

(8)衣服着火时站立或奔跑呼叫,以防止增加头面部烧伤或吸入损害。

(9)迅速离开密闭或通风不良的现场,以免发生吸入损伤和窒息。

(10)用身边不易燃的材料,如毯子、雨衣、棉被等,最好是阻燃材料,迅速覆盖着火处,使与之隔绝。

第五节 其他灾害

一、矿山事故

矿山事故常见的有瓦斯爆炸、火灾、冒顶、透水、塌方等。矿山事故有它自身的特点,因事故大多发生在井下,而且致伤因素众多,导致伤情复杂。矿井内的救护条件相对比较差,一旦发生矿山事故局部环境恶化,如断水、断电等使伤员急救十分艰难,且由于矿井自身条件的限制缺乏好的救治场所,救治条件受限,使一些伤员可能会在有氧、无水、无食或有氧有水、无食甚至更恶劣的情况下生活多天,有的还可能达到人的生命极限才能被救出。

(一)现场救护要点

(1)三级急救网络系统。中国的矿山救护有两个三级急救网络系统:一个是国家安全生产监督管理总局矿山医疗救护中心、省级矿山医疗救护分中心、各矿山企业总医院;另一个是各矿山企业总医院、各矿山的矿医院、井口保健站。

(2)矿山救护队与医院救护相结合。矿山救护队是处理矿井火、瓦斯煤尘、水和顶板等灾害的专业队伍,实行军事化、规范化管理。在矿山事故发生时,矿山救护队与医院救护相结合——矿山救护队在前,医院救护在后。

(3)矿工的互救和自救能力。鉴于矿山作业的特殊性,要求每个井下工作人员不仅要知道怎样防止和排除事故,还必须知道,并且要熟练地掌握,怎样正确而又迅速地进行自救和互救,使自己和其他人员能够安然脱险得救。为了达到矿山自救和互救的目的,每个井下工作员必须熟悉并掌握所在矿井的危害预防,熟练地使用自救器,掌握发生各种灾害事故的预兆、性质特点和避灾方法,抢救灾区受伤人员的基本方法以及学会最基本的现场急救操作技术等。每个煤矿的领导者,应有计划地对所有煤矿工作人员进行这方面培训,不能熟练地掌握自救、互救和现场急救操作技术的人员,就不能算是一名合格的矿工,都不允许下井工作。

(二)矿山事故现场急救

1. 井下作业人员的自救与互救

矿井发生事故后,矿山救护队不可能立即到达事故地点进行组织抢救。实践证明,在事故发生初期,矿工如果能够及时采取措施,正确地开展自救、互救,可以减小事故危害程度,减少人员伤亡和国家财产损失。

所谓"自救",就是矿井发生意外灾变事故时,在灾区或受灾变影响区域的每个工作人员进行避灾和保护自己的方法。而"互救"则是在有效地自救前提下妥善地救护他人及伤员的方法。自救和互救的成效如何,决定于自救方法措施的正确性,其具体内容及要求主要包括：熟悉并掌握所在矿井的灾害预防和处理计划；熟悉矿井的避灾路线和安全出口；掌握抢救伤员的基本方法及现场急救的操作技术。

（1）现场抢救工作。井下灾害事故发生后，一般都有一个由小到大的发展过程。做好现场抢救工作就能将事故消灭于萌芽之中，具体做法如下。

①出现事故时，在场人员一定要头脑清醒、沉着、冷静，要尽量了解判断事故发生地点、性质、灾害程序和可能波及的地点，迅速向矿调度室报告。

②在保证人员安全的条件下，利用附近的设备、工具和材料及时处理，消灭事故，当确实无法处理时，就应由在场的负责人或有经验的老工人带领，根据灾害地点的实际情况，选择安全路线迅速撤离危险区域。撤离时，不要惊慌失措，大喊大叫，四处乱跑。

③在遇险人员暂时不能撤出灾区的情况下，应该尽快寻找避难硐室待救，每一位矿工来应掌握抢救伤员的基本方法及现场急救的基本操作技能，包括观察伤员的神志、脉搏、人工呼吸及胸外心脏按压、骨折的支撑、加压包扎止血、保护脊柱下的搬运等。

（2）矿工自救设施——自救器的使用。当井下发生火灾、瓦斯和煤尘爆炸等灾害时，井下人员应立即佩戴自救器脱险，免于中毒或窒息而死亡。

自救器有过滤式和隔离式两种。过滤式自救器实际是一种小型的防毒面具，它能吸收空气中的一氧化碳；隔离式自救器则是一种小型氧气呼吸器，它能利用自救内部配备的化学药品，通过化学反应产生氧气，供佩戴人呼吸。

（3）灾区作业人员正确选择撤退路线。事故发生后，灾区作业人员应根据事故通知信号以及事故发生时的特征，判断事故性质、地点、人员的分布位置，考虑巷道断面、坡度、风速及局部障碍等因素的影响，遵循在最短的时间内安全撤退的原则，选择正确的避灾撤退路线。一般来说，位于事故地点进风流中的人员，则应顺风流撤出；但遇有转入进风流的贯通巷道时要迅速转入进风流中撤退；处在事故地点回风流的人员，如确认在不冒生命危险的情况下，逆着风流行走一小段路程即可到达新鲜风流中，则可沿此捷径迅速撤到安全地点。灾区人员撤出路线选择的正确与否，决定自救和互救的成败。

（4）无法迅速撤离措施。在遇险人员无法撤出灾区时(如独头区、冒顶阻塞区)，应迅速退到附近避难硐室或借助于独头巷道、各类硐室和两道风门之间等位置，利用现场的木板、风门、煤块、岩石、泥土、风筒等物资构筑隔离墙或风帐，隔绝有害气体，使人员在内安全避难待救。

避难人员在硐室避难时应静卧，不得走动与呼喊，以免消耗体力和氧气。特别要注意减少氧气的消耗，延长在硐室内的待救时间。同时，应注意在隔离墙外留有明显标志，如挂矿灯、衣物、写粉笔字等，并经常有规则地敲击岩石或管道，发出呼救信号，使抢救人员容易及时发现，便于抢救不延误生命救治。

（5）防止爆炸火源烧伤措施。如果人员距离爆炸源很近无法撤出时，则应面向下方就地卧倒，最好将湿毛巾捂在口鼻面部或俯入水沟内，以免烧伤。

（6）出现井下冒顶事故后的自救措施。

①发现采掘工作面有冒顶的预兆，自己又无法逃脱现场时，应立刻把身体靠向有强硬支柱的地方。

②冒顶事故发生后，伤员要尽一切努力争取自行脱离事故现场。无法逃脱时，要尽可能

把身体藏在支柱牢固或大块岩石架起的空隙中,防止再受到伤害。

③当大面积冒顶堵塞巷道,即矿工们所说的"关门"时,作业人员被堵塞在工作掌子面,这时应沉着冷静,由班组长统一指挥,只留盏灯供照明使用,并用铁锹、铁棒、石块等不停地敲打通风、排水的管道,向外报警,使救援人员能及时发现目标,准确迅速地展开抢救。

④在撤离险区后,可能的情况下,迅速向井下及井上有关部门报告。

2. 安全转运伤员须知

(1)昏迷和严重颌面外伤的伤员,如果不能保持良好地呼吸道通畅,不能转送。

(2)有呼吸循环者,先复苏后转送。

(3)有效地控制外出血后才能转送。

(4)对休克伤员,经抗休克治疗,收缩压 >10.6kPa,脉压 >2.66kPa,并保持静脉通畅的条件下才能转运。

(5)内脏损伤、骨盆骨折及下肢骨折的伤员,应就地穿着抗休克裤后再转送。

(6)遇开放性气胸、高压性气胸,须紧急相应处理后,取半卧位转送。

(7)腹内脏器脱出时,切不可还纳,用无菌敷料覆盖保护后再转送。

(8)骨科患者施行良好地固定后再转送。

(9)伤员要保暖,无禁忌证者,可注射有效地镇痛剂后再转运。

(10)凡需转运的伤员,必须由急救人员护送。途中要监测生命体征,执行"边救边送"的原则,随时给予应急处理。

(11)重伤员转送前,应用电话通知接收医院,做好接诊救治的准备工作。

3. 现场急救注意事项

(1)在矿工实施互救时,应是在有效自救的前提下,妥善地救助他人及伤员,防止大灾情。

(2)进行急救时,不论伤者还是救援人员都需要进行适当的防护。这一点非常重要!特别是把伤病者从严重灾区救出时,救援人员必须加以预防,避免成为新的受害者。

(3)将受伤人员小心地从危险的环境转移到安全的地点时,应至少 2～3 人为一组集体行动,以便互相监护照应,所有的救援器材必须是防爆的。

(4)一旦瓦斯的浓度在 5.5% 以上时,遇明火即能发生爆炸,瓦斯爆炸会产生高温、高压、冲击波,并放出有毒气体。因此,在现场急救时,应倍加注意二次爆炸的发生。当听到或看到瓦斯爆炸时,应面背爆炸地点迅速卧倒,如眼前有水,应俯卧或侧卧于水中,并用湿毛巾捂住鼻、口。

(5)急救处理程序化,遵守"先救后送,边救边送"的原则。

(6)要沉着冷静。首先迅速、正确地佩戴好自救器,保证呼吸道不受伤害。保存生命,切不可惊慌失措、束手待毙。只要还有一口呼吸,就要为自己的生命而拼搏。

(7)发现矿难伤员时,严禁用头灯光束直射其眼睛,以免在强光刺激下造成眼睛失明。

(8)发现矿难伤员时,不可立即抬运出井,应注意保护体温,需要在井下安全地点进行初步处理并等待其情绪稳定以后,才送到医院进行特别护理。

(9)矿难伤员长期没有进食,消化系统功能极度减弱但又急需补充营养,所以应该采用少量多餐的方法,以容易消化又具有高营养、高蛋白的食物为宜。

（10）用好自救器是自救的主要环节,因为井下发生大火和瓦斯爆炸时,都会发生大量的一氧化碳气体,应用自救器可防止有害气体中毒。

二、雷电

夏季是雷暴高峰期,其中6～8月份是雷暴活动的活跃期。一天中,15点至17点是雷暴活动的频繁时段,也是雷电事故高发的时间。强大的电流、炙热的高温、猛烈的冲击波以及强烈的电磁辐射等,都能够在瞬间产生巨大的破坏作用,导致人员伤亡。如果在城市里,打雷的时候应该迅速进入有避雷装置的建筑物内躲避。雷电来时,在露天场所的人们总想着快点到家比较安全,但有句话说"迅雷不及掩耳",人的躲避速度不可能比雷快。如果打雷时,正骑摩托车、电动车、自行车等赶路,最好先下车等待雷电过去,切忌狂奔。汽车内是避免雷击的理想地方,但是如果打雷的时候在开车,最好放慢行驶速度,以免前方发生雷击而影响驾驶。雷电发生时,最好拔掉电器的电源线、电话线和闭路电视线等,不要接触天线、水管、水龙头等带电设备或金属装置;尽量少打电话,不要打手机;不要使用太阳能热水器淋浴;不要收晾晒在金属线上的衣物。

喜欢户外活动的人,如果在开阔地突然遇到打雷怎么办?这时可以进行自我保护,减小被雷击中的概率。具体做法是:双脚并拢(避免跨步电压),蹲下,身向前屈,从而降低高度,尽量不要成为易被雷击的"凸起物体"。不要使用有金属骨架的伞;不要把铁锹、高尔夫球杆等扛在肩上;远离烟囱、铁塔、电线杆等设施,更不能在大树下避雨;不要从事水上作业;不要游泳、钓鱼;不要去山顶、坡顶、楼顶等较高的地方;如果是一群人在野外,千万不要挤在一起。

三、洪涝水灾

(一)洪涝水灾的特点

（1）伤亡形式多样。受洪水溺水,可能被泥沙活活掩埋,或呛入异物(泥沙、水草等)致人窒息,吸入大量河水,能致肺水肿、血液稀释、电解质紊乱,甚至可以因心功能衰竭、肺功能衰竭、肾功能衰竭、缺氧、脑水肿等,导致死亡;溺水者即使心肺复苏成功,也容易继发感染。大批建筑物被冲毁,可造成人员伤亡,尤以颅脑外伤、骨折、出血、挤压伤休克等多见。

（2）疾病流行。洪水冲毁家园,缺衣少食,人居住环境恶化,机体抗病能力普遍下降(老、弱、病、幼者更加严重),容易引发各种疾病,尤其传染病。因为洪水漫溢,人畜粪便及腐败的尸体污染水源,不洁饮水和变质(或受污染)食物均会引起腹泻等食源性疾病,甚至引起痢疾、伤寒、肝炎等肠道传染病的暴发流行。灾民长时间浸泡水中,除容易罹患浸渍性皮炎等皮肤病外,水源性传染病(如钩端螺旋体病)、血吸虫病的感染机会也会大大增加。

（3）次生灾害。常见次生灾害有:火灾、电击伤、冻伤、中毒、灾后瘟疫等。灾民流离失所,聚居于简陋拥挤的帐篷,因烤火取暖或炊事失慎,容易引发火灾造成人员伤亡;天气寒冷,没有取暖设备的帐篷,可致人冻病;野外生活,易遭受蚊虫侵袭,导致虫媒传染病(如乙型脑炎等)的发生与流行。在水中的带电电缆倒坍电杆上的电线,会使人遭到电击而受伤。被洪水浸泡而外溢的农药、毒物,冲入水源或污染食物的农药、毒物和放射性物质,可致人中毒,甚至危及生命。

(二)现场救护要点

(1)做好有序撤退、自救、互救,减少伤亡。一旦发生洪灾,形势十分紧急,要用最安全、快捷的方法立即组织居民有序撤退,把灾民尽快转移到地势较高的安全区,并在条件允许的情况下对伤病员进行力所能及的救治。

(2)要加强疫情监测与报告。以便救灾防病指挥中心果断准确地做出有效指挥。重点做好饮水卫生、食品卫生环境卫生、消毒、杀虫灭鼠工作,预防和控制各类传染病的发生。

(3)及时做好食品、饮水卫生监督工作,开辟新的安全水源彻底消毒饮水、食物,防止食源性疾病及肠道传染病。

(4)做好粪便、垃圾卫生管理。妥善处理动物尸体,消除蚊蝇,维护环境卫生,防止疾病。

(5)特殊人群区别对待。对高危人群(老、弱、病、幼),给予营养支持,对外来人员,进行必要的免疫接种或预防给药,预防传染病和血吸虫病的暴发与流行。

(6)改善生活条件。解决衣、食、住、御寒、保暖等问题。提高抗洪大军和灾民的体质与御病能力,确保抗洪战斗力,搞好救灾防病工作。

(7)落水者的营救。

①缓慢接近目标。发现落水难民后,担任援救的舰船应备小艇和各种捞救器材,缓慢接近目标。

②直接进行捞救。应用有效的捞救器材直接进行捞救。将落水难民移上担架,迅速由医疗救护人员对伤情进行初步检查、会诊确认。

③人工呼吸。如果发现落水难民发生溺水伤情,应立刻做人工呼吸,至少连续15min,不可间断,同时由别人解开衣扣,检查呼吸、心跳情况(若尚有呼吸、心跳,可先倒水,动作要敏捷,切勿因此延误其他抢救措施),取出口鼻内的异物,保持呼吸道通畅,注意保暖。

④施救方法。首先,救护者一腿跪地,另一腿屈膝,将溺水的难民的腹部置于救护者屈膝的大腿上,将头部下垂,用手按压背部使呼吸道及消化道内的水倒排出来。然后,抱住溺水的难民两腿,腹部放救护者的肩上并快步走动。如呼吸、心跳已停止,应立即进行心肺复苏术(胸外心脏按压术和口对口人工呼吸)。若有条件必要时做气管内插管,吸出水分并做正压人工呼吸;如果发生昏迷,可针刺人中、涌泉、内关关元等穴,强刺激留针5~10min。呼吸、心跳恢复后,人工呼吸节律可与溺水的难民的呼吸节律一致,给予辅助,待自动呼吸完全恢复后可停止人工呼吸,同时用毛巾向心按摩四肢及躯干皮肤,以促进血液循环。有外伤时应对症处理,如包扎、止血、固定等;苏醒后可继续治疗,防治溺水后并发症的产生。

(三)洪涝水灾现场急救注意事项

(1)不要遗漏任何伤情,应有专人观察、监护。

(2)急救人员动作要迅速,有条不紊,随时注意伤员的变化。
(3)室温和体温的测量应准确,禁用高温局部烘烤。
(4)不要因倒水而影响其他抢救。
(5)要防止急性肾功衰竭和继发感染。
(6)注意是否合并肺气压伤和减压病。
(7)不要过量补液。
(8)不要轻易放弃抢救,特别有低体温(<32℃)表现者应抢救更长时间。

四、泥石流

泥石流是山区峡谷中,由暴雨、冰雪融水等水源激发的,含有大量泥沙、石块的特殊洪流。其特征是突然暴发,浑浊的流体沿着陡峭的山沟前推后拥,奔腾而下,地面为之震动、山谷犹如雷鸣,在很短时间内将大量泥沙、石块冲出沟外,在宽阔的堆积区横冲直撞、漫流堆积,所到之处,墙倒屋塌,一切物体都会被厚重黏稠的泥石所覆盖。

通常情况下,泥石流发生会伴有以下前兆。
(1)河流突然断流或者水势突然加大,并夹有较多柴草、树枝。
(2)深谷内传来似火车轰鸣或闷雷般的声音。
(3)沟谷深处突然变得昏暗,并有轻微震动感等。

当处于泥石流区时,不能沿沟向下或向上跑,而应向两侧山坡上跑,离开沟道、河谷地带。但应注意,不要在土质松软、土体不稳定的斜坡上停留,以防斜坡失稳下滑,应在基地稳固又较为平缓的地方暂停观察,选择远离泥石流经过地段停留避险。另外,不应上树躲避,因泥石流不同于一般洪水,其流动中可能剪断树木卷入泥石流,所以上树逃生不可取。应避开河(沟)道弯曲的凹岸或地方狭小高度不够的凸岸,因泥石流有很强的掏刷能力及直进性,这些地方可能被泥石流体冲毁。

五、滑坡

斜坡上的岩土体受河流冲刷、地下水活动、地震及人工切坡等影响,在重力作用下沿着一定的软弱面(或软弱带)整体或分散地顺坡下滑,这种现象叫作滑坡,俗称"走山"。滑坡在斜坡上常呈圈椅状或马蹄状地形,具有环状的后壁、拉开的裂缝、多级的台阶、垄状上凸的前缘等地貌特征。滑坡大多数在暴雨或人类活动后突然发生,也有滑坡体经历数年、数十年的缓慢变化后突然滑动的情况。避险方法如下:
(1)行人与车辆不要进入或通过有警示标志的滑坡、崩塌危险区。
(2)当发现有滑坡、崩塌的前兆时,应立即报告当地政府或有关部门,同时通知其他受威胁的人群。要提高警惕,密切注意观察,做好撤离准备。
(3)当你正处于滑坡体上,感到地面有变动时,要立即离开,用最快的速度向两侧稳定地区逃离。向滑坡体上方或下方跑都是危险的。如果滑坡滑动速度很快,最好原地不动或抱紧一棵大树不松手。

（4）当你处于滑坡体中部无法逃离时，找一块坡度较缓的开阔地停留，但一定不要和房屋、围墙、电线杆等靠得太近。

（5）当你处于滑坡体前沿或崩塌体下方时，只能迅速向两边逃生，别无选择。

六、台风

台风期间尽量不外出，关好门窗，在窗玻璃上用胶布贴成米字图形，以防窗玻璃破碎。

台风期间倘若不得不外出时，应弯腰将身体紧缩成一团，一定要穿上轻便防水的鞋子和颜色鲜艳、紧身合体的衣裤，把衣服扣好或用带子扎紧，以减少受风面积。行走时，应一步一步地慢慢走稳，顺风时绝对不能跑，否则就会停不下来，甚至有被刮走的危险；要尽可能抓住墙角、栅栏、柱子或其他稳固的固定物行走；在建筑物密集的街道行走时，要特别注意落下物或飞来物，以免砸伤；走到拐弯处，要停下来观察一下再走，贸然行走很可能被刮起的飞来物击伤；经过狭窄的桥或高处时，最好伏下身爬行，否则极易被刮倒或落水。如果台风期间夹着暴雨，要注意路上水深，看清路标。

强台风过后不久，一定要在房子里或原先的藏身处待着不动。因为台风的"风眼"在上空掠过后，地面会风平浪静一段时间，但绝不能以为风暴已经结束。通常，这种平静持续不到1h，风就会从相反的方向以雷霆万钧之势再度横扫过来，如果你是在户外躲避，那么此时就要转移到原来避风地的对侧。在台风过后伴随而来的停电停水期间，要注意食物和饮水方面的卫生，以保证你的健康和安全。

七、雪灾

（一）雪天出行注意事项

雪灾期间，家庭要密切关注关于暴雪的最新预报、预警信息，确保做好防寒保暖；要准备好融雪、扫雪工具和设备；减少车辆外出；了解机场、高速公路、码头、车站的停航或者关闭信息，及时调整出行计划；储备食物和水；要远离不结实、不安全的建筑物。

如果遭遇到暴风雪突袭，除了上述注意事项外，尤其要注意远离广告牌、临时建筑物、大树、电线杆和高压线塔等；路过桥下、屋檐等处，要小心观察或者干脆绕道走，因为从上面掉落的冰凌，在重力加速度作用下，很容易造成头部外伤。

（二）雪天开车注意事项

雪天开车，路滑、低温，非常容易引发事故，驾驶员更应该把握好手里的方向盘，保障行车安全。

（1）发动机预热几分钟。

（2）起步要平稳。由于冰雪天路面摩擦系数比正常路面要小得多，如果起步过猛，那么很有可能就会出现打滑现象。

（3）开雾灯、戴眼镜。雪天开车，由于路面会有白色的积雪，而白色的反射率最大，眼睛直视时间长很容易晃花,或者晃伤眼睛,因此,驾驶员最好要佩戴一副驾车墨镜保护眼睛,同理,雪天能见度一般都较低,因此在驾车的时候应开启雾灯,保障视线的清晰。

(4)慢速、少并线、转大弯。雪天路滑,低速行驶是保障安全的必要条件。同时,由于路况不佳以及道路上越来越多的驾驶经验不足的人,应减少并线,尽量保持同一车道行驶。转弯时提前减速,在不影响对面来车的情况下,尽量加大转弯半径,以减小转弯时的离心力,切不可快速急转猛回,以防侧滑横甩。

(5)上坡不换挡,下坡忌空挡。雪天如果遇到需要上坡的路段,不要慌张,应平稳低档行驶,千万不要中途换挡,也不要跟着前车太近,以免前车溜车,下坡的时候千万不要空挡行驶,应保持好车速、车距。

八、高温

一般来说,高温通常有两种情况,一种是气温高而湿度小的干热性高温;另一种是气温高、湿度大的闷热性高温,就是我们常说的"桑拿天"。

(一)高温天气注意事项

(1)在户外工作时要注意采取有效的防护措施,切忌在太阳下长时间裸晒皮肤,最好带冰凉的饮料。

(2)注意不要在阳光下疾走,也不要到人聚集的地方。从外面回到室内后,切勿立即开空调吹。

(3)尽量避开在10时至16时这一时段出行,应在口渴之前就补充水分。

(4)注意高温天饮食卫生,防止胃肠感冒。

(5)注意保持充足睡眠,有规律地生活和工作,增强免疫力。

(6)注意对特殊人群的关照,特别是老人和小孩,高温天容易诱发老年人心脑血管疾病和小儿不良症状。

(7)注意预防日光照晒后,日光性皮炎的发病。如果皮肤出现红肿等症状,应用凉水冲洗,严重者应到医院治疗。

(8)注意出现头晕、恶心、口干、迷糊、胸闷气短等症状时,应怀疑是中暑早期症状,应立即休息,喝一些凉水降温,病情严重应立即到医院治疗。

(二)如何应对中暑

高温中暑常发人群为:高温作业工人、夏天露天作业工人、夏季旅游者、家庭中的老年人、长期卧床不起的人、产妇和婴儿。

发现有中暑后急救办法为:

(1)立即将病人移到通风、阴凉、干燥的地方,如走廊、树荫下。

(2)让病人仰卧,解开衣扣,脱去或松开衣服。如衣服被汗水湿透,应更换干衣服,同时开电扇或开空调,以尽快散热。

（3）尽快冷却体温，降至38℃以下。具体做法有用凉湿毛巾冷敷头部、腋下以及腹股沟等处；用温水或酒精擦拭全身；冷水浸浴15～30min。

（4）意识清醒的病人或经过降温清醒的病人可饮服绿豆汤、淡盐水等解暑。

（5）对于重症中暑病人，要立即拨打120电话，求助医务人员进行紧急救治。

（三）高温天气建议饮食

盛夏人们的吃喝问题是很重要的，这是因为当人在炎热的环境中劳动时，体温调节、水盐代谢以及循环、消化、神经、内分泌和泌尿系统发生显著变化，会导致营养消耗增加，从出汗中流失了不少水和营养素。而夏天人们食欲减退，也会限制了营养的吸收。高温天气的饮食应注意以下几点：

（1）要补充维生素。新鲜蔬菜和水果如西红柿、西瓜、杨梅、甜瓜、桃、李等，含维生素C尤为丰富；在谷类、豆类、动物肝脏、瘦肉、蛋类中维生素B含量较多。

（2）要补充水和无机盐。可食用含钾高的食物，如水果、蔬菜、豆类或豆制品、海带、蛋类等。多吃清热利湿的食物，如西瓜、苦瓜、桃、乌梅、草莓、西红柿、黄瓜、绿豆等。

（3）多喝利于消化的稀粥。赤豆粥有补肾消水肿的功能，肾功能较差的人最好多食用。蚕豆粥对于慢性水肿和肾炎有好处。荷叶粥能解暑热、清胃润肠，止渴解毒。莲子粥能健脾益气，对腹泻、失眠、遗精、白带多等有好处。百合粥能润肺止咳，养心安神，适合肺阴不足的老年人食用。冬瓜粥利水消肿，止渴生津，并有降血压的作用。银耳粥生津润肺，滋阴养肺，可治疗高血压和慢性支气管炎。黄芪粥可治脾虚所致的水肿。

参考文献

[1] 龙海霞. 大学生生命教育研究 [M]. 成都：四川大学出版社，2017.

[2] 栗庆山，高春梅. 大学生健康教育 [M]. 北京：北京航空航天大学出版社，2017.

[3] 陈云波. 大学生健康教育 [M]. 合肥：合肥工业大学出版社，2019.

[4] 何敏. 大学生健康教育 [M]. 上海：上海财经大学出版社，2017.

[5] 吴经纬. 大学生健康教育 [M]. 西安：西安电子科技大学出版社，2016.

[6] 刘凤，李听，梁瑞. 大学生健康教育 [M]. 西安：西北工业大学出版社，2015.

[7] 冯峻，李玉明. 大学生健康教育 [M]. 成都：四川大学出版社，2015.

[8] 路杨. 当代大学生生命教育 [M]. 武汉：武汉大学出版社，2014.

[9] 吴玉梅. 大学生生命教育 [M]. 广州：广东高等教育出版社，2020.

[10] 薛红. 大学生生命教育 [M]. 北京：中国人民大学出版社，2015.

[11] 陈兆刚，高小黔. 大学生心理健康教育 [M]. 北京：中国人民大学出版社，2020.

[12] 王文科. 大学生生命与心理健康教育 [M]. 北京：北京理工大学出版社，2020.

[13] 朱继华，潘志军. 大学生运动与健康 [M]. 第2版. 北京：高等教育出版社，2019.

[14] 彭玉林. 大学生运动与健康促进研究 [M]. 北京：中国经济出版社，2017.

[15] 赵进杰. 大学生运动健康指导 [M]. 北京：高等教育出版社，2016.

[16] 苏振阳，白光斌，于少勇. 大学生运动营养与健康 [M]. 西安：西安电子科技大学出版社，2015.

[17] 胡建忠. 大学生运动生理与健康 [M]. 长沙：湖南科学技术出版社，2017.

[18] 康云娜. 大学生体质健康与运动处方研究 [M]. 北京：中国农业出版社，2018.

[19] 王陶书. 大学生体育运动与心理健康研究 [M]. 昆明：云南科技出版社，2017.

[20] 米春娟. 大学生体质健康与运动保健研究 [M]. 北京：中国时代经济出版社，2014.

[21] 李巧巧. 大学生心理健康教育与生命教育融合的实现途径研究 [J]. 高教探索，2015（2）：121-124.

[22] 朱德林，朱文博. 我国高校生命教育现状及其对策 [J]. 南阳师范学院学报，2020，19（5）：53-56.

[23] 李朝军. 我国高校生命教育存在问题与改善路径 [J]. 濮阳职业技术学院学报，2019，32（2）：103-105.

[24] 王艺园. 大学生健康教育现状与思考 [J]. 中国健康教育，2018，34（6）：573-575.

[25] 景文展，黄紫玥，刘清悦，等. 大学生健康素养相关知识及影响因素分析 [J]. 中国学校卫生，2016，37（6）：859-862.

[26] 陈丹,孙立波,张湘富.大学生健康素养研究进展[J].医学研究与教育,2018,35(1):65-69.

[27] 焦建鹏,王冬.大学生健康生活方式影响因素分析[J].中国学校卫生,2015,36(12).

[28] 张澜,董泽俣.高校大学生健康教育与管理方法及路径研究[J].锦州医科大学学报(社会科学版),2019,17(3):73-75+79.

[29] 万华军,熊巨洋,彭莹莹,等.健康中国视角下我国大学生健康问题及管理策略[J].医学与社会,2020,33(3):55-58.

[30] 罗晓路.大学生心理健康教育的现状与对策[J].教育研究,2018,39(1):112-118.

[31] 方鸿志,潘思雨.改革开放40年来我国大学生心理健康教育的发展及趋势[J].当代教育科学,2019(8):91-96.

[32] 丁闽江,苏婷茹.大学生心理健康素养现状分析及提升策略[J].扬州大学学报(高教研究版),2020,24(2).

[33] 汲新波,王永红,赵春辉.大学生心理适应性和满意度与心理健康教育需求研究[J].中国健康教育,2019,35(1):92-95.

[34] 郭志强,李超.大学生不健康生活方式现状、成因及调整方法研究[J].哈尔滨体育学院学报,2019,37(3):78-81.

[35] 陈洁瑜,余克强,孙晓敏,等.健康促进生活方式对亚健康状态转化的影响[J].南方医科大学学报,2017,37(2):184-191.

[36] 焦建鹏,王冬.大学生健康生活方式影响因素分析[J].中国学校卫生,2015,36(12):1804-1806+1810.

[37] 邢宝萍,叶生爱.大学生运动健康与评价分析[J].中国包装,2016,36(12):67-69.

[38] 陈咸,陈庚.大学生运动损伤现状及健康教育干预效果研究[J].基层医学论坛,2019,23(19):2671-2675.

[39] 刘堃,刘丽萍.大学生体育运动与健康促进教育探索[J].卫生职业教育,2019,37(15):19-20.

[40] 蒋国维,靳英辉,白雪,等.大学生生活方式现状及其影响因素的研究进展[J].中国健康教育,2015,31(4):396-401.

[41] 秦永亭,孟辉辉,刘皓月.运动处方应用于大学生体育锻炼的初步探讨[J].体育科技文献通报,2019,27(5).

[42] 李晓通.大学生体质健康的处方化自我管理策略研究[J].体育科技文献通报,2019,27(5).

[43] 李英,严五四.大学生健身运动处方的开发与研制[J].体育科技,2019,40(5).

[44] 杨桂其,史传华,朱小军,等.大学生体育运动损伤的预防与处理[J].体育世界(学术版),2018(11).

[45] 蔺海旗,宋超.大学生运动损伤及其影响因素调查分析[J].运动精品,2019,38(8):96-98.